대중문화의
겉과 속

대중문화의 겉과 속 |전면 개정판|
ⓒ 강준만, 2013

초판 1쇄 2013년 6월 28일 펴냄
초판 7쇄 2020년 3월 24일 펴냄

지은이 | 강준만
펴낸이 | 강준우
기획·편집 | 박상문, 김소현, 박효주, 김환표
디자인 | 최진영, 홍성권
마케팅 | 이태준
관리 | 최수향
인쇄·제본 | (주)삼신문화

펴낸곳 | 인물과사상사
출판등록 | 제17-204호 1998년 3월 11일

주소 | (04037) 서울시 마포구 양화로 7길 4(서교동) 삼양E&R빌딩 2층
전화 | 02-325-6364
팩스 | 02-474-1413
www.inmul.co.kr | insa@inmul.co.kr

ISBN 978-89-5906-236-2 03300
값 17,000원

이 저작물의 내용을 쓰고자 할 때는 저작자와 인물과사상사의 허락을 받아야 합니다.
파손된 책은 바꾸어 드립니다.

— 강준만 지음

전면
개정판

대중문화의
겉과 속

대중문화가 따로 존재하는가? 그런 의문을 제기해야 할 정도로 대중문화는 우리의 삶 구석구석에까지 파고들었으며, 정치·경제·사회 등 전 분야가 대중문화와 뜨겁게 포옹하고 있다. 게다가 한류로 인해 한국의 대중문화는 그 위상이 재평가되면서 세계적 주목의 대상이 되고 있다. 사정이 그렇다면, 즐기는 것과 동시에 대중문화를 탐구의 대상으로 삼는 일도 필요하지 않을까? 대중문화의 겉과 더불어 속도 살펴보자는 것이다.

인물과
사상사

일러두기

영화와 음악, TV 프로그램은 〈 〉로, 단행본·신문·잡지는 『 』로, 논문·책의 일부·잡지와 신문 기사는 「 」로 표기했다.

본문에서 ●표시가 달린 단어는 용어 사전에 자세한 설명을 해놓았다.

> 머리말

왜 한국은
대중문화
공화국인가

한국의 40대 남성 사망률은 세계 최고 수준이다. 한국인의 스트레스 지수도 세계 최고다. 한국인의 자살률도 마찬가지다. 특히 대학 입시 경쟁은 전쟁을 방불케 해 매년 200여 명의 학생들이 성적 때문에 자살한다. 한국인의 행복도는 세계 중하위권 수준이다. 이런 기록만 보면 우리나라는 지옥에 근접한 나라로 보이겠지만, 자세히 살펴보면 지옥과 천국을 수시로 왔다 갔다 할 정도로 그 나름대로의 대비책이 있다는 걸 알 수 있다. 한국은 세계 50대 교회 가운데 제1위를 포함하여 23개를 갖고 있다. 신앙이 없는 사람들에겐 음주·섹스·도박·스포츠가 있으며, 이 또한 세계 최고 수준을 자랑한다.

여기에 더하여 세계 최고 수준의 대중문화가 있다. 영화는 히트만

쳤다 하면 전체 인구의 5분의 1인 1,000만 관객을 끌어들인다. 텔레비전 드라마와 예능을 비롯한 오락 프로그램은 세계에서 가장 재미있다. 가수들은 노래도 잘하고 춤도 잘 춰 이른바 케이팝K-Pop은 세계적인 열광의 대상이 되었다. 한국은 인터넷 강국이되 인터넷이 주로 오락용으로 소비된다는 점에선 타의 추종을 불허하는 1등이다. 스마트폰 강국인 동시에 게임 강국이며, 비보이 문화의 새로운 강국으로 떠올랐다. 노래방 같은 엔터테인먼트 기능이 강한 각종 방房 문화의 발달 수준도 세계 1위다.

무슨 말을 하려는 건가? 한국은 '대중문화 공화국'이다! 냉소적으로 하는 말이 아니다. 우리 자신을 정확히 이해하자는 뜻이다. 한류 열풍은 대중문화 공화국의 역량을 보여준 사건이다. 나라를 빼앗긴 일제 치하에서도, 민주주의를 박탈당한 군사 독재 정권 치하에서도, 엔터테인먼트 문화는 전혀 주눅 들지 않았으며 내내 번성했다. 한국인이야말로 이른바 호모 루덴스homo ludens: 놀이하는 인간의 전형이다.

대중문화 공화국은 한국인의 기질만으로 이루어진 건 아니다. 그럴 만한 역사적 배경이 있었다. 땅 좁고 자원 없는 나라가 살 길은 근면과 경쟁뿐이다. 한국은 그냥 생존하는 것만으론 만족하지 못하고 선진국 되는 걸 국가 종교로 삼고 있는 나라가 아닌가. 그래서 택한 게 바로 '삶의 전쟁화'였다. 전쟁하듯이 산다는 것이다. 그런 전쟁에서 버틸 수 있도록 도움을 준 것 가운데 하나가 바로 대중문화였다.

한국인은 정치를 욕하지만, 정치야말로 욕하면서 즐기는 대중문화라는 사실을 잊고 있다. 특정 정치인을 열광적으로 지지하고 따르는 이른바 '빠' 문화도 세계 최고 수준이다. 한국 정치에 대해 말이 많지만 매우 재미있는 범국민 대중문화를 제공한다는 점에선 높은 평가를 받아야 마땅하다.

대중문화 공화국에선 삶의 속도가 빠르다. 대중문화는 유행이기 때문이다. 사람을 지루하거나 싫증나게 만드는 건 죄악이다. 한국이 이런 속도전에서 세계적인 경쟁력을 갖추었다는 건 이미 입증된 사실이다. 그러나 동시에 그 속도의 폭력에 치이는 분야가 생겨났다. 인문학도 그런 분야 가운데 하나다. 대기업들이 인문학이 이윤 추구에 도움이 되는 창의력의 원천이 된다는 것을 인식하면서 부분적 호황을 누리고 있긴 하지만, 그걸 인문학의 부활로 볼 수는 없다. 인문학자들은 인문학의 위기를 선언하고 나섰지만, 인문학만 위기인 건 아니다. 오락적 가치가 사회의 전 국면을 지배하는 상황에서 오락적 효용이 떨어지는 건 모두 위기다.

대중문화가 따로 존재하는가? 그런 의문을 제기해야 할 정도로 대중문화는 우리의 삶 구석구석에까지 파고들었으며, 정치·경제·사회 등 전 분야가 대중문화와 뜨겁게 포옹하고 있다. 게다가 한류로 인해 한국의 대중문화는 그 위상이 재평가되면서 세계적 주목의 대상이 되고 있다. 사정이 그렇다면, 즐기는 것과 동시에 대중문화를 탐구의 대상으로 삼는 일도 필요하지 않을까? 대중문화의 겉과 더불어 속도 살펴보자는 것이다.

이 책은 그간 독자들의 과분한 사랑을 받은 『대중문화의 겉과 속』의 개정판이다. 나는 『대중문화의 겉과 속』을 시리즈로 내겠다며 그간 세 권을 출간했는데, 4권을 준비하면서 어떤 개념이나 현상을 설명하기 위해 이전에 했던 이야기를 반복해야 하는 문제에 직면했다. 고심 끝에 이번 기회에 세 권을 한 권으로 합해 개정판을 내기로 했다. 대중문화의 변화 속도가 워낙 빠른지라 앞으로는 2~3년에 한 번씩 개정판을 낼 생각이다.

욕심 많은 학자들은 '각주 없는 책', 즉 온전히 자기만의 창의성으로 쓴 책을 내고 싶다는 희망을 밝히곤 하는데, 나는 정반대로 인용과 각주를 늘리려고 애를 썼다. 나의 다른 책들도 그렇지만, 독자에게 생생한 실감을 주는 동시에 특정 주제에 대해 더 알고 싶을 때 도움이 될 자료를 알려주기 위한 뜻으로 그렇게 한 것이다.

이 책을 끝내면서 「맺는말: 왜 대중문화 교육이 필요한가」라는 글을 썼다가 고심 끝에 빼버리고 말았다. 그 글에서 너무도 당위적이고 계몽적이고 윤리적인 훈계를 늘어놓고 있는 내 자신을 발견했기 때문이다. 최근 유행하는 미디어 리터러시(media literacy) 교육이 주의해야 할 함정일 수도 있겠다는 생각이 들었다.

언젠가 『방송작가협회보』는 방송 모니터 단체들을 "쥐뿔도 모르는 것들"이라고 비난을 퍼부은 적이 있다. 이런 거친 비난은 비판받아 마땅하겠지만, 역지사지까지 포기할 일은 아니다. 방송 작가들은 오직 윤리적 잣대로만 방송 프로그램을 평가하는 방송 모니터 단체들의 비평에 짜증이 폭발하지 않았을까?

혹 대중문화 교육이나 미디어 리터러시 교육을 받는 학생들도 그런 생각을 하지 않을까? 자신들이 열광하면서 소비하는 어떤 대중문화에 대해 그것을 즐기지도 않고 잘 모르는 기성세대가 그 어떤 당위만을 앞세워 윤리적 교육을 하겠다고 들면 내심 '쥐뿔도 모르는 것들'이라고 생각하진 않을까?

만약 학생들이 그런 생각을 한다면, 아무리 장시간 교육을 시킨다 해도 효과가 있을 리 만무하다. 동업자로서의 동병상련이라고나 할까? 2010년 『새로 쓴 대중문화의 패러다임』이란 명저를 출간한 서강대 교수 원용진은 15년 만에 개정판을 낼 정도로 집필이 늦어진 이유에 대해 다음과 같이 말한다.

"먼저 그때와 지금, 세상이 너무도 달라졌다. 대중문화를 이야기하는 것이 촌스러워졌다. 더 이상 대중문화를 대상화시키기가 힘들어졌다. 젊은이들에게 대중문화를 분석해보자는 말을 어찌 꺼낼 수 있을까. 자신의 버릇을 한번 점검해보자는 제안일 터인데 잘 따를 것 같지 않다. …… 지난 15년은 사회가 대중문화의 아귀에 들어가 꼼짝 못한 시기 아닐까. 대중문화가 사회를 먹었다고 말하면 과장이려나."

아니다. 과장이 아니다. 대중문화는 사회를 집어삼켰다. 이런 상황에서 미디어 리터러시 교육은 어디로 가야 할까? 차라리 요즘 유행하는 이른바 넛지nudge 방식이 어떨까? 넛지는 원래 "팔꿈치로 슬쩍 찌르다, 주의를 환기시키다"라는 뜻이지만, "타인의 선택을 유도하는 부드러운 개입"으로 이해하면 되겠다. 이 개념을 제시한 미국의 행동경제학자 리처드 탈러Richard H. Thaler와 법률가 캐스 선스타인Cass R. Sunstein은 『넛지: 똑똑한 선택을 이끄는 힘』이라는 책에서 이런 에피소드를 소개한다.

소변기에 파리 한 마리를 그려 넣었더니, 변기 밖으로 새는 소변양의 80퍼센트가 줄어들었다. '조준 사격'의 재미 때문이었으리라. 암스테르담 공항에서 실제로 일어난 일이다. 별로 점잖지 못한 에피소드이긴 하지만, 미디어 리터러시 교육이 지향해야 할 방향을 제시해주고 있는 건 분명하다. 어떤 대중문화 현상에 대해 윤리적 계몽보다는 재미있고 의미 있는 이면의 사실이나 논리를 대중문화를 즐기듯 전달, 아니 같이 대화하고 토론해보는 게 어떻겠느냐는 것이다. 이 책의 본문은 그런 취지로 쓰였기에, 굳이 맺는말을 추가할 필요는 없다고 결론을 내렸다.

이 책을 쓰기 위해 꽤 오랜 기간 이 책에서 다룬 주제들을 탐구하는 데에 완전히 미쳐 지냈다. 미처 담지 못한 내용이 이 책 분량의 열 배는 될 것 같은데, 그래서 압축하느라 많은 공을 들였다. 체질인지는 몰라도 나는 무엇엔가 미쳐 지낼 때가 제일 행복하다. 그래서 재미와 쾌락을 중요하게 생각하는 대중문화에 비교적 열려 있는 건지도 모르겠다. 독자들에게 "어, 이 책 제법 정리가 잘 돼 있네!"라는 말을 듣고 싶어 그렇게 미쳐 지냈던 것이니, 아무래도 독자들에게 감사를 드려야 할 것 같다.

2013년 6월
강준만 올림

차례

머리말 왜 한국은 대중문화 공화국인가 · 5

1장 대중문화 이론과 논쟁

대중문화는 문화적인 병균인가	17
왜 로큰롤을 시궁창 문화라고 하는가	27
매스 컬처와 파퓰러 컬처는 어떻게 다른가	35
왜 부르디외는 취향은 계급이라고 하나	42
왜 코카콜라 그림 한 장이 390억 원에 팔렸을까	48

2장 스타 시스템의 승자독식주의

왜 스타는 연예 산업의 보험증서가 되었는가	57
스타 숭배는 종교적 현상인가	65
한국 영화는 스타만 배불리는가	74
왜 PD는 쓸개가 없어야 성공할 수 있나	80
왜 연예 저널리즘은 하이에나가 되어가나	88

3장 텔레비전의 문법

피 튀기는 시청률 전쟁은 문화적 민주주의인가	97
왜 텔레비전 시청자의 평균 연령을 13세에 맞추는가	104
리모컨은 텔레비전을 어떻게 바꾸었나	110
왜 홈쇼핑은 고독 산업인가	117
텔레비전은 현실을 반영할 뿐, 교정의 책임은 없나	123

4장 텔레비전 드라마와 예능

왜 한국은 드라마 공화국이 되었는가   **133**
왜 대중은 리얼리티 쇼에 열광하나   **140**
왜 예능이 대중문화를 지배하는가   **148**
왜 텔레비전 자막이 홍수 사태인가   **157**

5장 디지털 시대의 고독과 생존

왜 우리는 공백을 증오하는가   **167**
SNS의 인기는 노출증과 관음증 때문인가   **173**
한국인에겐 게임 유전자가 따로 있는가   **181**
왜 우리는 웹툰에 빠져드는가   **188**

6장 영화와 동영상 문화

왜 영화는 도박 산업이 되었나   **197**
왜 1,000만 신드롬이 자주 나타날까   **203**
작가주의가 프랑스 영화를 죽였나   **210**
유튜브는 세상을 어떻게 바꾸고 있나   **217**

7장 대중문화의 세계화

왜 미국 대중문화는 세계를 휩쓰나   **227**
왜 대중문화는 청춘이 독재하는가   **235**
왜 한국은 키치의 제국인가   **244**
한류를 만든 10대 요인은 무엇인가   **250**

8장 | 대중가요의 문법

가수는 무엇으로 살아야 하나   265
어떻게 MTV 혁명은 케이팝 열풍으로 바뀌었나   275
왜 대중가요는 늘 사랑 타령인가   283
인디 예술은 잠수함 속의 토끼인가   291

9장 | 엔터테인먼트의 힘

사람을 지루하게 만드는 건 죄악인가   301
엔터테인먼트가 베를린 장벽을 무너뜨렸는가   306
왜 스토리텔링이 흘러넘치는가   312
왜 우리는 쇼핑몰에 열광하는가   321

10장 | 미디어 테크놀로지의 문법

"미디어가 메시지"라는 말은 무슨 뜻인가   331
왜 야구는 핫 미디어이고 축구는 쿨 미디어인가   340
왜 비빔밥 정신이 시대적 대세인가   346
왜 디지털화될수록 아날로그를 찾게 되나   352

11장 | 대중문화로서의 광고

광고는 어떻게 평등 의식을 촉진하나   363
광고는 대중문화를 어떻게 지배하나   370
간접광고는 드라마를 어떻게 바꾸나   377
왜 한국은 간판 공화국이 되었나   386

12장 | 소비문화와 대중문화의 결합

왜 브랜드는 종교가 되었나	**397**
왜 비쌀수록 명품 로고는 더 작아질까	**405**
프로슈머는 대기업의 이윤 창출을 위한 용병인가	**413**
왜 "주문하신 커피 나오셨습니다"라고 말할까	**419**

13장 | 대중문화로서의 저널리즘과 여론

선정주의는 어떻게 탄생했는가	**427**
왜 여론조사는 엔터테인먼트인가	**435**
인터넷 검색 순위는 시대정신을 말해주는가	**442**
어느 악플 폐인은 왜 자살했을까	**448**

용어 사전 · 455

주 · 466

1장

대중문화 이론과 논쟁

대중문화는 문화적인 병균인가

우리나라에서 대중문화라는 말이 최초로 사용된 기록은 『조선일보』 1933년 4월 29일자 사설이지만,[1] 당시의 대중문화는 오늘날 우리가 흔히 말하는 자본주의 대중문화와는 큰 거리가 있다. 우리나라에서 진정한 의미의 대중문화는 경제 개발의 구호 아래 농촌이 해체되고 도시화가 급속히 이루어지면서 교통·통신·교육·대중매체 등이 발달하기 시작한 1960년대부터 나타났다고 봐야 할 것이다.

대중문화란 무엇인가? 우선 '문화'에서 출발해보자. 영어 문화 culture는 "밭을 경작하다, 신체를 훈련하다"는 뜻의 라틴어 동사 콜로 colo에서 유래되었으며(명사로는 cultura), 이는 나중에 '마음의 경작'이라는 의미로 쓰이게 되었다.[2] 그리하여 문화는 흔히 "지식, 신념, 예술,

도덕, 법 그리고 그밖에 사회의 성원으로서의 인간에 의해 획득된 능력과 습관 등을 포함하는 모든 것"으로 정의되어왔다.

그러나 좁은 의미에서의 문화는 흔히 예술을 가리키는 것이었으며, 이는 소수의 귀족만 누릴 수 있는 것이었다. 그런데 보통 사람들도 그들의 사회적 지위와 권리가 신장되면서 문화 활동에 참여하게 되자 큰 변화가 일어났다. 보통 사람들이 참여하기 이전의 문화 활동은 귀족들이 주는 돈에 의해서 이루어졌으므로 예술가는 귀족의 취향을 만족시키는 것으로 족했다. 귀족은 소수에 지나지 않았고 그들의 문화적 취향은 비슷했으므로, 예술가는 비교적 자신이 원하는 대로 활동할 수 있었다.

그러나 보통 사람을 대상으로 하는 예술 활동은 경제적으로 관객의 입장료에 의존했기 때문에, 늘 더 많은 관객을 끌어들여야 할 필요성에 직면하게 되었다. 이른바 '시장 논리'의 지배를 받게 되었다는 것이다. 더 많은 관객을 불러 모으기 위해서는 예술적 수준이 낮은 사람의 취향도 만족시켜야 했으므로 이는 불가피하게 예술의 하향 평준화를 초래하게 되었다.

그러한 보통 사람들을 가리켜 '대중'이라고 부른다. 대중은 모든 신분의 사람을 포괄하며, 각 개인의 이름이 드러나지 않고, 그 성원은 서로 고립되어 상호작용이 없고 사회 조직성을 갖고 있지 않는 것으로 정의되어왔다. 19세기 초 유럽의 귀족과 지식인들은 적어도 프랑스혁명1789-1794 이후 그러한 대중이 정치 무대에까지 등장해 점차 지배계급으로 변모해가자 구제도가 붕괴하고 전통적 가치마저 파괴되

★ 대중은 모든 신분의 사람을 포괄하며, 각 개인의 이름이 드러나지 않고, 그 성원은 서로 고립되어 상호작용이 없고 사회 조직성을 갖고 있지 않는 것으로 정의되었다.

지 않을까 하는 공포심을 느끼고 있었다.

1850년대의 유럽과 미국에서는 이미 보통 사람들로 구성된 중산계급이 별다른 무리 없이 사회에서 그들의 지배적 위치를 확립하게 되었다. 그러한 사회를 가리켜 '대중사회'라고 하는데, 이 대중사회에서는 산업화와 도시화가 진행되는 가운데 커뮤니케이션● 기술의 발달로 대중매체의 위력이 날로 점증하고 있었다.

대중매체의 기본 원칙은 대중신문이 출현하고 널리 보급된 19세기 말경에 이미 확정되었는데, 그 원칙이란 전체 수용자의 수를 더 증가시키기 위해서는 모든 계층의 사람들에 맞추어 매체의 내용을 꾸며야 한다는 것이었다.

대중의 존재 자체에 대해 거부감을 느꼈던 19세기의 귀족과 지식인들은 그러한 새로운 유형의 문화가 진실한 예술의 아름다움과 존엄성을 해치는 저급 문화라는 이유로 혹독한 비판을 가했다. 그래서 오늘날에도 대중문화는 흔히 '저급 문화'로 표현되고, 대중이 아닌 소수의 엘리트를 위한 문화는 '고급문화'로 부르게 되었다.

고급문화의 대표적 옹호자로 영국의 비평가인 매슈 아널드Matthew Arnold, 1822~1888를 들 수 있다. 아널드의 주장은 기존의 '보수/진보' 잣대로는 구분하기 어렵다. 그 잣대를 초월해 '엘리트/반反엘리트'의 관점에서 보아야 한다. '진보적 엘리트주의'가 있는가 하면 '보수적 반反엘리트주의'라는 것도 있기 때문이다. 이걸 이해하는 건 대중문화의 이해에서 매우 중요하다.

아널드는 1869년 『문화와 무질서Culture and Anarchy』라는 책을 썼는데, 그가 이 책을 쓴 이유는 부분적으로 1867년의 선거법 개정에 따른 선거권 확대에 대응하기 위해서였다.[3] 이 책은 엘리트에 의한 지배를 예찬한다. 아널드는 문화를 "세상에서 말해지고 생각된 것들 중 가장 최선의 것the best that has been thought and said in the world"이라 정의했는데, 이러한 문화 개념은 기존 문화 엘리트가 사회문화적 권력과 권위를 장악하는 데 필요한 지적 정당화를 위해 기여했다.[4]

아널드는 대중문화를 '문화적인 병균'으로 보았으며, "사회를 혼돈 상태anarchy로 몰아넣는 의미 없는 문화"로 간주했다. 그는 진정한 문화란 그러한 질병과도 같은 문화를 다스리는 문화여야 한다고 보았으며, 거칠고 교양 없고 사회에 도움이 되지 않는 대중을 다스릴 수 있는 것이 바로 진정한 문화라고 파악했다.⁵

아널드가 1883년 미국을 방문했을 때 철강재벌 앤드루 카네기Andrew Carnegie, 1835~1919를 비롯한 미국의 기업가들에게 대대적인 환영을 받은 것도 바로 그런 이유 때문이었다. 아널드의 문화 개념은 '문화 종교'가 되었다. 엘리트들이 확실한 우월성을 과시할 수 있는 문화를 앞세워 다른 영역에서의 지배까지 정당화한다는 의미에서 그랬다.⁶

그러한 지배가 순조롭게 이루어진 건 아니어서 적잖은 사회적 갈등을 낳았고, 이를 가리켜 '문화 전쟁'이라는 말까지 쓰였다. 윌리엄 D. 로마노프스키William D. Romanowski는 "고급과 저급 문화의 경계가 허물어지는 것은 앵글로-아메리칸 서구 전통의 주도권에 대한 도전"으로 여겨졌기 때문에 "교육 기관들은 현대 문화 전쟁의 전쟁터가 되었다"고 말한다.⁷

문화적 보수주의자들은 그런 문화 전쟁을 위해 아널드의 문화와 교육 사상을 되살려냈다. 이런 현상을 가장 잘 보여준 게 앨런 블룸Allan Bloom, 1930~1992의 『미국 정신의 종말The Closing of the American Mind, 1987』이라는 책이다. 블룸은 고전음악이 "미국의 교육받은 계층과 그렇지 못한 계층, 즉 고급과 저급 계층 사이의 분명히 인식할 수 있는 유일한 계급 구분"이라고 주장했다.⁸

그런 구분은 고급 계층에 의해 의도적으로 이루어진 것이기도 했다. 19세기에 일어난 클래식과 대중음악의 분리는 작곡가들에 의 주도되었는데, 클래식 작곡가들은 자신들을 상류 계층의 거울 속에 비친 우월한 인간으로 보기 시작했다. 영국에서 일반 대중도 즐기던 셰익스피어의 연극과 오페라가 고급문화로 편입된 것도 바로 19세기부터였다.⁹ 미국에서도 19세기 중반에 이르러 셰익스피어의 연극과 오페라는 대중의 곁을 떠나 고급 관객의 전유물이 되기 시작했다.¹⁰

로마노프스키는 고급문화와 저급 문화의 분리가 미국에서 사회적 구분이 사라지던 때 일어났다는 사실은 이 구분이 상류 계층의 지위와 문화적 권위의 전통적 수단에 대한 배타적 통제력을 유지하는 것과 얼마나 깊은 관계가 있는지 보여준다고 말한다. 그러나 고급 예술 음악은 엘리트의 배타적인 영역이 되어가면서 점차 사회의 다른 그룹과의 만남과 소통을 유지하는 일에 실패하여 쇠퇴하고 말았다.¹¹

아널드는 살아 있다. 아직도 많은 사람들이 아널드의 문화관을 존중하고 있으며, 이는 보수와 진보의 경계를 넘어 이루어지고 있다. 데이비드 트렌드David Trend가 잘 지적했듯이, "언제나 대중적인 모든 것에 열려 있다고 공공연하게 설파해왔음에도 불구하고, 좌파는 종종 엘리트 예술에 대한 전형적인 보수적 가치 평가에 지지를 보냈다."¹² 요컨대, 대중문화를 보는 시각은 '보수'와 '진보' 진영에서도 각기 '긍정'과 '부정'이 엇갈리고 있다는 사실에 주목할 필요가 있겠다.

달리 말하자면, 대중문화를 보는 데 ①보수적 긍정, ②보수적 부정, ③진보적 긍정, ④진보적 부정 등 네 가지 시각이 있어 대중문화에 관한 논의를 매우 혼란스럽게 만들고 있다는 것이다. 어디 그뿐인가. 이 네 가지 유형은 ①당위, ②실천, ③취향 가운데 어느 것을 우선시하느냐에 따라 12가지의 유형으로 세분화될 수도 있다.

그러니까 '진보적 부정'을 취하는 사람이라도 '실천'에 관계없이 '당위'만을 앞세우는 사람도 있고, 자신의 이론에 따라 '실천'을 중요시하기 때문에 그러는 사람도 있고, 또 자신의 '취향' 때문에 그러는 사람도 있다는 말이다. 예컨대, 문화 자본이 매우 튼실한 상류층 출신의 진보적 지식인은 '당위'나 '실천'보다는 '취향' 때문에 '진보적 부정'의 자세를 취할 가능성이 매우 높은 것이다.

이 같은 혼란을 엿볼 수 있는 대표적인 책이 러셀 자코비Russell Jacoby의 『유토피아의 종말The End of Utopia, 1999』이라는 책이다. 자코비는 네 시각 가운데 ④의 유형에 가까운 인물인데, 흥미롭게도 그 역시 아널드를 옹호하면서 대중문화를 유토피아의 적敵으로 간주한다.[13]

문학 비평가 어빙 하우Irving Howe, 1920~1993는 "고급문화가 경멸하는 대중문화란 우리가 아무리 경멸한다 할지라도 숨을 쉬기 위해서는 누구도 벗어날 수 없는, 우리 모두 호흡하며 사는 문화적 대기권과 같은 것이다"라고 말한다. 어쩌면 바로 그런 이유 때문에 고급문화와 대중문화 사이의 갈등이 심화되는 건지도 모르겠다.

대중문화의 위상이 하늘을 찌를 듯이 높아졌다곤 하지만, 대학교수가 대중문화를 사랑하는 것은 여전히 다소의 위험 부담이 따른다. "교수가 연구는 않고 텔레비전이나 본다"는 질책을 듣기 십상이기 때문이다. 그런 점에서 신문방송학과 교수는 복을 누리는 편이다. 개인적으로 대중문화를 좋아한다면 말이다. 연구를 위해 텔레비전을 본다는 핑곗거리가 있지 않은가.

대중문화를 긍정하는 교수가 있고 부정하는 교수가 있다. 전자는 개인적으로 대중문화를 좋아할 가능성이 높고 후자는 대중문화를 싫어할 가능성이 높다. 즉, 개인의 취향이 이론이나 주장의 형식을 빌려 나타날 가능성이 높다는 것이다. 예컨대, 진보적이면서도 대중문화를 긍정하는 학자로 유명한 존 피스크John Fiske는 『대중문화의 이해 Understnading Popular Culture, 1989』라는 책에서 자신이 '대중문화의 팬'이라는 사실을 다음과 같이 털어 놓는다.

"나는 아주 저속한 취향을 가지고 있으며, 나의 학문적 연구 때문에 대중적 즐거움을 향유하고 참여하는 것을 억누른 적이 없었다. 예컨대, 내가 텔레비전 게임 쇼를 시청하는 주된 이유는 나에게 엄청난 재미를 안겨주기 때문이며, 그리고 두 번째로 그것들이 나의 이론적 관심과 호기심을 불러일으키기 때문이다. …… 나는 텔레비전 시청을 즐기며, 선정적인 타블로이드판 신문을 좋아한다. 나는 야한 대중 소설을 즐겨 읽고, 대중적인 블록버스터 영화들을 즐긴다. 나는 주로 디즈니월드, 쇼핑 몰, 그레이스 월드 등에서 즐거운 시간을 보낸다. 그리고 이 모든 것에도 불구하고 나는 내가 자본주의 시스템의 봉이라고 생각하지 않는다." [14]

위 글을 읽으면서 대중문화를 부정하고 비판하는 학자들도 어려운 이론적인 이야기 말고 피스크처럼 자신의 개인적인 이야기를 털어놓으면 좋겠다는 생각이 들었다. 이는 공연한 호기심일까? 그렇진 않다. 여러 학자들이 역설하는 이른바 성찰적 사회학reflexive sociology의 정신은 학자가 자신에 관해 알고 사회적 삶에서 취하는 자신의 입장

★ 한 가정집의 거실 모습. 대부분 가정의 거실에는 텔레비전이 중심에 놓여 있다.

에 관해 알아야 한다는 것이다. 즉, 지식 그 자체만 논할 게 아니라 지식의 생산자를 탐구할 필요가 있다는 뜻이다.

우리는 대중문화를 즐기면서도 어떤 장르, 어떤 작품, 어떤 스타에 대해선 싫은 정도를 넘어 혐오감을 가질 수 있다. 그것 역시 자신의 독특한 취향에서 비롯하는 것이다. 물론 그건 취향이 아닌 다른 것일 수도 있지만, 자신의 어떤 경험이나 배경에서 비롯되는 것임은 두말할 나위가 없다. 나 자신은 전혀 알 수 없는 '엑스 파일'로 남겨놓고 대중문화에 대해 이러쿵저러쿵하는 건, 전혀 무의미하진 않겠지만 대중문화 이해의 수준은 높아지기 어려울 것이다.

대중문화에 대한 나의 반응과 생각이 대중문화 그 자체보다는 나 자신에서 비롯되는 것임을 깨닫는 것은 여러모로 유익하다. 특정 대중문화·연예인에 대한 과도한 열광이나 혐오, 대중문화를 통한 현실도피 등에서 어느 정도 자기 조절 능력을 가질 수 있다. 일방적으로 끌려 다니는 수동적 소비자에서 대화하고 교섭하는 능동적 수용자, 즉 자기 자신의 주인이 될 수 있다는 뜻이다. 또한 대중문화를 매개로 한 인간관계를 풍요롭게 만들고, 세상을 바라보는 안목도 키울 수 있다.

왜 로큰롤을 시궁창 문화라고 하는가

유럽에서 대중문화에 대한 비판은 곧 미국화americanization에 대한 비판이기도 했다. 미국이 본격적인 대중문화의 본산으로 간주되었기 때문이다.[15] 미국에서도 유럽 지향적인 지식인은 있기 마련이었다. 이들은 상류층의 전유물이었던 문화가 대중에게까지 확산되면서 타락과 저급화의 길로 가는 것을 염려하고 개탄했다. 그 대표적 인물로 앞서 언급한 보수주의 철학자 앨런 블룸 Allan Bloom, 1930~1992을 들 수 있다.

블룸은 현대음악을 일컬어 "자위에 대한 찬가요, 부모 살해에 대한 송가"라고 비판했으며, "섹스와 증오, 그리고 형제애라는 역겨운 위선"이 로큰롤 가사의 3대 주제라고 주장했다. 로큰롤은 상상력을 파괴하는 '시궁창 문화'이며 오직 섹스에만 의존하는 장르이고, 음

★ 사우디아라비아의 맥도날드 매장에서 부르카를 입은 여인들이 햄버거를 주문하고 있다. 이처럼 유럽뿐만 아니라 이슬람 국가도 미국화 현상에서 벗어날 수 없는데 미국화에 대한 비판은 종종 대중문화에 대한 비판으로 이어진다.

반사의 '강도 귀족'들이 띄워주는 음악이며, '마약 중개업만큼의 도덕성'을 가진 사업이라는 것이다.[16] 블룸은 "내가 염려를 하는 것은 이 음악의 도덕적 결과가 아니다"며 다음과 같이 말한다.

"즉, 이 음악이 성이나 폭력, 또는 약물 등의 결과를 가져오는 것이나 아닌지를 염려하는 게 아니다. 여기에서 쟁점이 되는 것은 그 음악이 교육에 영향을 미친다는 점이고, 나는 그 음악이 젊은이들의 마음을 망가뜨리고, 인문 교양 교육의 실체라 할 수 있는 예술과 사상에 젊은이들이 열정적으로 빠져 드는 것을 어렵게 만들고 있다고 믿고 있다."[17]

미국 조지메이슨대의 경제학과 교수 타일러 코웬Tyler Cowen은 『상업문화 예찬In Praise of Commercial Culture』에서 블룸의 주장을 '문화 비관주의cultural pessimism' 라고 부르면서, 문화 비관주의자들이 보이는 이런 반응은 그들이 현대음악을 잘 모른다는 사실을 말해줄 뿐이라고 반박했다. 코웬은 현대음악이 대개 자유를 찬양하고 순응주의를 거부하며 권위에 도전하는 정신을 담고 있다고 말한다. 전체주의 국가인 나치 독일과 소련이 바흐와 모차르트, 베토벤을 금지시키지 않았지만 재즈와 스윙, 블루스는 듣지 못하게 한 것은 바로 그런 이유 때문이었다는 것이다.

코웬은 문화 비관주의자들은 고전음악을 건강한 문화와 연관시키고 로큰롤을 사회 붕괴와 관련지어 설명하기를 좋아하지만, 역사는 이와 반대의 사실을 보여주고 있다고 말한다. 문화 비관주의자들이 감탄해 마지않는 고전음악은 훗날 나치의 전체주의가 탄생하고 제2차 세계대전을 일으킨 바로 그 독일에서 출현한 음악이며, 고전음악이 융성해야 문화의 건강한 발전이 가능하다는 주장 역시 경험적인 타당성을 찾기 힘들다는 것이다.

코웬은 현대음악을 '대중음악' 이라고 잘못 부르는 일은 대중음악에 관한 오해의 결정판이라 할 수 있으며, 현대성에 대한 편견을 심화하는 경멸적인 의미를 담고 있다고 말한다. 모차르트와 베토벤은 당시 대중에게 폭넓은 인기를 누렸으며 그들은 이 사실에 자부심을 갖고 있었으나, 우리는 이들이 대중음악을 했다고 말하지 않으며 오늘날에도 좋은 음악은 대부분 대중적인 인기를 얻지 못하는 편이며 풍부한 음악적 소양이 있는 사람들만이 즐기고 있다고 주장한다는 것

코웬은 문화 비관주의자들은
고전음악을 건강한 문화와 연관시키고
로큰롤을 사회 붕괴와 관련지어 설명하기를 좋아하지만,
역사는 이와 반대의 사실을 보여주고 있다고 말한다.

이다.[18]

　문화 비관주의는 양量의 관점에서도 이해할 수 있을 것이다. 미국의 한 코미디 작가는 텔레비전이 많은 사람에게 나쁘게 보이는 건 그 대부분의 것이 가시적visible이기 때문이라고 주장한다. 고급 미술이라 하더라도, 일부러 화랑을 찾지 않고 그것이 텔레비전처럼 늘 도처에서 볼 수 있다면 그렇게 좋기만 하겠느냐는 것이다. 같은 맥락에서 미국의 한 방송 프로듀서는 "텔레비전이 수요일에만 방송된다면 그건 기가 막히게 좋을 것이다"라고 말했다.[19]

　그런데 코웬은 문화 비관주의의 문제를 지적하는 데 만족하지 않고 자본주의 예찬론으로까지 나아간다. 그는 "부와 경제적 안정은 예술가들에게 사회적 가치를 거부할 수 있는 여지를 준다. 보헤미안, 아방가르드, 니힐리즘은 모두 자본주의의 산물이다"라고 주장한다. 그는 세계적인 예술가의 이름을 수십 명이나 열거하면서 그들의 생계를 가능케 했던 것은 궁극적으로 자본주의 시장이었다고 역설한다.

　그의 주장에 따르면, 세계적인 예술가 가운데에는 예술을 통한 돈벌이에 열심이었던 사람들이 많았다. 바흐, 모차르트, 하이든, 베토벤 등도 예외는 아니었다. 모차르트는 "제 유일한 목표는 그저 벌 수 있을 만큼 버는 거예요. 건강 다음으로 좋은 게 돈이라고 생각해요"라고 말하기도 했다. 베토벤은 곤궁에 처한 친구가 찾아오면 돈을 벌 목적으로 작곡을 했다. 그는 "그저 책상 앞에 앉기만 하면 이내 친구를 도와줄 악상이 떠올랐다"고 말했다. 영화배우 찰리 채플린은 "전 돈을 벌기 위해 이 일을 시작했는데 거기서 예술이 생겨났지요. 여러분

이제 말에 환멸을 느끼셔도 상관없습니다. 그게 사실이거든요"라고 말했다.[20]

그러나 양을 따지자면 그 반대의 경우, 즉 돈벌이 욕심이 지나쳐 예술을 망친 경우가 더 많을 터이니 코웬이 문화 비관주의의 문제를 지적하는 선에서 그쳤더라면 좋았겠다는 생각이 든다. 그럼에도 그의 주장에 귀담아들을 만한 점이 많은 건 분명하다.

문화 비관주의는 고급문화와 대중문화의 경계가 비교적 분명한 나라에서 강하게 나타나겠지만, 그 경계는 나라에 따라 다르다. 한국과 일본 등 동아시아 국가는 서양과는 좀 다른 양상을 보여주고 있다. 영국 런던대 교수 돌로레스 마르티네즈Dolores Martinez는 일본을 예로 들면서 "문화에 대한 서구의 관념, 특히 고급과 저급 혹은 엘리트와 대중문화 사이의 분할은 보편적으로 유효한 개념인가" 하는 의문을 제기했다.

"서구에서 엘리트 혹은 고급문화라고 분류될 법한 행위들이 일본에서는 계속 중산층의 영역으로 편입되고 있다는 것이다. 일본에서는 많은 여성이 다도, 고전무용, 클래식 악기 연주 등을 배우고 있다. 그리고 광범위한 여성층이 연극, 클래식 음악, 발레, 오페라 같은 수입된 고급 외국 문화를 소비하고 있다. 이런 식으로 몇백만 명의 사람들이 소위 '엘리트' 행위에 참여할 때, 어떻게 이것을 대중문화로 분류하지 않을 수 있겠는가?"[21]

정도의 차이는 있겠지만, 한국도 그런 의문을 제기할 수 있는 나라다. 1994년 세계 음반 판매량 가운데 클래식 음반의 비중이 가장 높은 나라는 네덜란드(14퍼센트)였지만, 한국이 8.8퍼센트로 영국(8.7퍼센트), 이탈리아(7.9퍼센트), 미국(3.7퍼센트) 등을 누르고 중상위권을 차지했다는 게 그걸 잘 말해준다 하겠다.[22] 이는 한국과 일본 모두 전통적인 문화가 고급문화가 아니라 서양에서 수입된 문화가 고급문화라는 점과 연결시켜 살펴보아야 할 것이다.

오늘날 한국에서 고급문화는 정부 지원, 메세나mecenat● 라고 하는 기업 후원 프로그램, 네이밍 스폰서naming sponsor: 명칭 후원● 등에 의해 생존하고 있으며, 고급문화 소비는 어떤 점에선 시장 논리보다 더 속물적인 '과시 효과'의 지배를 받고 있는 게 현실이다. 한국에 초청된 서양 공연 예술의 티켓 값은 다른 나라들에 비해 비싸기로 유명한데,

★ 고급문화를 지원하는 대기업의 메세나 프로그램. 고급문화 소비는 어떤 점에선 시장 논리보다 더 속물적인 과시 효과의 지배를 받고 있는 게 현실이다.

이에 대해 "한국에서 예술 공연은 사치재이므로 관람료가 비쌀수록 더욱 각광받는다"는 말이 나올 정도다.[23]

물론 대중문화에도 그런 서구 지향성이 있지만, 비교적 쌍방향 관계라는 점에서 차이가 있다. 대중문화도 처음엔 서양에서 수입되었을망정 현지화 과정을 거쳐 다시 태어나거나 더욱 발전된 면모를 보이기도 한다는 것이다. 한류가 그 점을 잘 보여준다. 로큰롤을 비롯한 대중문화를 시궁창 문화라고 비판하거나, 역으로 고급문화를 속물적·위선적이라고 비판할 필요가 있을까? 각자 취향의 차이를 인정하면서 평화롭게 공존하는 동시에 서로 배울 건 배우는 게 좋지 않을까?

매스 컬처와 파퓰러 컬처는 어떻게 다른가

20세기 중반 대중문화 비판자들 가운데에서도 특히 좌파적인 사람들은 대중문화가 대중의 '정치로부터의 도피'를 부추기고 기존의 불평등한 사회 체제를 정당화한다는 비판을 가했다. 그러한 시각에 따르면, 대중문화는 노동계급의 수동성과 무관심을 조장하는 자본주의의 도구에 지나지 않기 때문에 단호히 거부해야 할 '아편'과도 같은 것이었다.

프랑크푸르트학파로 일컬어지는 테오도어 아도르노 Theodor W. Adorno, 1903~1969와 막스 호르크하이머 Max Horkheimer, 1895~1973는 1940~60년대에 걸쳐 좌파적 관점에서 대중문화에 대해 그런 비판을 했는데, 이들은 파시즘이 승리한 이유에 대해 기존 마르크스주의 이론이 아무런 설명도 해줄 수 없다는 데서 출발했다. 경제적으로 '모순'이 격화되었

★
막스 호르크하이머(왼쪽)와 테어도어 아도르노(오른쪽). 이들은 좌파적 관점에서 대중문화가 기존의 불평등한 사회 체제를 정당화한다고 비판했다.

다고 해서 그것이 필연적으로 사회주의 혁명으로 연결되기는커녕 반대로 파시즘의 승리로 귀착된 것은 마르크스주의 이론과는 다른 설명이 필요하다는 것이었다.[24]

그러나 그들의 대중문화 비판이 단지 좌파적 관점 때문만이었을까? 조안 홀로우즈Joanne Hollows는 다른 견해를 제시한다. "아도르노와 호르크하이머는 자본주의 사회의 경제적 불평등에 관심을 집중함으로써 그들이 대중문화를 혐오한다는 사실을 숨기고 있는데, 그러한 혐오는 교양 있는 부르주아지라는 그들의 특권적인 위치에서 생겨난 것이다."[25]

논란의 소지가 있는 주장이나 음미해볼 가치는 있다. 앞서 지적했듯이, 한 가지 분명한 사실은 대중문화에 대한 비판은 이념의 좌우와는 무관하게 이루어지고 있고 비판자의 개인적인 입지와 취향에 따라 다양한 모습을 보인다는 것이다.

그러나 대중문화의 문제점을 인정하면서도 대중문화의 장점에 더 주목하는 사람들도 있었다. 그런 사람들은 이념의 좌우를 막론하고 대중문화를 매스 컬처mass culture가 아닌 파퓰러 컬처popular culture로 이해하고자 했다. 우리말로는 둘 다 '대중문화'로 번역하지만 그 숨은 뜻에는 큰 차이가 있다.

매스 컬처에서 '매스'는 한 집단의 성원이나 개인이라기보다는 무차별적인 집합체를 의미하는 것으로 경멸적인 성격을 띠고 있다. 심지어 폭력을 휘두르거나 말썽을 일으킬 것 같은 군중mob을 의미하기도 한다. 그래서 매스 컬처에는 상업주의, 획일성, 저속성 등의 부정적 의미가 내포되어 있다. 반면 '일반적으로 넓게 확산되어 있으며 동의되고 있는'이라고 정의될 수 있는 '파퓰러'라는 단어에는 "인기가 있다"와 "민주적이다"라는 두 가지 긍정적인 뜻이 있다. 요컨대, 파퓰러 컬처에는 민주적 성격에 대한 기대와 희망이 담겨 있는 것이다.[26]

일부 학자는 파퓰러 컬처를 기존의 대중문화와 구별하기 위해 일부러 '민중 문화'라고 번역하는데, 그러나 민중 문화라는 개념은 기존 사회 체제의 '지배 문화'에 저항한다는 의미에서 '저항 문화'라는 뜻에 가까우며, 실제로는 많은 사람이 매스 컬처나 파퓰러 컬처를 모두 '대중문화'라고 부르고 있다. 똑같은 문화적 현상을 보더라도 그것을 부정적으로 보느냐 또는 긍정적으로 보느냐에 따라 매스 컬처 또는 파퓰러 컬처라고 달리 부르는 것이다.

사실 오늘날 저항 문화라는 개념은 크게 달라지고 있다. '지배 문화 대 저항 문화' 또는 '대중문화 대 민중 문화' 니 하는 이분법적 분류는 우리의 문화 현실을 설명하는 데 잘 들어맞지 않는다. 예컨대, 10대들이 열광해 마지않는 대중문화에도 기존 사회 체제에 대한 저항성이 어느 정도 담겨 있으며 10대들은 그 저항성을 읽어내고자 한다. 대중문화의 주요 기능으로 비판받아온 '현실 도피'도 수용자의 의지가 앞선다면 능동적인 '기분 전환'이 될 수 있는 것이다. 따라서 중요한 건 한 개인에 의해 문화 상품이 소비되고 수용되는 과정과 상황이다.

예컨대, 미국 상류층의 음모와 사랑을 다뤘던 텔레비전 드라마 〈댈러스〉를 보자. 90개 이상의 국가에서 이 드라마가 방영될 때는 "거짓말같이 거리가 텅 비고 수도 사용량이 극적으로 떨어졌다." 그래서 1983년 2월 프랑스 문화부 장관 자크 랑Jack Lang은 〈댈러스〉가 "미국 문화 제국주의*의 상징"이라고 주장했다.[27] 실제로 이 드라마는 많은 사람에게 미국의 제국주의 이데올로기를 전파하는 프로그램으로 간주되었다. 그래서 어떤 사람들은 〈댈러스〉를 시청하는 것에 죄책감을 느꼈고, 다른 사람들은 만약 그 프로그램의 '위험성을 안다'면 봐도 괜찮다고 주장할 정도였다.[28]

〈댈러스〉는 네덜란드에서 전 인구의 52퍼센트가 시청했을 정도로 대인기를 누렸다. 이에 네덜란드의 여성학자 이엔 앙Ien Ang은 『댈러스 보기Watching Dallas, 1982』라는 책을 펴냈다.[29] 〈댈러스〉에 대한 네덜란드 여성 팬들의 반응을 조사한 책이다. 앙은 이 책을 쓰기 위해 여

★
1978년 전 세계적으로 선풍적인 인기를 끌었던 미국 드라마 〈댈러스〉. 이 드라마는 많은 사람들에게 미국의 제국주의 이데올로기를 전파하는 프로그램으로 간주되었다.

성지에 다음과 같은 내용의 광고를 실었다.

"저는 TV 시리즈 〈댈러스〉를 즐겨 보지만 때로는 이상한 반발감도 느낍니다. 그걸 왜 보기 좋아하는지 또는 왜 싫어하는지, 어떤 분이라도 제게 그 이유를 써 보내줄 수 없을까요? 저는 이러한 반응들을 제 대학 논문에 반영하고자 합니다." [30]

앙은 〈댈러스〉의 팬들과 안티 팬들 양측에서 받은 편지들을 연구에 활용했다. 이 연구에서 나온 한 가지 중요한 발견은 네덜란드 여성들이 〈댈러스〉를 통해 미국 부자들의 사랑에서도 여성은 항상 차별당하고 슬픔을 독차지한다는 것을 느낄 수 있었다는 점이다. 앙은 이를 '정서적 리얼리즘emotional realism'이라고 불렀다. 시청자들은 드라마의 많은 것 가운데 자신이 관심 있는 정서만을 골라서 시청하게 되

고 그걸 통해서 현실감이나 사실감을 느낀다는 것이다.[31]

수용자*의 능동성을 강조하는 대표적인 대중문화 이론가인 존 피스크John Fiske는 스타에 열광하는 10대들에 대해서도 그들을 '문화 상품에 의해 조종되는 생각 없는 꼭두각시'로 보는 태도를 거부하면서 다음과 같이 말한다.

"팬들은 마돈나의 노래와 이미지를 통해 자신들 속에 내재된 특수한 경험을 밖으로 드러냅니다. 흔히 알려진 것과는 달리 미국에서는 남성들보다는 젊은 여성들이 마돈나에 더욱 열광하지요. 그 이유는 마돈나가 그동안 가부장제 사회구조 속에서 순종과 억압을 강요받아 온 미국 여성들에게 적극적이고 공격적인 욕구 분출의 상징으로 인식되기 때문입니다. 미국 남성들은 마돈나의 대담하고 가공할 만한 성적 매력에 오히려 위축당하고, 따라서 거부감을 느끼는 쪽이지요."[32]

수용자의 능동성을 알게 된 건 대중문화를 다시 보게 되는 새로운 발견이었지만, 일부 학자는 그 능동성을 과대평가한 나머지 대중에게 아첨을 하는 게 아니냐는 비판을 받기도 한다. 수용자의 능동성에도 불구하고 대중문화의 여러 특성 가운데 가장 중요한 것은 그것이 이윤 극대화를 추구하는 자본 논리의 지배를 받는다는 점이다. 거칠게 말하자면, 대중문화는 소비자의 주머니를 겨냥해서 만들어지는 문화다. 그것도 더 많은 소비자를 끌어들이기 위해 용의주도한 마케팅 기법이 따라붙는 문화다.

그것이 꼭 나쁘다는 뜻은 아니다. 어느 가수가 10대 여학생들이 많이 사줄 것을 기대하고 그들의 취향에 맞게 음반을 만들었다 해도,

그 음반을 산 여학생들이 지불한 돈에 상응하거나 그 이상의 만족을 얻는다면 그것이 무슨 문제가 되겠는가.

다만 문제는 대중문화를 이용하고 받아들이는 수용자가 늘 현명한 건 아니며 대중문화 상품을 만드는 사람들이 그 점을 노릴 때가 많다는 데 있다. 수용자가 현명하다면 퇴폐적인 저질 대중문화 상품이 큰 인기를 얻지 못해야 마땅하겠건만, 현실은 꼭 그렇지 않다. 따라서 대중문화는 그 생산자의 건전한 양식과 수용자의 올바른 자세가 갖추어질 때 비로소 우리 사회에 매우 유익한 것이 될 수 있지 않을까? 물론 "꼭 모든 게 유익해야만 하느냐"고 항변하면 별로 할 말은 없지만 말이다.

왜 부르디외는
취향은
계급이라고 하나

프랑스의 사회학자 피에르 부르디외Pierre Bourdieu, 1930~2002는 시골 출신으로 파리에서 대학 생활에 적응하는 데 큰 어려움과 갈등을 겪었다. 남부 사투리를 쓴다고 푸대접도 꽤 받은 모양이다. 그는 그 갈등이 왜 생기는 것이며 어떻게 풀어야 하는지에 대해 몰두하기 시작했다.

대학 교육이 요구하는 기준·틀·수준 등은 부르디외가 그동안 가지고 있었던 그것과는 판이하게 달랐다. 대학이라는 '상징적 가치'가 자라온 환경과 경험을 통해, 터득하고 지니고 있던 그의 모든 것보다 우월한 것으로 받아들여졌고, 또 그렇기 때문에 그는 자신의 온갖 촌스러움을 내던짐으로써만 대학에 적응할 수 있었다. 그가 사회학에 관심이 깊어지게 된 데에는 이런 개인적 경험의 영향이 다분

★ 부르디외는 시골 출신으로 파리에서 대학 생활에 적응하는 데 큰 어려움을 겪었는데 이런 경험을 통해 문화적 자본에 깊은 관심을 가지기 시작했다.

히 작용했다.[33]

우리는 왜 자본 하면 '경제적 자본'만을 생각하는가? 그런 의문을 품은 부르디외는 자본을 네 가지 유형으로 구분했다. 경제적 자본(전통적 의미의 자본), 문화적 자본(가족과 학교에서 얻는 지적·미학적 능력과 자격), 사회적 자본(연고와 사교 활동으로 맺는 사회적 관계), 상징적 자본(신용·명예·인정) 등이 바로 그것이다.

왜 이렇게 구분해야 하는 걸까? 우리 주변을 둘러보자. 아무리 자본주의 사회라곤 하지만 오직 '돈'만이 힘을 쓰는 건 아니다. 기업가, 정치인, 대학교수, 예술가, 시민운동가, 지역 원로 등등 여러 유형의 사람들을 생각해보자. 기업가를 제외한 나머지 사람들은 돈이 얼마 없지만 얼마든지 사회적으로 큰 영향력을 행사할 수 있다.

대중문화 연구의 관점에서 우리가 가장 주목할 만한 것은 문화적 자본이다. 부르디외는 노동계급의 젊은이가 성공에 이르는 길에 있어서 당면하는 장벽은 물질적 불평등뿐만 아니라 문화적 자본의 결여라고 말한다. 교육적 자본은 문화적 자본의 일부다. 문화적 자본은 일상적 삶의 휴식과 여가 문화를 통해 전달되는 만큼 집이 가난한 학생은 부자인 학생에 비해 아무래도 불리한 입장에 놓일 수밖에 없다.

그래서 부르디외의 이론에서 가족 문화는 매우 중요한 의미를 지닌다. 이와 관련해 그가 제시하는 개념이 바로 '아비투스habitus'다. 아비투스는 습관habitude처럼 자신도 의식하지 못한 채 독특한 행위 성향으로 드러나는 것이지만 습관과는 다르다. 습관이 반복적, 기계적, 자동적인 것으로서 기존 질서를 반복해서 재생산하는 것이라면 아비투스는 기존 질서를 변형시키면서 재생산하는 것이기 때문이다.[34]

아비투스는 어려서부터 가족에서 내재화된다. 그것은 도덕, 금기, 걱정, 행동 규칙, 취향에 있어서 교훈의 형태로 가족에 의해 매개된다. 가정은 개인의 아비투스가 형성되는 장소지만, 무의식적 계획들을 의식적으로 전달하는 일은 교육 제도가 맡고 있다. 학교의 기능은 사회의 집단적 유산을 개인적이며 공통적인 무의식으로 전환시키는 것이다.

하층계급의 아비투스는 경제적으로 제한되고 억압적 존재 상황의 어려움을 현실적 쾌락주의와 같은 라이프스타일의 미덕으로 전환시킨다. 하층계급은 문화 상품의 삶과 관련된 실제적 기능을 강조하고 양을 중시한다. 또 소비 대상의 내용을 중시한다. 반면 중상층 문화

★ 부르디외에 따르면 바이올린이나 기타 같은 악기 연주도 한 개인의 취향보다는 그들이 속한 계급의 영향을 받는다. 또 음악에 대한 기호만큼 그 사람의 계급을 확인시켜주는 것도 없으며, 그것만큼 확실한 분류 기준도 없다고 주장한다.

계급은 실용적이고 기능 지향적인 취향을 거부한다. 그건 하층 계급의 라이프스타일이기 때문이다. 그들은 형식을 강조하고 질을 중시한다. 또 소비의 방법과 매너를 중시한다.[35]

어느 상류층 인사가 삼겹살을 좋아한다거나 소주를 좋아한다고 그러면 많은 사람이 그 사람은 '서민적'이라는 인상을 받는다. 재벌 총수는 자신의 홍보를 위해 서민적으로 보이는 것도 좋겠지만, 상류층이 되고 싶은 중류층은 서민적으로 보이는 것을 싫어한다. 아니 하류층 사람이라도 사람이 많이 모인 자리에선 가급적 하류층 티를 내지 않으려고 애를 쓸 것이다.

사람들의 그런 노력을 가리켜 부르디외는 '구별짓기distinction'라고 불렀다. 좀 어렵게 말하자면, 구별짓기는 행위자들이 사회적인 구별을 확실히 하고 서로 구분되는 인지認知 양식을 확보하기 위해 사용하는 전략을 가리킨다. 좀 쉽게 말하자면, 사람들이 명품을 좋아하는 이유가 바로 구별짓기를 위한 것이다.

부르디외는 음악에 관한 이야기를 하는 데에 반감을 가지고 있다. 그 이유가 재미있다. 음악에 대한 이야기는 가장 인기 있는 지적知的 과시의 기회 가운데 하나이기 때문이라는 것이다. 음악에 관해 말하는 것은 자신의 교양의 폭과 해박성을 표현하는 훌륭한 기회인데, 그것이 못마땅하다는 것이다. 음악에 대한 기호만큼 그 사람의 계급을 확인시켜주는 것도 없으며, 또한 그것만큼 확실한 분류 기준도 없다는 게 그의 주장이다.[36]

부르디외는 미적으로 편협하다는 것은 가공할 폭력성을 지니고 있다는 점을 상기시키면서, 기호는 혐오와 분리할 수 없다고 단언한다. 다른 삶의 양식에 대한 혐오는 계급 사이의 가장 두터운 장벽 가운데 하나라는 것이다.[37] 가끔 드라마나 소설에서 묘사되듯이, 미혼 시절엔 빈부 격차를 뛰어넘어 뜨겁게 연애하던 남녀가 결혼 후 심각한 갈등을 일으키는 것 가운데 하나가 그간의 빈부 격차로 인해 형성된 미적 감수성 또는 취향이다.

부르디외가 보기에, 우리가 예술 작품에 대해 취하는 태도는 미학적 느낌의 자발적 결과가 아니라 교육 과정의 사회적 산물이다. 거기서 미적 판단은 계급과 밀접한 관련이 있다. 이건 매우 중요한 의미를 지닌다. 만약 예술 작품에 대한 우리의 감상이 요리나 스포츠에 대한 우리의 태도를 지배하는 논리와 똑같은 논리에 의해 지배된다면 미적 판단의 유효성은 상실될 것이기 때문이다.

우리는 대중문화에 대한 태도에서도 자신의 문화적 자본을 과시하기 위한 구별짓기 현상을 얼마든지 목격할 수 있다. 예컨대, 어떤 영화를 좋아하는 이유를 말할 때에도 특정 스타보다는 감독 때문이라고 말하거나 너무 대중적인 스타보다는 덜 알려진 연기자를 좋아한다고 말하는 게 훨씬 지적이고 고급스럽게 보인다. 이와 관련, 폴 맥도널드Paul McDonald는 다음과 같이 말한다.

"어떤 사람들이 유럽의 예술 영화에 나오는 잘 알려지지 않은 배우, 예컨대 장 피에르 레오Jean-Pierre Léaud를 좋아한다고 말한다면, 그들은 암암리에 자신들을 대중적인 배우를 좋아하는 사람들과 구분하고 있는 것이다. 그들은 '내 취향은 당신의 취향에 비해 고급스러운 것이다'라고 넌지시 말하는 것이다. …… 실베스터 스탤론이나 아널드 슈워제네거를 좋아하는 것보다 로버트 드 니로를 좋아하는 것이 훨씬 더 제대로 된 입장이고 문화적으로 더 높은 지위를 가진 것처럼 보일 것이다." [38]

영화와 관련해서 나타나는 이런 구별짓기는 다른 대중문화는 물론 우리의 소비 생활에서도 그대로 드러나고 있다. 청소년들이 휴대폰, 그것도 가급적이면 최첨단 성능을 가진 최신 스마트폰에 집착하는 것도 바로 그런 이유가 작용하는 건 아닐까?

왜 코카콜라 그림 한 장이 390억 원에 팔렸을까

"미국 팝아트의 선구자 앤디 워홀의 흑백 그림 '코카콜라'가 2010년 11월 9일 뉴욕 소더비 경매에서 3,536만 달러(약 390억 원)에 판매됐다고 소더비 경매 측이 밝혔다."[39]

아니 어떻게 해서 코카콜라 병을 그린 그림 한 장이 390억 원이나 한단 말인가? 이 의문에 답하기 위해선 팝아트의 탄생 배경을 살펴볼 필요가 있다. 우리에게는 미국의 미술가 앤디 워홀Andy Warhol, 1928~1987이 실크스크린으로 찍어 만든 마릴린 먼로와 존 F. 케네디의 초상 그리고 코카콜라나 캠벨 스프 같은 상품 그림들로 잘 알려진 팝아트는 영국의 미술 평론가 로런스 앨러웨이Lawrence Alloway, 1926~1990가 1950년대 초에 처음 사용한 용어지만, 그것이 세상 사람들의 큰 관심을 끌게 된 것은 최근의 일이다.

기존의 고급문화 영역에서 대중문화에 대한 긍정적 반응이 가장 잘 나타난 경우라고 볼 수 있는 팝아트의 표현법에는 유화, 조각, 콜라주, 판화 등 시각예술의 여러 작업들이 포함된다. 팝아트는 현실 자체를 대상으로 하지 않는다. 그래픽 디자인이나 대중매체 가운데에서 발견되는 가공된 현실을 음미의 대상으로 삼을 따름이다. 따라서 거기에서는 광고, 디자인, 회화의 경계가 모호해진다.

이는 현대 도시민에게 주변 환경이 거의 완전히 인공적인 것으로 대체되었다는 것을 의미한다. 사실 도시에서 자연을 어떻게 만날 수 있겠는가? 우리는 광고와 텔레비전과 그 밖의 매체들로 가득 찬 숲에서 살고 있다고 해도 지나친 말은 아니다. 요컨대, 고급문화의 환경 자체가 변화되었다는 뜻이다.

그렇게 본다면 팝아트가 런던과 뉴욕 등 서구 소비사회의 중심지에서 발생한 건 너무도 당연한 일인지 모른다. 팝아트가 처음 선보였을 때, 일부 비평가는 그것이 상업적 작가들의 작업을 모사하는 표절이라고 비난했으며, 또 어떤 비평가는 팝아트가 피상적이며 퇴폐적인 예술 형식이라고 비판했다. 자본주의와 소비주의의 가장 좋지 못한 측면들을 무분별하게 재현하고 찬양하는 '반동적 현실주의'라는 것이다.[40]

소수이나마 워홀을 긍정적으로 보는 평론가들도 있었다. 그들은 워홀을 상업예술의 기법을 사용해 대중문화의 진부함과 강한 잠식력을 폭로하는 사회적인 비평가로 평가했다. 이에 대해 사회 풍자로써의 팝아트는 미술 평론가들이 만든 일종의 허구에 불과하다는 재반

론이 제기되기도 했다.⁴¹

워홀을 어떻게 평가하든, 우선 팝아트를 이해하기 위해 1950~60년대의 시대 상황을 살펴볼 필요가 있을 것 같다. 당시 서구 소비사회의 풍조를 극명하게 요약해주는 표어는 "나는 소비한다. 고로 존재한다"였다. 영국의 선구적 팝아티스트인 리처드 해밀턴Richard Hamilton, 1922-2011이 1950년대에 순수 예술가이기를 고집하는 것은 정신분열증 환자처럼 자기 분열을 감내하겠다는 것과 다르지 않다고 말한 것도 아마 그런 시대적 상황을 무시하는 것에 대한 항변이었을 것이다.⁴²

같은 맥락에서 팝아트의 소비주의에 대한 찬양은 당시 서구의 생활수준에 괄목할 만한 증진이 있었기 때문에 정당화될 수 있다고 말하는 사람들도 있다. 또 팝아트에는 어느 정도 우상파괴적인 면이 있어, 그때까지 경시되던 상업적 예술을 사용하여, 고급문화의 영역 속에 일종의 '억압받던 것'을 복귀시켰다는 평가도 있다.⁴³ 팝아트의 소비주의와의 타협에 대해선 워홀의 대담할 정도로 솔직한 견해를 듣는 것이 좋을 것이다. 그는 다음과 같이 말한다.

"이 나라, 아메리카의 위대성은 가장 부유한 소비자들도 본질적으로는 가장 빈곤한 소비자들과 똑같은 것을 구입한다는 전통을 세웠다는 점이다. 이렇게 생각해보자. 즉, 여러분은 TV를 시청하면서 코카콜라를 볼 수 있는데, 여러분은 대통령 또는 리즈 테일러가 그것을 마신다는 것을 알고 있으며, 여러분도 마찬가지로 그것을 마실 수 있다. 콜라는 그저 콜라일 뿐, 아무리 큰돈을 준다 하더라도 길모퉁이에서 건달이 빨아대고 있는 콜라와는 다른, 어떤 더 좋은 콜라를 살 수

★ 코카콜라 간판으로 도배된 필리핀 빈민가. 부자든 빈자든 모든 사람은 똑같은 콜라를 마신다.

는 없다. 모든 콜라는 똑같은 것으로 통용된다. 리즈 테일러도 거렁뱅이도, 그리고 여러분도 그 점을 알고 있다."⁴⁴

영국의 미술 평론가인 존 워커John A. Walker는 대량생산이 산업사회의 모든 사람들로 하여금 동일한 제품을 즐길 수 있게 하며, 문화의 평준화와 사회적 관습의 통일을 가져오기 때문에 워홀의 견해에 타당성이 없는 것은 아니나 그의 정치사회적 이해는 지나치게 어설픈 데다 순진하기까지 하다고 지적한다. 즉, 워홀은 코카콜라와 같은 청량음료가 사회적으로 유익하며 필요한 것인지, 또 그것이 사회적 공익이 아니라 개인적 이익이라는 이해관계에 따라 제조된다는 사실에는 전혀 관심을 기울이지 않고 있다는 것이다.

그러나 워커는 워홀을 비롯한 팝아티스트들의 팝아트가 그것을 공격하는 사람들이 동의하고 있는 것보다 훨씬 복잡하고 모호하며 여러 뿌리가 뒤섞인 것이라는 점을 인정하면서, 산업사회에 맞는 상

업예술을 제작하기 위해 예술의 생산방식을 산업화했다는 점에서 워홀을 높이 평가해야 한다고 말한다.[45]

그 연장선상에서 워커는 워홀이 예술의 상업적 차원을 간파한 점을 높이 평가한다. 워홀은 자본주의 제도 속에서 예술의 자본주의적 본성을 기꺼이 정직하게 직시하려는 극소수 현대 예술가 가운데 한 사람이라는 것이다. 그래서 워커는 워홀이야말로 '자본주의 리얼리즘 작가'라고 부를 만하다고 말한다.[46]

그러나 여전히 동의하지 않을 사람도 많을 것이다. 워홀의 생각뿐만 아니라 작업 방식도 기존의 예술계 풍토에 비추어 이단적이며 불온했기 때문이다. 그는 많은 직원을 거느린 사업체를 운영하면서 '워

★ 실베스터 스탤론(가운데)과 함께 있는 앤디 워홀(오른쪽). 사실 워홀은 호전적이라고 해도 좋을 정도로 명성에 집착한 인물이었다.

홀'이라는 이름을 일종의 제조 상표로 이용했다. 워홀은 자신의 작업을 '비즈니스 아트business art'라 부르면서 다음과 같이 주장했다.

"비즈니스 아트는 예술 다음에 오는 단계다. 나는 스스로가 상업적 예술가이기를 주장했고, 이제는 비즈니스, 즉 사업 예술가로서 끝마무리를 지으려 한다. …… 사업에서 성공한다는 것은 가장 매력적인 종류의 예술이다. …… 돈을 번다는 것은 예술이며, 일한다는 것도 예술이며, 훌륭한 사업은 최상의 예술인 것이다."[47]

워홀은 자신을 '기계'로 간주하면서 자신의 아틀리에를 '공장factory'이라고 불렀는데, 실제로 그는 작품을 기계처럼 대량생산해냈다. 2012년 9월에 나온 다음과 같은 기사 하나가 그걸 잘 말해준다. "팝아트의 거장 고 앤디 워홀의 작품 2만여 점이 세계적인 미술품 경매업체 크리스티에 나온다. …… 가치는 1억 달러(약 1,134억 원)가 넘을 것으로 추정됐다."[48]

작품이 2만여 점이나 되면 희소성이 거의 없어 값이 안 나갈 것 같은데도 그 총액이 1,000억 원이 넘고, 앞서 살펴본 것처럼 코카콜라 그림 한 장이 390억 원이나 하는 것은 팝아트의 역사적 의미를 높이 평가한 가운데 팝아트의 주도적 인물인 워홀이 워낙 유명한 인물이기 때문일 것이다. 사실 워홀은 호전적이라고 해도 좋을 정도로 명성에 집착한 인물이었다. 그는 1968년 자신의 전시회 카탈로그에 "미래에는 모두가 15분 동안 세계적으로 유명해질 것"이라고 썼는데, 이 또한 그가 선구자였음을 말해주는 걸까?

찰스 데버Charles Derber는 『주목의 추구The Pursuit of Attention, 2000』라는 책

에서 대중문화와 소비자본주의가 개인 수준의 주목에 대한 과도한 욕망을 갖게 했으며, 그 결과 사람들은 오직 자기 자신에 대해서만 말하고 싶어 하기 때문에 사람들 사이의 건전한 대화가 더 이상 불가능해졌다고 주장했다. 사실 요즘 시대를 가리켜 '주목 경제attention economy'의 시대라고 한다. 세인의 주목을 받는 것이 경제적 성패의 주요 변수가 된 경제를 말한다. 관심 경제라고도 한다.[49]

자신을 팔기 위해 남들의 주목을 받아야만 살 수 있다는 점에서 우리는 주목 경제 시대로 진입한 것이다. 광고·홍보·PR은 전통적인 주목 산업이지만, 이젠 전 산업이 주목 산업화로 나아가고 있다. 사실 사이버 공간의 전부는 아닐망정 일부 공간은 주목 쟁취를 위한 아수라장이라고 해도 과언이 아니다. 주목을 받아야만 살 수 있는 대표적 직업이 연예인이었는데, 이런 현상을 가리켜 '대중의 연예인화'라고 해야 할까?

감히 팝아트나 워홀을 폄하하기 위해 하는 말은 아니다. 코카콜라 그림 한 장이 390억 원에 팔린 것을 달리 이해할 길이 없어서 해본 생각일 뿐이다. 앞으로 이 책 전반에 걸쳐 남들의 주목을 받기 위한 투쟁이 많은 대중문화 현상의 핵심임을 자주 강조할 것이기에, 미리 예습을 해두자는 뜻도 있다. 이제 다음에 이야기할 '스타' 야말로 주목 투쟁의 승자이자 진수가 아니고 무엇이랴.

2장

스타 시스템의
승자독식주의

왜 스타는 연예 산업의 보험증서가 되었는가

스타는 하늘에서 반짝이는 별처럼 보통 사람이 접근하기 어렵다. 우리는 하늘에 떠 있는 별을 보면서 나름대로 즐기거나 동경의 대상으로 삼을 수는 있어도 별을 만지거나 가질 수는 없다. 대중문화 분야에서 활동하는 유명한 연예인은 하늘에 떠 있는 별과 같다. 대중의 뜨거운 사랑을 받는 유명 연예인들을 일컬어 스타라고 부르는 건, 아마도 그들을 멀리서 바라보기만 해야 하는 대중의 운명을 말해주는 것인지도 모른다.

"스타는 집단적 무의식의 심연에서 만들어진다"는 주장이 있다.[1] 미국의 역사학자 아서 슐레진저Arthur Schlesinger, Jr., 1917~2007는 "영화가 미국의 상상력의 가장 강력한 표현 매체라고 하는 사실은 영화가 단지 겉모습만이 아닌 미국 생활의 신비에 대해 무언가 할 말이 있다는 것을 강력히 시사하는 것이다"라고 말한다. 영화는 "미국의 감정과 매우 중요한 관계를 갖고 있으며, 국가적 의식의 핵심에 근접해 있다"는 것이다.[2]

스타가 집단적 무의식의 심연에서 만들어진다는 것을 인정하더라도 우리가 동시에 주목해야 할 점은 영화가 현실을 어느 정도 반영하고 어떤 신화로 기능하든 그것은 철저한 상업적 계산이라는 지배로부터 자유롭지 못하다는 사실일 것이다. 즉, '집단적 무의식'의 변화에 따라 스타의 유형과 특성도 달라지겠지만, 그 유형과 특성의 경계를 넘나들면서 스타의 제조와 마케팅이 가능하다고 말할 수 있을 것이다.

연예계의 스타는 하늘의 별처럼 자연스러운 존재는 아니다. 스타는 만들어졌다. 원래 스타는 원시적인 형태나마 18세기의 연극에서 비롯되었다. 이때는 연극이 순회공연이나 부자의 자선에 의존하던 데에서 탈피하여 경제적으로 독립하고 연극인이 사회적으로 대우받는 직업인으로 등장한 시점이었다. 사람들은 연극의 재미를 자신들이 좋아하는 배우의 연기를 통해서 만끽하고자 했다.

연극인들이 더 많은 사람들을 끌어들이기 위해 스타를 만들어내야 한다는 것을 깨닫는 데엔 그리 오랜 시간이 걸리지 않았다. 독일 극작가 베르톨트 브레히트Bertolt Brecht, 1898~1956는 연극이 주연급 배우를 만들어놓고 다른 배우들을 그 주연배우에 종속시키는 것을 개탄했지만, 연극의 상업적 생존과 발전은 대중의 비위를 맞추지 않고선 불가능한 것이었다.

스타는 두말할 필요 없이 대중의 큰 인기를 누리는 배우를 말한다. 그러나 연기라는 관점에선 배우 개인의 개성이 극 중 인물의 성격을 압도하거나 그 성격에 혼합되어 나타날 때 그 배우를 스타라고 말할 수 있다. 극의 내용과 연출의 장점으로 많은 관객을 끌어모으기엔 여러 가지 어려운 점이 있을 뿐만 아니라 극이 바뀔 때마다 새로운 홍보를 해야 하는 명백한 한계가 있기 때문에 이를 극복해 상업적 성공을 거두기 위해 스타가 필요하게 된 것이다.

우리가 오늘날 흔히 말하는 스타 시스템은 1910년 중반부터 할리우드에 도입되었다. 1910년 이전에는 배우 이름이 영화의 자막에 나타나지도 않았다. 영화 제작자들이 배우들의 이름이 널리 알려질 경우, 그들이 높은 출연료를 요구할지도 모른다는 점을 우려했기 때문이다. 그러나 대중은 어떠한 방식으로든 좋아하는 배우에게 이름을 붙이기 마련이었다.[3]

물론 영화사는 스타의 이름이 돈을 버는 데 큰 도움이 된다는 것을 깨달았다. 영화 산업은 도박과 비슷했다. 영화가 성공하면 큰돈을 벌지만 실패하면 큰 손해를 봐야 했다. 영화 제작자들은 자신들이 만드는 영화가 성공할 것인지 실패할 것인지 예측하기가 어려웠다. 그러나 그들은 곧, 스타를 출연시키면 성공할 가능성이 매우 높다는 것을 알아챘다. 스타를 영화 산업의 보험이라고 부르는 건 바로 그런 이유 때문이다. 즉, 스타는 전통적으로 부침이 심한 영화 산업에 안정성을 가져다준 것이다. 당연히 영화사들은 보험증서로서의 스타를 적극적으로 양성하기 시작했다.[4]

1940년대엔 할리우드에 새로운 변화의 바람이 불었다. 1938년부터 1948년까지 10년간의 법정 투쟁 끝에, 미국 정부는 영화업자들이 극장까지 소유하는 수직적 통제가 상거래에 제약을 주고 독점화를 조장한다는 대법원 판결을 얻어냈다. 이에 따라 메이저 스튜디오들은 1952년까지 그들이 소유하고 있던 극장들을 포기해야만 했다.

이 판결 이후 영화사들의 세력은 약화되기 시작해 스타와의 관계에서 예전처럼 막강한 지배력을 행사하지 못하게 되었으며 스타는 더욱 까다로운 요구 조건을 내걸고 스스로 인기를 관리하는 체제로 들어갔다. 이는 새로운 스타 시스템의 탄생을 예고하는 것이었다. 스타 시스템은 스튜디오 체제에서 스타의 직접적인 관리 체제로 변화되어 스타 자신이 독립적인 기업으로 성장하는 양상을 보이기

★
톰 크루즈(위), 브루스 윌리스(가운데), 톰 행크스(아래) 등은 2002년 당시 영화 한 편 출연료로 2,500만 달러를 받았다.

시작했다. 그와 더불어 스타의 가치를 극대화하기 위한 영화사와 스타의 공조 체제는 오히려 더욱 강화되었다.

그런 이유로 할리우드 스타들의 개런티는 날로 치솟고 있다. 2002년 봄에 드디어 '2,500만 달러 클럽'이 탄생했다. 영화 한 편 출연료가 2,500만 달러라는 것이다. 이 클럽에 속한 스타는 짐 캐리, 톰 크루즈, 해리슨 포드, 멜 깁슨, 톰 행크스, 마이크 마이어스, 줄리아 로버츠, 애덤 샌들러, 브루스 윌리스 등이었다.[5]

스타의 가치가 치솟으면서 투자자들이 스타를 직접 잡는 수준으로까지 나아갔다. "메릴린치(증권사)가 톰 크루즈에게 5억 달러를 꽂았다." 2007년 6월 영화 산업 전문지 『버라이어티Variety』의 기사 제목이다. 할리우드의 대형 투자자들이 자신에게 돌아오는 몫을 더 키우기 위해 20세기 폭스, 워너 브라더스 등 메이저 제작사가 아니라 스타 배우와 감독에게 직접 투자하는 사례가 급증하고 있다는 것이다.[6]

다수의 이름 없는 영화계 종사자들은 기본적인 생계 유지에도 허덕이는 반면, 스타들은 영화 한 편에 수천만 달러를 챙겨가는 건 영화를 도박으로, 영화 산업을 도박 산업으로 이해하면 간단히 풀리는 문제일까?[7] 더욱 큰 문제는 그런 도박적인 양극화가 사회 전 분야로 파급된다는 데 있다. 이는 6장의 「왜 영화는 도박 산업이 되었나」에서 자세히 살펴보기로 하자.

규모는 작을망정 한국도 다르지 않다. 관객이 자신이 좋아하는 스타 위주로 영화를 선택한 것은 1960년대에 가장 심했던 것 같다. 그래서 주연급 배우들이 동시에 서너 편의 영화에 겹치기 출연하는 것은

★ 신성일 주연의 1974년작 〈별들의 고향〉. 신성일은 한때 12편의 영화에 동시 출연하는 등 엄청난 스타 파워를 발휘했다.

예사였고, 신성일은 한때 12편의 영화에 동시 출연하는 기록을 세우기도 했다. 신성일은 해마다 최다 출연 기록을 갱신해나갔는데, 1962년 5편, 1963년 22편, 1965년 38편(국내 영화 총 제작 161편), 1967년엔 65편(국내 영화 총 제작 185편)을 기록했다.[8] 그가 주연을 한 영화는 총 506편에 이르렀다.[9]

오늘날 그런 겹치기 출연은 사라졌지만, 스타 파워는 건재하다. 영화평론가 김영진은 2005년 충무로에선 스타가 없으면 신작 영화의 투자가 여간해선 성사되지 않는다며 "스타가 없으면 투자하지 않겠다는 투자배급사의 인식, 스타가 없으면 다루지 않겠다는 언론의 관행, 스타가 없으면 재미가 없을 것이라고 여기는 관객의 습관이 합해져 지금 스타들의 몸값은 유례없이 치솟고 있다"고 말했다.[10] 『동아일보』는 "감독이 배우 한번 만나려고 3개월을 기다린다. 프로듀서는 '제발 배우에게 책(시나리오)을 전해달라' 며 로드매니저에게 돈을 찔러줘야 할 때도 있다. 개런티로도 모자라 제작사 지분의 50퍼센트를 떼어주지 않으면 출연하지 않겠다는 배우도 있다"고 했다.[11]

텔레비전도 영화의 스타 시스템을 물려받았다. 시청자의 리모컨 조작으로 인해 순간적으로 승부가 나는 텔레비전은 영화에 비해 훨씬 소심하다. 행여 시청자가 채널을 돌리기 전 스타라는 '고정 상품' 으로 시청자를 붙잡아야 할 필요가 텔레비전 쪽이 훨씬 큰 셈이다. 바로 그런 이유로 해서 텔레비전은 스타에게 돈을 아끼지 않는다.

대중문화의 '스타의, 스타에 의한, 스타를 위한' 시스템은 언론 산업의 가세로 더욱 굳어진다. 오래전부터 할리우드에선 "가십을 지배하는 자가 할리우드를 지배한다"는 말이 통용되어왔다. 할리우드의 그러한 전통은 오늘날에까지 이어져 내려오고 있다. 에드가 모랭Edgar Morin이 언론 매체의 "가십들은 부산물이 아니라, '스타 시스템' 을 키우는 플랑크톤" 이라고 말하는 것도 무리는 아니다.[12]

오히려 오늘날에는 활자 매체가 그 자체의 생존을 위해 더욱 스타를 판매하는 데 혈안이 돼 있다. 신문들은 날이 갈수록 연예 기사의 비중을 늘리고 있으며, 연예 기사는 주로 스타에게 집중되고 있다. 텔레비전도 스타를 중심으로 해 제작되는 연예 정보 프로그램에 큰 관심을 기울이고 있으며 정규 뉴스 시간에마저 연예 뉴스라는 미명하에 스타 초대석을 마련해 스타의 자질구레한 사생활을 '뉴스'로 다루는 지경에까지 이르렀다. 인터넷은 연예 뉴스가 지배한다고 해도 과언이 아닐 정도로 스타에 관한 각종 기사들이 홍수 사태를 이루고 있다. 스타가 보험증서 수준을 넘어 모든 대중문화 산업을 먹여 살리는 역할을 하고 있는 셈이다.

스타 숭배는 종교적 현상인가

"각 스타의 발밑에 하나의 예배당, 즉 하나의 클럽이 자연스럽게 설립된다. 열광적인 회원이 2만 명도 넘는 '루이스 마리아노 클럽'처럼, 어떤 것은 커져서 대성당이 된다. 아메리카에서는, 각각의 교회가 대성지大聖地인 할리우드를 정기적으로 순례한다. 영화제란, 스타가 친히 자신의 개선식에 강림하는 신의 대축제다. 그때에는 열정이 열광으로, 숭배는 광희狂喜로 바뀔 수 있다. 잡지, 사진, 팬레터, 클럽, 순례, 의식儀式, 영화제, 이것들은 스타 숭배의 기본적인 제도다. …… 어떤 편지는 똑같은 영화를 130번 보았다고 단언하고 있다. 그 편지들은 찬사이며, 환희이며, 황홀이며, 신앙고백이다." [13]

영화 팬들의 광신적인 스타 숭배에 대해 프랑스의 사회학자 에드가 모랭이 『스타』라는 책에서 한 말이다. 이 책은 "야만인은 나무와 돌로 된 우상을 숭배하고, 문명인은 살과 피로 된 우상을 숭배한다"는 조지 버나드 쇼George Bernard Shaw, 1856~1950의 독설로 시작한다.[14]

영화 비평가 파커 타일러Parker Tyler, 1904~1974는 신화가 사실보다 강력할 수 있다는 점에 주목한다. 그의 주장에 따르면, "'욕망'은 인간의 마음과 행동에 '사실'과 똑같은 힘, 아니 그것보다 훨씬 더 큰 힘을 가질 수 있다"는 것이다. 그는 화려한 스타들은 현대의 종교에 의해서는 채워지지 않는 해묵은 욕망을 충족시켜준다고 말한다. "그들의 부, 명성 그리고 아름다움, 모든 종류의 무한한 세속적 쾌락, 이런 조건들은 스타들을 초자연적인 느낌이 들게 만들고 일상적인 좌절의 쓰라림을 모르게 만든다"는 것이다. 그는 심지어 스타는 "인간의 형태를 한 신이다. 이 말을 문자 그대로 받아들여서는 안 되지만, 그렇다고 해서 말의 단순한 멋진 표현도 아니다"고 말한다.[15]

만약 스타가 "인간의 형태를 한 신"이 되었다면, 그렇게 된 이유는 무엇일까? 스타의 탄생은 표준화와 획일화가 급속히 이루어진 대중사회의 출현과 밀접한 관련을 맺고 있다. 개성을 잃어버릴 위기에 처한 대중이 취할 수 있는 대안으로 등장한 것이 개성의 아이콘이라 할 스타를 통한 대리만족이었다. 스타는 개성의 아이콘일 뿐만 아니라 성공의 아이콘이기도 했다.[16] 그런 스타에 대한 '예배'를 드리기 위한 대단히 조직적인 '전도 활동'이 스타들을 팔아 밥을 먹고 사는 기업들과 언론매체에 의해 전개되었다.

스타 숭배 현상을 '친근의 환상illusion of intimacy'이라는 개념으로 설명하는 학자들도 있다.[17] 이 개념은 특히 텔레비전에 더 잘 들어맞는다. 시청자들은 텔레비전을 보면서 스타들과 얼굴을 마주 대하고 있다는 착각을 갖게 된다. 텔레비전의 연예 오락 프로그램을 유심히 보라. 스타들은 카메라의 정면을 응시하는 시선 관리가 뛰어나다는 것을 알 수 있다. 그러한 친근의 환상은 사람들이 텔레비전을 보는 거실, 침실 등 친근한 공간적 환경에 의해 더욱 강화된다.

극단적인 경우지만, 1986년 일본에서 인기 절정의 소녀 가수 오카다 유키코가 투신자살을 했을 때에 30여 명의 청소년들이 연쇄 자살을 했던 가장 큰 이유 가운데 하나도 바로 그러한 환상 때문이었다.

★ 엑스재팬 멤버 히데. 자살로 알려진 그의 죽음으로 세 명의 여학생이 그를 따라 죽었다.

이런 '환상 자살'은 끊이지 않고 있다.

1998년 5월에도 일본의 유명 록그룹 엑스재팬의 기타리스트 히데가 자살을 하자(나중에 '기도폐쇄로 인한 사고사'로 밝혀짐) 세 명의 여학생이 동반 자살을 하고 장례식장에서 120여 명의 팬이 실신을 했다. 그러한 자살 소동이 확산될 조짐을 보이자 엑스재팬의 나머지 멤버들은 긴급 기자회견을 갖고 "팬들이 자살하면 가장 슬퍼할 사람은 히데"라며 자살하지 말라고 호소했으며, 도쿄에서는 중고교 교사들에게 학생들을 타일러달라고 요청하는 공문이 내려가기도 했다. 어느 사회학자는 이러한 현상을 일컬어 '인간 비애의 새로운 장르'라고 명명했다.[18]

우리나라에서 팬들의 우상 숭배는 주로 청소년들에 의해 이루어지고 있다. 최근 들어 청소년의 사랑을 받는 젊은 가수들을 '아이돌idol'이라고 부르는 것은 스타 숭배가 종교적 현상임을 인정하는 작명법이 아닌가 하는 생각마저 든다. 아이돌은 우상이라는 뜻으로 신을 숭배하기 위한 목적으로 신을 표상하는 이미지나 물질적 대상을 의미한다. 종교계에서도 아이돌 숭배가 우상 숭배냐 아니냐 하는 판정을 놓고 엄청난 갈등이 벌어지고 있듯이,[19] 대중문화계에서도 아이돌 스타들을 둘러싸고 뜨거운 논쟁이 벌어지고 있는 게 흥미롭다.

청소년 팬덤fandom●에 대한 사회적 인식은 별로 좋지 않아서 연예인이나 운동선수 등을 맹목적으로 추종하고 따라다니는 극성 여성 팬을 가리켜 '빠순이'라고 한다. '오빠'와 '순이'의 합성어인데, 워낙 널리 쓰여 일반명사처럼 되었다. 팬fan의 신조어인 '빠'와 '마음심心' 자를 조합하여 '빠심'이란 말도 쓰는데, 이는 연예인이나 특정 대상을 극도로 좋아하는 팬의 마음을 의미한다. '빠부심'은 '빠순이 자부심'의 준말로, 그룹이나 한 스타의 팬으로서 자부심을 느낀다는 것을 뜻한다.[20] 빠순이란 단어의 뉘앙스가 시사하듯이, 10대 팬덤 문화를 바라보는 일반 대중의 시선은 부정적이었지만, 그간 진화를 거듭해 이젠 많이 나아졌다. 무엇보다도 빠순이들이 엄마가 되었으니, 어찌 10대 자식들의 정열을 폄하할 수 있으랴.

대부분의 팬덤은 주로 스타 홍보에 치중하지만, 그 열정이 놀랍다. 기자들을 직접 상대하는 것은 물론이고, 좋아하는 연예인의 이름으로 기부하거나 광고를 하는 일도 이어지고 있다. 스타에게 편지와 선물 공세를 하던 과거의 팬클럽과 달리 열성 홍보팀 구실을 하는 것이다.[21] 제작진에게 먹을 것을 보내는 이른바 '조공'을 하는 팬클럽도 많은데, 황수현은 이런 조공 문화가 10대들의 경쟁심으로 움직이는 한국 가요계의 한 단면이라고 해석했다. 선물의 양이나 질에서 떨어질 경우 팬들은 자신의 가수가 라이벌보다 인기가 없다는 증거라고 판단하기 때문에 그에 질세라 돈이며 시간을 투자할 뿐만 아니라 사진을 찍어 온라인상에서 인증하는 데 목적이 있다는 것이다.[22]

팬엔 세 부류가 있다. 주로 온라인에서 활동하는 안방팬, 공개 방송을 보러다니는 공방팬, 그리고 연예인의 사생활을 쫓아다니는 사생팬이다. 안방팬과 공방팬을 종교적 현상으로 보긴 어렵지만, 아무래도 사생팬은 종교, 그것도 부정적 의미의 종교적 현상으로 보아야 할 것 같다. 안방팬과 공방팬은 "사생팬은 팬도 아니다"며 불쾌감을 드러내지만, 사생팬의 정보력을 부러워하는 이들도 많다. 실제 스타에 대한 최신 정보에 굶주려 있는 적지 않은 팬들은 이들 사생팬의 개인 블로그에 수시로 접속한다. 한 팬은 이렇게 말한다. "저는 항상 규칙적으로 사생 블로그를 들어가요……. 들어가서 영상 쭉 보고 후기 보고 사진 보고…… 이런 생활 습관이 매일 같이 규칙적이에요……. 시간 가는 줄 몰라요." [23]

사생팬은 "진짜로 오빠를 위하는 건 우리들이다"라고 주장한다. 이른바 '사택(사생택시)'을 대절해 연예인의 뒤를 쫓을 뿐만 아니라, "유명 아이돌이나 한류 스타가 참석하는 자리에 오는 기자의 10퍼센트는 가짜라는 말이 나올 정도"로 기자를 사칭하는 사생팬도 많다. [24]

2012년 3월 인기 남성 아이돌 그룹 JYJ(김재중 · 박유천 · 김준수)는 한 인터넷 매체가 "JYJ의 일부 멤버가 2009년 사생팬을 폭행하고 욕설을 했다"고 보도한 것과 관련, "과거 우리의 옳지 않았던 행동에 대해 사과한다"면서 사생팬들 때문에 겪어야 했던 고통을 소개했다.

JYJ는 "일부 사생팬이 숙소에 무단으로 들어와 멤버의 개인 물건들을 촬영하기도 했고, 어떤 사람은 자고 있는 멤버에게 다가와 키스를 시도하기도 했다"고 했다. 또 "멤버들의 (가짜) 신분증을 이용해 전화 통화 내역을 모두 알아내는가 하면 멤버들의 자동차에 위치 추적 장치를 몰래 달아놓고 쫓아다니는 사람들도 있었다"고 했다. 이들은 "우리의 차를 택시를 타고 쫓아오다 얼굴을 보겠다며 고의 접촉 사고를 낸 경우도 있었다"고 덧붙였다.

JYJ 소속사인 씨제스엔터테인먼트는 "사생팬들이 JYJ의 숙소에

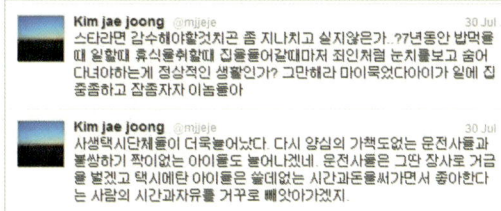

★ 박유천이 사생팬을 피하기 위해 지하주차장에서 숨어다니는 모습(위). 이 장면도 다른 사생팬이 촬영한 것이다. 그리고 이러한 사생팬의 피해에 대해 김재중이 트위터에 올린 호소글(아래).

몰래 들어와 멤버들의 속옷을 훔친 뒤 이를 입고 사진을 찍어 멤버들에게 문자메시지로 보낸 적이 있고, 사생팬들로부터 돈을 받고 가수들의 차를 따라다녀주는 이른바 '사생택시' 여러 대가 JYJ의 차를 끈질기게 쫓아다녀 이를 견디다 못한 JYJ 멤버가 차에서 내려 울면서 그만해달라고 호소하는 일까지 벌어졌다"고 했다.[25] 동방신기의 최

강창민은 사생팬으로 인한 고통 때문에 정신과 치료까지 받을 정도였다고 한다.[26]

JYJ 사건 직후 사생팬 심층 취재에 나선 『중앙일보』의 보도에 따르면, 사생팬들은 "인기 가수에겐 500~1,000명 정도 사생이 있다"고 주장했다. 사생 6년차인 김고은(18·가명) 양은 초등학교 때까진 '공방순이(공개 방송이나 콘서트만 챙겨보는 팬)'로 살다가 중학생 때 처음 공개 방송 직후 택시를 타고 오빠들을 쫓는 무리에 낀 게 사생의 시작이었다고 한다. 김 양은 "우리끼리 노는 게 재미있어서 나오기도 한다. 우린 오빠들이 있는 한 하나라는 인식이 있다"고 했다.

사택을 하루 대절하면 30만 원이 든다. 한 달에 사생 활동비로 100만 원 정도를 쓴다는 이지선(15·가명) 양은 학원비 50만 원과 편의점·만화방 아르바이트를 해서 번 것으로 충당한다고 했다. 박경은(18·가명) 양은 JYJ 사건에 대해 "키스를 시도한 것은 우리들끼리의 룰을 어긴 것"이라며 사생팬이라고 멸시를 받는 게 억울하다고 했다. "노래만 하고 춤만 추면 오빠들이 이렇게 뜰 수 없다. 우리가 사적으로 지원해주니까 뜨는 거 아닌가. 가수는 연예인이니까. 그렇게 돈을 버는 거니까."[27]

청소년의 과도한 스타 숭배와 관련, 정작 문제가 되는 건 성인들이 일부 청소년이 그렇게까지 스타를 숭배하는 배경과 근본적인 이유에 관심을 기울이기보다는 비판하는 데 급급하다는 것이다. 사실 여러 제약 속에서 살아야 하는 청소년들에겐 스타에게 푹 빠져드는 것 이상 현실 도피에 좋은 것이 없다. 현실이 불만족스럽고 고민이 많은 청소년일수록 스타에 더 집착할 것이다. 그런 청소년들은 사실상 자신을 속이고 있는 것이지만, 스타와 대중문화 자체를 적대시해온 일부 기성세대에게도 책임을 물을 수 있다.

몇몇 학자는 고급문화나 학문에 대한 애호가_aficionado_가 자신이 좋아하는 작가나 이론가에게 애착하는 것이나 팬이 스타에게 애착하는 것은 별반 차이가 없다고 주장한다. 팬이 되는 것을 일탈적인 행동으로 정의함으로써 자신의 입장이 옳음을 확인하고 자기만족을 느끼려는 무의식이 작용하고 있다는 것이다.[28] 어떤 이유에서든 현실이 못마땅할 때에 현실을 도피하고자 하는 욕구는 반드시 나쁜 것만도 아니다. 문제는 그러한 욕구를 어떻게 보다 나은 여가 활동으로 유도할 수 있느냐 하는 것이다. 기성세대가 그러한 여가 활동에 대한 배려를 하지 않은 채 스타에 집착하는 청소년을 아무리 꾸짖어봐야 소용없다. 이젠 팬덤에 대한 따뜻한 공론화가 필요하다.

한국 영화는 스타만 배불리는가

2005년 한국 대중문화계 최대 논쟁 가운데 하나는 '스타 파워' 논쟁이었다. 영화계에서는 톱스타를 캐스팅하려면 4억~5억 원의 개런티는 물론이고 톱스타가 제작사 수익의 최고 50퍼센트까지 지분을 요구하는 상황이 벌어졌기 때문이다.[29] 6월부터 스타 파워에 대한 본격적인 비판이 쏟아져 나왔다.

당시 영화 제작자이자 감독인 강우석은 개봉하는 한국 영화의 70~80퍼센트가 흥행에 실패하고 있고, 소위 대박이란 것은 한두 편에 불과하다며 "이런 위기 상황에도 속속 전해지는 것은 경마 중계를 방불케 하는 출연료 인상 소식"이라며 다음과 같이 개탄했다.

"엊그제 무명 배우가 흥행작에 출연했었다는 이유만으로 갑자기 수억 원의 출연료를 요구하고, 영화에서 검증되지 않은 신인 여배우

★ 톱스타가 제작사 수익의 절반을 요구하는 등 스타들의 출연료가 높아지자 강우석 감독 등 제작자들이 비싼 출연료를 비판하고 나섰다.

가 텔레비전 드라마에서의 인기를 이유로 영화 제작비의 10퍼센트에 해당하는 출연료를 요구한다. 매니저에게 시나리오를 건네면 '저희가 OK 하면 수익 지분 있는 거 아시죠?'라는 대답이 돌아온다. 스타의 소속사는 영화사에 공동 제작 타이틀을 요구한다. 공동 제작이란 수익 발생 시 수익금의 절반을 달라는 요구다. 기획이나 시나리오에 기여한 바 없이 소속 배우를 출연시킨다는 이유만으로 제작 지분을 요구하는 건, 뭐가 잘못돼도 한참 잘못된 것이다." [30]

그해 6월 24일엔 영화제작가협회(회원사 60개) 소속 제작사 대표 31명이 모여 "배우 및 매니지먼트사의 공동 제작과 지분 요구, 그리고 끼워 팔기(스타를 기용하려면 소속사의 다른 배우들을 조연으로 쓰라고 요구하는 것) 요구를 앞으로는 받아들이지 않겠다"고 결의했다. 이에 대해 기업형 매니지먼트 회사 싸이더스HQ의 매니지먼트 본부장 박성혜는 그전의 관계를 생각해보면 "이제 겨우 공평해진 정도"라며 다음과 같이 주장했다.

"매니지먼트 회사가 스타들 영화 개런티를 턱없이 높인다는 주장도 맞지 않아요. 스타들에게 개런티는 돈이라기보단 자존심에 대한 확인이에요. 그런데 다른 데서 누가 얼마 받았다더라 하면, 마냥 초연할 수가 없거든요."[31]

맞다. 그 "자존심에 대한 확인"이 문제다. 이건 보통 사람은 도저히 이해할 수 없는 스타들만의 특징이다. MBC 예능 PD 권석은 "20년 가까이 방송 일을 한 나도 낯설고 이해할 수 없는 연예인들의 생리가 아직도 수두룩하다. 무엇보다 연예인들의 자존심에 대한 집착에 두 손, 두 발을 들 때가 있다"며 다음과 같이 말한다.

"연말마다 한 해를 정리하는 각종 시상식이 열린다. 이런 시상식에는 수상 후보들을 위해 테이블과 의자를 준비하는데 생방송 직전까지 연기자들은 자리에 앉지 않으려 한다. 자리에 늦게 앉을수록 모양새가 산다고 생각하는 거다. …… 일부러 늦게 도착하는 연기자는 그렇다 쳐도 일찍 도착해서도 밴에 탄 채 방송국 주위를 돌고 있는 배우도 있다. 그러면서 스튜디오에 미리 와 있는 매니저에게 전화를 걸어 누가 도착했는지, 자리에 앉았는지를 파악한 후 마치 스케줄에 쫓겨 늦은 양 허겁지겁 들어오기도 한다."[32]

다시 앞의 이야기로 돌아가자. 6월 29일 강우석의 '스타들 돈 너무 밝힌다'는 발언과 관련, 실명으로 거론된 배우 최민식과 송강호는 반박 기자회견을 열고 "강우석 감독은 사과하라"고 요구했다. 최민식은 "얼마 전, 사인을 요청하던 학생 중 한 명으로부터 '돈 너무 밝히지 마세요'라는 말을 들었다"고 전했고, 송강호 역시 "관객들 눈에 나 연기가 보이겠나? 입장료 중 송강호 몫은 얼마가 될까? 2,000원?

3,000원? 이런 생각할 것 아니냐"고 울분을 토했다. 그는 "항상 출연할 때마다 유작이라는 생각으로 온몸이 부서져라 연기해왔다"면서 "(내 개런티는) 응분의 대가"라고 말했다.

송강호는 "요즘 찍고 있는 영화 〈괴물〉의 총제작비가 120억 원인데 내 개런티는 5억 원"이라면서 "25억 원짜리 영화에서 5억 원을 받는 것은 말이 안 되겠지만, 120억 원짜리 영화에서 주연배우가 5억 원을 받는 것이 그렇게 지탄받아야 하느냐"고 반문했다.³³

영화평론가 김영진은 영화판이 스타에 휘둘리는 악순환 고리의 맨 위에는 극장 체인을 소유한 대기업 자본이 있다고 지적했다. "그들은 자기 회사의 극장 체인에 걸 상품성 있는 영화의 기준을 지명도가 있는 스타의 출연 여부에 우선 중점을 둔다. 스타와 장르 호감도라는 밋밋한 팩트에 기초해 투자를 결정하는 이들 대기업 자본의 기준에 맞추기 위해 제작사들은 무리해서라도 스타를 모시기 위해 안달이다. 그러다 보면 스타들의 몸값은 자연스레 올라간다."³⁴

투자자들이 스타를 선호하는 것도 스타 파워를 키우는 주요 원인이다. 투자자들은 리스크를 최소화하기 위해 제작사에 최소한 '아무개' 급 이상 스타를 캐스팅해야 투자하겠다는 조건을 내건다. 『주간동아』에 따르면, "스타가 출연하지 않는 영화는 투자 단계에서부터 해외 판매까지 '눈물 젖은 빵'을 먹어야 한다. 얼마 전 스타 없이 개봉한 한 영화의 경우, 인터뷰를 약속한 텔레비전 영화 프로조차 '시청률 떨어진다'며 촬영을 취소했다."³⁵

영화제작가협회 이사장 김형준은 『중앙일보』와의 인터뷰에서

"스타 파워는 대세가 아니냐"는 질문에 대해 "그러나 정도가 심하다. 시장이 훨씬 큰 일본 스타들의 출연료도 대개 1억 원 미만이다"라고 주장했다. 그는 "영화사 책임도 크다"는 문제 제기에 대해선 "인정한다. 스타 잡기에 연연했으니, 스스로 발목을 잡은 면도 있다. 이번 결의도 기획사와 한판 싸우자는 게 아니다. 충무로 내부 자정의 목표다. 제작환경을 굳게 다지겠다는 뜻이다. 영화는 망해도 스타는 살아남는 구조로는 미래가 없다"고 주장했다.[36]

그럼에도 2012년 들어 톱스타의 출연료는 6억 원대에 이르렀다. 이병헌은 〈광해, 왕이 된 남자〉에서 미니멈 개런티 6억 원에 흥행 보너스를 추가로 받기로 계약했으며, 〈도둑들〉의 김윤석도 출연료 6억 원에 별도의 흥행 보너스를 받기로 했다. 〈하울링〉에서 송강호는 6억 2,000만 원을 받았으며, 중국·일본 등과 합작한 영화 〈마이웨이〉에서 장동건은 7억 원을 받았다. 여배우의 최고 수준 개런티는 〈코리아〉에서 하지원이 받은 4억 8,000만 원이었으며, 〈미쓰GO〉의 고현정이 4억 5,000만 원, 〈타워〉의 손예진이 4억 3,000만 원, 〈감기〉의 수애가 4억 2,000만 원, 〈내 아내의 모든 것〉의 임수정이 4억 원에 달했다. 편당 50억 원 안팎의 제작비에서 톱스타 한 명이 가져가는 돈은 10퍼센트 이상에 이르는 것으로 나타났다.[37]

영화산업협력위원회가 2012년 9~11월에 조사한 '2012년 영화 스태프 근로실태 조사 보고서'에 따르면, 국내 영화 제작 스태프의 66퍼센트가 최저임금에도 못 미치는 연 1,000만 원 미만의 소득을 올리는 것으로 나타났다. 한국 영화는 2012년 관객 1억 명을 돌파하며 호황을 누렸지만, 스태프 세 명 가운데 두 명은 법정 최저임금(월 95만 7,220원)도 벌지 못하며 '생계 불안 상태'로 몰리고 있는 것이다. 영화 일로 번 연간 수입이 500만 원 미만이어서, 1인 가구 월 최저생계비(45만 3,049원)도 손에 쥐지 못하는 스태프도 41.7퍼센트(243명)에 이르렀다.[38]

이런 현실을 지적하면서 한국 영화는 스타만 배불린다고 말할 수도 있겠지만, 그건 올바른 문제 제기 방식은 아닌 것 같다. 영화계의 스타 권력에 대한 문제 제기도 전형적인 포퓰리즘 수법이었다. 한국인이 모든 걸 인간적인 문제로 치환해서 이해하고 해결하기를 좋아하는 유별난 특성이 있다곤 하지만, 어느 스타를 향해 "돈 너무 밝히지 마세요"라고 면전에서 충고했다는 어느 학생의 행태가 시사하듯 그런 식의 여론 재판에 의존해서야 쓰겠는가.

스타들이 자존심에 대한 확인이라는 차원에서 개런티 액수에 큰 의미를 두는 것도 부인할 수 없는 사실일진대, 그들의 자존심에 상처를 내는 여론 재판으로는 문제를 풀 수 없다. 극장 체인을 가진 대기업 자본의 '스타 선호'와 이윤 배분 등과 같은 산업 차원의 구조적인 문제 등 핵심을 건드리는 게 필요하다.

왜 PD는 쓸개가 없어야 성공할 수 있나

스타 파워 논쟁은 영화계에만 국한된 게 아니라 텔레비전에서도 똑같이 벌어졌다. 1998년 국제통화기금IMF 외환위기 직후 회당 200만 원 선이던 텔레비전 드라마 주연급 개런티는 2005년경 최고 열 배 뛰어 회당 2,000만 원을 경신했으며, 심지어 회당 1억 원을 요구한 한류 스타까지 나타났다.[39]

이벤트 업계도 스타 파워 때문에 몸살을 앓았다. "한류 때문에 못해먹겠다"는 말까지 나왔다. 하루 행사 출연료로 10억 원을 요구하는 한류 스타가 있는가 하면, 한 시간짜리 팬 미팅을 하는 데에 출연료가 2억~3억 원 수준이라는 것이다.[40] 한류가 스타들을 버려놓는다는 말도 나왔다. 2005년 봄 홍콩 교민 사회에선 한류 스타를 한 명 초청해 행사를 하려고 했다가 무산된 일이 벌어졌다. 억대의 출연료 요구는 차치하고 "배용준 수준으로 공항 환영 인파와 호텔 방을 준비해 달라", "홍콩에서 가장 높은 행정 수반과의 만찬을 주선해달라" 등의 추가 요구 사항을 내세워 기겁을 했다는 것이다.[41]

당연히 스타 파워 때문에 방송연예계의 기존 권력관계에도 큰 변화가 일어났다. 백성호는 "드라마 PD의 전성시대가 있었다. 대부분의 연기자들에게 드라마 PD는 거의 절대적인 존재였다. 다음 작품에 또 얼굴을 내밀려면 PD의 눈도장을 받아야 했다"며 다음과 같이 말했다.

"요즘도 그럴까. 천만의 말씀이다. 방송사들은 아예 '드라마 PD 수난시대'라고 입을 모은다. '스타 파워'가 엄청나게 커졌기 때문이다. '스타만 캐스팅하면 기본 시청률 15퍼센트는 깔고 간다'는 게 방송가에 떠도는 정설이다. 그러나 캐스팅부터 호락호락하지 않다. PD의 '삼고초려'는 필수가 됐다. 스타 연예인들의 집안 대소사를 챙기는 것은 기본이다. 결혼식은 물론이고 초상집을 찾아가 평소에도 꾸준히 '눈도장'을 찍어야 한다."[42]

드라마 PD만 그런 수난을 겪는 건 아니다. 예능 PD도 똑같다. MBC 예능 PD 권석이 조연출 시절 쓸개 제거 수술을 받고 오랜만에 회사에 출근했더니 부장이 이런 말을 던졌다고 한다. "너 PD 잘하겠다. 쓸개 빠져서." 권석은 실제로 예능 PD들은 간과 쓸개를 다 내놓고 일한다며 다음과 같이 말한다.

"섭외의 대표적인 방법이 진드기 작전이다. 한두 달은 기본이고 해를 넘기면서까지 공을 들인다. 섭외 기록일지를 만들어 매번 통화 내용을 기록하며 관계를 쌓아나간다. …… 감동 작전도 있다. 꽃다발을 보내고 선물 공세를 하고 당사자도 기억 못할 기념일을 챙겨준다. 스타가 군대에 있으면 면회를 가고 해외 유학 중이면 바다를 건너가 알현한다. …… 내가 잘 쓰는 섭외 비법도 있다. 바로 주변 사람 공략하기. 특히 가족이 효과적이다. 스타의 어머니나 아내를 먼저 꼬드기는 방법이다. 상품권을 준비해서 백이나 하나 새로 장만하시라고 매니저를 통해 찔러 넣는다. …… 이렇듯 섭외를 위한 분투기는 눈물 없이 들을 수 없을 정도다."[43]

시청자를 즐겁게 하기 위해 PD가 고생한다면 괜찮겠지만, 스타의 높은 출연료로 인해 드라마 자체가 흔들린다는 게 문제다. 2007년 2월 〈허준〉, 〈대장금〉 등을 연출한 PD 이병훈은 이렇게 개탄했다.

★ 〈대장금〉을 연출한 이병훈 PD는 제작비의 80퍼센트가 주요 연기자들의 출연료로 들어가 제대로 된 드라마를 만들기 힘들다고 개탄했다.

"제작비의 80퍼센트가 주요 연기자들의 출연료로 들어갑니다. 그러다 보니 제대로 된 드라마를 만들기가 힘듭니다. 이야기를 풀어나가려면 최소한의 필요 인원이 있는데, 스타들 몸값을 채우다 보면 중견 연기자들이 캐스팅에서 제외되고, 연기자 두 명으로 30분을 끌고 가는 경우가 생깁니다. 한국에서 50대 이상 연기자들이 어떻게 먹고사는가는 정말 '불가사의' 한 일입니다. 비용에 허덕이다 보니 연출자고 작가고 '(극에서) 누굴 죽여야 하나' 고민하게 돼요. 〈주몽〉이 왜 40명 데리고 전쟁 신을 찍겠습니까? 다 제작비 때문이에요." [44]

2008년 12월 1일 한국PD연합회 산하 한국TV드라마PD협회는 서울 목동 방송회관에서 'TV 드라마 위기와 출연료 정상화' 란 주제로 세미나를 열고 드라마 위기를 극복할 대안 모색에 나섰다. 양문석 언론개혁시민연대 사무총장은 "MBC 〈에덴의 동쪽〉의 국대화 회장은 엄청나게 큰 집에 혼자 산다. 가정부도, 운전사도, 집사도 없다. 이게 말이 되냐"면서 "드라마 제작비의 80퍼센트를 주연 배우들과 작가가 가져간다. 그러니 전투 장면에 50명만 나오고, 비가 오는데 카메라 앞에만 물이 떨어지는 황당무계한 설정들이 계속해서 일어나고 있는 것"이라고 지적했다. [45]

2012년 들어 톱스타의 드라마 출연료는 장동건, 장근석, 송승헌 등이 회당 1억 원을 받았다. KBS 드라마국 한 PD는 "회당 배우 출연료 1억 원이면 드라마 회당 제작비 3분의 1이상을 차지하게 된다"며 "결국 정해진 제작비를 맞추기 위해 다른 배우를 적게 쓰거나 미술 등 드라마 제작 비용을 줄이고 과도한 PPL(간접광고)로 제작비를 맞추는 악

순환이 이어져 작품 질이 떨어질 우려가 크다"고 말했다.⁴⁶

　스타 연기자와 더불어 스타 작가들의 원고료도 치솟아 2010년 방송 드라마 작가 원고료가 처음으로 회당 5,000만 원 시대를 열었다. 주인공은 김수현 작가였다. 스타 작가 고료는 2000년대 초반 회당 최고 1,000만 원이었는데 불과 10년도 못 돼 4~5배 이상 뛴 것이다.⁴⁷ 2012년 회당 3,000만 원 이상의 고료를 받는 이른바 A급 작가로는 〈장밋빛 인생〉, 〈조강지처클럽〉 등을 쓴 문영남, 〈올인〉, 〈주몽〉, 〈아이리스 1〉의 최완규, 〈자이언트〉의 장영철, 〈선덕여왕〉, 〈뿌리 깊은 나무〉의 김영현·박상연, 〈최고의 사랑〉의 홍자매(홍정은·홍미란), 〈인어아가씨〉, 〈왕꽃 선녀님〉, 〈하늘이시여〉의 임성한 등이 꼽혔다.⁴⁸ 한 방송사 관계자는 "작가료 폭등은 결국 톱스타의 몸값과 더불어 한국 드라마 산업을 위협하는 가장 큰 문제가 될 것"이라고 말했다.⁴⁹

　반면 연기자 5,000여 명이 소속된 한국방송연기자노동조합(한연노)은 2009~2011년 3년간 조합원 70퍼센트의 연간 출연료 소득이 1,000만 원에 미치지 못했다고 밝혔다. 출연료를 받지 못하는 경우도 발생해, 한연노는 외주 제작사들이 모두 12억 7,400만 원을 주지 않았다며 2012년 11월부터 원청업체 격인 KBS 출연 거부에 나섰다.

　지상파방송들의 드라마 외주 제작 비율은 70~80퍼센트에 이르는데, 방송사가 외주 제작사에 주는 회당 제작비는 5,000만~1억 4,000만 원 선이다. 여기에 스타급 남녀 연기자 두 명이 주연을 맡고, 작가에게 고료를 주면 남는 돈은 별로 없다. 드라마가 인기를 끌어 PPL 등으로 추가 수입이 들어오지 않으면 보조 연기자에게 줄 출연료가 부족할 수밖에 없는 구조다. 하지만 외주 제작사 입장에서는 드라마를 팔 수 있는 보증수표인 톱스타의 캐스팅에 목을 매기 때문에 이런 양극화가 발생하는 것이다.

한국방송실연자협회 이사장 김기복은 "일본 톱스타 기무라 타쿠야의 회당 출연료가 400만 엔(약 5,100만 원) 정도인 것과 비교하면 국내 스타들 출연료는 과다한 측면이 있다. 방송 광고 시장은 한정돼 있는데 스타급 연기자들 출연료만 늘어나니 보조 연기자들의 어려움은 커질 수밖에 없다"고 말했다. 그는 "〈추적자〉처럼 톱스타 없이도 성공하는 드라마가 많이 나와 톱스타 의존도가 줄거나, 방송사 자체 제작 비율을 높이는 식의 해법이 필요하다"고 말했다.[50]

톱스타 없이도 성공하는 드라마가 나올 순 있겠지만, 아무래도 많이 나오긴 어려울 것 같다. 최근의 셀럽Celeb 현상이 말해주듯이, 사회 전반이 유명인Celebrity에 열광하는 풍토 때문이다. 푸딩 얼굴 인식 어플리케이션 같은 '연예인 닮은꼴 찾기' 앱을 즐기는 사람들의 목표는 선망하는 연예인과의 '싱크로율 100퍼센트'를 기록하는 것이며, 일생에 단 한 번의 추억을 멋지게 만들겠다며 화려한 결혼식을 선호하는 이들은 자기 자신도 유명인의 흉내를 내보겠다는 것이 아닌가 말이다.[51] 대한민국은 거대한 스튜디오라거나 셀카 공화국이란 말이 나올 정도로 셀카에 열광하는 것도 스타 현상이 우리의 일상적 삶에 깊이 침투해 있다는 걸 말해주는 게 아닐까?[52] 그래서 새로운 스마트폰이 나와도 '셀카 화면발 최고'를 내세우는 게 아닐까?[53]

스타 파워는 우리 시대가 브랜드 시대임을 웅변해준다. 최근 스타

★ 셀카 기능을 강조하는 카메라 광고. 셀카에 열광하는 것도 스타 현상이 우리의 일상적 삶에 깊이 침투해 있다는 걸 말해주는 게 아닐까?

들이 본격적으로 자신의 스타 브랜드를 내세워 기업 경영에 뛰어드는 것도 브랜드라고 하는 상징 소비의 시대가 무르익었음을 말해주는 것이다. 기업계에서 브랜드 상징의 중앙 집중화가 일어나는 것과 스타 파워 현상은 매우 비슷하다. 스타에게 매니저가 있듯이, 브랜드를 관리하는 브랜드 매니저가 있는 것도 같다. 둘은 모든 면에서 놀라울 정도로 유사하다(12장의 「왜 브랜드는 종교가 되었나」 참고).

나오미 클라인Naomi Klein은 브랜드는 '집단적 환상'이라고 주장했지만,[54] 대중이 환상을 원하는 걸 어찌 하겠는가. 우리 시대에 환상에 빠지는 걸 누가 두려워하랴. 좀 더 거시적으로 보자면, 스타 파워를 어떻게 볼 것인가는 의외로 이념성이 강한 문제다. 그건 자본주의 체제에서 일어나기 마련인 승자독식주의와 그에 따른 빈부 양극화 현상을 어떻게 볼 것인가 하는 문제와 직결돼 있기 때문이다.

왜 연예 저널리즘은 하이에나가 되어가나.

"전 허구한 날 당하고만 살았어요. 환멸감을 느낄 때도 숱했지요. 예전에 어떤 기자가 이런 얘길 하더군요. 연예부 기자가 되려면 먼저 저에 관한 스캔들을 한 가지 터뜨려야만 했다구요. 물론 그런 시대에 살고 있는 제 자신이 원망스럽긴 하지만 매스컴에서 너무 스캔들을 만든다는 생각이 들어요. 그것도 엄청나게 부풀려서 말입니다. 기회가 온다면 우리나라 매스컴에 대해서 책을 쓸 생각이지요." [55]

가수 조용필이 1993년에 한 말이다. 그는 책은 쓰지 않았지만, 지금도 책을 쓰고 싶을 정도로 시달리는 스타들이 적지 않을 것이다. 그러나 연예 기자들에게도 고충이 있다. 『신동아』 2005년 1월호에 실린 기사는 연예 기자의 애환을 다루었다. 연예 기자는 유명 연예인의 리스트를 뽑아서 수시로 호적을 떼보는 것은 물론 연예인 집 앞에서 잠복근무를 할 때도 많다고 한다. 한 8년차 연예 기자의 말이다.

"은퇴한 여배우 집 앞에서 잠복할 때였어요. 집 뒤에 작은 언덕이 있는데, 그곳에 올라가면 방 안이 보이거든요. 수시로 올라가서 동태를 파악하는데, 도대체 이렇게까지 해야 하나 회의가 들더라고요. 연예인 집 앞에서 밤을 꼬박 새우며 기다리다가 당사자나 가족, 이웃에게 심한 욕을 먹을 때면 화가 나기도 하죠. 물론 그들의 심정은 이해하지만. 그래도 '독자가 좋아하고 궁금해하는 스타니까' 하고 스스로 위안해요."

연예 저널리즘의 취재 경쟁은 오랜 역사를 자랑하지만 인터넷 시대에 이르러 과거와는 차원을 달리할 정도로 더욱 치열해졌다. 2012년 말 웹사이트를 분석·평가하는 랭키닷컴에 등록된 연예 오락 전문지만 뉴스엔·TV리포트 등 37곳에 달하며, 여기에 연예 뉴스만 전담하는 각 매체의 온라인 뉴스팀과 스포츠신문, 전문지 연예 섹션 등을 포함하면 그 매체 수는 가늠하기 어려울 정도다.

이런 연예 매체의 호황은 포털의 속성 때문이다. 광운대 미디어영상학부 교수 정일권은 "포털 사이트 첫 페이지에 노출되는 연예 기사는 네티즌의 관심이 높고 댓글도 많이 달리기 때문에 일종의 킬러 콘텐츠 역할을 한다"고 설명했다. 한국예술종합학교 교수 이동연도 "연예 뉴스는 사실 중심의 시사 뉴스에 비해 이야기를 허구적으로 구성할 수 있어 비슷한 기사를 조금씩 다르게 해석해 짧은 시간 안에 많이 쓸 수 있어 효율성이 높다"고 지적했다.

기자들은 보도 가치가 있는지, 언론 윤리에 맞는지는 생각할 겨를 없이 조회 수가 나온다 싶으면 최대한 빨리 올려야 하는 무한 경쟁의 늪에 빠져 있다. N사에 다니던 한 기자는 "전 직장에선 야근까지 풀로 다하면 새벽 한 시까지 70~80건은 썼다"며 "한 선배는 일을 하다 스트레스가 심해 하혈을 한 적도 있다"고 토로했다. 이 기자는 "싸이의 〈강남스타일〉이 인기면 싸이에 관련된 기사는 다 쓰기를 원한다. 기자들은 한계를 느끼지만 타 매체에서 기사가 뜨면 우리도 써야 한다"며 어려움을 전했다.

경희대 교수 이택광은 과열 경쟁으로 포화 상태인 연예 뉴스 시장을 두고 "결국 매체가 많아진 결과 하나 이슈가 터지면 하이에나처럼 몰려가서 다 뜯어먹는 식의 환경이 만들어졌다"며 "매체 간 평등은 보장됐으나 정글의 왕국이 됐다"고 말했다.[56]

그런 정글의 왕국에서 파파라치식 보도도 많이 늘었다. 파파라치식 보도 매체들은 수십여 명의 사진기자들을 고용하여 연예인들의 주거지역을 비롯해 출입이 빈번한 업소, 인천공항 등 연예인의 활동지에 상주하면서 취재 활동을 벌이고 있다. 이들은 거의 24시간 잠복 취재를 통해 가십성 사진을 생산하며, 연예인 집 앞이나 강남 등지에서 밤새는 일도 허다하다.[57]

파파라치식 보도 매체 가운데 세간의 주목을 받고 있는 매체는 스포츠서울닷컴 연예팀 출신 기자들이 중심이 돼 2011년 3월 30일 창간한 온라인 매체인 『디스패치』다. 김태희·비, 이병헌·이민정, 김혜수·유해진, 구하라(카라)·용준형(비스트), 소희(원더걸스)·임슬옹

★ 파파라치식 보도 매체 가운데 세간의 주목을 가장 많이 받고 있는 『디스패치』. 연예인의 사생활을 멀리서 몰래 촬영한 듯한 사진이 인상적이다.

(2AM), 신세경·종현(샤이니), 신민아·탑(빅뱅) 등은 모두 디스패치 소속 기자들이 단독 보도했던 커플이다.

하지만 특종을 터트릴 때마다 『디스패치』의 파파라치식 보도는 논란의 대상이 됐다. 유명인이란 이유로 스타들의 사생활을 무단 촬영했다는 이유에서였다. 그러나 『디스패치』 측은 연예 뉴스에 탐사 보도 정신을 접목시켰다고 주장한다. 『디스패치』는 언론 보도의 공익적 측면과 관련, "연예인의 가십을 다루는 뉴스에서 공익성을 따지는 것은 난센스"라고 당당하게 밝혔다.

연예계와 연예 매체 사이엔 암묵적으로 맺은 신사협정이 있다. 어느 주요 스포츠 일간지 기자는 이렇게 말한다. "기존엔 오랜 신뢰 관계를 통해 취재하며 특종을 썼지만 『디스패치』는 팩트로 취재하겠다면서 파파라치● 행태로 말도 안 되는 단독 보도를 내고 있다. 연예인과 기자는 서로 보호해줘야 할 때는 보호하는 공생 관계인데 『디스패치』는 일단 사진을 찍은 다음 당사자 측에 전화를 한 뒤 보라고 한다. 동업자 의식이 없다."

그러나 『디스패치』는 그러한 신사협정을 불건전한 유착으로 본다. 『디스패치』는 그런 기존 연예 매체의 관행을 비판하며 창간하게 된 것이라 주장했다. 『디스패치』 기자들은 과거 사회부와 스포츠부, 정치부 등을 출입하다 스포츠서울닷컴 연예부에서 근무하게 됐다. 임근호 팀장은 당시를 회상하며 "연예계는 기자와 취재원이 형 동생 사이다. 친한 만큼, 술을 많이 마신 만큼 정보를 준다. 절대 비판이나 견제는 없었다"고 말했다.

임근호는 "스포츠지나 스포츠지 출신이 만든 인터넷 매체가 아니면 연예인 취재 접근도 어려웠다. 견제돼야 한다고 생각했다"며 "우리의 모토는 탐사보도를 통해 팩트를 확인하겠다는 것이지 누구를 만나는지 감시하겠다는 것이 아니다"라고 강조했다. 또 그는 "다른 연예 매체는 한류라는 타이틀 아래 대형 기획사의 연예인이나 영화를 홍보하며 정작 자기반성은 없다"고 말한 뒤 "영화 〈돈의 맛〉(배급사인) 롯데엔터테인먼트에서 기자들을 데리고 칸 영화제를 갈 때 우리는 자비로 갔다. 기자들은 〈돈의 맛〉에 대한 비판적 기사는 거의 안 썼다. 우린 썼다"고 주장했다.

이와 관련, 문화평론가 김교석은 "기존 연예 매체의 취재는 취재

원과의 친밀감에서 비롯된다. 기자들 중 상당수가 끼리끼리 묶여오다가 그들 정서에 안 맞는 취재 방식이 나온 경우여서 반감은 당연히 있을 수 있다"고 분석했다. 그는 "이제 어떤 연예인과 친하다는 것이 취재에 전혀 상관없는 상황이 온 것"이라고 내다봤다.⁵⁸

왜 우리는 방송 예능 프로그램의 주식이라 할 연예인들끼리의 수다와 연예인들에 관한 이야기에 그토록 크고 많은 관심을 기울이는 걸까? 혹 동어반복tautology 현상은 아닐까? 스타는 유명인인데, 유명인은 유명하기 때문에 유명인일 뿐, 다른 큰 의미는 없는 게 아니냐는 것이다. 나의 관심조차 나의 내부에서 비롯됐다기보다는 남들이 관심을 가지니까 나도 관심을 갖고 내가 관심을 갖기 때문에 다른 사람들도 관심을 갖는 그런 반복과 순환의 게임은 아닌지 생각해볼 필요가 있겠다.

아리스토텔레스는 호기심이야말로 인간을 인간이게 하는 특성이라고 주장했지만,⁵⁹ 인터넷 시대에 스타에 대한 강한 호기심은 자주 스타에 대한 폭력으로 변질되곤 한다. 이른바 얼짱과 몸짱 열풍으로 대변되는 '연예 문화의 대중화'도 "나도 할 수 있다"는 평등주의 정신만큼은 가상하지만 나를 남의 시선에 종속시키는 결과를 초래할 수 있다는 점에서 성찰을 필요로 한다고 볼 수 있다.

3장

텔레비전의 문법

피 튀기는 시청률 전쟁은 문화적 민주주의인가

2012년 12월 MBC가 시청률 부진을 이유로 8년 장수 프로그램인 〈놀러와〉와 월화 시트콤 〈엄마가 뭐길래〉의 전격 폐지를 결정했다. 김재철 사장이 창사 기념식에서 "밤 9시대 시청률 1위 달성을 위해 버릴 것은 버리고 갈아 끼울 것은 끼워야 한다"고 발언한 직후에 나온 조치여서 적잖은 논란을 빚었다.[1]

이렇듯 방송사 간 시청률 경쟁이 치열하다. "피 튀기는 시청률 전쟁"이란 말이 나올 정도다.[2] 오래 전 어느 PD는 "시청률표에 따라 매일 아침 사무실 분위기가 맑기도 하고 먹구름이 끼기도 한다"고 말했는데,[3] 시청률에 따라 프로그램의 수명과 PD의 능력 정도가 결정되는데, 어찌 그러지 않을 수 있겠는가. 다매체·다채널 시대가 본격화된 가운데 두 자릿수 시청률을 기록하는 게 어렵게 되면서, 방송사들은 시청률 1퍼센트가 오르고 내리는 것에 더욱 민감하게 되었다.

　포화 상태에 이른 각종 연예 매체는 시청률 전쟁을 더욱 부추긴다. 시청률이 1주일 전과 비교해 겨우 1퍼센트 내에서 미미한 차이를 보이기만 해도 '하락세', '약세가 두드러진다' 고 써대고, 2퍼센트 안팎으로 떨어지면 바로 '급락', '추락', '곤두박질', '속수무책' 같은 단어를 써대면서 호들갑을 떨어대니 시청률에 대한 심리적 압박은 더욱 커지기 마련이다. 제작진이 시청자들을 향해 시청률이 오를 수

★ 매일매일 집계되는 TNS 미디어 코리아의 시청률표. 다매체·다채널 시대가 되면서 방송사들은 시청률 1퍼센트 차이에도 민감하게 반응하게 되었다. 그러나 방송 프로그램의 수명과 내용을 오로지 시청률에 의해서만 결정해도 괜찮은 것일까?

있게끔 주말 재방송, 케이블, DMB, VOD 서비스, 인터넷 TV, P2P 등으로 시청하지 말고 '본방 사수'를 해달라고 호소를 하는 것도 바로 그런 이유 때문일 것이다.⁴

시청률은 존중해야 할 가치가 있는 건 분명하지만 모든 프로그램의 수명과 내용이 오로지 시청률에 의해서만 결정되어도 괜찮은 것일까? 이 물음을 놓고 아주 오래전부터 많은 사람들이 뜨거운 논쟁을 벌여왔다. 그 논쟁의 역사를 잠시 살펴보자.

미국 상업 텔레비전의 경영자들은 적어도 1950년대부터 이윤을 극대화하기 위해 '다수 시청자'를 존중하는 편성 정책을 취했다. 그 결과는 1950년대 후반에 극명하게 드러났다. 주 시청 시간대 프로그램에 성과 폭력의 묘사가 난무했으며 대중의 문화적 취향을 하향 평준화하는 현상이 나타났다. 그 어떤 기준으로 보든 매우 우수한 프로그램이 다수 시청자를 끌어모으는 경우가 없진 않았으나 대체적으로 '악화가 양화를 구축한다'는 그레샴의 법칙이 시장 논리를 따르는 '다수 TV'에 적용된다는 것이 분명했다.

그러한 다수 TV에 대해 사회적 비난이 빗발치자 텔레비전 방송사 경영진과 간부들은 문화적 민주주의cultural democracy를 내세워 그들의 입장을 옹호했다. 정치적 민주주의가 다수의 의사에 따라 지도자를 선출하고 국가적 중대사를 결정하는 투표제에 의해 기능하듯이, 텔레비전도 문화적 민주주의의 원칙에 따라 시청률이라고 하는 시청자들의 투표 결과에 따라 프로그램의 내용을 결정하는 것이 무엇이 문제가 되느냐는 항변이었다.

그들은 비평가들이 시청자의 수준을 얕잡아보고 있으며, 그런 엘리트주의가 정치에도 적용된다면 보통선거 자체를 부정하는 것이 아니냐고 반문했다. 문화적 민주주의론 역설에 앞장섰던 CBS 사장 프랭크 스탠턴Frank Stanton, 1908~2006은 텔레비전에 대한 주된 비판자인 지식인들을 향해 그들이 문화적 소수자임을 겸허히 인정하고 괜한 독선을 범하지 말라고 충고했다.

1960년 5월 7일 애틀랜타에서 개최된 미국여론연구협회의 연례총회를 겸한 '문화적 민주주의에 관한 대토론회'에서는 시청률에 의해 지배되는 다수 TV에 대해 열띤 공방이 벌어졌다. 사회학자 버나드 베럴슨Bernard Berelson, 1912~1979은 「문화적 민주주의에 관한 대토론」이라는 발제 논문을 통해 다음과 같은 문제들을 제기했다.

대중매체는 민주적 원칙에 근거하여 대중이 원하는 걸 주어야 하는가? 아니면 윤리적이고 예술적인 원칙에 근거하여 그 누군가가 대중에 유익하다고 생각하는 것을 주어야 하는가? 대중매체는 사람들로 하여금 삶의 목적에 대한 진지한 성찰을 하게끔 만들어야 하는가? 아니면 삶으로부터의 도피를 촉진시켜야 하는가? 대중매체는 사람들을 자기 성찰을 하는 데에 따르는 유쾌치 못한 입장으로 밀어 넣어야 하는가? 아니면 기존의 신념들을 지지하고 강화해야 하는가?

이 토론회의 참석자들은 대체로 문화적 민주주의가 대단히 교묘한 기만이라는 데에 동의했다. 그들은 시청률이 기존 프로그램들 가운데에서의 선택을 나타내는 것일 뿐 시청자의 의사를 반영할 수는 없다는 것을 지적했다. 또 텔레비전이라고 하는 매체 자체에 대한 소비 성향으로 인해 수동화된 시청자들은 자신이 무엇을 원하는지에 대해 생각하지 않거나 생각하길 싫어한다는 것을 강조했다. 또 시청률 조사는 프로그램에 대한 시청자의 '호/불호like/dislike'를 묻는 것이지, '유익/유해good/bad'를 묻는 건 아니라는 것을 문제 삼았다.

이제 다매체·다채널 시대를 맞아 그런 반론은 설득력이 떨어지게 되었지만, 그렇다고 해서 문화적 민주주의를 둘러싼 논쟁까지 끝난 것은 아니다. 방송사들의 시청률 전쟁에 대한 비판이 끊이지 않는 게 그걸 말해준다.

정치적 민주주의를 근거로 한 문화적 민주주의는 확실히 잘못된 비유임이 틀림없다. 보통선거는 여러 후보 가운데 한 명 밖에 뽑을 수 없기 때문에 '다수의 횡포'가 필요악으로 인정되는 제도다. 그러나 텔레비전은 결코 그렇지 않다. 다수의 취향에 부응하는 프로그램에 가장 많은 시간을 할애하는 것은 필요하거니와 정당하지만, 주 시청 시간대의 모든 프로그램을 그 원칙에 따라 편성한다면 모든 시청자는 사회적으로 대표적인 취향 하나에 따라야 한다는 논리가 아니고 무엇이겠는가.

게다가 시청률이라고 하는 다수결주의가 제대로 지켜지고 있는 것도 아니다. 문화적 민주주의를 내세운 CBS 방송은 1969년 시청률이 가장 높은 프로그램들을 일시에 폐지시켜 세상을 깜짝 놀라게 만들었는데, 그 이유는 바로 인구통계학demographics 때문이었다. 조사 결과 당시 CBS의 주요 프로그램들은 주로 소득 수준이 낮은 사람들에게 큰 인기를 얻고 있다는 것이 밝혀졌다. 그런 종류의 시청자들은 구매력이 낮아 광고주들에게 환영을 받지 못하거니와 CBS의 이미지에도 부정적인 영향을 미칠 것으로 생각되었다. 즉, 시청률이 중요한 것이 아니라 어떤 종류의 시청자가 많이 시청하느냐가 중요하다는 논리였다. 1970년대에 ABC 방송이 낸 관련 보고서의 제목은 "어떤 사람들은 다른 사람들보다 더 중요하다Some People Are More Valuable Than Others"였다.[5]

방송사들이 시청률이 높지 않음에도 골프 관련 프로그램을 많이 내보내는 이유는 무엇일까? 방송 비평가 레스 브라운Les Brown은 방송사, 광고 대행사, 광고주 기업의 간부들이 골프를 좋아하기 때문일 뿐이라고 지적했다.[6] 물론 한국도 다르지 않다. 아니 더 심하다. 방송사들은 일반 대중이 미국에서 활약하는 한국 골프 선수들의 성적에 큰 관심을 보이는 '골프 민족주의'를 이용해 당당한 자세로 골프를 과잉 우대하고 있다.

물론 문화적 민주주의론에 반대하는 입장에도 문제가 없는 건 아니다. 도대체 시청자들의 필요를 무슨 근거로 누가 결정할 수 있을 것인지, 이건 대단히 어렵거니와 자칫 엘리트의 취향을 대중에 강요하는 독선을 범할 위험마저 안고 있다. 따라서 문화적 민주주의는 시청률을 존중하되 시청률을 유일무이한 근거로 삼는 기존의 방식에서 탈피하여 방송사와 시청자 간 다양하고 쌍방적인 커뮤니케이션 채널을 확대하는 새로운 운용 방식에 의해 실천되어야 할 것이다.

이렇게 말하는 게 모범 답안이긴 하지만, '쌍방적인 커뮤니케이션 채널'이라는 말에 함정이 있다. 예컨대, 각 프로그램 사이트에 의견을 밝히는 시청자들은 거의 대부분 시청률 추세와는 전혀 무관한 예외적인 '도덕적' 시청자들이기 때문이다. MBC 예능 PD 권석은 다음과 같이 증언한다.

"시청자들의 꾸짖음에 상처받고 모처럼 착한 프로그램을 만든다 치자. 예상대로 칭찬이 폭포수 같이 쏟아진다. 가족이 보면서 다 같이 울었단다. 보는 내내 소름이 돋았다고도 한다. 이런 프로그램이 왜 이제야 나왔느냐고 개탄하는 시청자도 있다. 하지만 다음 날 시청률을 받아보면 그래프가 X축을 따라 바닥에 납작 붙어 기어간다. 칭찬만 하고 아무도 보지 않은 것이다. 겉 다르고 속 다른 시청자들의 배신에 또 한 번 깊은 상처를 받는다."[7]

시청자들이 겉 다르고 속 다른 점도 있겠지만, 의견을 밝히는 시청자와 의견을 밝히지 않는 시청자의 차이 때문일 수도 있다. 절대다수는 자기 의견을 밝히지 않는다. 그렇게 할 시간도 없고 정성도 없다. 그냥 시청하거나 말거나 하는 양자택일 방식으로만 말할 뿐이다. 선거에서의 일반적인 유권자의 행태, 즉 단지 투표 행위만으로 모든 참여를 대신하는 것과 매우 비슷하다. 문화적 민주주의는 정치 민주주의의 수준을 넘어서기 어려운 것일까?

왜 텔레비전 시청자의 평균 연령을 13세에 맞추는가

"노예의 소일거리, 무식하고 비참하고 일과 걱정 속에서 지칠 대로 지친 인간들의 오락…… 아무런 정신 집중도 요구하지 않고 아무런 사고 능력도 전제하지 않는…… 가슴에 아무런 광명도 밝혀주지 않고 또 어느 날엔가는 로스앤젤레스에서 스타가 되겠다는 가소로운 희망 이외에는 아무런 희망도 불러 일으켜 주지 않는 구경거리."

프랑스 작가 조르주 뒤아멜Georges Duhamel, 1884~1966이 영화에 대해 퍼부은 독설이다. 독일 철학자 발터 베냐민Walter Benjamin, 1892~1940은 그의 논문 「기술복제시대의 예술작품」에서 뒤아멜의 영화에 대한 경멸을 인용하면서, "예술은 정신 집중을 요구하는 데 반해 대중은 정신 분산(오락)을 원한다는 옛날부터 들어온 개탄" 이 갖는 의미에 대해 언

급하고 있다.[8]

　예술과 오락의 구분을 수용자의 정신 집중 여부와 정도에 따라 결정할 수 있다는 것은 텔레비전의 이해를 위해 매우 중요한 의미를 지닌다. 아무리 시시껄렁한 텔레비전 코미디일망정 그걸 비디오 예술가인 백남준이 요리하여 구경꾼의 정신 집중을 요구할 수 있다면 그건 예술일 수 있다. 반면 아무리 고급스러운 예술 행위일망정 그것이 정신이 산만한 시청자의 수용 상황을 배려하는 차원에서 다소 가공되어 브라운관에 나타난다면 그건 오락일 수 있다.

　물론 이런 구분이 전적으로 타당하다는 건 아니다. 중요한 것은 우리가 어떤 매체를 평가할 때 그 매체가 수용되는 상황을 최대한 감안해야 한다는 것이다. 그런 의미에서 텔레비전 비평은 모든 면에서 영화 비평이나 그 밖의 매체 비평과는 다를 수밖에 없으며 달라야 한다.

　이런 시각으로 텔레비전과 만나보자. 우리는 흔히 우연한 기회에 텔레비전을 시청하다가 프로그램 내용이 유치하다는 생각이 들 때가 많다. 내가 좋아하는 프로그램을 일부러 시청할 때엔 그 프로그램이 매우 유치하더라도 우리는 그걸 잘 느끼지 못한다. 이미 우리도 유치하게 길들여졌기 때문인지도 모른다.

　텔레비전의 유치함은 PD들이 어떤 생각으로 프로그램을 만드는가를 알아보면 쉽게 설명이 된다. 그 누구도 드러내놓고 말하지 않지만 적어도 연예오락 프로그램의 경우 우리나라 PD들이 가정하는 시청자의 정신 연령은 대략 초등학생이나 중학생 수준이라고 보면 크게 틀리지 않다. 텔레비전의 어떤 면이 유치한지 굳이 설명할 필요는 없을 것이다. 맑은 정신으로 텔레비전을 유심히 시청하다 보면 꼭 그렇게까지 해가면서 웃기고 웃어야 하는지 회의를 느끼게 될 것이다.

막연하게나마 우리가 느끼고 있는 텔레비전의 유치함에 대해 호주 머독대 교수인 존 하틀리John Hartley는 아주 그럴듯한 논문을 한 편 썼다.⁹ 그는 텔레비전의 유치함을 '소아주의paedocracy'라고 부르면서, 소아주의야말로 수용자의 존재가 허구에 지나지 않는다는 것을 잘 보여주는 증거라고 했다. 이게 도대체 무슨 말인가? 꽤 어려운 말 같지만, 알고 보면 별 것 아니다.

하틀리의 주장에 따르면 위험과 불확실성을 최소화하면서 시청률을 최대화하고자 하는 텔레비전은 다양한 속성을 가진 거대 집단을 모두 만족시키기 위해 '어린애와 같은 구경꾼들'을 상정한다는 것이다. 즉, 지적으로 수준이 낮은 프로그램은 지적 수준이 높은 사람들도 볼 수 있지만, 그 반대는 성립되지 않는다는 이야기다. 만약 어떤 방송사가 수준이 높은 프로그램을 내보낸다면, 그 방송사는 높은 시청률을 올릴 수 없는 위험을 안게 되거나 시청률이 어떻게 나올지 알 수 없는 불확실성에 직면하게 된다. 그래서 방송사는 텔레비전을 시청하는 수용자를 그 실재와는 무관하게 아이들과 같은 특성과 속성을 지니는 존재로 가정하는 것이다.

이는 결코 새로운 이야기는 아니다. 오래전부터 미국의 텔레비전 제작자들은 최소공통분모LCD: the least common denominator 모형에 따라 프로그램 내용을 LCD 취미 위주로 만들어왔다. 이는 뒤집어 말하면 최소거부프로그램원칙LOP: the least objectionable programming이기도 하다. 거부감을 줄 수 있는 요소들을 최소화한다는 것이다. 이유는 단 하나. 시청률 극대화를 위해서다. 시청률 극대화를 위한 또 하나의 프로그램 제작 원칙은 '13세 정신력'에 맞춰 제작하는 것이다. 13세 아동이 이해할 수 있는 내용이면 누구나 이해한다는 것이다.[10]

텔레비전 시청 상황은 영화 관람 상황과는 달리 수용자의 집중을 얻어낼 수 없기 때문에 이건 매우 중요한 원칙들이다. 프로그램 제작자가 살아남으려면 자신의 미학적 가치와 원칙을 반드시 시청률이라고 하는 평가 기준에 맞춰야만 한다. 타협을 해야만 하는 것이다.

미국 『뉴욕타임스』의 방송 비평가 잭 굴드Jack Gould, 1914~1993는 이미 1950년대에 그와 같은 현실에 대해 "텔레비전은 타협의 매체다. 텔레비전은 야수의 근성을 갖고 있다. 텔레비전은 그것이 얻을 수 있는 최대의 수용자들에게 어필해야만 한다"라고 말한 바 있다.[11]

한국은 어떨까? 미국과 거의 같다. 〈뉴하트〉, 〈대물〉을 쓴 작가 황은경은 자신의 흥행 공식은 "단순한 게 최고다"며 드라마의 눈높이를 초등학교 5학년 수준에 맞춘다고 했다. 그 정도면 알 건 다 아는 나이니 잘난 척 안 하고 초등학교 5학년이 좋아할 만한 만화나 게임 같이 쉽고 편한 이야기를 펼친다는 것이다.[12]

시청자의 정신 연령 수준을 어느 정도로 낮춰 잡을 것인가 하는 건 나라마다 각기 다를 수 있다. 이른바 '유아적 문화'가 강한 나라일수록 시청자의 정신 연령 수준을 더욱 낮춰 잡으리라는 가설이 성립될 수 있지 있지 않을까? 그런 점에서 일본이 좋은 사례다.

일본에서 국가와 국민의 관계는 다른 나라들에 비해 유별나다. 정부는 국민을 자식처럼 돌보고 국민은 정부가 없으면 부모 잃은 아이처럼 불안해하는 관계다.[13] 그런 관점에서 여러 일본 전문가들이 '일본 문화의 유아화'를 지적하고 있다. 일본인이 어린애처럼 길들여져 있다는 것이다. 물론 그로 인한 장점은 많다. 무엇보다도 법과 공중도덕을 잘 지킨다. 다만 문제는 그게 너무 지나치다는 데에 있다.

일본을 '유치원 국가'라고 부른 일본 작가 후쿠다 기치로는 일본에서의 사회적 통제는 사적인 영역에까지 아주 깊숙이 침투했다고 말한다. 일본의 사회 비평가인 후쿠다 가즈야가 『왜 일본인들은 이 같은 어린아이들이 되었는가?』라는 책을 썼을 정도로 일본 국민의 유아화는 심각하다.[14] 일본에서 오랫동안 활동한 네덜란드 저널리스트 이언 부루마Ian Buruma는 다음과 같이 말한다.

" '텔레비전 탤런트들'은 이리저리 구르며 유치원의 어릿광대처럼 군다. 지하철 칸마다 감색 양복을 입은 한 무리의 샐러리맨들이 손잡이에 매달려서 옛날에 학교에서 배운 노래와 꼭 껴안아주고 싶은 마마상에 대한 감상적인 사랑을 다룬 어린이용 문화를 읽고 있다. 맥아더 장군은 일본이 열두 살 소년들의 나라라고 했다. 그러나 나에게 일본은 열두 살 소년들의 나라가 아니라 아직도 열두 살이기를 바라는 성인들의 나라처럼 보인다."[15]

텔레비전은 '열두 살이기를 바라는 성인들의 나라'를 정확히 반영하고 있다. 한국인이 보기에 일본 텔레비전은 너무 유치하다.[16] 물론 유아적 문화는 일본만의 현상은 아니다. 일본이 훨씬 심하다는 것일 뿐 한국도 일본의 뒤를 좇고 있다. '어린이 같은 어른'이란 뜻을

★ 피규어 장식장 앞에서 포즈를 취하는 개그우먼 김신영(위)과 희귀품 피규어를 자랑하는 가수 이승환(아래). 한국도 일본을 좇아 키덜트 문화가 확산되고 있다.

가진 키덜트kidult 문화의 확산이 그걸 잘 말해준다.

다소 다른 차원이기는 하나 텔레비전의 소아주의를 부추긴다는 점에 있어선 방송 규제 기관도 일조하고 있다. 늘 텔레비전이 가족 매체임을 강조하는 규제 기관은 시청자를 무조건 아이들과의 관계에서 보는 경향이 있다. 물론 연령별 등급제를 실시한다곤 하지만, 언제든 아이를 포함한 온 가족이 볼 수 있다는 전제 아래 규제를 하는 경향이 있다. 텔레비전은 성인이 아니라 아이들을 위해 존재하는 셈이다. 물론 다매체·다채널 시대에 그런 압력은 약화되고 있다지만, 여전히 지상파방송의 힘이 막강하기에 규제 기관이 소아주의를 부추기는 것은 건재하다.

리모컨은 텔레비전을 어떻게 바꾸었나.

"30초 안에 터지지 않으면 채널은 돌아간다." 요즘 사람들이 이 말을 들으면 깜짝 놀랄 것이다. "세상에 누가 30초나 기다려?" 하면서 비웃을지도 모르겠다. 이 말은 1994년 당시 MBC 〈일요일 일요일 밤에〉 PD로 이름을 날리던 주철환이 책을 출간하면서 제목으로 내걸었던 주장이다.[17] 그때엔 "그래?" 하고 놀랐는데, 이젠 "30초나 기다리다니, 미쳤어?"라고 냉소를 보내는 세상이 됐으니, 참으로 격세지감이다. 이젠 3초다. 미국의 어느 광고가 잘 묘사했듯이, 시청자들은 "3초를 주겠어. 날 감동시켜봐You've got 3 seconds. Impress me"라는 자세로 임하고 있다.[18]

바야흐로 속도 전쟁의 시대다. "속도는 서구의 희망"이라고 한 프랑스 철학자 폴 비릴리오Paul Virilio는 이미 1970년대 후반에 "속도의 폭력은 법이 되었으며, 세계의 운명이자 세계의 목적이 되어버렸다"고 했다.[19] 결코 과장이 아닌 것처럼 느껴진다. 특히 디지털 기술의 변화 속도는 너무도 빨라 그 속도에 대처해야 할 IT 산업의 기업가들마저 한숨을 토해내게 만든다. 세계 경제계 명사들의 클럽인 다보스 세계 경제 포럼의 2000년 총회에 참석했던 미국 소니사 회장 하워드 스트링어Howard Stringer: 현 소니 본사 이사회 의장는 그 속도가 어지럽다며 "차라리 지구에서 내리고 싶습니다"라고 하소연했다.[20]

대중문화 영역에서 이런 속도의 변화를 잘 보여주는 것 가운데 하나가 바로 텔레비전이다. 텔레비전의 속도 혁명을 견인한 요인은 많지만, 가장 큰 영향을 미친 건 단연 리모컨이다. 1950년대에 리모컨이 등장했을 때, 모든 이들이 리모컨의 주목적은 시청자가 잠들면서 텔레비전을 끄는 것이라고 생각했다. 리모컨의 가공할 위력을 조금이라도 짐작한 사람은 아무도 없었다. 그러나 '리모컨의 독재'가 나타나는 데엔 오랜 시간이 걸리지 않았다.

채널을 이리저리 돌려대는 행위를 가리켜 재핑zapping, 채널 서핑channel surfing, 채널 호핑channel hopping이라는 말까지 생겨났다. 처음엔 광고를 피하기 위해 시작되었다지만, 이젠 그저 별 생각 없이 채널을 돌려대는 사람들이 많아졌다.[21] 노벨문학상을 받은 캐나다 출신의 미국 작가 솔 벨로Saul Bellow, 1915~2005는 리모컨의 독재에 대해 다음과 같이 말한다.

"무의미하고 격렬한 흥분이 우리를 붙잡는다. 그것은 강렬한 자극이지만 생명력은 짧다. 리모컨의 스위치들은 채널을 앞뒤로 이리저

리모컨은 각 프로그램들의 초반부, 중반부
그리고 후반부를 뒤섞어놓을 수 있게 만든다.
어떤 순서로 보든 아무것도 달라질 것은 없다. 결국 우리의
주의는 산만해지고 정신은 고깃덩이처럼 흐물흐물해지고 만다.

리 건너다닐 수 있게 만들어준다. 각 프로그램들의 초반부, 중반부 그리고 후반부를 뒤섞어놓을 수 있게 만든다. 어떤 순서로 보든 아무것도 달라질 것은 없다. 결국 우리의 주의는 산만해지고 정신은 고깃덩이처럼 흐물흐물해지고 만다."[22]

미국이나 일본에서 오랫동안 조사된 결과에 따르면 리모컨 때문에 한 프로그램을 다 시청하는 시청자 수는 크게 줄어들고 있다. 일본의 비디오 리서치 사가 30여 년간 조사한 결과에 따르면, 리모컨의 보급률과 높은 시청률을 얻는 프로그램의 비율은 반비례하는 경향이 있다. 예컨대, 인기 있는 장수 프로그램의 시청 시간을 비교해보면 방송 시간의 거의 전부에 해당하는 49분 이상을 본 세대는 리모컨이 얼마 보급되지 않았던 1984년에 약 25퍼센트였으나, 리모컨이 꽤 보급된 1988년에는 약 17퍼센트로 줄어, 프로그램의 시청률은 34퍼센트에서 26퍼센트로 크게 떨어진 것으로 나타났다. 시청률 30퍼센트 이상의 프로그램도 1983년에는 928개나 됐지만 1990년에는 349개로 크게 줄어들었다.[23]

오늘날 미국의 시청자들은 채널을 돌리려고 시간당 36회에서 107회까지 리모컨을 누른다고 한다. 2000년도에 이뤄진 한 연구에서는 50대 이상의 54퍼센트, 30대 이하의 4분의 3이 리모컨을 쥐고 뉴스를 보는 것으로 조사됐다. 이와 관련, 미디어 학자 토드 기틀린Todd Gitlin은 이렇게 말한다. "정보, 스포츠, 음악 방송국들은 텔레비전 앞에서 안절부절 못하는 시청자를 상상하면서—그럴 만한 충분한 이유가 있다—방송 또한 정신없이 만든다. 속도는 현대 사회의 부수적 요소가 아니다. 생산, 혁신, 투자, 삶의 리듬, 이미지의 움직임까지 속도는 모든 것의 핵심이다."[24]

『동아일보』가 2011년 3월 초 서울 시민 40명(남녀 20명씩)을 상대로 실시한 조사에서 'TV를 볼 때 리모컨으로 자주 채널을 돌린다'는 질문과 관련해 '그렇다'(12명), '많이 그렇다'(11명), '약간 그렇다'(9명)고 답한 것으로 나타났다.[25] 조금만 지루하다 싶으면 리모컨으로 채널을 돌리는 시청자를 대상으로 해서 무언가 진지한 이야기를 해보겠다는 건 이만저만 어려운 일이 아니다. 특히 젊은 시청자들 가운데에 그런 식으로 시청하는 사람들이 많아 그들을 가리켜 '리모컨 세대'라는 말이 사용되고 있을 정도다.

그런 리모컨 세대 때문에 광고 효과도 줄어드는 것으로 나타났다. 광고를 하는 동안 리모컨을 이용해 다른 채널로 도망가버리니 프로그램의 앞뒤에 광고를 내는 스폰서로선 이만저만 손해가 아니다. 그런 문제를 극복하기 위한 광고주와 광고 제작자의 노력은 빠른 속도감과 이미지의 쾌락을 중심으로 더욱 자본집약적이고 테크놀로지 집약적인 광고로 나타나고 있으며, 이는 프로그램에도 큰 영향을 미치고 있다. 아예 프로그램 속으로 들어가는 간접광고에 공을 들이는 것도 바로 그런 이유 때문이다.

PD들이 리모컨의 그런 영향력을 모를 리 없다. 그래서 그들은 가능한 한 프로그램 전체에 걸쳐 팽팽한 속도감을 유지하기 위해 애를 쓰며, 프로그램을 가능한 한 여러 코너로 짧게 나누고, 시청자들에게 티끌만큼의 정신 집중이라도 요구하는 불편을 주지 않겠다는 자세로 제작에 임한다. 그래서 요즘 텔레비전 오락 프로그램의 경우에는 진행자가 아예 채널을 돌리지 말아달라고 사정하기도 한다.

PD들이 시청자의 조급성을 염두에 두는 건 당연하고 필요한 일임이 틀림없다. 문제는 채널 간 경쟁에 집착하는 PD들이 그 조급성을 안전한 방향으로 과대평가하는 경향이 있으며, 시청자들은 그 영향을 받는다는 것이다. 그래서 역설적으로 PD들이 본의 아니게 시청자의 조급성을 부추기는 결과를 낳고 있다.

게다가 리모컨 독재에 영합하는 채널까지 생겨났으니, 그게 바로 젊은 세대의 폭발적 인기를 얻은 미국의 음악 전문 케이블방송 MTV다. MTV는 오늘날 세계 텔레비전의 표준이 되었다. 기틀린은 "그 어떤 비디오 자료라도 훑어보라. MTV가 나오기 전에 록 콘서트의 장면들은 몽유병을 앓는 것처럼 느릿느릿해 보인다. 점프 컷(짧은 컷을 연속하여 배열하는 것)은 아방가르드 영화의 부산물이었지, 30세 미만 관중을 대상으로 한 상업 광고 형식은 아니었다"며 다음과 같이 말한다.

"50년 전으로 거슬러 올라가보면 영화는 지금보다 훨씬 느리다. 그뿐만 아니라 뉴스와 잡지의 기사는 더 길고, 문장은 더 장황하고 복잡하며, 광고 문구도 더 늘어져 있다는 느낌을 지울 수가 없다. 텔레비전의 이미지들은 한 순간에 하나씩만 나오고, 화면의 다중 분할은 없다. 초기의 연속 드라마는 촬영 크레딧이 천천히 올라가는 것으로 끝났다. 그에 비해 오늘날 크레딧은 스크린 속 공간이 장난과 뒤이어 나오는 농담, 삭제된 장면, 광고 등으로 채워지면서, 리모컨에 올린 손가락을 고정시키기 위해 빠른 속도로 올라간다."[26]

그런 속도 전쟁에서 영화라고 예외일 수는 없다. 요즘 제작되는 한국 영화는 한 편에 2,500컷으로 구성된다. 2000년만 해도 한국 영화는 800컷에서 1,000컷 정도였으니 영화의 속도가 두세 배나 빨라졌다. 할리우드 영화도 2,000컷에 그치고 있으니 세계적으로 가장 빠른 영화가 한국 영화다. 컷이 늘어나는 이유는 한국 관객들이 속도감을 원하기 때문이다. 눈이 현란해야 재미를 느끼는 것이다.[27]

그런 속도에 대한 강박은 청소년의 경우엔 더하다. 그래서 4분의 1을 뜻하는 쿼터리즘quarterism이라는 말도 등장했다. 어떤 일에 15분 이상 집중하기 힘든 현상, 즉 인내심을 잃어버린 요즘 청소년의 사고와 행동 양식을 일컬어 만들어진 말이다. 5초를 견디지 못하고 텔레비전 채널을 돌린다거나 하는 찰나적 감각주의를 지적하는 것이다. 복잡한 것보다 쉬운 것을 찾으며, 한 분야에서 15분 이상 대화하지 못할 정도로 지식이 빈약한 젊은 세대를 가리켜 쿼터족이라는 말도 생겨났다.[28]

속도를 즐기다가 속도의 포로가 되는 역설이라고나 할까? 전 세계적으로 느림 운동이나 느리게 살기 운동이 벌어지는 것은 그런 속도 위주의 삶이 너무도 피곤하기 때문일 것이다. 느림의 철학을 역설한 혜민 스님의 『멈추면, 비로소 보이는 것들』이 출간 13개월 만에 200만 부 돌파라는 놀라운 기록을 세운 것은 마케팅의 힘도 크겠지만, 바로 그런 삶의 피곤함 때문이 아니었을까?

왜 홈쇼핑은 고독 산업인가

전 세계적으로 1인 가구가 크게 늘고 있다. 전체 가구 가운데 스웨덴은 47퍼센트, 일본은 31퍼센트, 미국은 28퍼센트가 1인 가구다. 우리도 1인 가구가 25퍼센트를 넘어섰다. 20~40대 독신 여성 중에 47퍼센트가 결혼을 해도 좋고 안 해도 좋다고 생각한다.[29]

네 가구 가운데 한 가구가 독신 가구라니 놀라운 사실이다. 만혼晩婚, 비혼非婚, 이혼, 장수 때문에 선진국일수록 1인 가구 비중이 높은 법인데, 우리도 선진국화된다고 반겨야 할 일인가? 공동체가 해체되는 사회 파편화 현상이 과연 선진화일 수 있는 걸까?

어찌됐건 그런 변화에 발맞춰 '혼자 노는' 사람들이 늘고 있다. 이른바 나홀로족이라고 한다. 예컨대, 국내 최대 영화 예매 사이트 맥스

무비에 따르면, 2013년 1~2월 전체 관객 가운데 1인 관객이 차지하는 비율은 17퍼센트에 이르렀다. 2003년의 5.2퍼센트보다 세 배 이상이나 늘어난 수치다.[30]

이런 나홀로족을 대상으로 한 '1인 마케팅'도 늘어간다. 원룸과 고시텔의 급증은 말할 것도 없고 1인 노래방부터 1인 미용실에 1인 식당까지, 1인을 배려한 업소들이 늘고 있다.[31] 이미 오래전부터 이런 나홀로족을 위한 서비스를 제공하는 미디어가 있었으니, 바로 홈쇼핑이다.

각종 첨단 기술을 이용해 집에서 쇼핑을 하는 것이 다 홈쇼핑이지만, 우리는 홈쇼핑 하면 으레 케이블방송의 홈쇼핑을 떠올린다. 홈쇼핑은 1977년 미국 플로리다의 한 라디오 방송사에서 광고주가 광고비를 내지 못하자 방송사에 자신들이 만든 전기 병따개를 넘긴 데에서 비롯됐다. 방송사 사장은 병따개를 어떻게 처분할까 고민하다, 라디오 방송 DJ에게 팔아줄 것을 요청했고, DJ는 자신이 진행하던 토크쇼에서 "여러분, 여기 멋진 병따개가 있으니 구입하시려면 연락주십시오"라고 소개했다. 곧바로 100여 개가 개당 9달러 95센트에 모두 팔리는 예상치 못한 성공을 거둔 것이 홈쇼핑의 시초가 됐다.[32]

1995년 8월 1일 한국홈쇼핑(현 GS홈쇼핑)과 39홈쇼핑(현 CJ오쇼핑)이 8시간짜리 첫 홈쇼핑 방송을 내보내면서 한국 텔레비전 홈쇼핑의 역사가 시작되었다. 2007년 텔레비전 홈쇼핑 시장 규모는 5조 3,000억 원으로 미국에 이어 전 세계에서 두 번째로 큰 규모를 자랑했다.[33] 2012년 TV 홈쇼핑의 매출액은 10조 1,000억 원을 기록했다.[34]

2001년 우리나라 쇼 호스트(쇼핑 호스트) 1호인 유난희가 우리홈쇼핑(현 롯데홈쇼핑)으로 연봉 1억 3,000만 원에 스카우트돼 쇼 호스트의 억대 연봉 시대가 열리면서 쇼 호스트의 인기가 치솟기 시작했다. 쇼 호스트 채용 경쟁률은 평균 수백 대 1에 이르렀으며, 대학엔 쇼핑호스트학과까지 생겨났다.[35] 처음엔 연예인들은 홈쇼핑 출연을 꺼렸지만, 이젠 왕영은, 김승현, 최유라, 이성미, 김새롬 등 얼굴이 많이 알려진 연예인이나 방송인도 홈쇼핑에서 자신의 이름을 단 고정 코너를 진행하거나, 상품 판매에 있어 쇼 호스트 못지않은 활약을 펴고 있다.[36]

소설가 이기호는 홈쇼핑을 '고독 산업'이라 불렀다. 그는 "총각

★ 자신의 이름을 딴 홈쇼핑 프로그램을 진행 중인 방송인 최유라. 요즘엔 얼굴이 많이 알려진 연예인이나 방송인도 홈쇼핑에 출연해 쇼 호스트 못지않은 활약을 펼치고 있다.

시절, 한동안 홈쇼핑에 빠져 살았던 적이 있었다. 일을 마치고 집에 돌아오면, 골치 아픈 뉴스도 보기 싫고, 늘 뻔한 드라마도 보기 귀찮아, 언제나 홈쇼핑에 채널을 맞춰놓았다. 그곳은 일 년 내내 조명이 밝았고, 24시간 친절했으며, 말 한마디 한마디가 따뜻한 세계였다. 그래서 나는 그곳에서 와이셔츠를 사고, 스팀다리미를 사고, 간장게장을 사고, 운동화를 사고, 디카를 구입했다. 아, 주문전화를 받는 텔레마케터들은 또 얼마나 상냥했던가. 혹시, 내가 중간에 전화를 끊을까 봐, 그녀들은 쉴 새 없이 말을 걸었고, 거듭거듭 주소를 확인했다"며 다음과 같이 말했다.

"배달된 상품들은 그리 썩 좋은 품질은 아니었다. 와이셔츠는 습자지와 비슷했고, 스팀다리미는 미적지근한 안개만 뿜어냈고, 간장게장은…… 에휴, 말을 말자, 운동화는 실밥이 뜯겨 있었고, 디카는 후에 알고 보니 다른 곳보다 오만 원 더 비싼 가격이었다. 그런 것을 빤히 알면서도, 나는 계속 밤마다 홈쇼핑을 보고 주문 전화를 걸었다. 후에, 지금의 아내가 자취방에 들려, 한쪽 구석 차곡차곡 쌓여진 홈쇼핑 박스들을 본 뒤, 작게 이런 말을 했다. 에고, 우리 오빠, 많이 외로웠나 보구나. 그제야 나는 홈쇼핑이, 사실은 '고독 사업'이라는 것을 알게 되었다. 사람이 아닌, 외로움을 고객 삼아 장사하는 사업. 이 밤에도 고독 사업은 호황을 누리고 있으리라." [37]

그렇다. 홈쇼핑은 고독 산업이다. 고독한 사람들이 홈쇼핑에 빠져든다. 남자들도 예외는 아니다. 성인 남성들 가운데 누가 가장 고독한가? 처자식을 외국에 보낸 기러기 아빠들이다. 홈쇼핑을 통해 진공 청소기와 비데 세 개, 기능성 의자 등 10여 가지 물품을 잇따라서 구입한 A 씨는 "아내와 아이들을 떠나보낸 후 회사 모임 외에는 외출을 삼가고 있다"며 "가족들이 없는 텅 빈 집을 지키다 보니 허전한 마음에 다소 무리하는 줄 알면서도 홈쇼핑을 통해 물건을 사게 된다"고 말했다. 이에 대해 『국민일보』는 다음과 같이 말한다.

"A 씨처럼 자녀 유학으로 기러기 아빠가 되거나 경기 불황 속에 직장을 그만둔 40~50대 가장들을 중심으로 고독감을 못 이겨 TV 홈쇼핑에서 자신의 경제적 능력을 넘어서 충동 구매하는 사례가 늘고 있다. 이들은 주위 시선을 피하려 텅 빈 집안에서 혼자 머무르기를 좋아하는 탓에 더욱 TV에 의존하게 돼 24시간 방영되는 홈쇼핑 광고만 보면 물건을 곧바로 구입하는 쇼핑 중독 증상마저 보이고 있다."[38]

탤런트 조형기도 2011년 1월 31일 방송된 KBS 2TV 〈안녕하세요〉에 출연해 "오랜 생활 기러기 아빠 생활을 하다 보니 '홈쇼핑 중독'에 빠졌다"고 고백했다. 그는 "혼자 생활하다 보니 자꾸 편안함을 추구하게 되고 홈쇼핑만 보면 신기한 물건에 자꾸 사게 됐다"고 말했다.[39]

기러기 아빠만 고독하나? 노총각도 고독하다. 2013년 2월 10일 밤 방송된 MBC 설 특집 프로그램 〈남자가 혼자 살 때〉에 출연한 46세 노총각 배우 김광규는 실제 생활하는 자신의 방을 여과 없이 공개하면서 자취 경력 15년의 생활 노하우로 홈쇼핑을 꼽았다. 택배받는 것으로 하루를 시작한다는 그는 아침 식사 전에도 TV 홈쇼핑 채널을 시청하는 모습을 보여 홈쇼핑 마니아임을 입증했다. 그는 "홈쇼핑을 내 구세주로 정했다. 혼자 사는 내게 손 내밀어 준 친구"라며 홈쇼핑에

대한 각별한 애정을 드러냈다.[40]

홈쇼핑의 꽃이라 할 쇼 호스트가 새로운 인기 직업으로 태어난 것도 그녀들이 나긋나긋하고 자상한 목소리로 시청자의 고독을 덜어주는 데 탁월한 능력을 보였기 때문이다. 홈쇼핑의 배경음악이 주로 귀에 익숙한 리메이크 댄스곡인 것도, 시청자가 심리적으로 가장 안정감을 느끼는 삼각 구도로 상품을 늘어놓는 것도, 소비자의 고독에 대한 배려다.[41] 홈쇼핑이 토크쇼 형식을 도입하는 등 이른바 '쇼퍼테인먼트(쇼핑+엔터테인먼트)'를 강화하는 것도 그것이 고독 산업이라는 점과 무관치 않다.

생각해보라. 누가 그렇게 내게 말을 열심히 걸어주며 내 전화 한 통화에 그렇게 열띤 반응을 보여주겠는가? 홈쇼핑 말고는 없다. 사람들을 만나면 "언제 한번 보자"고 말들은 열심히 하지만 보긴 언제 보나? 우연히 보게 되면 또 보자는 뜻이다. 그러나 홈쇼핑엔 그런 건성이 없다. 전화 걸면 금방 뭐가 날아온다. 아, 친절하고 따뜻한 홈쇼핑이여!

홈쇼핑은 시청자가 가장 쾌적하게 생각하는 공간에 떡 버티고 있는 텔레비전의 친근함은 물론 간단한 리모컨 조작으로 각종 텔레비전 프로그램에 등장했던 연예인들의 친근함까지 물려받는다. 드라마에 등장하는 제품의 정보를 알려줄 뿐 아니라 바로 살 수 있게끔 해주는 스마트TV도 바로 그런 친근함을 이용하려는 것인데, 혹 여기에도 친근의 환상이 작용하는 건 아닐까?

텔레비전은 현실을 반영할 뿐, 교정의 책임은 없나

"여성은 대중매체에 의해 그들 자신을 부족하다고 생각하도록 주의 깊게 훈련되고 있다. 여성은 다른 여성들이—옷이나 화장품, 식품의 구입이나 직업, 취미, 교육 등을 통해—자신보다 더 매력적이고 여성적이라는 가르침을 받고 있다. 그래서 물건을 계속 구입함으로써 끊임없이 자기의 성적 능력을 입증하고자 하는 욕구에 엄청나게 열중하게 되고, 그것이 회사들에게는 이익이 될지 모르지만 여성 개인에게는 잠재적인 수난이 되고 있다."[42]

위에 인용한 미국의 광고 전문가 윌슨 브라이언 키Wilson Brian Key의 말 그대로, 여성은 대중매체에 의해 훈련되고 있다. 그렇다면 여성만 훈련을 받는가? 그건 아니다. 모든 사람들이 훈련을 받지만 특히 여성이 가장 강도 높은 훈련을 받고 있다. 그 이유는 간단하다. 대중매체를 후원하는 광고주들이 파는 상품을 대부분 여성들이 구매하기 때문에 대중매체는 여성에게 특별한 관심을 보인다.

물론 여성은 대중매체에 의해 훈련되는 것만은 아니다. 사실 대중매체의 발달은 여성에게 축복이기도 했다. 특히 텔레비전의 경우 그것은 여성에게 기존의 질서를 변화시킬 수 있는 하나의 가능성으로 다가섰다. 과거 '여성스러움'을 강요했던 조건은 무엇보다도 여성의 정보로부터의 고립이었다. 바깥세상은 남자들만의 것이었고, 여자는 외부 세계에 대한 무식과 공포 속에서 집에서 갇혀 지내야 했다. 여성적 특성은 사회와 절연된 가운데 철저히 가정에서 만들어진 것이었다.

그러나 텔레비전은 바깥세상과 가정이라는 전통적 구분을 허물어뜨리고 말았다. 텔레비전은 바깥세상을 가정으로까지 배달해줌으로써 여성에게 전혀 새로운 세계를 보여주었다. 여성은 여성이기 때문에 근접할 수 없는 곳까지 텔레비전을 통해 비교적 자유롭게 간접 경험을 할 수 있게 되었다.

텔레비전을 통해 여성은 학력과 지식의 정도에 무관하게 억압을 받는 사람으로서 집단의식을 경험하게 되었고, 텔레비전 드라마 등을 통해 남성의 세계를 알게 되었고, 과거 남성이 독점하던 역할을 여성이 맡는 것을 보게 됨으로써 더 능동적인 의식을 가질 수 있었다. 또 텔레비전은 남녀가 같이 보거나 오히려 여자가 더 많이 보기 때문에 남성은 여성이 이 세상을 잘 모른다는 주장을 하기가 어렵게 되었으며, 여성 역시 그런 주장을 더 이상 용납하지 않게 되었다.

그러나 텔레비전은 그런 축복과 더불어 기존의 남녀 불평등 구조를 확대재생산하는 쪽으로 큰 힘을 발휘하는 재앙을 가져다주기도 했다. 텔레비전은 하루도 빠짐없이 여성이 어떻게 살아가야 하는지를 열심히 가르쳐준다. 특히 많은 드라마가 '출생의 비밀'을 주요 소재로 다룸으로써 혈통주의라고 하는 가부장주의를 지겨울 정도로 묘사하고 있다.

2004년 8월 18일에 방영된 임성한 작가의 MBC 일일 드라마 〈왕꽃 선녀님〉은 "개구멍받이를 내 며느리로 맞았으면 어쩔 뻔했느냐", "친자식이 아닌 걸 숨겼으니 천벌을 받을 것" 등등 입양아를 차별하는 대사를 내보내 논란을 빚었다. 또 이 드라마는 결혼할 때 집안과 신분을 따지는 걸 적나라하게 보여줌으로써 사람들의 편견에 면죄부를 주고, 약자는 철저히 차별해 모든 사람들이 마음껏 돌을 던지고 비웃을 수 있게 하는 전략을 구사했다는 이유로 비판받았다.

★ 홀트아동복지회, 대한사회복지회 등 입양단체들은 입양아를 부정적으로 묘사한 〈왕꽃 선녀님〉에 대한 항의집회를 열었다. 많은 드라마가 '출생의 비밀'을 주요 소재로 다룸으로써 혈통주의라고 하는 가부장주의를 지겨울 정도로 묘사하고 있다.

홀트아동복지회, 대한사회복지회 등 5개 입양단체들은 8월 26일 서울 여의도 MBC 앞에서 "입양에 대한 인격권 침해"라며 항의 집회를 열고 방송 중단을 요구했다. 네티즌도 두 갈래로 나뉘었다. "입양아에 대해 부정적으로 표현했다고 난리치는데 우리 현실이 그런 것"이라는 의견과 "드라마가 편견과 왜곡의 현실을 만들어갈 수 있다"는 의견이 바로 그것이었다.[43]

언론학자 임종수는 한국 텔레비전 드라마가 혈통주의를 무슨 신주단지 모시듯 끌어안고 있으며, 일명 '재벌 드라마'에서 극단의 예를 보여준다고 지적했다.[44] 혈통주의는 칭찬받기 어렵다. 그러나 그것이 비판받아 마땅한 것인지에 대해선 자신 있게 말할 사람이 드물 것이다. 한국의 재벌은 한결같이 혈통주의에 미쳐 있는 게 현실인데다, 보통 사람들도 똑같기 때문이다. 다만 재벌의 경우엔 사회적 책임과 기업 지배 구조의 문제를 들어 혈통주의를 비판할 순 있겠지만, 그것이 혈통주의 자체에 대한 비판은 아닐 것이다.

이런 논란은 오랜 전통을 갖고 있다. 원론 수준에서 생각해보자. 드라마가 어떤 잘못된 현실을 고발하고 싶어 한다. 고발하기 위해선 그런 현실을 실감나고 적나라하게 보여줘야 할 것이다. 그런데 그렇게 보여주는 것 자체가 문제라고 아우성친다. 편견을 조장할 수 있다는 이유 때문이다. 그렇다면 현실 반영은 어떻게 해야 하는가?

2005년 정부는 사회문제화되고 있는 출산율 저하 문제를 해결하기 위해 방송국의 드라마 · 교양 프로그램 작가들을 초청, 육아의 보람과 결혼 생활의 즐거움 등을 적극 전파해줄 것을 요청했다. 국무조정실은 "최근 몇 년 사이 드라마나 방송 프로그램에 독신남과 독신녀 등 '나홀로족'의 긍정적 묘사나 출산과 육아로 인한 이혼 등 가정불화, 사회생활에서 여성들의 불이익 등의 묘사가 부쩍 늘었다"며 "이런 내용이 젊은이들의 결혼이나 출산 기피에도 작지 않은 영향을 준다고 판단해 대책을 마련하게 됐다"고 설명했다.[45]

작가들은 그런 요청에 따라야 할까? 리얼리즘*을 희생하고서라도? 이러지도 저러지도 못하는 딜레마가 아닐 수 없다. 이런 딜레마에 대해 이론적으로 제기된 해법이 바로 교정적 리얼리즘corrective realism이다. 현실 반영에만 머무르지 말고 그런 현실을 교정하기 위한 노력을 보여야 한다는 것이다. 즉, 반영을 하더라도 어느 정도 교정이 가능하게끔 고발의 성격을 가져야 한다는 것이다.

캐나다에서는 연방 정부가 1979년 라디오·텔레비전·전기통신위원회CRTC에 여성의 성역할에 관한 특별위원회를 구성한 바 있다. 이 위원회에는 시민 대표도 참가하는데 여성이 압도적으로 많다. 이 위원회는 방송 매체에서의 성역할을 인권 문제의 차원에서 다루고 있는데 400여 개 방송사에서 받은 자료를 토대로 작성한 보고서에서 방송 매체가 취해야 할 당위적 태도의 형식과 내용을 구체적으로 밝히고 있다. 몇 가지 예를 들면 다음과 같다.

①다양한 활동을 하고 있는 여성상을 보여주어야 한다. ②여성을 단순히 성적인 자극을 주는 존재 또는 유혹자로서 취급하지 말아야 한다. ③성차별을 내포하는 단어를 사용해서는 안 된다. ④남성은 업적을, 여성은 단순히 모습을 보여주는 식의 소개를 하지 말아야 한

다. ⑤여성을 남성에게 봉사하거나 의존하는 존재로 묘사해서는 안 된다. ⑥여성을 젊음이나 아름다움에만 관심을 갖거나 나이를 먹는 것이나 성적 매력이 없는 것을 두려워하는 존재로 표현해선 안 된다. ⑦여성 아나운서, 리포터, 사회자를 충분히 등장시킨다. ⑧광고는 여성이 가정적 상품만의 구매자, 사용자가 아니라 모든 상품의 구매자, 사용자이기도 하다는 것을 보여주어야 한다.[46]

물론 이런 식의 교정도 시간이 필요할 것이다. 드라마의 경우 극의 자연스러운 흐름과 이야기의 실감을 해치지 않는 선에서 천천히 교정을 시도할 수밖에 없다는 것이다. 그러니 시청자들은 논란의 소지가 있는 내용이 나오더라도 일단 기다려줘야 한다. 물론 현실은 그렇지 못하다. 또 반대로 교정이라고 하는 작위적 노력에 대해 거부감을 느끼는 사람들도 있다. 그래서 교정적 리얼리즘도 쉽지 않다. 일방적인 비판보다는 이런 문제까지 토론과 논쟁의 도마 위에 올려놓고 중지를 모아보는 것이 좋을 것이다.

교정적 리얼리즘이 발휘되어야 할 주제는 많다. 여성 외에도 빈곤층, 노인, 장애인, 지방민 등 모든 소수자나 사회적 약자가 텔레비전에서 어떻게 묘사되는가 하는 것은 매우 중요하다. 그런 문제의식으로 드라마를 비롯한 텔레비전 프로그램은 과연 어느 수준까지 현실을 반영할 수 있으며 반영해야 하는지 논의해보도록 하자.

물론 교정적 리얼리즘에 대해서도 이의를 제기할 수 있을 것이다. 텔레비전은 가족 매체라고 하는 점이 그간 텔레비전을 규제하는 주요 이유였으나, 다른 새로운 매체들이 많이 나오면서 과연 그런 규제 이유가 타당한지에 대해서도 의문을 제기해볼 수 있을 것이다. 역설 같지만, 지상파방송의 위기가 지금보다 더욱 심화돼 대중의 관심이 줄어들 때 비로소 텔레비전 드라마는 좀 더 자유로워질 수 있을 것이다. 그러나 지상파방송은 그런 위기를 한사코 피하려고 발버둥치고 있는 만큼 교정의 노력을 게을리해서는 안 된다. 권력에는 그만큼 책임이 따르는 법이다.

4장

텔레비전 드라마와 예능

왜 한국은
드라마 공화국이
되었는가.

"〈아씨〉가 방영되는 동안 드라마가 시작되기 전에 문단속을 잘 하여 도둑을 조심하고 수도꼭지가 꼭 잠겼는지 다시 한 번 점검한 뒤에 이 프로그램을 시청해달라는 내용의 이색 스포트가 방송된 것은 방송사상 그 유례를 찾아볼 수 없는 일이었다. 한편 아씨의 남편(김세윤 분)이 한창 외도를 하며 아씨를 냉대하는 장면들이 속출되고 있을 무렵 부인들이 떼를 지어 방송국으로 몰려와 남편을 작품에서 죽여주든가 개심시켜달라고 사뭇 협박조의 간청을 하던 일도 있었다."[1]

1970년 3월 2일부터 다음 해 1월 9일까지 253회 방영된 TBC의 일일연속극 〈아씨〉에 관한 이야기다. 또 〈아씨〉에 이어 KBS가 1972년 4월 2일부터 211회 방영한 〈여로〉의 인기는 어떠했던가? 드라마가

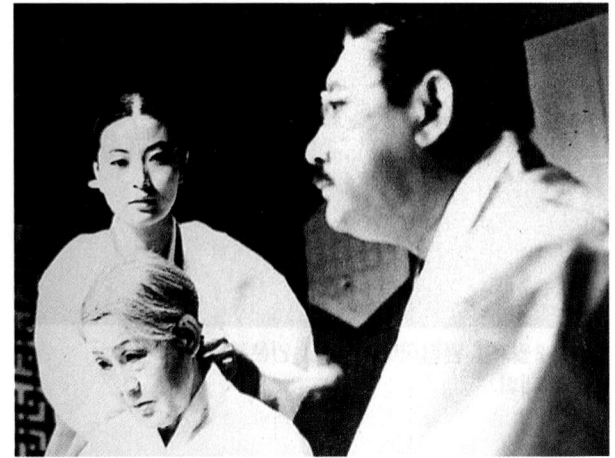

★
〈아씨〉는 드라마가 시작되기 전에 문단속을 잘하여 도둑을 조심하고 수도꼭지가 잠겼는지 확인하라는 이색 스포트를 내보낼 정도로 인기가 높았다.

시작되는 매일 밤 7시 30분만 되면 영화관의 관객들은 영화를 보다 말고 휴게실로 몰려가서 텔레비전을 보고 돌아오는 바람에 아예 20분간 영화 상영을 중단했으며, 이 시간에 도둑맞는 집과 밥 태우는 집이 많았다.[2]

〈여로〉의 인기에 대해 방송인 정순일은 "특히 고생 끝에 부산까지 내려오는 데 성공한 태현실이 장욱제를 만날 날이 점점 가까워 오자, '오늘 만난다', '아니 내일이다' 하는 논쟁이 심심치 않게 벌어졌고, 국무회의가 열리기 전에 장관들이 한담을 나누는 자리에서도 자주 화제가 되었다는 소문이 들릴 정도였다"며 "작가가 시청자의 애간장을 태울 만큼 태우다 드디어 두 사람을 만나게 해준 날 저녁 필자는 고려대 경영대학원 강의실에 있었는데 7시가 좀 지나면서 수강생이 한둘씩 휴게실로 빠져나가더니 방송 시간이 다 되어서는 그만 강

의실이 거의 텅 비어버리던 광경이 지금도 눈에 선하다"고 회고했다.³

MBC는 〈여로〉에 대항해 일일극 〈새엄마〉를 편성했는데, 〈새엄마〉는 1972년 8월 30일부터 다음 해 12월 28일까지 방영돼 "우리나라 일일극 사상 최장수를 기록"했으며, "이른바 '김수현 드라마' 시대를 알리는 드라마이기도 했다."⁴

〈여로〉와 〈새엄마〉의 인기는 1973~74 시즌에 일일극 홍수 사태라고 해도 좋을 정도로 많은 일일극을 낳게 했다. KBS, TBC, MBC 세 채널을 합해 하루 15편 안팎의 텔레비전 드라마가 방영되는 기현상을 빚기까지 했다. 두 민영방송은 편성에서도 '5분 앞당겨 편성하기'나 드라마와 드라마 사이에 5분짜리 미니 프로를 편성하는 등 5분 단위의 경쟁 양상까지 보였다.⁵

그로부터 30여 년 후 국민 드라마라는 말이 생겨났다. 한국 사회 특유의 쏠림 현상이 텔레비전 드라마 시청에도 나타나 이른바 대박을 터뜨리는 드라마를 말한다. 2005년 신윤동욱은 이렇게 말했다. "나는 국민 드라마는 무섭다. 드라마 안 보면 국민이 못 되는 나라는 무섭다. 절반이 넘는 국민이 같은 시간에 같은 드라마를 보는 나라, 흔치 않다. 시청률 50퍼센트는 넘기는 국민 드라마라니, 다른 나라에서 알면 웃는다. 우스워서 웃고, 무서워서 웃는다."⁶

국민 드라마가 퇴조한 건 인터넷 등과 같은 다른 매체의 발달 때문이지만, 아직 꿈은 살아 있었다. 2006년 『조선일보』는 방송 작가들이 말하는 대박 드라마 성공 공식을 소개했다. 이 공식은 한국 드라마의 전반적인 흐름을 잘 짚어준다. 중복되는 내용도 있지만, 작가들이 말하는 성공 공식 10개를 감상해보자.

① 출생의 비밀, 콩쥐팥쥐 구도, 그리고 암. 이 세 가지가 요즘 드라마의 큰 축이다. 개인적으로는 폭넓은 감동을 주는 스토리 라인이 우선! ●〈노란 손수건〉의 박정란
② 시청자들은 신데렐라 얘기를 보며 '식상하다' 불평하지만, 그러면서도 신데렐라 구도를 제일 좋아한다. ●〈올인〉의 최완규
③ 한 인간보다 가족과 휴머니즘에 집중해야 반응이 온다. 노련한 작가는 삶에 대한 깊은 성찰을 보여주며 시청자들을 눈물짓게 만든다. ●〈제5공화국〉의 유정수
④ 신분 상승을 다룬 성공 스토리, 혹은 가족·도덕관념을 뒤엎는 드라마!…… 급격한 변화를 겪는 시청자들은 드라마에서도 강렬한 자극을 찾는다. ●〈신돈〉의 정하연
⑤ 대중은 판타지, 권선징악, 해피엔딩을 원한다. 지나치게 구체적인 리얼리티는 싫어한다. 숨기고 싶은 자신의 내면과 만나는 것을 싫어하니까. ●〈금쪽 같은 내 새끼〉의 서영명
⑥ 감정의 진정성? 삼각관계·콩쥐팥쥐·캔디 공식은 1990년대 후반부터 깨지기 시작했다. 선과 악의 구분도 모호해졌다. '공감'이 관건. ●〈이 죽일 놈의 사랑〉의 이경희
⑦ 한국 사람은 유난히 성공 스토리를 좋아한다. 〈대장금〉에서도 위기나 갈등보다 명쾌하게 성공을 거두는 장면에서 반응이 더 뜨겁더라. ●〈대장금〉의 김영현

★ 쌓여 있는 드라마 대본. 성공 스토리, 권선징악, 출생의 비밀 등 대박 드라마의 성공에는 일정한 공식이 있다.

⑧ 가진 것 없는 사람이 잘 되는 이야기. 시청자들은 '근사하게 사는 부자의 이야기'를 싫어하는 척하면서도 열심히 본다. ●〈그 여자네 집〉의 김정수

⑨ 권선징악 · 삼각관계 · 출생의 비밀. 이 세 가지 키워드는 이미 시청자의 정서에 '프로그래밍' 되지 않았나? 중요한 건 시대에 맞는 캐릭터. ●〈변호사들〉의 정성주

⑩ 어둡고 무겁고 진지한 이야기 안 통한다. 요즘 주인공은 경쾌하고 실수투성이다. '95퍼센트의 상투常套'와 '5퍼센트의 신선함'이 만나야 대박 시청률이 나온다. ●〈파리의 연인〉의 김은숙[7]

대박 드라마든 아니든 대한민국이 '드라마 공화국'인 것은 분명하다. 2009년 1월 지상파 3사는 주당 5,520분, 하루 약 13시간씩 드라

마를 방송함으로써 한국이 드라마 공화국임을 입증해보였다.⁸ 문화연대 미디어문화센터 운영위원 홍성일은 이렇게 말했다. "드라마 공화국의 은유. 만일 이 은유가 진부하다면 이는 전적으로 공화국이라는 용어의 적절치 않음 때문이다. 공화국은 최소한의 민주적 선거 절차를 지녀야 한다. 그러나 오늘 우리가 목도하고 있는 한국의 방송은 드라마 독재, 드라마크라시dramacracy다." ⁹

김환표는 2012년에 출간한 『드라마, 한국을 말하다』에서 "한국인의 드라마 사랑을 키운 건 팔 할이 수난과 고통으로 점철된 암울한 근현대사였다"며 이렇게 말한다. "그런 험난한 세월은 끝났는가? 아니다. 아직도 현재진행형이다. …… 한국인의 드라마에 대한 뜨거운 사랑과 몰입은 강력한 카타르시스•를 요구하는 한국인의 고강도 스트레스와 밀접한 연관을 맺고 있다. 그런 의미에서 '드라마 공화국'은 '스트레스 공화국'의 다른 얼굴이다!" ¹⁰

우리는 어떤 일에 대해 놀라움을 표현할 때 '드라마틱하다'는 말을 즐겨 쓰는데, 이 말에 드라마 공화국의 답이 있다. 김환표가 잘 지적한 대로, 한국은 문자 그대로 파란만장한 근현대사를 겪으면서 오늘에 이르렀는데, 바로 그 파란만장의 동의어가 드라마인 셈이다. 한국은 세계사에서 그 유례를 찾아보기 어려울 정도로 놀라운 압축 성장condensed economic growth을 이룩한 나라다. 김진경은 "30년에 300년을 산 사람은 어떻게 자기 자신일 수 있을까"라는 물음을 던지면서 다음과 같이 말한다.

"일본이 메이지유신 이후 100년 동안에 서구의 근대 300년의 변화를 압축해 따라갔다면 한국은 1960년대 이래 30년 동안에 서구의 300년을 압축해 따라갔습니다. 이러한 속도 속에서, 이러한 광기 어린 변화 속에서—좀 과장해 말한다면—우리는 30년의 생물학적 시간에 300년의 서사적 시간을 살아버린 것입니다. 무서운 속도의 서구 흉내 내기 속에서 자신을 돌아본다는 것은 가능하지도 않았고 필요한 일로도 간주되지 않았습니다." [11]

"잘 살아보세"와 "억울하면 출세하라"는 구호를 외치면서 내달려온 반세기의 역사 동안 한국인을 사로잡은 삶의 문법은 놀랍게도 앞서 드라마 작가들이 지적한 대박 드라마 성공 공식과 같다. 성공에 대한 열망과 판타지, 고통과 시련의 눈물, 가족을 위해 모든 걸 희생하는 근거라 할 혈통주의, 그러면서 착하게 산 자신을 위로하는 권선징악의 메시지, 이것들을 담아내 매일 제공하는 게 바로 텔레비전 드라마다. 어찌 그런 드라마를 사랑하지 않을 수 있으랴. 가끔 드라마 공화국이 위기에 처했다는 이야기를 듣곤 하지만, 바로 그런 이유 때문에 부침은 있을망정 드라마 공화국은 영원할 것이다.

왜 대중은 리얼리티 쇼에 열광하나

리얼리티 쇼는 원래 보통 사람을 출연시켜 그들의 사생활을 그대로 보여주는 장치를 통해 시청자의 엿보기 심리를 충족시키는 형식의 텔레비전 프로그램이다. 생산자의 입장에선 무엇보다도 제작비가 싸게 먹힌다는 장점이 있다.[12] 2000년대 들어 전 세계가 리얼리티 쇼로 몸살을 앓고 있다. 폭발적 인기를 끌고 있는 건 좋은데 출연자들이 자살하는 등 그 부작용이 만만치 않다.[13]

스티븐 존슨Steven Johnson은 "리얼리티 쇼의 전율은 '정말로 일어나고 있구나'라는 데서 생기는 것이다. 좀 심하게 말하자면 포르노가 거대 사업으로 성장하기 전, 실제 성행위를 보고 있다고 생각하는 데서 오는 떨림처럼 말이다"라면서 "거짓으로 가득 찬 세상에서, 감정들이 밀려와 얼굴에 드러나는 단 0.5초의 시간일지라도 지금 TV에 나오는 사람의 표정은 연기가 아니라는 생각"이 시청자를 열광케 하는 이유라고 했다.[14]

리얼리티 쇼의 원조는 네덜란드에서 1999년 가을에 방영된 〈빅 브러더〉다. 이 프로그램은 9명의 사람들이 100일 동안 한 집에 사는 모습을 24대의 카메라로 촬영해 시시콜콜 방영한 것이었는데, 일주일에 여섯 번씩 모두 114회에 걸쳐 방영되면서 최고의 시청률을 기록했다.

미국에서 대박을 터뜨린 리얼리티 쇼는 2000년 2월에 방영된 폭스TV의 〈누가 백만장자와 결혼하고 싶어하는가〉였다. 백만장자와 결혼하겠다는 여성들을 공개 모집해 한 시간 만에 결혼을 성사시키는 내용이었다. 상대인 백만장자는 방송 전까지 신원이 공개되지 않았다. 얼굴도 모르지만 백만장자니까 무조건 결혼하겠다는 여자들의 신청이 줄을 이었다. 폭스TV는 그 가운데 50명을 후보로 선정했다. 여성단체 등에서 '여성을 비하하고 결혼 제도를 모욕한다'고 비난을 퍼부었지만 이 프로그램은 엄청난 시청률을 기록했다."[15]

2000년 8월 CBS의 〈서바이버〉는 한 무인도에서 16명의 사람이 생존 투쟁을 벌이는 게임으로 최종 승자는 100만 달러를 차지하는 형식이었다. 혹독한 악조건과의 싸움은 물론 인간들 간의 배신, 음모, 질투, 권모술수가 있는 그대로 드러나는 걸 몰래 엿보는 재미 덕분에 이 프로그램은 5,100만 명의 시청자를 끌어 모아 사상 최고의 시청률을 기록했다.[16]

국내 방송도 외국 리얼리티 쇼를 수입 방영하는 한편 자체 제작해

★ 외국의 한 리얼리티 쇼를 방영하는 방송국 조정실 모습. 여러 대의 카메라가 비추는 화면에는 리얼리티 쇼에 참가한 사람들의 사생활이 보인다. 시청자들은 출연자의 사생활을 보며 엿보기 심리를 충족한다.

방영함으로써 리얼리티 쇼 붐을 일으켰다. 이와 관련, 연세대 심리학과 교수 황상민은 "사람들이 진짜 관심을 가지는 것은 정치나 사회, 관습 등 거창한 것이 아니라 사람들 자체다. 즉, 타인들이 어떤 생각을 가지고 있으며, 어떤 특정 상황에서는 어떤 반응을 보이는지 궁금한 것이다. 이는 남의 이야기가 아니라 내 이야기고, 내 마음이 드러나는 것이다. 과거엔 우리 속 동물들을 보며 내 모습을 발견했다면, 지금은 리얼 프로 속의 '인간 동물'을 구경하면서 내 모습을 발견한다. 또 낯선 이성에 대한 유혹이나 극단적인 상황에서 주어진 과제를 해결하는 출연자들을 보면서 평소 하고 싶어도 하지 못했던 숨겨진 욕망을 대리만족하기도 한다"고 분석했다.[17]

양성희는 "리얼리티 쇼 전반에 깔려 있는 무한 경쟁과 승자 독식 구조"에 주목하면서 "리얼리티 쇼의 주류는 매회 탈락자를 정하며, 오늘의 친구가 내일의 적이 되는 서바이벌 게임이다. 경쟁을 노골화하지 않더라도 깔려 있는 전제는 같다. 경쟁은 지고의 선이며, 그보다 더한 선은 승리라는 것이다. 언뜻 신자유주의 무한 경쟁의 패러다임을 닮았다. 하필 리얼리티 쇼가 글로벌 TV 장르로 우뚝 선 시점이 신자유주의 팽창기와 겹쳐지는 것이 예사롭지 않다"고 분석했다.[18]

한국에서 리얼리티 쇼는 일반인뿐만 아니라 연예인까지 가세해 예능 프로그램 전반으로 확산되었다. 그래서 리얼리티 예능이라는 말까지 나왔다. 〈무릎팍도사〉와 〈라디오스타〉가 대표적인 예다. 시청자들이 리얼리티 예능 프로들에 열광하는 이유와 관련, 손병우는 다음과 같이 말한다.

"이들은 기존 토크쇼에서의 의례적 대화, 즉 가식성을 걷어내고 있다. 〈무릎팍도사〉는 기존 연예 토크쇼와 달리 스타가 하고 싶어 하는 말 중심이 아니라, 시청자가 듣고 싶어 하는 말을 끌어내는 데 주력한다. 〈라디오스타〉는 한 걸음 더 나간다. 대본으로 준비한 질문은 하는 둥 마는 둥 건성인 반면, 진행자들 사이에 티격태격하는 쪽에서 재미를 주고자 한다. 이는 비유적으로 말해 본문보다 행간이, 질서정연한 대화보다 무질서한 발언의 엉킴이 더 큰 비중을 차지함을 뜻한다. 가식성보다 진술함을 택한 것이고, 더 나가 별 의미 없는 낄낄거림을 택한 것이다."[19]

리얼리티 쇼의 붐은 전 세계적인 현상이라곤 하지만, 한국은 모든 오락 프로그램이 사실상 리얼리티 쇼 코드를 취하고 있다. 다매체·다채널 상황의 영향이 결정적 이유다. 케이블방송이 막무가내식 저돌성으로 기존 성역과 금기를 깨부수고, 여기에 인터넷이 2차 타격을 가하면서, 지상파방송은 상대적 품위를 유지하면서도 과거와는 전혀 다른 혁명의 길에 들어설 수 있게 된 것이다.

근엄하기만 했던 아나운서의 '망가지기 경쟁'이 프로 근성으로 대접받기 시작한 게 그런 혁명의 상징적 현상이라 할 수 있겠다. 과거 방송의 성역과 금기로 여겨지던 것들을 하나씩 깨나가는 데 가장 유리한 연예인은 개그맨이다. 그래서 바야흐로 개그맨의 전성시대가 열리고 있다. 아니 '전 연예인의 개그맨화'가 이루어지고 있다고 보는 게 옳겠다.

최근의 토크쇼는 사실상 리얼리티 쇼다. 과거의 토크쇼는 품위·진지 코드로 일관해 리얼리티와 거리가 멀었지만, 요즘 토크쇼는 리얼리티를 추구하는 정도를 넘어서 스튜디오를 아예 퇴근길 포장마차로 옮겨놓은 느낌이다. '과장 리얼리티'라고나 할까? '포장마차 리얼리티'의 대가라 할 김구라가 뜬 건 결코 우연이 아니다. 과거 그 어떤 연예인이 방송 일을 "먹고살자고 하는 것"이라는 식으로 이야기했으며, 자기 자식에 대해 "착한 것보다 공부 잘했으면 더 좋겠다"고 털어놓을 수 있었겠는가?

독설을 무기로 삼은 토크쇼의 간판은 단연 〈라디오스타〉다. MBC 예능 PD 권석의 표현이 재미있다. 그는 "MC인 김구라, 윤종신, 유세윤은 각자 욕쟁이, 깐족, 건방짐을 캐릭터로 삼는 독설의 달인들이

★ 독설을 무기로 삼아 인기를 끌고 있는 리얼리티 예능 프로그램 〈라디오스타〉.

다"며 이렇게 말한다. "녹화 때 보면 이들은 마치 굶주린 하이에나 같다. 그들에게 초대 손님은 살점이 두툼하게 붙어 있는 고깃덩이로 보인다. 큐 사인이 떨어지자마자 한꺼번에 달려들어 먹잇감을 물어뜯는다. 가여워 보이기도 하지만 사실 게스트 역시 욕먹는 것을 즐기러 나온 게 아닌가." [20]

김헌식은 일부 연예인들의 직설과 독설은 "인기를 끌기 위해 인위적으로 말과 행동을 꾸미는 연예인들에게서 염증을 느낀 군중심리에 어필하는 것"이라며 이렇게 말한다. "그러나 그들의 막말도 결국 연출에 불과하다. 욕쟁이 할머니도 너무 자주 등장하면 생명력을 잃고 만다. 욕쟁이 할머니를 비즈니스화하는 순간 순수성을 잃은 것이다.

단골 식당에서 학생이 '할머니, 저 지갑을 안 갖고 왔는데요. 내일 드릴게요'라고 하자 할머니가 '왜 그러십니까, 손님'이라고 말을 바꾸었다는 우스개는 이러한 현실을 꼬집는 게 아닐까?" [21]

리얼리티를 앞세운 직설과 독설은 힙합에서 노래로 상대방을 비방하는 행위를 뜻하는 디스diss와 맞물리면서 청소년 문화로까지 번져나갔다. 다른 사람을 폄하하거나 비꼬아 공격하는 행위를 일컬어 '디스하다'고 표현할 정도로, 디스가 청소년 문화의 한 풍경이 되었다.[22]

그 정도가 지나치다는 게 문제이긴 하지만, '솔직히 까놓고 말해서'의 준말인 '솔까말'이 유행하는 것도 그런 관점에서 보아야 하지 않을까? 박권일은 솔까말이란 말을 쓸 때는 "한껏 냉소적인 표정을 짓는 게 포인트다"라며 다음과 같이 개탄한다.

"서점에 넘쳐나는 '실용처세서'를 보라. 온통 '솔까말'이다. '가난한 아빠라니, 솔직히 쪽팔리지 않아? 부자 아빠가 되라고!', '30대에 모은 돈이 고작 5,000만 원? 까놓고 말해 당신 루저야!' 이 모든 솔까말 뒤에 생략된 말은 '돈밖에 없지, 안 그래?'다. …… 끔찍하다. '한국판 자본주의 정신'의 저 투명한 솔직함이." [23]

물론 방송도 솔까말의 무풍지대는 아니다. 아니 어쩌면 방송이 솔까말을 선도하고 있는지도 모르겠다. 최근의 가장 두드러진 경향이 바로 솔까말이 아닌가. 리얼리티 쇼에서 버라이어티 쇼에 이르기까지 주요 오락 프로그램의 과감한 '자기노출', '까발리기', '독설', '멱살잡이'는 최고조에 이른 느낌이다.

그래서 우리는 적나라한 속물근성이 경쟁적으로 발휘되는 방송 현실에 대해 개탄해야 할 것인가? 개탄을 하는 것도 좋겠지만 시청자 입장에서 좀 더 솔직해질 필요가 있다. 솔까말, 재미있다. 왜 재미있을까? 앞서 소개한 스티븐 존슨의 주장은 우리의 경우에도 맞아떨어지는 이야기다. 실은 고도의 연기일지라도 시청자들이 보기엔 '연기가 아니라는 생각' 이 시청자를 즐겁게 만든다.

그래서 앞으로 방송은 '위선의 제도화'를 완전히 멸망시키는 쪽으로 나아갈까? 우리는 진실을 빙자한 무례를 계속 즐기면서 견뎌내야만 하는가? 그렇진 않을 것이다. 위선이 나쁘기만 한 건 아니다. 우리가 소중하게 여기는 예의와 배려의 본질은 위선일 수 있다. 예의와 배려조차 없는 '만인에 대한 만인의 투쟁' 만으론 살아갈 수 없다. 방송은 곧 다시 지속가능한 위선 체제로 복귀했다가 다시 배격하는 왕복운동을 반복할 것이다.

왜 예능이 대중문화를 지배하는가

"21세기의 첫 10년을 보내고 새로운 10년을 보내는 지금, 예능은 TV 방송계의 강자를 넘어 시청자를 매료시키는 신세계, 문화 콘텐츠를 생산하고 여가문화를 바꾸는 트렌드세터, 현대인에게 사회생활의 기술을 가르치는 학교로 위상을 드높이고 있다. …… 오늘날 예능이 지배 권력으로 등극했다고 해도 좋을 만큼 강력한 킬러 콘텐츠로 자리 잡은 비결을 이해하기 위해서는 예능 장르의 진정성과 유연성에 주목할 필요가 있다. 예능의 진정성은 프로그램 내용이 사실에 근거한다는 믿음, 동시대를 사는 대중과의 공감에서 비롯된다. 예능의 유연성은 포맷과 내용의 다양성, 비교적 간편한 제작 과정, 시청자의 즉각적인 내용 이해, 시청자 반응과 변화를 즉각 수용하는 융통성을 포함한다." [24]

방송 비평가 김은영은 『예능은 힘이 세다: 예능이 대중문화를 지배할 수밖에 없는 25가지 이유2011』라는 책에서 위와 같이 말한다. 하긴 그렇다. 식당, 목욕탕, 대합실 등 텔레비전이 있는 곳에서 넋을 잃은 듯 텔레비전에 빠져들면서 주변을 아랑곳하지 않고 웃어 젖히는 사람들, 그들이 시청하는 건 거의 예외 없이 예능 프로그램이다.

예능芸能의 사전적 정의는 "재주와 기능을 아울러 이르는 말"과 "연극, 영화, 음악, 미술 따위의 예술과 관련된 능력을 통틀어 이르는 말"이다. 이 정의에 따르자면, 드라마야말로 진짜 예능이다. 넓게 보자면 뉴스나 다큐멘터리를 제외하곤 텔레비전에 예능 아닌 게 없을 텐데, 어쩌자고 주로 웃고 떠드는 프로그램 장르를 예능이라고 하게 되었는지 묘한 일이다.

바로 그런 어설픈 작명법이 곧 예능의 정체성이기도 하다. 예능은 버라이어티, 즉 잡탕 쇼다. 주로 개그맨이 리더 역할을 맡은 가운데 가수, 탤런트, 스포츠맨, 유명인사 등이 비빔밥처럼 버무려지면서 웃음과 더불어 때로 감동도 주는 '무한 융통성 프로그램'이다.

그러나 이는 어디까지나 결과적 해석일 뿐이고, 이 작명은 방송사의 내부 부서 분류법에 따른 것이다. PD는 입사하면 크게 나눠 드라마국·교양국·예능국 가운데 하나를 택해야 하는데, 예능국은 코미디·개그 코미디·버라이어티쇼·가요 쇼 등을 전담하는 부서다. 우리보다 앞서 일본이 그런 부서를 예능국이라고 했는데, 일본에서는 오래전부터 연예인演芸人을 '게노진'이라고 하며 한자로 예능인芸能人으로 표기했다.[25] 아마도 이 일본식 이름을 우리 방송사들이 따라

했을 것이다.

예능의 원래 뜻에 비추어 보건대 올바른 작명이라고 보긴 어렵다, 그래서 이의를 제기하는 사람들도 있다. 을지대 교수 윤영배는 2011년 『동아일보』에 기고한 「코미디와 개그가 왜 예능인가?」라는 글에서 "1970년대 대학에서 성악을 전공한 후 입대하기 전 방송사 라디오 합창단원(클래식) 오디션에 합격해 잠시 방송사와 인연을 맺은 적이 있다. 그때 합창단은 방송사 예능국 소속이었다. 예능국에는 대중가수, 탤런트, 코미디언, 합창단원이 모두 포함돼 있었다"며 다음과 같이 말한다.

"오래전부터 방송사가 쓰던 용어지만 방송 프로그램에서의 연예演芸 프로와 예능芸能 프로는 엄연히 구분되었다. 물론 우리도 그 의미를 다르게 인식했다. 아직 우리 사회의 교육, 문화, 예술의 전반적인 영역에서 연예와 예능은 그 뜻이 분명 다르게 사용되고 있다. …… 예능의 의미가 대중이 즐거워하는 오락적이고 순간적인 재예才芸 전반을 지칭하는 말로 바뀌어 연예의 의미와 혼용되어 사용됨으로써 현재 학교 교육에서의 예능 교과(음악과 미술, 무용 등 전통 예술 교과를 지칭)가 코미디언, 개그맨의 재예를 교육하는 교과목으로 바뀌어 인식되고 있다. 그로 인해 예능 교과의 본질과 예술 교육의 기본 개념, 정의 또한 바뀌어야 하는 문제가 생긴다. …… 대중매체가 사려 없이 무분별하게 쏟아내는 언어의 오용을 일시적인 유행어로 넘겨버리기에는 우리 사회의 교육, 문화, 예술에 미치는 혼란이 너무 크다." [26]

하지만 이런 오용을 바로잡기에는 이미 때가 늦어버린 것 같다.

예능이란 말이 어린아이들의 입에서도 줄줄 흘러나오니 말이다. 그런데 우리나라에서 예능이 처음부터 대접을 잘 받은 것은 아니다. 예능국은 과거에는 방송사에 별로 대접받지 못한 분야다. 이른바 '공익예능'의 원조로 불리는 MBC의 김영희 PD는 다음과 같이 말한다.

"1986년에 PD로 입사하면서 예능이냐 교양이냐 드라마냐 선택을 하는데, 그때 나는 뭔지는 모르지만 예능이 방송을 석권할 거다라는 생각이 확 들더라고. 사실 그때는 예능 PD는 약간 천시받았죠. 드라마는 예술이고 시사·다큐는 고고한데, 예능은 딴따라 날라리 취급을 받았지. 그런데 내가 참 잘 선택했다고 처음부터 느낀 게 뭐냐면 마음대로 할 수 있더라고. 마음대로. 주제 선택부터 어떻게 만들 거냐까지, 다. 진짜 할 맛이 나지. '아 진짜 최고다 이게' 그랬어요."[27]

김영희의 선견지명은 이제 현실이 되었다. '딴따라 날라리'가 대접받는 세상이 된 것이다. 다매체·다채널 시대는 치열한 경쟁과 더불어 방송 소재에서도 이전에 비해 훨씬 자유로워진 상황을 가져왔다. 방송이 근엄해야 할 만큼 전파 자원이 희소하지 않기 때문에 예능의 운신의 폭이 넓어진 것이다.

김은영은 예능의 강점으로 '포맷과 설정의 유연성'을 든다. 그는 "현재 방송분을 이해하려면 지난 줄거리와 인물 관계도를 소급해서 알아야 하는 드라마와 달리, 예능은 1, 2회마다 새로운 에피소드가 시작되기 때문에 시청자는 우연히 채널을 돌려도 내용을 금세 이해할 수 있다. 이러한 분절적 구성은 기획의 융통성을 보장한다는 면에서 제작자에게도 유리하다"며 다음과 같이 말한다.

"미리 결정된 인물과 사건을 끝까지 안고 가야 하는 드라마와 달리 예능은 최신 이슈와 화제의 인물을 즉각 투입할 수 있으며, 시청자 반응에 따라 포맷을 보완하거나 변경할 수도 있다. 변화에 대한 기민한 대처는 프로그램의 수명을 연장시켜 팬들의 애착과 충성심을 높이는 데 이바지한다. 오늘날 드라마는 점점 호흡이 짧아지고 있다. 22년 방송의 금자탑을 세웠던 『전원일기』의 시대는 사실상 끝났다. 프라임타임으로 통하는 평일 10시대의 드라마는 대부분 16부, 길어야 30부를 넘지 않으며, 장기 연속극들도 길어야 8개월이면 수명을 다한다. 반면 묵묵히 제자리를 지켜온 장수 예능 프로그램들은 그 가치와 미덕을 끊임없이 조명받고 있다."[28]

PD들은 "예능 프로그램에서 진행자의 파워는 거의 절반에 가깝다"고 믿고 있다.[29] 유재석, 강호동, 신동엽 등이 극진한 대접을 받는 이유다. 왜 진행자의 파워가 그렇게 중요한 걸까? 이 또한 '포맷과 설정의 유연성' 때문이다. 정신없이 산만할 수 있는 프로그램의 중심을 잡아줄 수 있는 기둥이 필요하다는 뜻이기도 하다.

시청자는 더할 나위 없이 편안한 마음으로 예능을 즐기겠지만, 출연자의 마음은 결코 편치 않다. 시청자를 실망시켜선 안 된다는 강박의 지배를 받는다. 점잖게 있다가는 발언 기회도 얻기 어렵다. 일본 심리학자 시부야 쇼조가 『야심만만 심리학』이라는 책에서 "버라이어티 쇼를 보면 메인의 자리를 배당받지 못한 연예인들이 낮은 위치에서도 어떻게든 눈에 띄어보려고 온몸으로 애쓰는 모습을 볼 수 있다"고 말한 걸 보면, 일본이나 한국이나 그런 몸부림은 비슷한 것 같다.[30]

예능 프로그램에서 유재석, 강호동, 신동엽 등이 극진한 대접을 받는 이유는 예능 프로그램의 포맷과 설정의 유연성 때문이다. 정신없이 산만할 수 있는 예능 프로그램은 그 중심을 잡아줄 진행자의 역할이 중요하다.

예능에 출연한 출연자들이 주목을 받기 위해 벌이는 몸부림은 눈물겹다. 김은영은 "〈라디오스타〉에 이어 망가짐을 주 무기로 삼은 후발주자 〈세바퀴〉와 〈강심장〉이 연속 성공하자, 자폭은 불과 몇 년 사이에 프로그램의 재미와 출연자의 인지도를 동반 상승시키는 요긴한 충격요법으로 정착했다. 그 사이 자폭의 기술도 싼티, 패러디, 폭로, 깝치기 등으로 다원화됐다. 현재 예능에서 자기 비하가 없는 프로그램은 드물다"며 다음과 같이 말한다.

"자폭이 끊이지 않는 이유는 간단하다. 화제몰이가 되기 때문이다. 제작인 입장에서도 출연자의 돌발 행동은 요긴한 충격요법이다. 연속된 줄거리를 따라잡아야 하는 드라마나 교육적 기능이 강한 시사교양 프로그램과는 달리 예능은 시청자 충성도가 낮은, 한마디로 재미없으면 바로 외면당하고 마는 장르다. 따라서 움직이는 대중의 리모컨을 붙잡으려면 허를 찌르는 아이템을 끊임없이 공급해야 한다."[31]

게다가 시청자 사랑이 지극한 제작진은 출연자들에게 더 세고, 강한 발언을 요구한다. 뭔가 터뜨려야만 하는 것이다. 자의든 타의든 화제가 될 만한, 심지어 논란을 감수하고 연일 폭탄 발언을 해야만 한다. 문제가 없을 리 없다. 어느 연예인은 "토크쇼에 출연하면 논란이 될 것을 알면서도 조금 부풀려서 이야기를 하게 된다"면서 "당연히 다음 날 인터넷 뉴스에 달려 있는 악성 댓글들을 보면 상처를 입는다. 그래도 편집이 돼서 방송에 나오지 않는 것보단 낫다고 스스로를 위로하고 있다"고 말했다.[32]

이와 관련, 손남원은 "언젠가부터 스타들이 소속사 혹은 인터넷을 통해 고개를 숙이는 일이 하루에도 몇 번씩 발생하고 있다. 인터넷을 떠들썩하게 만드는 논란 후 해명 혹은 사과. 사실 이 같은 일들 대부분은 예능 프로그램 출연 전후로 발생한다. 방송에서 다소 경솔한 발언을 하거나, 후폭풍을 불고 올 센 발언을 하면 어김없이 화제가 됐다가 논란으로 불똥이 튄다. 그리고 당사자와 소속사는 자발적이든 강제적이든 해명과 사과를 해야 하는 상황에 놓인다"며 다음과 같이 말한다.

"그런데 이 같은 논란은 비단 주목받고 싶어 하는 스타들만의 잘못은 아니다. …… 제작진은 스타가 화제가 될 만한 강한 발언을 했다 싶으면 발 빠르게 움직인다. 이들이 프로그램 홍보 목적으로 스타의 발언을 언론에 보도자료로 배포하면서 논란은 확대 재생산된다. …… 현재 토크쇼는 지상파, 케이블, 종합 편성 채널 가리지 않고 '흑역사'라고 불릴 만큼 낮은 시청률에 허덕이고 있다. 제작진은 그 나물에 그 밥이 된 토크쇼에서 시청률을 끌어올리기 위해 안간힘을 쓴다. 시청자들의 시선을 끌 만한 스타들을 '모시기' 위해 치열한 섭외 전쟁을 치르고, 스타들의 숨겨진 강력한 이야기를 끄집어내기 위해 들들 볶는다. …… 말실수와 논란, 그리고 사과라는 악순환이 마치 뫼비우스의 띠처럼 얽힐 수밖에 없는 연예계가 더욱 씁쓸한 요즘이다."[33]

예능은 대중문화를 지배할 정도로 힘이 세지만, 바로 그 힘에 함정이 있다. 재미의 수위가 너무 높아지면 웬만한 재미는 못 느끼게 된다. 좀 더 강한 자극을 찾다가 연예인은 물론 예능까지 자폭의 수렁에 빠질 수 있다. 공익과 다큐가 가미된 프로그램이 2013년 예능의 새로운 트렌드로 주목받고 있다는데,[34] 이런 휴식 기간을 거쳐 다시 강도 높은 예능으로 복귀하는 건 아닌지 모르겠다.

왜 텔레비전 자막이 홍수 사태인가

언제부턴가 '자막 공해'라는 말이 쓰이기 시작했다. 텔레비전 오락 프로그램에 등장하는 자막이 공해 수준이라는 것이다. 방송진흥원(현 한국콘텐츠진흥원)과 방송위원회(현 방송통신위원회) 산하 방송언어특별위원회는 이미 2000년 8월과 2003년 12월 텔레비전 3사의 자막 남발이 공해 수준이라고 진단하고 시정을 권고했지만, 자막 공해는 더욱 심해졌다.

2006년 10월엔 이 문제가 방송위원회에 대한 국정감사에까지 등장했다. 국회 문화관광위 소속 열린우리당 우상호 의원은 방송언어특별위원회 자료를 인용, 지상파방송 3사의 주말 오락 프로그램들이 1편당 평균 984차례 자막을 사용하고 있으며, 이 같은 수치는 5년 전과 비교하면 2.77배나 증가한 것이라고 밝혔다.[35]

이에 『경향신문』은 "자막 공해는 잘못된 시청률 지상주의에서 비롯됐다. 시청자의 눈길을 잡아두려면 화면에 끊임없이 악센트를 줘야 한다는 제작진의 강박관념이 자막 남발로 나타난 것이다. 실제 '시청률 압박을 많이 받는 프로듀서일수록 자막 의존도가 높다'는 한 프로듀서의 논문도 있다"며 다음과 같이 주장했다.

"제작진의 오만한 인식도 문제다. 카메라에 잡힌 본디 화면에 자막을 덧칠할 권리가 제작진에 있다고 착각하는 것이다. 특정 장면을 연출시켜놓고 '난감' '당혹' 따위의 자막을 넣어 시청자에게 일방적 판단을 주입시키려든다. 수년째 거듭된 지적과 시정 권고에도 불구하고 자막 공해가 개선되지 않는 것은 이처럼 시청률 높이기에 급급한 방송 제작진의 선정주의 때문이다. 그렇다면 이젠 방송사가 나서야 한다. 자막의 크기와 위치, 빈도 등에 관한 기준을 만들어 자막 공해를 해소할 것을 촉구한다."[36]

물론 이후로도 자막 공해는 사라지지 않았다. 꼭 공해라고 불러야 하는지 의심이 들 정도로 진화를 거듭하면서 오히려 더 심해졌다. 2007년 3월 장은교는 "한때 공해 취급을 받았던 자막은 이제 프로그램을 죽이고 살리는 중요한 변수로 자리 잡았다. 과거 출연자들의 말을 그대로 옮기는 수준의 '받아쓰기 자막'은 가고 '진행'까지 하는 자막이 프로그램의 맛을 더하고 있다"며 다음과 같이 말했다.

"재치 있는 자막 자체가 유행어가 되기도 하고 포인트와 반전의 묘미를 살리는 역할도 한다. 최근 '무규칙 무질서' 예능프로그램이 대세로 떠오른 데는 자막과 편집이 적당히 균형을 잡아준 공이 크다.

사회 비판적인 메시지를 담은 〈무한도전〉의 자막.
자막 공해라는 비판에도 불구하고 자막은
프로그램에 적극적으로 개입하기 시작했다.

MBC 〈황금어장〉의 '무릎팍도사'의 경우 자막은 적극적으로 진행에 개입한다. 방송 내용이 프로그램 주제와 멀어지면 삭제하거나 재녹화하는 대신 '산으로 가는 무릎팍도사' '안드로메다로 가는 무릎팍도사'라는 자막을 그림과 함께 등장시킨다. 출연자들은 형식에 구애받지 않고 마음껏 얘기하고, 오락가락하는 내용은 자막이 정리해준다. '황금어장'의 임정아 프로듀서는 '자막은 영상 세대들에게 제3의 MC 역할을 한다'고 말했다."[37]

그런 "제3의 MC 역할"과 동시에 방송에 부적합한 비속어와 은어, 외국어 사용이 많은 데다 맞춤법과 띄어쓰기가 틀린 경우도 잦아 방송사가 국어를 전파하기는커녕 국어 파괴를 조장한다는 비난도 쏟아졌다. 국립국어원은 2010년 10월 방송된 MBC 〈무한도전〉과 KBS 2TV 〈1박2일〉, 〈런닝맨〉을 조사한 결과 저속한 표현이 담긴 자막이 무려 481건이라고 발표했다. 비속어가 40퍼센트, 인격 모독 표현이 18퍼센트였다. 익명을 요구한 예능 제작진은 "자막에 의존하는 제작 풍토 때문에 자막이 워낙 많아져 실수를 걸러내지 못하는 경우가 늘고 있다"며 "자막을 줄이자니 재미가 줄어들까 두렵고, 자막을 많이 넣다 보니 실수도 늘었다"고 말했다.[38]

자막을 줄이자니 재미가 줄어들까 두렵다는 말은 무엇을 뜻할까? 그건 다수 시청자들이 자막을 공해로 여기지 않는다는 걸 말해준다. 오히려 자막에서 재미를 느낀다는 데 그걸 무슨 수로 말리랴. 자막 공해는 특히 예능에서 심하게 나타나는데, 이에 대해 김은영은 자막이 '의미 전달의 모호성을 제거하기 위한 방편'이라며 다음과 같이 말한다.

"의미 전달의 모호성 제거는 텔레비전 프로그램의 장르들 중 왜 유독 예능에서 편집 기술이 발달하는지에 대한 답이기도 하다. 예능 시청자는 출연자의 의도를 추론하기 위해 굳이 사고력을 동원하고 싶어 하지 않는다. 그들이 원하는 것은 내용을 단번에 간파하고, 긴장과 경계심을 풀고 즐겁게 웃는 것뿐이다. 시청자를 즉각적으로 웃기기 위해 필요한 것은 조건반사 원리에 입각한 규칙화다. 화면분할, 자막 디자인, 그래픽, 효과음 등의 코드에 일정한 분법을 부여해 시청자가 특정한 자극에 특정한 반응을 보이도록 약속을 만드는 것이다."[39]

이번엔 좀 긍정적인 측면에서 살펴보자. 자막 공해를 가리켜 시청률 지상주의라고 비판할 수도 있겠지만, '시청률 지상주의'와 '대對 시청자 서비스'의 경계가 명확한 것은 아니다. 왜 자막 공해가 다수 시청자에게 지지를 받거나 적어도 비난의 대상이 되지 않는지 그 이유를 살펴보기로 하자.

첫째, 한국 특유의 요란한 '간판 문화'에서 특별히 자막만 욕을 먹어야 할 이유가 없다. 한국외대 언론정보학부 교수 김영찬은 "TV 화면을 뒤덮으며 그 유비쿼터스함을 자랑하는 온갖 자막들은 절제를 모르고 천박하기만 한 한국의 시각 문화를 그대로 답습하는 것"이라고 했다.[40] 이는 부정적 평가이긴 하지만, 자막 공해가 한국의 전반적인 시각 문화의 산물이라는 점을 지적함으로써 결과적으로 자막 공해만 문제 삼기는 어렵다는 걸 시사해준다.

둘째, 인터넷·휴대전화 문자메시지의 국어 파괴가 자연스럽게 받아들여지고 있다. 자막에 쏟아지는 주요 비판 가운데 하나는 올바른 언어 사용에 관한 것이다. 우상호는 "자막에 등장하는 언어도 방송에 부적합한 비속어, 은어, 외국어가 많이 사용됐으며, 띄어쓰기와 맞춤법이 틀린 경우도 많았다"며 "이는 올바른 국어를 전파해야 할 책임이 있는 방송사들이 오히려 국어의 왜곡을 조장하고 있는 것"이라고 비판했다. 그러나 인터넷의 습격으로 방송의 영향력이 쇠퇴하면서 방송의 그런 책임을 심각하게 생각하지 않는 풍토가 조성된 것 같다.

셋째, 인터넷 시대에 익숙해진 '멀티태스킹 모드'가 자막을 자연스럽게 받아들이도록 하는 효과를 내고 있다. 말로는 도저히 살릴 수 없는 재미를 자막이 보완하거나 창출함으로써 자막의 수익이 비용을 압도한다고 볼 수 있다.

넷째, 이젠 자막 없이 노래 부르기 어려운 '노래방 효과'가 텔레비전에까지 침투했다고 볼 수 있다. 그만큼 시청자가 피동적이 되었다고 볼 수도 있겠지만, 자막의 새로운 의미 창출 효과가 크기 때문에 능동적인 면도 있다.

다섯째, 2000년대 오락 프로그램의 최대 특징이라 할 '리얼리티'를 표현하기 위해 말보다는 안전한 글을 택한 탓이다. '말'의 위험을 '자막 글'로 누그러뜨리거나 피해가는 수법도 많이 사용되고 있다.

여섯째, 2000년대 오락 프로그램의 또 다른 특징이라 할 '진행의 인해전술'로 인한 혼란을 자막으로 교통정리해줘야 할 필요성이 생겼으며, 그 과정에서 오락성 증대 효과가 나타나고 있다.

일곱째, 2000년대 오락 프로그램의 또 다른 특징이라 할 '쌍방향성'을 자막을 통해 구현하고 있다. 제작자가 자신의 생각을 자막을 통해 시청자에게 강요한다는 비난도 있지만, 시청자들이 생각할 법한 것들을 자막으로 '확인' 해주거나 미처 생각하지 못했던 것까지 건드려줌으로써 흥미성을 제고하는 효과를 거두고 있다.

그래서 지금과 같은 자막 홍수가 바람직하다는 것인가? 그건 아니다. 어떤 대중문화 현상엔 그럴 만한 이유가 있다는 걸 말하고자 할 따름이다. 텔레비전 자막 공해를 싸잡아 비판하기보다는 각 프로그램의 자막 사용에 대한 질적 평가에 임하는 게 어떨까?

5장

디지털 시대의
고독과 생존

왜 우리는 공백을 증오하는가

누군가 또는 무언가를 기다릴 때, 우리는 어떻게 하는가? 아무 것도 들여다보지 않고 기다리는 것이 가능한가? 철학자이며 참선 전문가인 김홍근은 『참선일기』라는 책에서 미얀마 여행길의 공항 대합실에서 비행기를 기다리는 인간 군상이 두 가지 모습으로 나뉘어 눈에 들어왔다며 다음과 같이 말한다.

"참선을 한 이후로 사람들의 마음을 유심히 읽게 되는데, 그런 눈으로 보면 이런 지루한 시간도 의외로 공부하기 좋은 시간으로 바뀐다. 대합실에는 서양인들도 많이 있었는데, 그들은 예외 없이 책을 읽고 있었다. 모두 손에 두꺼운 책을 들었는데, 자세히 보니 주로 소설책이었다. 대부분의 서양인들은 혼자 있을 줄 모른다. 문명인의 전형적인 특징은 자기가 자기로 있을 줄 모른다는 것이다. 자기가 자기를 만나는 대신, 늘 의식을 다른 곳에 팔고 있다. 그들은 분열에 익숙하다. 가만히 있으면 불안해서 견디지를 못한다. 소설에 정신을 파는 것을 문명인의 교양으로 생각하지만, 사실은 그럴수록 자기와는 멀어지는 것이다."[1]

그런 점도 있겠지만, 서양인은 시선 처리의 문제 때문에 독서를 택하는 점도 있을 것이다. 사실 이걸 가장 잘 보여주는 사람들이 문화적으로 동양보다는 서양에 더 가까운 일본인이다. 남에게 폐를 끼치지 않으려는 일본인의 강박은 집단주의 문화로 설명할 수 있겠지만 그만큼 프라이버시 의식이 발달했기 때문이라고도 볼 수 있다. 일본인은 지하철처럼 사람이 붐비는 곳에서 한사코 독서를 하는 것으로 유명하다. 물론 그들의 독서는 오늘날 스마트폰으로 바뀌어가고 있지만 말이다.

스마트폰은 참으로 위대하다. 동서양의 문화 차이를 일시에 없애고 말았으니 말이다. 스마트폰 때문에 독서와는 거리가 멀었던 한국인도 거의 대부분 그 어디에서건 스마트폰 속의 무언가를 읽는 데에 열중하고 있지 않은가 말이다. 정말 빠른 시간 내에 바뀐 놀라운 풍경이다. 그런데 왜 그러는 걸까? 왜 가만히 있으면 불안해서 견디지를 못하는 걸까? 김홍근의 지적대로, 분열에 익숙해졌기 때문일까? 정성욱은 그 이유를 '공백blank에 대한 증오'라는 개념으로 설명한다.

"예전에는 사건과 사건의 사이의 아무것도 벌어지지 않는 시간에 대해 당연하게 받아들이며 살았으나, 지금의 세대는 그러한 순간을 극도로 혐오하는 듯하다. '심심함'을 퇴치의 대상으로 여기는 문화

★ 지하철 안의 승객들이 스마트폰에 심취해 있다. 이처럼 잠시도 심심하거나 지루한 걸 견디지 못하는 현대인은 디지털 기술의 힘을 빌려 공백을 채운다.

는 그렇게 기술 발달과 손잡고 우리 생활의 여백을 '재미'로 꽉꽉 채워가고 있다. 어린 자녀의 두뇌를 마치 스펀지 쪼가리인 듯 맹신한 채 자기가 배우지 못한 여러 가지 지식을 넘치도록 우겨 넣는 부모들의 모습들처럼 이 세대가 정보의 과잉과 오락의 과잉에 진하게 찌들어 있음을 보여주는 또 다른 모습일 수도 있다. 그러나 그런 부질없는 감성적 한탄의 너머에는 개인 멀티미디어의 도래로 펼쳐질 심대한 변혁의 이야기가 있다."[2]

사회학적 관점에선 공백에 대한 증오에 관한 이야기는 '부질없는 감성적 한탄' 이상의 것이다. 잠시도 심심하거나 지루한 걸 견디지 못하고 디지털 기술의 힘을 빌려 스스로 만들어낸 허기를 채워야만 직성이 풀리는 현대인의 모습을 마냥 예찬할 수만은 없지 않을까?

'손안의 TV'로는 만족할 수 없어 '눈앞의 TV'가 필요하다는 사람들도 있기에, 그런 의문은 전혀 부질없는 것 같지는 않다. 2005년 5월 안경에 0.24인치 크기의 초소형 스크린을 부착해 걸어 다니면서 영화를 볼 수 있는 장치가 일본에서 개발되었다. 텔레글래스로 이름 붙여진 이 장치는 도쿄의 현미경 제조업체 스칼라 사와 디스플레이 업체인 아리사와 사가 공동으로 개발했다. 화면의 크기가 너무 작다는 지적에 대해 스크린이 바로 눈앞에 있기 때문에 1미터 거리에서 14인치 텔레비전 화면을 보는 것과 같은 효과를 낸다고 제조업체는 설명했다. 주변 사람들은 안경을 통해 어떤 영화를 보고 있는지 전혀 알아챌 수 없으며, 영화를 안 볼 때는 스크린 장치를 떼서 일반 선글라스로 쓸 수 있다. 이 제품의 가격은 5만 엔(약 47만 7,000원) 선으로 책정됐다. 1979년 소니 워크맨의 등장으로 출근·통학길이 즐거워진 이후 26년 만에 이 텔레글래스를 통해 일본인들은 지하철에서도 영화를 즐길 수 있게 됐다나.[3]

하여튼 일본인의 이상한 발명 욕구 하나는 알아줘야 한다. 2005년 8월 일본 총무성은 텔레비전 화면에 나온 음식의 냄새를 맡을 수 있고, 상품의 촉감도 느낄 수 있는 입체영상 텔레비전의 개발을 적극 지원키로 했다고 밝혔다. 2020년 실용화가 목표라고 한다. 총무성은 "이 텔레비전의 개발을 위해서는 초음파 진동이나 전기적 자극, 풍압 등을 영상과 연동시켜 실제로 실물을 만지는 듯한 감각을 느끼도록

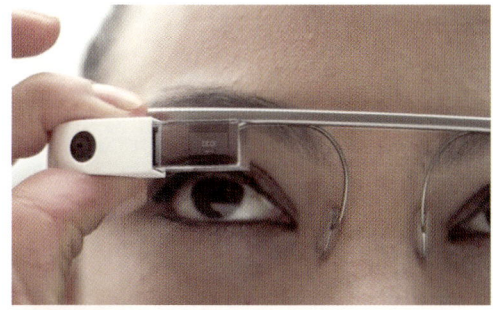

★ 스마트폰처럼 사진도 찍고 인터넷 검색도 하며 길 안내도 받을 수 있는 구글글라스. 왜 우리는 잠시라도 미디어와 접촉하지 않으면 불편하게 여기는 걸까?

하는 기술과 천연 향료를 조합해 향기를 재현하는 장치가 필요하다"고 설명했다.[4]

그러나 일본인의 이상한 발명 욕구의 산물 가운데 많은 것이 세계적으로 전파되었기에 그들만 이상하다고 말할 건 아니다. 미국의 구글이 개발한 구글글라스는 어떤가? 구글글라스는 '스마트 안경'으로 스마트폰처럼 안드로이드 운영체제를 이용해 사진도 찍고 인터넷 검색도 하며 길 안내도 받을 수 있다. 구글은 2012년 6월 구글글라스를 소개하면서 "구글글라스는 상상도 못한 미래가 우리 앞에 놓여 있음을 보여주는 기계"라고 말했다.[5]

공백에 대한 증오는 부모들이 부추기는 면도 있다. 어린 자녀들이 부모의 일을 방해하지 않게 하려고 무언가 보게끔 만드는 것이다. 이 점을 간파해 GM은 1999년 실루엣이란 미니밴을 출시해 히트시켰다. 아이들이 타는 뒷좌석에 LCD 플레이어를 장착해 폭발적인 인기를 누린 것이다. 다른 자동차 회사들도 이걸 다 따라 한 건 물론이고 아이들의 공백을 채워주기 위한 각종 휴대용 전자제품들이 쏟아져 나왔다. 이걸 가리켜 '단 한순간도 지루하지 않게 만들어주는 사업never-a-dull-moment business'이라 할 수 있겠다.[6]

사실 정색하고 보자면 공백에 대한 증오를 가장 잘 충족시켜주는 스마트폰도 이상하기 짝이 없는 것이다. 왜 우리 시대의 사람들은 잠시라도 미디어와 접촉하지 않으면 불편하게 여기는 걸까? 이동 중에 세상 풍경을 바라보거나 홀로 생각하면 큰일이라도 나는 걸까? 자신의 공백을 스스로 채울 의지와 능력을 상실한 걸까? 스마트폰의 중독성은 담배나 알코올보다 강하다는데,[7] 단지 우리는 스마트폰에 중독되었기 때문일까? 스마트폰을 즐기더라도 한번쯤 생각해볼 만한 의문임이 틀림없다 하겠다.

SNS의 인기는 노출증과 관음증 때문인가

 "얼마 전부터 트윗팅을 시작했다. 재밌다. 시작한 지 한 3주 동안은 푹 빠져 헤어 나오질 못했다. 새로운 세상을 사는 기분이었다. 몇 번 오프 모임도 가졌다. 전혀 색다른 만남이었고, 설레임도 있었다. 나이 오십 중반에 접어들면서 설렘이라니. …… 하지만 한계 없는 놀이는 아니었다. 나로서는 컴퓨터 인터페이스가 아니고는 불가능한 일이었다. 스마트폰으로 엄두를 내질 못했다. 작은 글자가 전혀 눈에 초점이 잡히지 않으니 그렇다……." [8]

 2010년 6월 언론학자 원용진이 한 말이다. 2010년 5월 17일 트위터를 시작한 경영 전문가 공병호는 "와, 정말 대단하네"라는 탄성을 내지르면서 며칠 후 트위터에 이런 글을 올렸다. "역사는 BT Before Twitter 와 AT After Twitter로 나누어진다." [9]

2010년 10월 『시사IN』 문화팀장 고재열은 "내가 트위터를 하는지 트위터가 나를 하는지 모를 정도로 트위터에 빠져 지냈다"며 이렇게 말한다. "트위터 팔로워(구독자)를 오프라인에서 만났을 때 가장 자주 듣는 말은 '도대체 잠은 언제 자느냐'라는 것이었다. 내외의 모든 타박을 뒤통수로 받아내며 트위터에 매달렸다. 뉴미디어의 끝을 보고 싶었다. '재밌을 때는 그냥 재밌는 것 하면 된다'는 생각으로. 세상에 영원한 것은 없겠지만 아직은 트위터가 재미있다. 미디어를 전공했고 미디어에 종사하면서 미디어에 대한 취재를 하는 사람으로서 특히 재미있다. 이곳은 거대한 이슈의 원형경기장이다. 뉴스를 전달하는 기자와 기자의 취재원인 유명인과 독자가 '계급장 떼고' 어울려 논다. 그 흐드러진 한판 놀음에서 미디어의 미래를 보았다."[10]

중독이라고 해도 좋을 정도로 트위터에 푹 빠져 수많은 논란을 일으킨 소설가 공지영은 2011년 12월 29일자 『한국일보』 인터뷰에서 "트위터를 그렇게 열심히 하는 이유가 뭔가요"라는 기자의 질문에 다음과 같이 답했다.

"제가 사실 사람들하고 소통하는 거 별로 안 좋아하거든요. 독자 대상으로 활동을 안 하니까 출판사에서 트위터를 하래요. 싫다고 했더니 스마트폰을 사준다고.(웃음) 고민하다 막상 뚜껑을 여니까 너무 재밌는 거예요. 사람을 안 만나도 되면서 소통은 가능하니까. 트위터를 시작하고 두 달쯤 지난 여름이었는데, 시골집에서 맥주 사진을 올리고 '여긴 너무 추워요'라고 했더니, 갑자기 '같이 맥주 먹고 싶어요'라는 글이 막 올라왔어요. 그래서 농담으로 '몇 시 몇 분 몇 초에 우리 다 같이 건배하자'고 했는데, 놀랍게도 '여기 은평구요', '여기 필리핀이에요', '여기 뉴욕이에요' 이러면서 100명 정도가 전 세계에서 동시에 건배를 하는 거예요. 굉장히 놀랐어요."[11]

이 네 증언이 시사하듯이, 트위터는 매력을 넘어 마력을 가진 요물이다. 모두가 다 아는 사실이겠지만, 트위터에 대한 기본적인 소개는 해놓고 이야기를 풀어가보자. 트위터는 블로그의 인터페이스와 미니 홈페이지의 '친구 맺기' 기능, 메신저의 신속성을 갖춘 소셜 네트워크 서비스Social Networking Service: SNS다.

트위터는 "지저귀다, 짹짹대다"는 뜻으로, 재잘거리듯 하고 싶은 말을 140자 안에서 올릴 수 있도록 한 단순한 형태를 하고 있다. 이 짧은 메시지를 트윗tweet이라 한다. 그래서 트위터를 미니 블로그, 한 줄 블로그, 또는 인터넷의 문자 메시지the SMS of the Internet라고도 한다.[12] 트위터에선 상대방이 나를 친구로 등록하면 내가 올리는 글을 받아볼 수 있고 그 반대도 가능하다. 웹에 접속하지 않더라도 스마트폰을 통해 언제, 어디에서든 실시간으로 글을 올릴 수 있다는 장점이 있다. 트위터는 관심 있는 상대방을 뒤따르는 팔로우follow라는 독특한 기능을 중심으로 소통하는데, 상대방이 허락하지 않아도 일방적으로 '뒤따르는 사람', 곧 팔로어follower로 등록할 수 있다는 점이 가장 큰 특징이다.[13]

트위터의 강점 가운데 하나는 리트윗Retweet: RT 기능이다. 마음에 드는 트윗을 발견했을 경우 리트윗 버튼을 누르거나 그 글을 복사하여 'RT'를 앞에 쓴 후 트윗하게 되면 자신의 모든 팔로어에게 방금 복사한 글과 그 소스가 전해지게 되는 기능이다. 이는 트위터에만 있는 기능으로 민주화 시위, 전쟁, 자연재해 상황과 같은 긴급 상황에서 트위터가 페이스북과 같은 다른 소셜 네트워크 사이트를 제치고 부상하게 된 결정적 특징이라고 할 수 있다.[14]

140자로 트윗의 글을 제한한 것은 휴대폰 문자 메시지와의 연동을 염두에 두었기 때문이다. 당시 미국의 단문 메시지는 최대 160자 이내였는데 기종에 따라서는 이보다 20자 정도가 적은 경우도 있었기 때문에 글자 수도 최대 140자로 제한한 것이다. 이에 따라 사용자는 모든 소식을 짧게 요약해야 했으며, 트윗을 올릴 때 긴 글에서 중요한 내용을 뽑아낼 줄 알아야 했다.[15]

이런 글자 수 제한은 트위터의 약점이 아니라 오히려 강점이 되었다. 쓸데없는 말을 지껄이지 않게 되고 창의력을 발동해야 하는 구조라고나 할까.[16] 이게 재미를 더해준 셈이다. 이와 관련, 이지선·김지수는 "누구나 자신의 생각과 감정을 쉽게 올릴 수 있었던 블로그가 어느새 전문가의 정보 사이트 쯤으로 변질되면서 사람들은 다른 이들과 좀 더 손쉽게 소통할 수 있는 도구가 필요했다. 그래서 140자로 제한된 '마이크로 블로그'인 트위터가 새로운 대안으로 떠오르게 되었다"며 다음과 같이 말한다.

"140자 이내의 메시지에서는 제아무리 전문가라도 자신의 전문지식을 뽐내기(?) 어려웠고, 결국 보통 사람도 남의 눈치 보지 않고 손쉽게 자신의 생각과 근황을 올릴 수 있기 때문이었다. 그러다 보니 트위터에서는 레스토랑에서 맛있는 음식을 먹고 있다거나, 유명한 곳에 구경 왔다 등의 신변잡기적 소식에서부터 언제 어디서 모인다는 번개 모임 공지 성격의 글까지 모든 종류의 짧은 메시지들이 통용된다. 사고 소식이나 희귀 혈액형 급구와 같이 긴급하게 전파해야 할 여러 소식들도 트위터(리트윗)를 타고 넘실넘실 퍼져 나간다. 소소한 정보들의 짧은 폭발, 그것이 바로 트위터다."[17]

트위터는 그런 '140자 평등주의' 의 장점도 있지만, 기본적으로 자신이 원하는 사람들의 말만 듣고 대화를 나눌 수 있는 두 얼굴을 갖고 있다.[18] 왜 두 얼굴인가? 자신이 원하는 사람들의 말만 듣고 대화를 나누는 건 상당한 실력과 더불어 인내심을 요구하는 토론이나 논쟁보

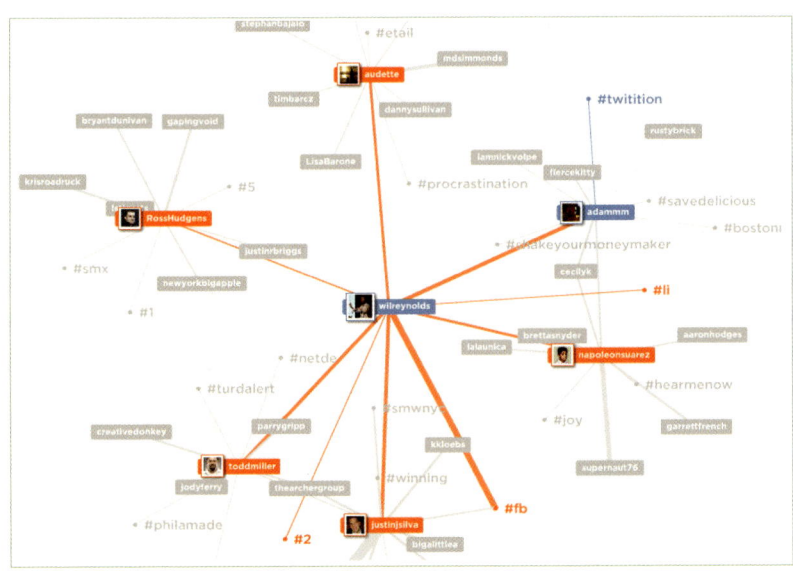

★ 이용자의 트위터 관계망을 보여주는 어플인 맨션앱의 화면. 대개 사람들은 SNS에서 자신이 원하는 사람들과 관계를 맺는데, 이런 관계에서는 한 가지 견해를 두고 모두가 옳다고 착각하는 무오류성의 함정에 빠지기 쉽다.

다 훨씬 재미있다. 뜻과 배짱이 맞는 사람들끼리 모여서 주고받는 이야기, 그 얼마나 화기애애한가. 사실 이게 바로 SNS의 속성이기도 하다. SNS는 관계 테크놀로지인데, 관계의 숙명은 편협이다. 본질적으로 관계 중심으로 배타적이기 때문이다. 이와 관련, 박경철은 SNS로 인해 "편협한 주장이 자기정당성을 획득하는 도구로 전락할 수도 있다"며 다음과 같이 말한다.

"SNS의 약점은 역설적으로 '대중성의 부족'에 있다. 기본적으로 SNS는 온라인상의 친분이 우선되기 때문에 기본적으로 나에게 호감을 가진 사람들만 반응한다. 때문에 SNS상에서 나의 견해는 늘 옳은 것처럼 보인다. 관계를 맺지 않은 대중들이 모두 자유롭게 반응하는 기존의 방식과 달리 집중적이고 확산성이 강한 SNS는 정작 같은 견해를 가진 사람들 사이에서 동종교배가 일어날 수 있는 폐쇄성을 갖고 있는 것이다. …… SNS에서 오가는 담론은 서로 같은 생각을 하는 사람들 사이에서 유통되고 소비되며, 한 가지 견해를 두고 모두가 옳다고 착각하는 '무오류성의 함정'에 빠지기 쉽다." [19]

컬럼비아대 사회학자 던컨 왓스Duncan Watts는 페이스북과 같은 SNS의 성공엔 노출증exhibitionism과 관음증voyeurism이 큰 역할을 했다고 진단했다. 사람들은 자신을 표현하는 걸 좋아하는 동시에 그만큼 남들에 대한 호기심도 강하다는 것이다. [20]

SNS가 젊은 층에서 압도적 인기를 누린 이유도 바로 그것이었다. 자신의 정체성 만들기에 집중할 때인 젊은 층은 크게 달라진 환경에서 이전 세대와는 비교할 수 없을 정도로 자기표현에 적극적인데, 바로 이런 정서가 SNS의 폭발적 성공을 견인했다는 것이다.[21] 예컨대, 하루 내내 사진을 찍어서 페이스북에 올리면서 어떤 친구보다도 페이스북 포토 앨범 수가 월등히 많다는 걸 자랑으로 삼는 미국 고교 2년생 오드리는 다음과 같이 말한다.

"제 삶이 거기에 올라가 있다는 느낌이 좋아요. …… 만일 페이스북이 삭제된다면, 저도 삭제될 거예요. …… 제 모든 기억이 그것과 운명을 같이 한다 해도 과언이 아니죠. 그리고 다른 사람들이 제 사진을 게재하기도 했어요. 그것도 전부 사라지는 겁니다. 페이스북이 지워진다면, 전 진짜 돌아버릴지도 몰라요. …… 거기가 제가 있는 곳이니까요. 제 삶의 일부라고요. 제2의 나예요."[22]

노출증과 관음증은 SNS의 결과일 수는 있어도 원인은 아니다. 트위터는 친구들이 전화할 때마다 "뭐하고 있어? What are you doing?"라고 물어보는 데서 힌트를 얻어 만들어진 것이다.[23] 굳이 전화를 거는 부담 없이 친구의 근황을 알 수는 없을까? 이 필요성이 트위터는 물론 페이스북의 탄생 배경이 되었다. 이와 관련, 이준구는 "미국이라는 나라에서는 멀리 떨어져 사는 지인의 정보나 상태를 부담 없이 확인할 수 있는 서비스에 대한 욕구가 항상 있었다. 휴대전화나 이메일, 인터넷 메신저가 있기는 하지만 아쉽게도 상대에게 부담을 주지 않고 스스로도 부담을 느낄 필요가 없는 통신 수단은 아니었다"며 다음과 같이 말한다.

"상대가 어떤 상황인지 모르면서 별로 중요하지도 않은 용건으로 전화를 하거나, 문자나 메신저로 말을 거는 것은 어지간히 친하지 않은 이상 예의나 배려에 대한 부담이 있다. 거기다 미국 동부와 서부의 시차만 3시간이 난다. …… 이메일은 가벼운 메시지를 전하기에는 쓸데없이 진지한 매체이고, 상대방의 정보를 얻고자 하면 회신에 대한 부담을 줄 수밖에 없는 문제가 있었다. 페이스북은 이런 문제를 어처구니없을 정도로 간단하게 해결해버렸다. 참고로 이런 점에 있어서는 트위터도 같은 욕구를 비슷한 방식으로 해소시키고 있다." [24]

영국의 기술 전문가 리사 레이첼트Leisa Reichelt는 페이스북의 그런 서비스 경험을 가리켜 앰비언트 인티머시ambient intimacy라고 표현했는데, 이는 "시공간의 제약으로 평소라면 접근이 불가능한 사람들과도 일정 수준 정기적으로 친밀하게 연락을 지속할 수 있는 상태"를 의미한다. 클라이브 톰슨Clive Thompson은 앰비언트 인티머시의 미덕을 이렇게 찬양했다. "이 새로운 사회적 인식은…… 과거 서로의 모든 일을 알고 지내던 작은 동네에서 살았을 때와 같은 경험을 재현한다." [25]

과연 우리는 그런 작은 동네를 꿈꾸는 걸까? 그런데 그게 좋기만 한 건가? 왜 꼭 우리 주변에서 일어나는 일을 깊이 알아야만 하는 걸까? 너무 고독하고 불안하기 때문에 그런 건 아닐까? 'SNS에 대한 피로감'을 호소하는 이들이 점차 늘고 있는 현상은,[26] 우리 인간이 고독과 관계 사이에서 방황하는 존재라는 것을 말해주는 건 아닐까?

한국의 카카오톡은 글로벌 시장에서 페이스북과 트위터에 도전하고 나섰는데,[27] 카카오톡이 앞으로 SNS의 어떤 새로운 경지를 보여줄 것인지 기대해보기로 하자.

한국인에겐 게임 유전자가 따로 있는가

"애니팡 때문에 못살겠어요. 왜 이렇게 게임하자고 졸라대는지…… 카톡은 필요악임에도 어쩔 수 없이 하고 있지만 애니팡 하자고 졸라대지 말아요." "하루에도 몇 개씩 오는 애니팡ㅠㅠ 나 하트 별로 안 좋아해요. ㅠㅠ 제발 새벽 2~3시엔 삼가주세요. 자다 놀라 깹니다ㅠㅠ."

트위터에 올라온 모바일 게임 애니팡에 대한 글이다. 2012년 7월 30일 출시된 애니팡은 출시 20일 만에 스마트폰 게임 매출 1위를 차지한 데 이어 다시 보름이 지난 뒤에는 1,000만 다운로드를 기록하며 국민 게임으로 등극했다. 애니팡 동시 접속자는 200만 명으로 전 세계적으로 인기를 모으고 있는 디아블로3의 최고 동시 접속자 60만 명의 세 배를 넘었다. 애니팡은 2012년 말까지 다운로드 숫자 2,000만

★ 국민 게임이라 할 수 있을 정도로 모바일 게임 애니팡이 엄청난 인기를 끌었는데 경쟁심을 부추기는 등수 시스템이 뒷받침되었기에 가능한 인기였다.

건 돌파, 일일 사용자 숫자와 동시 접속자 숫자 각각 1,000만 명과 300만 명 돌파라는 대기록을 세웠다.[28]

애니팡에 이어 2012년 9월 25일 출시된 캔디팡도 출시 1주일 만에 다운로드가 600만 건에 달했고, 하루 이용자만 350만 명을 넘어섰으며, 출시 20일 만에 다운로드 1,000만 건을 돌파하며 한국 모바일 게임 사상 최단기간 흥행 기록을 세웠다.[29] 토종 액션 게임의 자존심이라 할 던전앤파이터는 2013년 1월 31일 기준으로 가입자가 전 세계에서 4억 명을 돌파하는 대기록을 달성하기도 했다. 이에 대해 게임방송 MC 허준은 다음과 같이 말한다.

"4억 명은 대한민국 인구 5,000만 명의 8배에 해당하는 수치. 전 세계 누적회원 4억 명을 돌파한 온라인 게임은 '던전앤파이터'가 처음이다. 공식적인 발표는 없지만 전 세계에서 가장 많은 가입자를 확보한 온라인게임으로 추정된다. 던전앤파이터는 한국 디지털 콘텐츠로도 전 세계에서 가장 많은 회원을 확보한 상품이 됐다. …… 게임업계 관계자는 '던전앤파이터의 전 세계 가입자 수 4억 명이라는 기록은 당분간 누구도 넘볼 수 없는 대기록'이라며 '안방에서는 천덕꾸러기 취급을 받는 한국 게임이 전 세계에서 가장 경쟁력 있는 콘텐츠라는 것을 다시 한 번 증명한 셈'이라고 말했다." [30]

그런 경쟁력 덕분에 한국의 게임 산업은 케이팝 수출의 12배, 한국 콘텐츠 수출의 56퍼센트를 차지할 정도로 규모가 큰 국민 산업이 되었다.[31] 사실 일단 빠져들기만 하면 세상에 게임만큼 재미있는 게 또 있을까? 게임 평론가인 박상우는 『게임이 말을 걸어올 때』라는 책에서 "게임은 기존의 모든 미디어를 통합하는 종합 미디어인데다, 한술 더 떠 기존 수동적인 도구가 아닌 능동적인 매체다. 또 게임은 미술과 음악 등이 모두 결합된 종합예술이다. 게임은 분명히 차세대의 주요한 문화 코드다"라고 주장한다.[32] XL게임즈 대표 송재경은 한 걸음 더 나아가 "게임은 노래나 춤 같은 오프라인의 어떤 오락물보다 더 진한 감동과 교육적 효과가 있다"며 "PC 세대가 사회의 주류로 성장할 경우 게임은 영화를 대체하게 될 것"이라고 주장한다.[33]

그런데 사람들은 왜 게임에 빠져드는 걸까? 박상우는 그 이유를 '몰입'에서 찾았다. 영화나 음악 등 다른 대중문화와는 달리, 게임에 몰입할 때만 경험할 수 있는 독특한 특징이 있다는 것이다. 그는 "게임은 탄생하자마자 수많은 게이머에 의해 변형되고 수정된다. 또한 게이머들은 게임 제작자가 제공하려던 즐거움이 무엇인지와 무관하게 자신만의 즐거움을 찾아서 새로운 방식으로 게임을 플레이한다"며 다음과 같이 말한다.

"게임에서의 몰입은 단지 수동적 수용이 아니라 적극적인 개입이다. 또한 몰입은 주어질 뿐만 아니라 창조되기도 한다. 진화 과정에 동참하는 게이머는 제작자가 의도하지 않았던 자기만의 세계를 게임 속에서 창조하기 때문이다. 게임은 제작자의 품을 떠나 스스로 새로운 세계를 창조한다. 이렇게 하나의 게임에서 여기저기로 몰입의 가지가 뻗어나가고, 이것이 무정형으로 확장되어 완전히 새로운 게임의 세계가 열리는 것, 바로 이 힘이 게임을 다른 어떤 것보다 중독성 있게 만들고 게이머에게 끊임없는 즐거움을 줄 수 있는 이유인 것이다." [34]

사람들이 e스포츠에 열광하는 이유도 바로 이런 독특한 몰입 경험의 연장선상에서 이해할 수 있겠다. 여기에 기업들이 게임의 홍보 가치를 발견하고 공격적인 투자를 하면서 e스포츠는 산업적 규모로 급성장했다. 1990년대 말 세계 최초로 e스포츠란 용어를 만들어낸 것도 한국인 데서 알 수 있듯이, 한국은 세계적인 게임 강국이다. 2005년 8월 1일 우즈베키스탄에서 개최된 'WCG 2005 우즈베키스탄 국가대표 선발전'에서 스타크래프트 종목 1·2·3위를 모두 고려인이 차지해 "한민족에게는 게임 유전자가 따로 있다"라는 말까지 나왔다.[35]

정말 한민족에게는 게임 유전자가 따로 있는 걸까? 한국이 온라인 게임 시장 규모 세계 1위인 동시에 게임 중독 역시 세계 최고 수준인 이유도 그렇게 이해해야 할까?[36] 다른 나라와는 다른 한국 게임 문화

★ PC방에서 게임에 몰두하고 있는 게이머들. e스포츠란 용어를 만들어낸 곳도 한국인 데서 알 수 있듯, 한국은 세계적인 게임 강국이다.

의 특성은 무엇일까? 히트 게임 카트라이더를 만든 넥슨의 로두마니 스튜디오 개발본부장 정영석은 "한국 게이머들은 독특한 특성을 갖고 있다. 게임을 즐기기보다는 게임 속에서도 경쟁에 목을 맨다. 다른 사람이 갖지 못한 아이템을 얻거나 해내지 못한 임무를 완수하고 싶어 한다"며 다음과 같이 말한다.

"이전에 온라인 게임을 운영하다가 실수로 서버를 날린 일이 있다. 몇몇 게이머들의 아이템이 일시적으로 사라졌다. 게이머들에게서 바로 전화가 오더라. 당장 아이템 내놓으라고. 옥신각신하다가 그 게이머가 전화를 끊었다. 그러고는 넥슨에 찾아와 문을 부숴놓고 갔다. 게임을 하나의 체험이나 재미로 보는 게 아니라 또 하나의 삶 내지는 실질적인 재산 유지 수단으로 생각한다. 그런 부분이 미국과 차이가 있을 것이다."[37]

아닌 게 아니라 한국이 세계적인 게임 강국이 된 배경에는 유전자까진 아니더라도 한국인 특유의 기질이 적잖이 작용한 것 같다. 『월스트리트저널』은 애니팡에 빠진 한국의 모습을 전하면서 "한국인들이 집착에 가까운 행태를 보이고 있다"고 평했는데,[38] 그 집착의 정체는 과연 무엇일까? 김일은 "지고는 못 배기는 근성은 세계 최고라 할 골프 열풍, 도박 열풍, 대학 입시 과열 등을 불러왔고 바둑, 스포츠, 인터넷 게임 강국이 되게끔 했다"고 분석한다.[39]

한 게임업계 관계자는 "잘나가는 대박 게임은 늘 그 사회를 관통하는 문화적 특징을 담아왔다"며 "리니지의 혈맹에서 한국 사회의 권위주의가 드러났고, 스타크래프트의 속도감은 한국인의 빨리빨리 정신을 자극했다면, 애니팡은 '다른 사람을 이기고 싶다'는 특유의 경쟁심을 부추겨 인기를 모으고 있다"고 분석했다. 즉, 애니팡의 인기는 쓸쓸한 경쟁 시대의 자화상을 담고 있다는 것이다.[40]

경쟁의 무대는 컴퓨터에서 스마트폰으로 옮겨갔다. 온라인 게임 소비의 산실이라 할 PC방은 2008년 2만 2,000여 개에 이르렀지만, 2013년 1월 현재 스마트폰 보유 3,000만 명 시대에 직면해 1만 5,000여 개로 급감했으며 계속 줄어드는 추세다. 생존의 벼랑 끝에 내몰린 PC방 업주들은 "PC방에 대한 부정적 인식이 크지만, 게임 산업 발전 및 IT 문화 확산에 기여한 측면은 제대로 평가받았으면 합니다"라고

하소연하고 있다.⁴¹

PC방은 위기일망정 나날이 고조되고 있는 게임 열풍은 호모 루덴스homo ludens를 실증해준다. 한국인은 호모 루덴스•로서의 진면목·정수·극치를 보여준다. 일과 놀이를 구분하지 않았으며, 놀이에 신들림까지 가미해 목숨을 걸다시피 하면서 놀면서 일하고 일하면서 노는 문화를 가꾸어왔다.⁴² 그게 바로 게임을 국민 산업으로 만든 최대의 동력일 것이다.

그러나 무엇이건 지나치면 순기능을 초과하는 역기능을 낳기 마련이다. 게임은 놀이와 더불어 도박이라는 속성을 지니고 있다. 게임과 도박은 분리될 수 없다는 뜻이다.⁴³ 나는 왜 게임에 열광하는지 자문자답해보면서 게임의 노예가 아니라 게임의 주인이 되어 게임을 적당한 수준에서 즐길 수 있는 방안에 대해 생각해보자.

왜 우리는 웹툰에 빠져드는가

'죽음으로 이끈 만화 흉내', '죽음까지 몰고 온 불량만화' ……. 1972년 2월 초, 평소 만화를 탐독하던 초등학교 6학년 정 모(12) 군이, 죽었던 사람도 살아나는 만화의 한 장면을 따라하다 목을 매 숨진 사건이 벌어지자 각 신문 사회 면은 이런 기사 제목으로 뜨거웠다. 이후 사회 전반에서 '불량만화 척결운동'이 벌어진 가운데 만화는 사회적 해악으로 취급받았으며, 이는 2000년대에까지 그 흔적을 남겼다.[44]

학창 시절 늘 만화를 끼고 자랐던 대학생 김 모(25) 씨는 부모님으로부터 혼나기 일쑤였다. 장래 희망을 쓰는 칸에는 만화가라고 적었지만 그때마다 부모님과 담임 선생님은 '만화가 밥벌이냐'며 나무랐다. 김 씨는 결국 지방의 전문대에 진학해 만화와 상관없는 삶을 살았다. 그러다 2012년부터 포털 사이트를 중심으로 인터넷을 통한 만화를 뜻하는 웹툰web+cartoon이 인기를 끌면서 잊고 지냈던 꿈을 다시 꺼내들었다. 아마추어 작가들을 지원하는 웹툰 서비스에 참여하기로 한 것이다. 김 씨는 "과거엔 만화를 그리며 밥벌이를 할 수 있느냐고 묻는 사람이 많았는데, 요즘에는 '웹툰 작가'가 꿈이라고 하면 '대단하다'는 반응이 돌아온다"고 말했다.[45]

위 이야기는 2013년 1월 31일자 『국민일보』에 실린 「"밥벌이 하겠냐" 핀잔 듣던 만화가 이젠 귀하신 몸 … 웹툰 인기몰이로 상한가」라는 기사의 내용을 소개한 것이다. 웹web의 파워가 대단하다. 만화cartoon에 대한 세간의 인식까지 바꿔 놓았으니 말이다. 그러나 좀 더 따지고 들자면, 유통 방식, 즉 만화를 소비하는 공간의 변화가 가져온 변화다. 사실 과거 만화를 부정적으로 보던 사람들은 만화를 전혀 보지 않던 사람들이다. 접촉의 기회가 쉽지 않았기에 만화의 재미와 맛을 아예 느끼지도 못한 채 만화 애독자를 한심한 시선으로 바라본 것이다.

이제 10년의 역사를 갖게 된 웹툰은 호황을 누리고 있다. 2013년 1월 현재 네이버는 130여 편, 다음은 70여 편을 연재하고 있다. PC를 통한 네이버 웹툰의 2012년 한 달 최고 페이지 뷰pv는 9억 건을 넘어섰으며, 스마트폰과 태블릿PC를 이용한 방문자 수도 폭발적으로 늘고 있다. 2012년 12월 네이버에선 처음으로 모바일 이용 비중이 51퍼센트를 기록해 PC보다 높게 나타났다. 스마트폰에서 구현되는 웹툰을 가리키는 스마툰smartoon: smart+cartoon이라는 신조어도 생겨났다.

또한 웹툰은 영화, 드라마, 연극, 뮤지컬, 게임 등으로 다시 태어나면서 대중문화 전반에 깊은 영향을 미치고 있다. 웹툰에 대해 가장 뜨거운 애정을 보이는 곳은 충무로다. 역대 웹툰 원작 최고 흥행작인 강우석 감독의 〈이끼〉(2010년 · 340만 명)에 이어 2012년 강풀 원작의 웹툰을 극화한 두 편의 영화 〈이웃사람〉(243만 명)과 〈26년〉(294만 명)이 성공하며 본격적으로 불이 붙기 시작했다.

★ 출근길에 스마트폰으로 웹툰을 보고 있는 한 시민. 인터넷의 발달과 스마트폰의 보급으로 만화에 쉽게 접근할 수 있게 되면서 만화에 대한 부정적인 인식이 사라지고 있다.

웹툰에 무관심했던 방송사들의 태도도 변하고 있다. 강도하 원작의 〈위대한 캣츠비〉(tvN), 원수연 원작의 〈메리는 외박중〉(KBS)에 이어 여러 편의 웹툰이 드라마로 만들어지고 있다. 더 나아가 〈위대한 캣츠비〉와 〈바보〉, 〈그대를 사랑합니다〉(이상 강풀 원작)가 연극이나 뮤지컬로 제작돼 좋은 결과를 낳았다. 게임이나 캐릭터 상품으로 활용되는 경우도 늘고 있다.[46]

웹에서 보든 종이를 만지면서 보든 만화는 묘한 매력으로 사람을 잡아끈다. 적어도 1990년대부터 전 세계적으로 날이 갈수록 만화의 인기가 치솟았는데, 그 이유에 대해 미국의 만화 평론가 빌 아이즈너는 "이 시대가 책과 영화 사이의 간격을 메울 수 있는 시각적이면서도 문학적인 매체를 요구하고 있기 때문"이라고 설명한다. 아닌 게 아니라 만화는 책과 영화의 장점을 부각시키고 약점을 채우는 이상적인 매체임이 틀림없다. 만화는 소재의 선택에서 그 어떤 매체보다 유리하며, 또 그 소재를 그림과 이야기를 통해 형상화함으로써 그 어떤 매체보다 더 유리하게 사람들을 파고든다.[47]

같은 맥락에서 정준영은 만화의 인기가 높은 첫 번째 이유로 매체로서 만화가 갖는 우수성을 들고 있다. 만화는 그림과 글이 절묘하게 조합되어 있는 매체로, 비교적 값이 싸면서도 전달하고자 하는 정보를 효과적으로 전달할 수 있기 때문에 그 이용의 범위를 넓혀가고 있다는 것이다. 즉, 만화는 글의 분명함과 그림의 즉각성을 결합하면서 글의 어려움은 그림을 통해, 그리고 그림의 다의성은 글을 통해 보완하기 때문에, 교육 수준과 문화권의 차이를 뛰어 넘어 그 누구에게나 쉽게 받아들여지고 이해될 수 있다는 것이다.

정준영은 두 번째 이유로 만화의 '꿈꾸기' 기능을 지적한다. 어린이와 청소년은 만화를 통해 꿈을 꾸고 그들이 기성세대가 되면 만화를 통해 다시 예전의 꿈과 만난다는 것이다. 그는 만화가 19세기 말에 출현하게 된 것도 당시 공동체 사회가 붕괴하면서 출현한 대중사회 속의 개인이 자신들의 능력에 자신감을 잃고 스스로 꿈꾸기를 포기해버린 것과 무관하지 않다고 말한다. 즉, 만화가 그 빈틈을 훌륭하게 메워주며 사람들의 가슴을 파고들어왔다는 것이다.

"꿈을 꾸는 데는 일정한 능력이 요구된다. 전통 사회에서는 그러한 능력이 대개 일상의 경험 속에서 획득되었다. 꿈꾸기라는 것이 그 사회의 현재와 일정한 거리를 취하는 것이고 이러한 의미에서 또 사회가 비교적 단순하여 꿈꾸는 내용 역시 상대적으로 단순한 수준에 머물러 있었기 때문이다. 그러나 근대사회 이후 사회가 점점 복잡해지고 그에 따라 지식을 획득하는 데 경험이 지니는 중요성과 신뢰도가 점점 하락함에 따라 꿈꾸기의 능력에도 점차 변화가 나타나기 시작했다."[48]

그 변화는 바로 꿈꾸기가 점점 어렵게 되었다는 점이다. 현대인은 전문가의 도움 없이는 꿈을 꿀 수도 없게 된 상황이 벌어졌다. 그런데 만화는 전문가들이 무어라고 설명해주지 않아도 그걸 읽는 사람 누구나 스스로 꿈을 꾸는 능력을 회복할 수 있다는 것이다.

그래서 그럴까? 세계 최대의 만화 왕국이 일본이라는 건 결코 우연한 일이 아닌 것 같다. 일본은 대단히 자유로운 나라 같지만, 일본인은 세계 그 어떤 나라 사람보다 통제적이고 획일화된 삶을 살고 있다. 그래서 그들은 예의바르고 질서를 잘 지키는 장점은 있지만, 반면 자유로운 꿈꾸기와는 거리가 멀다. 일본에서 만화가 전체 출판 산업의 3분의 1을 차지할 정도로 성행하는 것도 그런 사정과 무관하지 않을지도 모른다.

그와 동시에 일본은 문화적으로 만화에 대해 열린 자세를 보인다는 것도 무시할 수 없다. 일본의 만화 예술은 8세기로까지 거슬러 올라가는데, 일본에서는 만화가 아이들의 전유물이었던 적이 없다. 만화는 모든 일본인에게 역사책으로서의 성격을 지닌다. 만화 주인공들에 대한 학자들의 관심도 매우 높으며, 심지어 만화는 단순한 현실 도피적 오락만은 아니라는 학자들의 연구서들이 베스트셀러에 오르고 있다.

일본인의 지극한 만화 사랑과 관련, '일본인은 만화라는 표현 방식에 가장 어울리는 기질을 가졌다'는 주장도 제기되었다. 이와 관련, 일본의 소프트화化 경제센터 이사장인 구사카 기민도와 평론가인 이시카와 요시미가 2000년 일본의 『보이스Voice』라는 잡지에서 세계 각국의 애니메이션 실력에 대해 나눈 대담 내용이 흥미롭다. 한국에 대해 비아냥대고 스스로 잘난 척 하는 감이 없지 않지만, 무언가 생각하게 하는 날카로운 점이 있다는 것도 부인하긴 어려울 것이다.

이시카와는 "중국은 아직 CG 기술이 미숙해서 한 장짜리 만화 같은 게 많지만 예를 들어 한국은 할리우드에서 공부한 애니메 크리에이터나 시나리오 작가들이 열심히 질 높은 만화를 만들어내려고 하고 있어요. 그렇지만 역시 일본에는 적수가 아니라고 생각되는군요. 일본 만화가 재미있는 이유는 일본인이 엉터리이기 때문이지요"라고 말한다.

구사카가 동감을 표하자 이시카와는 이어 "한국인은 성실하거든요. 술을 마실 때도 진지하게 토론을 하니까 눈에 핏발이 서지요.(웃음) 한편 일본 문화가 엉터리라는 것은 만화에 꼭 들어맞아요. 한국처럼 순수 유교라고 할까요, 유교의 종주국이 이웃에 있는데도 종가인 중국보다 순화된 유교를 만드는 것으로 차별화를 하려고 한 나라는 역시 국민성이 성실해서 일본처럼 장난치는 만화를 만들 수가 없지요"라고 말한다.

구사카가 "그렇지만 바둑은 강하지요.(웃음) 성실하게 두니까요"라고 답하자, 이시카와는 "미국인도 그래요. 장난을 치기도 하고 유머도 있지만 근본은 청교도의 나라지요. 때로는 질릴 정도로 진지해서 문화에 매뉴얼화된 부분이 있어요. 그래서 미국 만화는 일본만큼 뛰어나지 못하지요. 웃음을 만드는 법 등을 연구에 연구를 거듭해서 그리려고 들거든요. 일본 만화의 주인공은 아무렇지도 않게 하늘을 날아요. 그 이유는 필요 없지요"라고 말한다.⁴⁹

그러나 한국인이 너무 성실하고 진지해 만화에 잘 어울리지 않는다는 건 옛날이야기다. 한때 한국에선 만화를 무조건 유해 매체로 간주하는 등 만화를 폄하하고 탄압했던 시절이 없지 않았지만, 이젠 만화의 가치를 인정하는 분위기가 충분히 조성되었다. 게다가 웹툰으로 유통 장벽이 무너지면서 훨씬 큰 성장 가능성을 갖게 되었다. 만화는 애니메이션으로 만들 수 있고 컴퓨터게임으로도 이용되고 각종 캐릭터 산업의 원천이 될 뿐만 아니라 영화, 드라마, 연극, 뮤지컬로 재탄생하는 등 창구 효과 window effect 가 매우 크기 때문에 산업적 잠재력도 무궁무진하다. 세상이 날로 각박해지고 현실에서 꿈을 이루기가 날로 어려워질수록 만화는 '꿈꾸기 매체'로서 대중의 더 큰 사랑을 누릴 게 틀림없다.

6장

영화와
동영상 문화

왜 영화는 도박 산업이 되었나

할리우드는 흥행 산업이다. 모험 산업이기도 하고 도박 산업이기도 하다. 한 영화사가 영화 열 편을 만들면 일곱 편은 적자를 감수하고 두 편은 손익분기점을 간신히 맞출 걸 미리 예상한다. 단 한 편만 대박을 터뜨려주면 되는 것이다. 영화사의 흥망은 그 영화 한 편에 거는 도박 게임에 달려 있다. 이를 미국의 미디어 재벌이었던 테드 터너Ted Turner는 다음과 같이 실감나게 표현했다. "영화 사업은 마음 약한 사람이 할 일은 아니다. 영화 한 편에 4,000만 달러를 들여 10개의 영화를 만든다면, 그중 한 편만이 돈을 벌 수 있다. 도박꾼의 심장과 마음이 있어야 한다."[1]

영화 저널리스트 피터 바트Peter Bart는 『할리우드 영화전략1999』에서 "오늘날에 영화는 잘 조율된 전략이라기보다는 발작적이고 경련을 일으키는 듯한 광고의 융단 폭격과 함께 개봉된다"며 이렇게 말한다. "여기에는 맥도날드 같은 거대 기업이 마케팅 협찬사로 참여하고, 슈퍼볼이나 올림픽 게임의 텔레비전 광고 시간을 사기 위해서 돈을 펑펑 쓴다. 이런 기계적인 작업을 거친 새 영화는 개봉 즉시 블록버스터가 되거나, 아니면 하룻밤 사이에 망해버리고 만다. 광고 전략을 바꾼다든가 하는 손을 써볼 새도 없다. 험난한 적자생존 경쟁에서 뒤지는 약한 영화 또는 문제 있는 영화들은 살아남을 여지가 없다." [2]

5,000만 달러 내지 1억 달러의 제작 비용이 들어간 영화의 경우 평균 2,500만 달러에서 4,000만 달러의 마케팅 예산이 소요되는데, 자금이 소모되는 속도는 엄청나게 빠르다. 영화 개봉 직전에서 직후까지의 6~8주 동안 대부분 집행된다. 사정이 그와 같으니 영화 제작의 경제학이 통제 불능 상태로 접어들었다고 해도 놀랄 일은 아닐 것이다. 그 결과 어떤 일이 벌어졌는가? 바트는 다음과 같이 말한다.

"지난 30년 동안, 스튜디오 경영권은 영화 전문가들에게서 다국적 기업의 경영자들에게로 넘어갔다. 전문 경영인들의 주된 관심사는 제작이 아니라 배급이었다. 그리고 기업이 커지면 커질수록 경영은 점차 방만해져갔고, 기본적인 영화 제작 방정식은 더 이상 먹혀들지 않게 되었다. 돈 놓고 돈 먹기 식의 장사에서는 과도한 제작비와 마케팅 비용의 증가가 위험 부담의 확대로 되돌아왔다." [3]

한국 영화계도 도박 산업의 성격이 강화되면서 극심한 양극화 현상을 보이고 있다. 영화계의 '슈퍼 갑'인 대형 배급사 영화가 한국 영화 의무 상영일수의 대부분을 차지하면서 저예산 영화들이 설 자리를 잃고 있다. 예컨대, 2012년 11월 한국 영화의 배급사별 관객 점유율은 CJ E&M과 쇼박스가 각각 64.3퍼센트와 20.0퍼센트를 차지했다. 빅2가 84.3퍼센트를 독식한 것이다. 자사 영화가 개봉하면 자신들이 소유한 멀티플렉스 상영관 상당수를 배정해 지원 사격에 나서거나 티켓을 무더기로 사서 초반 예매율을 끌어올리는 편법 등은 이미 잘 알려진 대기업의 관객 유치 전략이다. 예컨대, 2012년 12월 7일 용산에 있는 대기업 영화관 상영작 9편 중 7편(77.8퍼센트)이 대형 배급사의 작품이었으며, 이 가운데 해당 영화관을 소유한 대기업의 작품만 4편이었다. 이런 상황에서 마케팅비가 부족한 영화들은 제대로 관객을 만나보기도 전에 사라지고 만다.[4]

흥행에 성공한 영화와 실패한 영화의 차이는 무엇인가? 분명 그 어떤 차이가 있을 것이다. 그러나 그 차이가 흥행의 성패에 따라 회사가 큰돈을 벌기도 하고 문을 닫기도 하는 양극단의 차이로까지 이어진다는 것은 너무 가혹하지 않은가? 혹 그렇게 생각하는 사람이 있다면 영화판 근처엔 얼씬거리지 않는 게 좋다. 그게 그 바닥의 속성이기 때문이다.

문제는 그 바닥의 속성이 경제의 모든 분야에서 나타나고 있다는 것이다. 특히 인터넷 분야가 그렇다. 인터넷이 원래 할리우드의 그런 속성을 갖고 있다고 말하는 것이 옳겠지만, 할리우드의 연륜을 존중해 승자 독식 경제를 가리켜 할리우드 경제로 부르기로 하자.

인터넷은 전형적인 승자 독식 구조다. 어느 분야의 사업에서든 상위 몇 개가 실제 가치의 네다섯 배나 되는 수입을 벌어들인다. 정도의 차이는 있을망정 다른 모든 분야도 할리우드 경제 패러다임에 편입되고 있다. 디지털 전문가들은 이를 지식 혁명이니 지식 기반 경제니 지식 경영이니 하는 말로 예찬한다. 그런 예찬 분위기에 힘입어 승자 독식 문화는 조직 내부에까지 퍼졌다.

특히 기업은 할리우드를 그대로 빼박고 있다. 2006년 1월 『월스트리트저널』은 경제 주간지 『포천』이 선정한 500명 최고경영자CEO의 평균 보수를 분석한 결과 1960년에는 미국 대통령 연봉의 두 배에 그쳤지만, 지금은 30배에 달한다고 보도했다. 2005년 연간 매출 5억 달러 수준의 미국 기업 CEO들의 평균 보수는 216만 달러(21억 원)로 스위스(139만 달러), 독일(118만 달러), 캐나다(107만 달러), 멕시코(100만 달러), 일본(54만 달러), 베네수엘라(47만 달러), 인도(29만 달러), 중국(21만 달러) 등을 크게 웃돌았다. 이 신문은 CEO와 일반 근로자의 평균 보수 격차는 미국이 475배로 영국(22배), 남아프리카공화국(21배), 캐나다(20배), 프랑스(15배), 일본(11배)에 비해 지나치게 높다고 지적했다.[5] '475배 자본주의'라 부를 만하다.

2012년 7월 미국 실리콘밸리 일간 『새너제이 머큐리뉴스』가 실리콘밸리 내 198개 업체 199명의 CEO를 대상으로 연봉을 조사한 결과 애플의 최고경영자 팀 쿡이 3억 7,800만 달러(약 4,340억 원)로 1위였다. 한 시간에 5,000만 원, 하루에 12억 원씩 벌어들인 셈이다.[6] 일반 노동자 수천 명의 연봉에 해당하는 돈을 받은 팀 쿡의 능력이라는 건 과연 무엇일까?

★
한 시간에 5,000만 원을 버는 애플 CEO 팀 쿡. 미국에서는 CEO와 일반 근로자의 평균 보수 격차가 475배나 된다.

갈수록 벌어지는 미국의 연봉 격차는 전반적인 빈부 격차의 반영이기도 하다. 2007년 기준으로 가장 부유한 1퍼센트의 인구가 미국 전체 자산의 33퍼센트 이상을 차지하고 있으며, 상위 1퍼센트가 차지한 자산이 하위 90퍼센트가 가진 모든 자산을 합한 것보다 많다.[7] AP 통신의 조사에 따르면, 2011년 미국의 빈곤율은 1865년 이래 46년 만에 최고치인 15.7퍼센트에 이르는 것으로 추정되었다. 전체 미국인 6명 중 한 명꼴인 4,700만여 명이 빈곤층으로 분류된다는 의미다.[8]

한국은 어떤가? 한국 상장사들은 CEO의 개별 연봉을 공개하지 않아 현재 한국이 과연 몇 배 자본주의인지 알 길이 없다. 워낙 세인의 주목 대상이 된 탓에 삼성전자의 경우만 알려졌다. 2002년 삼성전자 CEO의 연봉은 35억 7,000만 원, 국내 상위 20개 사의 CEO의 경우는 5억 3,163만 원이었다. 2003년도 삼성전자 등기이사는 평균 58억 원의 연봉을 받았고, LG전자 등기이사도 10억 6,000만원의 연봉을 받았다.⁹ 2005년 삼성전자 등기 임원의 평균 연봉(89억 7,000만 원, 스톡옵션 제외)은 대통령의 57배에 달했다. 또 삼성물산과 삼성전기 등기임원의 평균 연봉은 대통령의 9배, 현대자동차와 신세계는 7배 정도로 추정됐다.¹⁰ 한국도 이젠 수십 배 자본주의 사회에 진입했음을 시사한다.

지식을 인간의 내면세계와 관련된 것으로 국한시켜 사실상 지식의 신비화를 시도했던 지식 엘리트층의 지식 독점에 맞서 지식의 실용성과 현실 적용에 초점을 맞춘 지식 혁명은 긍정적으로 평가할 점이 있다. 그런데 이 지식 혁명이 도박에서의 행운까지도 지식의 범주에 포함시킴으로써, 지식의 목적을 지식 그 자체에만 국한시켰던 소크라테스 시절보다 훨씬 심한 지식의 신비화를 범하고 있다는 비판에서 얼마나 자유로울 수 있는가.

지식 혁명은 그 누가 기획한 것이 아니라, 그 누구도 거역할 수 없는 문명사적 흐름인데, 그런 비판이 무슨 소용이 있느냐는 반론이 가능할 법하다. 일리 있는 반론이지만, 그 실천에서 할리우드 경제를 근간으로 삼고 있는 지식 혁명의 이데올로기가 모든 경우에 무차별적으로 적용되어도 괜찮다고 말할 순 없을 것이다.

왜 1,000만 신드롬이 자주 나타날까

한국 영화계에는 '1,000만 신드롬'이라는 게 있다. 1,000만 관객을 목표로 하는 대형 영화 제일주의 blockbuster mentality가 한국 영화계를 지배하는 현실과 이를 뒷받침하는 관객의 쏠림 현상을 일컫는 말이다. 이미 〈실미도2003〉와 〈태극기 휘날리며2004〉가 1,000만 관객을 동원했지만, 1,000만 신드롬 논쟁이 뜨겁게 벌어진 2006년 상황을 자세히 살펴보기로 하자.

2006년 3월 5일 영화 〈왕의 남자〉가 개봉 67일 만에 예전 최고 기록인 〈태극기 휘날리며〉의 1,174만 명을 뛰어넘어 한국 영화 흥행 1위에 등극했다. 그해 여름 한국 영화계는 국내 영화 투자와 배급의 양대 산맥이자 라이벌 관계인 CJ엔터테인먼트와 오리온 계열 쇼박스 (주) 미디어플렉스의 경쟁으로 인해 더욱 뜨거워졌다. 2006년 상반기 성

★ 영화 〈실미도〉의 한 장면. 〈실미도〉는 국내 최초로 1,000만 관객을 동원했다. 이후 1,000만 관객을 목표로 하는 대형 영화 제일주의가 한국 영화계를 지배하고 있다.

적은 CJ의 완승이었지만, 쇼박스는 7월 27일 개봉한 영화 〈괴물〉로 역전을 노리고자 했다.[11]

박상우는 "〈왕의 남자〉가 지나간 지 얼마 되지도 않았는데 또다시 1,000만 관객 행렬이라니 어안이 벙벙하다. 좋은 영화인지 나쁜 영화인지 보지 않았으니 아직 언급할 수 없지만, 1,000만 관객 행렬이 이렇게 자주 출몰하는 대한민국이 왠지 의심스럽고 미심쩍어진다. 혹시 1,000만 중독증?"이라고 물으면서 "1,000만 관객의 국민적 행렬은 내적으로 문화 결핍을 반영하고, 외적으로 기획 자본의 문화 왜곡과 조작을 심화시킨다. 관례화된 '1,000만 관객 동원력'은 언뜻 기획 부동산과 '떴다방'이 조작하던 부동산 광풍을 떠올리게 한다"고 꼬

집었다.¹²

장은교는 "오늘의 한국 사회는 늘 양극단만 존재한다. 일등인 것과 일등 아닌 것들, 돈 되는 것과 돈 안 되는 것들, 유명한 것과 유명하지 않은 것들, 대박인 것과 쪽박인 것들……. 영원히 합치될 수 없는 양극단에서 사람들은 피로에 절어 산다. 한쪽은 쟁취하기 위해 또 한쪽은 수성하기 위해 싸운다"며 다음과 같이 말했다.

"경제활동 인구 세 명 중 한 명이 같은 영화를 보러가고, 1년에 1,000만 명이 넘는 관객이 드는 영화가 한두 편씩 양산되는 나라. 겉보기엔 이만한 문화적 소양을 가진 국민들이 없어 보인다. 그러나 그 속을 헤집고 들어가면 문화적 빈곤은 여전히 후진국 수준이다. 다양한 해석이 가능하지만 한편으로는 해석 자체가 불가능하다." ¹³

안정효는 "한국 영화가 엄청난 관객을 동원했다는 숫자적 성취는 얼마 전부터 우리 민족의 우월성을 증명하는 기준으로 당당하게 동원되기도 했다. 하지만 몇몇 영화가 1,000만 관객을 동원했다는 사실이 우리 영상 문화의 이상적이고 질적인 발전을 과연 논리적으로 증빙하는가"라면서 다음과 같이 말했다.

"큰 숫자로 성공한 소수가 힘없는 다수를 지배하는 사회라면, 그것은 예술적 다양성을 고사시키는 풍토다. 생활의 편리함을 도모한다면서 기계가 인간의 사고를 대신하는 단순화 작업은 소수의 지배자가 다수를 우민화하여 사회를 전체적으로 퇴화시키는 현상이다. 군중심리와 집단사고의 계수를 놓고 발전의 척도로 삼는 행위란 그래서 위험한 짓이다. 생각하는 소수가 귀족화하는 한편 다수가 우민이 되기 때문이다. 1,000만이 1년에 한 편의 영화를 보는 사회보다는 10만씩 골고루 분포한 관객이 저마다 100편의 영화를 보는 사회가 훨씬 예술적이다."[14]

그러나 그런 일련의 비판에도 8월 16일 〈괴물〉은 최단기간 기록을 자랑하며 개봉 21일 만에 전국 관객 1,000만 명을 돌파했다. 이에 노재현은 "'1,000만 명이나 쓰는 카드가 있대요. 괜히 1,000만이겠어요' '대한민국 성인 남녀 넷 중 하나는 카드를 갖고 계십니다. 자그마치 1,000만이나 쓴다는 얘기죠.' 한 신용카드 회사의 텔레비전 광고 문구에선 '남들 다 쓰는 카드니까 너도 어서 장만하라'는 장삿속이 훤히 들여다보인다. 그렇더라도 1,000만이라는 숫자는 대단하다. 그제 관객 1,000만 명을 넘어선 영화 〈괴물〉도 마찬가지. '너 아직도 안 봤니?'라는 눈덩이 효과가 한동안 이어질 것이다"라며 다음과 같이 말했다.

"필자는 어제 영화진흥위 홈페이지에 들어가 최근 비디오로 본 괜찮은 외국 영화들이 국내 개봉 당시 서울에서 관객을 얼마나 모았는지 알아보았다. 〈천국을 향하여〉(프랑스) 1,699명, 〈스테이션 에이전트〉(미국) 2,580명, 〈내 미국 삼촌〉(프랑스) 3,075명, 〈더 마더〉(영국) 2,295명. 〈타임 투 리브〉(프랑스)나 〈콘스탄트 가드너〉(영국)가 1만 명을 넘긴 게 그나마 다행이었다. 외국 영화도 좀 심각하다 싶으면 관객이 외면해버리니 답답하다. 생태계에서만 種의 다양성이 위협받고 있는 것은 아니다."[15]

강한섭은 "〈괴물〉의 성공 요인은 한마디로 말해 스크린 독과점"

이라며 "7~8월 영화 성수기에 스크린을 독과점하고 다른 영화 상영을 제한하면 당연히 이만한 관객이 들어온다"고 주장했다. 반면 김태성 쇼박스 부장은 "극장들이 자체적인 분석을 통해 관객이 많이 들 것으로 판단해 620개라는 스크린을 할애한 것"이라며 "개봉 초기 좌석 점유율이 90퍼센트를 넘은 것은 이 영화를 보고 싶어 하는 관객이 그만큼 많았다는 증거"라고 반박했다.[16]

〈괴물〉은 개봉 38일 만인 2006년 9월 2일 〈왕의 남자〉가 기록한 관객 1,230만 명을 돌파해 한국 영화 최고 흥행 기록을 세웠다. 이 기록은 〈왕의 남자〉가 112일 걸린 걸 70여 일 앞당겼으며, 불과 5개월 만에 한국 영화 흥행사를 다시 쓴 것이다.[17]

1,000만 영화는 2007년과 2008년엔 나타나지 않아 약화되는 듯싶었는데, 2009년엔 〈해운대〉와 할리우드 영화 〈아바타〉가 기록을 세웠고, 다시 2010년과 2011년엔 잠잠하다가 2012년 〈도둑들〉과 〈광해, 왕이 된 남자〉가 각각 1,300만대, 1,200만대 관객의 기록을 세웠다. 2013년 들어서도 〈7번방의 선물〉이 개봉 32일 만인 2월 23일 한국 영화로는 8번째로 1,000만을 넘어섰는데,[18] '2006년의 악몽'이 되살아나는 건 아닌가 우려하는 사람들도 있다.

2006년, 전년도 12월에 개봉한 〈왕의 남자〉와 7월 개봉한 〈괴물〉이 차례로 1,000만 관객을 돌파했지만, 그해 연말 한국 영화 투자수익률은 마이너스 24.5퍼센트. 전년도의 흑자에서 급락했다. 수익률은 2007년, 2008년 연달아 마이너스 40퍼센트대까지 떨어졌다. 이에 대해 이후남은 "침체를 가져온 원인은 이른바 '거품'이었다. 영화가 잘

된다니 돈이 몰린 모양이다. 영화마다 제작비가 늘었고, 영화 편수는 더 가파르게 늘었다. 과잉 투자 탓에 설익은 기획, 안이한 기획이 영화화됐다"며 다음과 같이 말한다.

"최근의 상황은 그와는 다르다는 게 영화계의 분석이다. 지난해 장사가 잘된 건 1,000만 영화 두 편만이 아니다. 400만 명을 넘은 영화가 7편, 100만~400만 명대 영화가 23편이나 나왔다. 속칭 초대박, 대박, 중박이 고루 나왔다는 얘기다. 특히 투자수익률이 2006년 이래의 마이너스 행진에서 탈출해 플러스로 돌아섰다. 전체 관객 수는 전년보다 무려 20퍼센트 넘게 늘었다. 1인당 한국 영화 관람 횟수는 2006년의 2.0회를 정점으로 내내 이를 밑돌다 지난해 2.25회로 급반등했다. 최근 10년 새 최고 수준이다. 영화진흥위원회의 2012년도 보고서는 이렇게 결론짓는다. '한국 영화 산업의 위기는 끝났다.'" [19]

한국 영화 산업의 위기 여부와는 무관하게 앞으로도 1,000만 신드롬은 계속될 것이다. 한국 문화 특유의 쏠림 현상 때문이다. 1,000만 관객이라곤 하지만, 영화계 쪽에선 영화에 진짜 관심이 있어서 본 사람은 20퍼센트가 안 될 것으로 본다.[20] 비단 영화뿐만이 아니라 일단 어디가 음식을 잘한다고 소문나면 우르르 몰려가 줄을 서서라도 반드시 그 집 음식을 먹어야 직성이 풀리는 사람들이 바로 한국인이다.

이런 쏠림은 인구의 사회문화적 동질성, 과도한 도시화와 일극 집중체제로 인한 인구 밀집성, 남들의 언행을 중요하게 여기는 타인지향성의 산물이다.[21] 이런 조건은 여론을 획일화의 압력의 산물로 보는 침묵의 나선 이론the spiral of silence theory의 설명력을 높여준다. 우리는 어떤 의견과 행동 양식이 우세한가를 판단하여 그에 따라 의견을 세우고 행동하려는 경향이 있는데, 이는 대중문화 소비에서도 나타난다는 것이다. 한국이 각종 바람과 신드롬의 나라가 된 것도 바로 그런 이유 때문이다. 쏠림은 비단 영화뿐만 아니라 대중문화 전반에 걸쳐 나타나는 현상이므로 한국 대중문화 연구에서는 매우 중요하게 여길 필요가 있다.

작가주의가 프랑스 영화를 죽였나

2004년 9월 11일 영화감독 김기덕은 제61회 베니스 영화제에서 〈빈 집〉으로 감독상을 수상했다. 언론은 7개월 전인 2월에 〈사마리아〉로 베를린영화제 감독상을 수상한 데 이어 또 한 번의 세계적인 영예를 차지한 김기덕에 대해 찬사를 보내면서 일제히 '작가주의'라는 단어를 사용했다.

> 그 수상 순간은 그가 세계가 인정한 작가주의 감독으로 자리매김하는 순간이기도 하고, 누구도 부인할 수 없는 한국 영화의 놀라운 약진을 세계 영화계가 공인하는 순간이기도 했다. ●『문화일보』, 9월 13일

김 감독은 올 한 해 두 번이나 세계 3대 국제영화제(칸, 베를린, 베니

★〈피에타〉로 2012년 제69회 베니스 영화제에서 황금사자상을 수상한 한국의 대표적인 작가주의 감독인 김기덕 감독. 하지만 이런 세계적인 성과에도 불구하고 그의 작가주의 영화는 팝콘 영화에 밀려 관객의 외면을 받았다.

스)에서 감독상을 차지, '실력파 작가주의' 감독으로 이름을 남기게 됐다. ●『세계일보』, 9월 13일

김 감독은 베를린에 이어 베니스에서도 감독상을 거머쥠으로써 거칠고 파격적인 영상으로 관객을 불편하게 만드는 '엽기' 감독에서 뚜렷한 작품 세계를 갖춘 작가주의 감독으로 인정받게 됐다. ●『중앙일보』, 9월 13일

한국 영화의 미래에 더 큰 희망적 요소는 김 감독과 같은 작가주의 감독들의 두터운 저변이다. ●『한국일보』, 9월 14일

작가주의auterism/auteur theory란 영화의 배후에 존재하는 창조적 의식의 주역이 감독이라고 생각하는 영화 연구 방법을 의미한다. 즉, 영화감독을 '주제 의식' 또는 '스타일'의 작가로 보는 관점을 가리키는 것이다. 작가주의는 영화의 미적 가치를 억압하는 사회학적 연구(관객 조사 중심의 연구)의 한계를 넘어서게 하는 동시에 영화 비평의 위상을 문학 비평의 위상 또는 그 이상으로 끌어올리는 데에 기여했지만, 작가의 의도를 특권화하는 등 낭만적 개인주의를 부추기는 결과를 초래했다는 비판도 받고 있다.[22]

작가주의는 영화를 고급문화로 보는 시각이다. 고급문화는 창작자 지향성creator orientation을 갖고 있는 반면, 대중문화는 소비자 지향성user orientation을 갖고 있다. 작가주의는 창작자 지향성에 철저하기 때문에 연기자보다는 감독을 우위에 둘 뿐만 아니라, 때론 비평가를 감독보다 중요하게 보기도 한다. 비평가들이 영화의 고급문화적 요소, 즉 미학성을 평가하고 결정하기 때문이다.[23]

작가주의는 영화감독 프랑수아 트뤼포François Roland Truffaut, 1932~1984가 1954년 「프랑스 영화의 어떤 경향」이라는 글에서 처음 쓴 말로, 프랑스 문화의 산물이기도 하다. 작가주의 경향이 강한 프랑스 영화 산업은 할리우드의 공세에 속수무책으로 당한 채 신음하고 있다. 이와 같은 현실에 대해 프랑스의 영화감독 베르트랑 타베르니에Bertrand Tavernier는 다음과 같이 말했다.

"노 브레인no brain, 노 소울no soul의 거대한 영화들이 산업의 힘을 앞세워 세계 영화계를 정복하려는 게 문제인 것이다. 패스트푸드 영화

일원화에 맞선 다원주의를 회복하는 일이 필요하다. 미국 영화의 세계 지배욕은 독일 나치즘의 발상과 놀랄 만큼 유사하다."[24]

그러나 상업적인 경쟁력에 관한 한 프랑스 영화 부진의 상당 부분은 그 독특한 작가주의 철학에도 책임이 있다. 많은 나라에서 예술인들은 영화가 고급문화의 가치를 위협한다고 비난했지만, 프랑스에서는 정반대로 영화의 지위를 예술의 반열로 끌어올리려고 노력하는 일이 벌어지고 있다. 베냐민 바르코프Benjamin Barkow와 슈테판 차이데니츠Stefan Zeidenitz는 "프랑스인은 일상생활에서 예술적 형식을 만들어내고, 또 예술적 형식에 일상생활을 집어넣기도 한다. 프랑스 영화를 보면 인물이 겨우 대여섯 명 나오는 경우가 허다하다. 그들은 말없이 앉아서 지루하게 음식을 먹는다. 대개는 심심하고, 외롭고, 질투심에 사로잡혀 있고, 미친 사람이거나 정신이 나간 사람들이다"라며 다음과 같이 말한다.

"다른 나라 영화 제작자들은 이런 작품이 가치가 없다고 할지도 모르겠지만, 어쨌든 프랑스인들은 일상적인 것을 가지고 걸작을 만들어낸다. 프랑스 관객은 이런 영화를 보고 나서 레스토랑으로 몰려가서, 영화평을 하고 그 내용을 자기의 생활과 연관시켜 생각해본다. 영화의 해석을 두고 이론 논쟁을 하기도 한다. 프랑스인은 영화감독을 작가로 보는 관점을 발명했다. 영화감독은 자기가 본 세상을 영화에 옮겨놓기도 하지만, 영화에 대한 자기의 생각을 세상에 전하기도 한다는 것이다."[25]

영화 〈야망의 함정〉을 제작한 시드니 폴락Sydney Pollack, 1934~2008 감독

★ 영화관의 팝콘 스토어. 수익 면에서 보면 영화관은 거대한 팝콘 스토어에 불과하다.

은 1993년 프랑스 『파리 마치』와의 인터뷰에서 프랑스 작가주의의 핵심을 다음과 같이 재미있게 묘사했다. "나의 직업은 바로 남을 즐겁게 해주는 것이다. 바로 그것 때문에 나는 거액의 연출료를 받고 있고, 여러분은 팝콘을 먹으며 멋진 2시간을 보낼 수 있는 것이다. …… 항상 내가 유럽, 특히 프랑스에서 놀라는 것은 사람들이 내 작품들을 심각하게 분석하고, 또 있지도 않은 깊은 의도를 찾아내는 것이다."[26]

미국 영화는 팝콘을 먹으면서 즐기는 정도를 넘어서 영화 자체가 곧 팝콘이다. 이건 미국의 유명한 흥행 감독인 스티븐 스필버그Steven Spielberg의 표현이다. 스필버그는 흥행에 대성공을 거둔 1981년작 〈레이더스Raiders of the Lost Ark〉에 대해 이렇게 말했다. "〈레이더스〉는 팝콘이다. 팝콘은 아무리 먹어도 배가 부르지 않는다. 게다가 소화도 잘 되고 입 안에서 부드럽게 녹는다. 결국 〈레이더스〉는 그저 가벼운 마음으로 몇 번이나 반복해서 볼 수 있는 종류의 영화인 것이다." [27]

물론 이 말은 〈레이더스〉는 철저한 오락영화라는 뜻에서 한 말이긴 하지만, 바로 그런 팝콘 정신이 할리우드의 전반적인 제작 정신임을 어찌 부인할 수 있으랴. 재미있는 건 미국 영화관의 주 수입원 가운데 하나도 바로 팝콘 판매라는 사실이다.

미국 영화관의 매출액 가운데 입장료 수입은 전체의 60~70퍼센트에 지나지 않는다. 나머지는 팝콘이나 핫도그, 주스 등 식음료 판매 부문이 차지한다. 영화 구매 원가는 입장료의 반 이상이나 되지만 식음료의 원가는 매출액의 20퍼센트 정도에 불과해 이익의 폭이 크기 때문이다.

에드워드 시네마의 사장 짐 에드워드는 1996년 멀티플렉스 영화관 붐에 대해 "수익 면을 보면 우리는 거대한 팝콘 스토어를 만들어놓은 데 불과하다"고 말했다. 미국 영화관들이 관객이 밖에서 스낵을 사들고 들어오는 걸 극력하게 막는 것도 기업 사활이 걸린 문제이기 때문이다. 팝콘 판매 수익 비중이 커지자 미국에서는 옥수수 대농장을 소유한 사람이 영화협회의 실권자가 된다는 이야기까지 있을 정도다.[28]

한국도 다르지 않다. 2009년 국내 최대 극장 체인인 CGV가 밝힌 전체 매출액 가운데 영업이익 점유율을 보면 팝콘 판매 수익이 극장 전체 수익의 무려 47퍼센트를 차지하는 것으로 나타났다. 영화 예고

편을 광고하고 받는 수익이 33퍼센트고 정작 극장을 찾는 관객들로 인해 얻는 수익은 겨우 20퍼센트에 불과하다는 것이다.[29]

팝콘이 작가주의를 누른 셈이다. 작가주의 논의에서 한 가지 쟁점은 "과연 누가 작가인가" 하는 것이다. 물론 대부분 감독을 작가로 보나 영화에 따라선 시나리오 작가를 작가로 볼 수도 있다. 또 하나의 쟁점은 작가주의를 다른 매체에도 적용시킬 수 있는가 하는 것이다. 방송의 경우는 어떤가? 방송에선 영화에 비해 조직의 중요성이 훨씬 두드러지기 때문에 한계가 있다.[30]

김주환은 작가주의를 텔레비전에까지 적용할 수 있다고 보면서도 "텔레비전에서는 각 장르별로 어느 정도 서로 다른 개념의 작가주의가 필요하다"고 말했다. 양승혜는 작가주의를 방송 전반에 걸쳐 적용하면서 '자기만의 전문 영역 구축'과 '장인 정신'을 그 핵심으로 보았다.[31]

작가주의가 프랑스 영화를 죽였나? 물론 그렇다고 말할 수는 없다. 사실 문제는 영화의 정체성에 관한 것이다. 시장에서 팝콘 영화와 작가주의 영화의 경쟁은 가능하지 않다. 팝콘 영화가 압도적 우세를 보이기 때문이다. 그러나 팝콘 영화의 거장일지라도 작가주의적 평가에 목말라하는 것도 부인하기 어려운 사실인 만큼, 단지 그런 수준에서 팝콘 영화와 작가주의 영화의 공존이 가능하다고 말할 수 있겠다.

유튜브는 세상을 어떻게 바꾸고 있나

유튜브가 완전히 대중화된 오늘날엔 의아하게 들리겠지만, 유튜브가 창업한 2005년 2월 이전까지 사람들이 인터넷에 동영상을 게시하고 공유할 수 있는 채널이 없었다. 그렇다고 해서 유튜브의 창업자들이 그에 대한 확고한 문제의식을 갖고 사업을 시작한 건 아니었다. 유튜브 공동 창업자 가운데 한 명인 스티브 첸Steve Chen, 1978~은 "샌프란시스코의 한 파티에서 찍은 동영상을 참석자들과 공유할 방법이 없어서 동영상 사이트를 만들게 됐다는, 지금까지 알려진 스토리는 사실 홍보 차원에서 만들어낸 이야기입니다"라면서 다음과 같이 말한다.

"유튜브를 시작할 때 사실 동영상에 대해 아는 것이 거의 없었어요. 그냥 아이디어였을 뿐이었죠. 슈퍼볼 공연에서 재닛 잭슨의 가슴

노출 사고가 있었는데 그 영상을 찾기가 너무 어려웠어요. 이걸 우리가 대신 찾아주면 사람들이 얼마나 고마워할까, 그 정도 생각에서 출발했던 거죠. 페이팔(유튜브 창업 이전 몸담았던 온라인 결제 시스템 회사)에서도 마찬가지예요. 다들 온라인 결제가 뭔지도 잘 몰랐지만, 꼭 필요한 아이디어였고, 그래서 덤볐고, 그래서 해냈던 겁니다." [32]

회사 이름을 무엇이라고 할 것인가? 세 사람이 작명에 앞서 전제한 조건은 ①구글이나 페이스북처럼 듣기에 좋고 외우기도 쉽게끔 두 음절이어야 하며, ②알파벳 7자 이내여야 하며, ③두 음절에는 각각의 의미가 있어야 하며, ④하나는 소셜, 하나는 미디어의 의미를 담아야 한다는 것이었다. 하루 종일 고민하던 중 또 다른 공동 창업자 채드 헐리 Chad Hurley, 1977~의 입에서 '유튜브 YouTube'라는 단어가 튀어나왔고, 스티브 첸이 "좋아! 너무 멋져!"라고 맞장구를 치면서 유튜브라는 이름이 탄생했다. You는 모든 사람을, Tube는 텔레비전을 의미하는바, 유튜브는 모든 사람이 시청자이자 제작자라는 뜻이 되고 좀 더 구체적으로는 '당신의 동영상 플랫폼'이라는 뜻이었다. [33]

유튜브는 '당신 자신을 방송하세요!Broadcast Yourself!'라는 슬로건을 내세웠다.[34] 이와 관련, 첸은 이렇게 말한다. "당신은 미디어, 즉 YOUTUBE이다! 유튜브가 이렇게 세계적인 미디어 플랫폼의 하나로 자리 잡은 것은 사람들의 기본적인 욕구인 과시, 공유, 숭배, 재미를 충족시켰기 때문이고 또 그 특유의 개성 때문이었다. 뿐만 아니라 유튜브는 개인, 아니 모든 생물이 스타가 될 수 있는 환경을 만들어주었다."[35]

2006년 구글이 16억 5,000만 달러(1조 5,800억 원)에 유튜브를 인수한 후, 유튜브의 영향력은 더욱 커졌다. 그해 유튜브는 시사주간지 『타임』의 '올해의 최고 발명'으로 선정됐다. 『타임』은 유튜브가 ① 값싼 기기와 간단한 소프트웨어로 비디오를 촬영·편집할 수 있도록 한 것 ② 웹2.0의 혁명 ③ 톱다운 방식의 미디어 문화를 종식시킨 것 등 세 가지 혁명을 이끌어냈다고 분석했다.[36]

〈강남스타일〉의 세계적 성공은 싸이의 승리인 동시에 유튜브의 승리이기도 하다. 2011년 대중음악 평론가 강헌은 "워크맨 시대에는 가사와 멜로디가 위주인 제이팝이 떴지만 음악을 비주얼로 즐기는 유튜브 시대에는 케이팝이 대세"라고 했는데,[37] 그 말이 맞아떨어졌다. 싸이는 데뷔 이후 12년간 한 번도 미국에서 홍보 활동을 하지 않았지만, 오로지 동영상 하나만으로 미국은 물론 전 세계 구석구석까지 파고들었으니 말이다. 〈강남스타일〉은 2012년 7월에 첫 공개된 후 5,000만 건을 찍는 데 41일이 걸렸지만 1억 건까지는 11일, 1억 5,000만 건까지는 8일, 2억 건까지는 6일이 걸리는 등 가파른 속도로 조회 수가 올라갔으며, 공개 73일 만에 3억 건, 그리고 2013년 5월 16일 16억 건을 달성하는 기록을 세웠다. 총 220개가 넘는 국가에서 〈강남스타일〉 뮤직비디오를 보기 위해 유튜브에 접속했다고 하니, 이야말로 유튜브의 놀라운 승리가 아니고 무엇이랴.[38]

많은 미국인이 문자를 통한 지식보다 그림이나 비디오를 통한 것을 훨씬 쉽게 받아들여 자신들을 비주얼 퍼슨visual person이라고 이야기하는데, 이게 바로 유튜브의 탄탄한 권력 기반이다. 구글이 미국 검색시장의 80퍼센트 이상을 장악하고 있긴 하지만, 유튜브는 2008년

싸이의 〈강남스타일〉은 유튜브에서
2013년 5월 16일 현재 16억 건 이상의 조회 수를 기록했다.
〈강남스타일〉의 세계적인 성공은
싸이의 승리인 동시에 유튜브의 승리다.

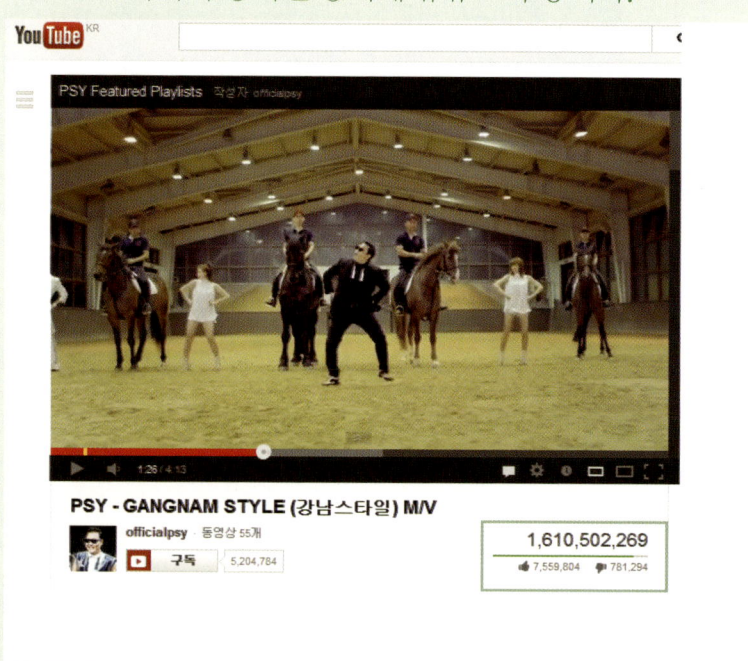

MSN Microsoft Network은 물론 제2의 검색엔진인 야후를 제치고 구글에 이어 사람들이 검색에 가장 많이 이용하는 검색엔진이 되었다. 2012년 9월 현재 하루에 20억이 넘는 뷰를 기록해 미국 방송 3사의 프라임타임 시청량의 두 배가 넘는 조회 수를 나타냈다. 유튜브는 등록되는 동영상의 양이 엄청나게 증가하면서 비디오 콘텐츠를 공유하기 위한 소셜미디어 플랫폼에서 나아가 이제는 하나의 검색엔진으로서의 성격을 동시에 지니게 된 것이다. 검색과 소셜미디어의 통합은 이제 거스를 수 없는 대세다.[39]

싸이의 활약과 관련해 쏟아져 나온 수많은 기사 가운데 가장 인상 깊은 것은 2012년 9월 26일자 『한국경제』 인터넷판의 「싸이 부친, 아들 덕에 두 달 만에 번 돈이 무려…」라는 기사였다. 이 기사는 "가수 싸이의 〈강남스타일〉이 문화적 가치로 1조 원에 이른다는 주장이 제기되면서 그의 예상 수익이 1,000억까지 치솟는 등 경제적 파급 효과에 대한 다양한 분석이 쏟아지고 있다"는 말로 시작하는데, 정작 주목을 끈 것은 이 기사에 달린 다음과 같은 댓글이었다.

"자, 다들 봤지? 국내에서 아무리 놀아봐야 성공하기 힘들어, 다들 외국어(꼭 영어란 소리 아니다.) 공부해서 다들 뻗어나가야 한국도 좋고, 자기도 좋고, 다 같이 좋다. 열심히 공부하고 나가서 벌자." 옳소! 유튜브 시대에 굳이 밖으로 나갈 필요가 있겠느냐는 반론도 가능하겠지만, 글로벌한 감각을 키우기 위해서라도 밖으로 많이 나가는 게 좋지 않을까?

유튜브는 앞으로 계속 승승장구할 수 있을까? 부정적으로 보는 시각도 있다. 구글에 인수된 후 구글에 합류했다가 "하는 일 없이 구글에서 많은 연봉을 받고 있다"는 이유를 내세워 2009년 말 구글에서 나온 첸은 유튜브의 한계를 넘어서는 작업을 시도하고 있다. 이른바 '진닷컴zeen.com' 프로젝트다. 그는 2012년 6월 "지금 유튜브에는 1분에 80시간 분량의 동영상이 올라옵니다. 매일 수년치의 콘텐츠가 올라오는 것이죠. 그 짧은 시간에 방대한 분량의 콘텐츠가 업로드됩니다. 그런데 한번 보세요. 먹고, 자고, 가족과 함께 보내는 시간을 빼면 우리가 책이나 신문, 온라인을 읽는 시간은 1시간이 채 안 됩니다"라면서 다음과 같이 말했다.

"문제는 분명해집니다. 그 짧은 시간에 어떻게 나에게 유익한 정보를 찾느냐는 것이죠. 이것을 검색박스 하나로 다 해결할 수 있을까요? 못합니다. 이게 바로 채드와 제가 유튜브를 떠날 때 해결하지 못하고, 남겨둔 숙제입니다. 나한테 딱 맞는 콘텐츠를 쉽게 찾아내기가 어렵다는 것, 그것이 바로 문제입니다."

2012년 8월 베타 서비스를 시작한 진닷컴은 큐레이션curation 방식 콘텐츠 공유 사이트인데, 큐레이션은 미술관·박물관 등에 전시되는 작품을 기획하고 설명해주는 큐레이터curator에서 파생한 신조어다. 큐레이션은 큐레이터처럼 인터넷에서 원하는 콘텐츠를 수집해 공유하고 가치를 부여해 다른 사람이 소비할 수 있도록 도와주는 서비스로, 개방성과 참여성 등을 이유로 위키피디아에 빗대 '위키미디어'라고도 부르기도 한다.[40]

첸의 새로운 시도는 성공할 수 있을까? 첸이 이젠 수억 달러를 가진 거부가 돼 아이디어를 실행할 자원까지 갖추었으니 성공할 가능성이 높다고 볼 수 있겠지만, 유튜브와는 달리 재미보다는 실용성에 무게를 둔 것 같아 '글쎄'라는 생각이 드는 것도 부인하기 어렵다. 사람들은 유익한 정보보다는 재미있는 동영상에 더 매력을 느끼는 게 아닐까? 늘 체제 선전에 굶주려 있는 북한이 선전 동영상을 유튜브에 올리는 데에 재미를 붙였을 정도로,[41] 이제 유튜브는 전 세계적 차원의 선전과 홍보를 위한 광장이 되어가고 있다.

7장 대중문화의 세계화

왜 미국 대중문화는 세계를 휩쓰나

미국 대중문화가 세계를 석권했다는 데에 이의를 제기할 사람은 없을 것이다. 특히 할리우드는 세계를 제패했다. 제3세계는 말할 것도 없고 대부분의 선진 자본주의 국가에서도 할리우드 영화가 판을 치고 있다. 물론 2012년을 기준으로 한국, 중국, 일본 등 자국 영화 점유율이 50퍼센트가 넘는 나라도 있고 다른 나라들에서도 미국 영화의 시장점유율이 점차 떨어지고 있기는 하지만, 예전 같지 않다는 것일 뿐 아직 '할리우드 패권의 종언'을 외치기는 이르다.

그런데 할리우드 영화의 산업적 경쟁력은 어디에서 오는 걸까? 먹고사는 것조차 힘겨워 하는 제3세계권 국가들도 미국의 대중문화 공세에서 자유롭지 못하거니와 일반 대중은 그걸 적극 반긴다. 그렇다

★야자 가로수 사이로 보이는 할리우드 입간판. 미국을 등에 업은 할리우드 영화는 세계를 제패했다.

면 미국의 대중문화가 그토록 뛰어난 경쟁력을 자랑하는 이유는 무엇일까? ①세계 제1의 국력에서 비롯된 규모의 경제 ②강력한 국가적 지원 ③각 부문 간 시너지 효과 ④미국 이민문화의 장점 ⑤대중문화의 자본화 심화로 인한 철두철미한 상업화 ⑥영어 제국주의 등을 들 수 있다.

첫째, 세계 제1의 국력에서 비롯된 규모의 경제economy of scale다. 규모의 경제란 생산·판매 등 경제활동을 할 때, 그 규모가 커짐에 따라 전보다도 성과도가 높아지며 평균 비용이 저하하는 것, 즉 규모에 따른 성과의 증가를 말한다. 규모의 경제에는 주로 생산 설비 등 물리적 기술적 요인에 입각한 공장 규모의 경제와, 관리나 판매 등 광범한 요인에 따른 기업 규모의 경제가 있다. 경제활동 전반에 걸쳐, 규모의 경제가 항상 존재한다는 뜻은 아니지만, 현실적으로 불완전 경쟁 시장을 떠받드는 참가 장벽으로서, 규모의 경제가 유력하게 작용한다는 것은 명백하다. 거대한 고정 설비를 필요로 하거나 다수 인원으로 된 조직을 형성하는 것도 규모의 경제라고 해석할 수 있다.[1]

미국의 경쟁자라 할 유럽이 제1, 2차 세계대전을 직접 겪은 반면 미국은 자국에서 전화戰禍를 전혀 겪지 않았다. 그런 역사적 행운에 힘입은 미국은 그 무엇보다도 우선 거대한 내수 시장을 지니고 있다. 양적으로 거대할 뿐만 아니라 질적으로도 거대하다. 1990년대 말 프랑스, 일본, 이탈리아, 독일의 국민 한 사람이 1년에 영화관에 가는 평균 횟수가 1회에서 2회인 반면 미국 국민이 영화관에 가는 회수는 약 5회였다.[2] 2011년 미국영화협회의 집계에 따르면 미국의 1인당 평균 관람 횟수는 5.8편으로 늘었다.

영화는 여느 공산품과는 다르다. 어떤 산업이든 그 성장 가능성은 시장 규모에 영향을 받기 마련이지만 거의 동일한 제조원가로 무한대에 가까운 재생산, 즉 무한 복제가 가능한 영화는 전체 산업적 차원에서 보자면 덩치 큰 시장을 갖고 있는 나라가 무조건 유리하다. 그만큼 영화 한 편당 쏟아부을 자금력이 커진다는 걸 의미하기 때문이다. 이 점에서 할리우드 영화는 압도적으로 유리하다. 성공이 성공을 낳는 순환이 형성되는 면도 있다.

규모의 경제를 중요하게 평가하는 시각에 대한 반론도 만만치 않다. 예컨대, 영화평론가 강한섭은 "대중문화 산업에서 '친숙함' 이라는 변수보다 더욱 결정적인 변수는 없다. 제작비의 엄청난 차이도 동원되는 테크놀로지의 수준 차이도 그리고 유통 구조의 장벽도 중요하지만 결정적인 변수는 아니다"라고 주장한다.[3] 개별 영화평론가나 제작자는 모쪼록 강한섭과 같은 패기와 자신감을 가져야 할 것이다. 다만 그의 주장은 한국 시장을 중심으로 보는 것이고 여기서 말하는 건 전체 세계 차원의 것임을 유념하면 되겠다.

둘째, 강력한 국가적 지원이다. 미국은 한국처럼 무슨 '특별법' 따위는 만들지 않았지만, 한국의 형식적인 지원보다 훨씬 강력하고 총체적인 지원을 대중문화 산업에 집중시켜왔다. 미국의 정책 결정자들은 미국의 대중문화가 그들의 세계 전략에 미치는 영향을 충분히 인식하고 있다는 뜻이다.

미국의 대중문화 산업에 대한 지원은 제2차 세계대전 직후 최고점에 이르렀지만,[4] 오늘날에도 각종 무역협상 등을 통해 미국 대중문화의 세계시장 진출을 도우려는 미국 정부의 노력은 계속되고 있다. 할리우드 스타들을 비롯하여 대중문화 산업 종사자들이 대통령 후보들에게 돈을 몰아주는 등 적극적인 정치 참여를 하는 것도 그런 효과를 높이는 데 일조한다.

셋째, 첫 번째와 두 번째 이유의 당연한 귀결이지만, 미국의 강력한 국력에서 비롯된 여러 시너지 효과를 들 수 있다. 예컨대, 미국의 군사, 외교적 영향력은 미국 영화 수출에 유리할 것이고 또 미국이 지배력을 행사하고 있는 국제기구들을 마케팅 도구로 이용할 수도 있을 것이고 미국의 화려한 물질문명 그 자체가 영화의 제작과 경쟁력에서 유리하게 작용한다고 볼 수 있지 않을까.

특히 미국의 군사적 패권은 그 자체로써 미국 대중문화를 전 세계에 전파하는 데 중요한 역할을 담당했다. 이는 주한 미군 방송인 AFKN이 한국의 텔레비전 문화는 말할 것도 없고 전반적인 한국 대중문화에 미친 영향을 생각해보면 분명해진다. 미국은 국방성 산하에 AFRTS American Forces Radio and Television Services를 설치해 전 세계적으로 100여 개의 군사 방송국을 운영하고 있다.

한국에서 1,000만 관객을 돌파한 영화 〈아바타〉에 사용된 3D 기술이 잘 말해주듯이, 미국 대중문화의 그런 시너지 효과는 거의 모든 영역에 걸친 산업과의 관계에서 실현되었다. 실리콘 밸리의 디지털 기술과 할리우드의 오락 콘텐츠를 결합하는 산업 융합 현상을 가리키는 실리우드 siliwood 현상이 그 좋은 예이며, 100여 개국 이상에 수출돼 20억 달러의 수입을 올린 SF영화 〈스타트렉〉도 세계에서 가장 발달된 미국 우주 산업의 덕택을 본 것이었다.

미 국방부와 할리우드의 유착 관계도 빼놓을 수 없다. 국방부는 군부에 대한 좋은 이미지를 심어주기 위해 전쟁 영화 제작에 최첨단 무기와 병력을 거의 무료로 지원해준다. 할리우드의 영화 제작자들이 국방부에 제작 지원을 요청하는 건수는 줄잡아 매년 200여 건인데, 국방부는 이 가운데 검열을 거쳐 약 3분의 1인 60~70여 편을 지원한다.[5]

미국 대중문화 산업 내부의 시너지 효과도 중요하다. 존 그리섬, 스

★ 소말리아 내전에 파견된 미군 부대에서 일어난 영웅적 실화를 다룬 영화 〈블랙호크 다운〉의 한 장면. 미 국방부는 군부에 대한 좋은 이미지를 심기 위해 전쟁 영화 제작에 최첨단 무기와 병력을 아낌없이 지원한다.

티븐 킹, 마이클 크라이튼, 톰 클랜시 등과 같은 베스트셀러 작가들의 성공 배후에는 할리우드 영화 산업이 있다. 영화사는 소설의 영화화를 염두에 두고 기획 단계부터 유명 작가 혹은 출판사를 지원한다. 마이클 크라이튼의 『쥐라기 공원』은 1,000만 부, 존 그리섬의 처녀작 『그래서 그들은 바다로 갔다 The Firm』은 700만 부가 팔렸는데, 이 정도 책이 나가면 걱정 없이 영화화할 수 있으며 실제로 큰 성공을 거두었다.[6]

넷째, 미국의 이민 문화다. 할리우드의 강점 가운데 하나는 바로 미국의 이민 사회적 특성에서 비롯되었다. 할리우드는 배우뿐만 아니라 지식인까지 외국에서 공급받는 특혜를 누렸던 것이다. 게다가 이민 사회는 미국 대중문화가 인종과 언어를 초월해 먹혀 들어갈 수 있는 일종의 시장성 테스트의 기회를 제공했다. 더 나아가 미국의 이민 문화는 미국 문화가 만국 공용적인 문화의 특성을 갖게끔 하는 데에 기여했다. 이는 단지 자본만으론 넘볼 수 없는 미국 대중문화 특유의 강점이 있다는 걸 말해주는 게 아닐까.

다섯째, 대중문화의 자본화 심화로 인한 철두철미한 상업화다. 은행 자본의 적극적인 참여는 시너지 효과 차원에서 볼 수도 있지만 그만큼 미국 영화가 자본 논리의 지배를 더 철저하게 받게 되었다는 걸 의미하는 것이기도 하다. 또한 실용주의적인 미국의 사회과학은 대중문화의 성장에도 크게 기여했다.

미국의 대중문화 상품 가운데 우연히 만들어지는 건 거의 없다. 미국의 국방부와 광고주들이 전쟁 프로파간다 및 상품 프로파간다를 수행하는 과정에서 번성한 미국의 대중매체 연구는 한마디로 '효과 연구'라고 해도 지나치지 않다. 어떤 메시지를 어떻게 전달해 그 수신자에게 얼마만큼 영향을 미칠 수 있는가? 이 질문에만 집착해온 미국 대중매체 연구의 성과는 대중문화 상품 전반의 마케팅에 직접적으로 활용되었다. 여기에 심리학과 인간공학 등까지 가세해 의식의 세계만을 다루는 것이 아니라 잠재의식에까지 파고드는 극성스러움을 보여 대중문화의 소비자들은 자신도 모르게 대중문화 상품에 빠져들게끔 유인되었던 것이다.

여섯째, 영어 제국주의˙다. 즉, 팍스 아메리카나 pax americana를 지속시키는 강력한 힘으로 등장한 영어의 힘이다. 2009년 기준으로 전 세계에서 4억 명이 영어를 모국어로 사용하며, 3억~5억 명은 제2 외국어로서 유창하게 구사하고, 7억 5,000만 명이 영어를 배우는 중이었다. 또한 전 세계의 영향력 있는 신문들은 대부분 영어판을 만들며, 세계 주요 과학 잡지의 90퍼센트 이상이 영어로 발간된다.

미 카네기평화연구소 연구원 알리 웨인Ali Wyne은 영어의 영향력이 커지는 원인으로 신분 상승upward mobility 욕구를 들었다. '슈퍼 파워' 미국을 대체할 국가로 꼽히는 중국에서조차 영어는 사람들이 중산층으로 진입하기 위한 수단이라는 것이다. 그는 중국에 3억 명, 인도에서 3억 5,000만 명 정도가 영어로 의사소통을 할 수 있으며, "앞으로 중국·일본·한국·아프리카·라틴아메리카에서 영어는 제2 외국어가 될 것"이라고 전망했다. 웨인은 "라틴어·프랑스어 시대에 이어 지금은 영어의 시대다. 영어의 영향력이 증가하는 한, 미국도 석양 속으로 사라지는 일은 없을 것"이라고 주장했다.[7] 한국의 미드(미국 드라마) 열풍이 그렇듯이, 많은 나라에서 미국 대중문화의 소비는 영어를 배우기 위한 수단으로 많이 활용되고 있다.

이상 지적한 6가지 이유로 미국은 세계 대중문화 시장을 휩쓸고 있다. 이런 현실에 대한 비판이 많이 쏟아져 나옴에도 미국 대중문화의 세계적 영향력은 건재하다. 그런데 미국 대중문화가 무작정 나쁘기만 한 걸까? 세계 각국의 대중이 미국 대중문화에 홀리는 이유도 무작정 나쁘게만 볼 수 있는 걸까? 우리도 '한류 수출'에 열광하는 걸 감안해야 하지 않을까? 아무래도 미국 대중문화를 무작정 비판하는 게 능사는 아닐 것이다. 미국 대중문화의 긍정적인 면은 열심히 배우고 부정적인 면은 반면교사의 교훈으로 삼는 지혜가 절실히 요청된다.

왜 대중문화는 청춘이 독재하는가

미국인은 새로운 것에 대한 집착이 매우 강해 'new'라는 단어를 즐겨 쓴다. 이는 계몽사상과 과학혁명에 영향을 받아 새로운 것을 찾으려는 지식 욕구에서 비롯된 것이기도 하지만, 미국의 탄생 자체가 새로운 것을 찾아 나선 여정의 결과였다는 점에 주목할 필요가 있다.[8]

새롭다는 건 젊다는 것이기도 하다. 그런 의미에서 미국은 '청춘 독재 공화국'이다. 건국이념이라고 해도 좋을 정도다. 오랜 역사를 자랑하는 유럽에서 넘어온 이주민들이 세운 신생 국가였기 때문이다. 1816년 토머스 제퍼슨Thomas Jefferson, 1743~1826은 다음과 같이 말했다. "늙은 유럽은 우리의 어깨에 기대야 할 것이다. 그리고 우스꽝스러운 사제와 왕들은 그물에 걸린 몸으로 절뚝거리며 우리를 쫓아와

야 할 것이다. 우리는 얼마나 거대한 존재colossus가 될 것인가."⁹

미국인은 오늘날에도 유럽을 '늙은 유럽old europe'이라고 비아냥대 길 좋아하는데, 이 말은 곧 미국은 영원한 청춘 국가라고 뻐기는 것이 기도 하다. 또한 미국이라고 하는 이민 사회에서 이민자들의 가장 큰 재산은 젊음이었으며, 나이를 먹었다는 것은 미덕이 아니라 오히려 악덕이기까지 했다. 건국 역사와 더불어 그런 이민 사회의 특성을 반영하고 있는 미국 대중문화의 한 가지 분명한 특성은 청춘에 대한 예찬이요 신앙이다. 미국 대중문화가 전 세계 시장에서 늘 10대를 '판매 촉진'의 전위대로 이용하고 있는 것도 결코 우연이 아니다.

1930년대 미국이 경기 회복을 노리던 때 광고 회사들은 "청춘이 바로 사업이다"는 슬로건을 내걸었다. 새로운 소비 주체를 형성해야 했고, 더 많은 소비를 촉진시켜야 했던 때 광고는 청춘의 재구성이라는 큰 프로젝트에 착수한 것이다. 이에 대해 원용진은 이렇게 말한다. "광고는 지속적으로 모습을 달리하는 청춘을 온갖 수사를 다해 창조해냈다. 소비로 한층 더 멋져진 청춘, 부모 세대와는 다른 빛나는 청춘, 놀아서 즐거운 청춘, 모험적이어서 진취적인 청춘, 에로틱한 몸을 가져서 더 탐나는 청춘 이런 식으로 말이다."¹⁰

틴에이저teenager라는 말도 소비사회가 본격적으로 정착되고 10대들이 소비 대중문화에 미치는 영향력이 커지기 시작한 1940년대에 미국에서 처음으로 만들어진 말이다.¹¹ 이전엔 그런 개념이 없었다. 이런 시장 논리는 대중문화에 그대로 반영되었고, 미국 대중문화가 세계 대중문화의 표준이 되었는바, 대중문화가 청춘 독재 공화국으로서의 성격을 지닌 것 또한 세계 표준이 되었다.

한국에서 인구학적으로 10대의 전성시대는 1990년대였다. 1992년 7월 현재 우리나라 인구 4,366만 명 가운데 10대는 807만 명으로 전체의 18.9퍼센트를 차지했다. 이는 860만 9,000명으로 전체 인구의 19.7퍼센트를 차지하는 20대 인구 다음으로 많았다. 20대에서도 20~24세가 448만 명으로 전체 인구를 5세 단위로 잘랐을 때 가장 많은 무리를 형성하고 있었다.

당시 이들은 대중문화를 지배하는 실세였는데, 최근 40대가 대중문화에서 막강한 영향력을 행사하고 있는 것은 바로 그때 대중문화의 세례를 듬뿍 받고 자란 세대들이 40대가 되었기 때문이다. 영화 예매 사이트 맥스무비의 집계 결과 2012년 전체 관객 가운데 40대 관객의 비율이 25.8퍼센트로 사상 처음으로 20대 관객(20.1퍼센트)을 앞섰다. 중·장년층의 취향에 맞는 텔레비전 프로그램들이 비교적 높은 시청률을 올리는 것도 바로 그런 이유 때문이다.[12]

그렇다면 오늘날의 10대와 20대는 어떤가? 고령화가 진행되면서 10대 인구는 2012년을 기준으로 644만 7,000명으로 전체 인구 5,094만 8,000명의 12.7퍼센트로 줄었으며, 20대도 662만 7,000명으로 13퍼센트 수준으로 감소했다. 1990년대보다 약화되긴 했지만, 대중문화에 가장 큰 영향력을 행사하는 연령대는 여전히 10대와 20대다.

영화와 텔레비전에서 이들의 파워가 약화된 것은 인구학적 변화도 있지만, 이들의 대중문화 소비 행태가 바뀐 탓도 크다. 30~40대는 영화 소비를 극장과 연관시키지만, 콘텐츠를 접하는 채널이 다양해진 10~20대는 케이블 채널이나 P2P 등을 통해 영화를 소비함으로써 발길이 극장으로만 이어지지는 않는다. 모바일·PC 등으로 텔레비전을 시청하는 N스크린에서는 젊은 층의 이용이 압도적이다. 2012년 7월 기준 CJ헬로비전의 N스크린 서비스 티빙은 20대 이용률이 43퍼센트로 가장 높았으며, 20~30대가 78퍼센트에 달했다.[13]

소비 행태에 세대 간 차이가 나지 않는 공연 예술의 경우엔 20대가 막강한 실세라는 것도 그 점을 잘 말해준다. 2012년 온라인 티켓 예매 사이트 인터파크의 공연 예매자 146만 명을 분석한 결과 20대는 무려 41.6퍼센트의 예매율로 2위에 오른 30대(24.5퍼센트)를 17.1퍼센트포인트의 격차로 따돌렸다. 이어 10대(17.4퍼센트), 40대(12.8퍼센트), 50대(3.3퍼센트), 60대 이상(0.5퍼센트)의 예매율을 보였다.[14]

10대와 20대는 브랜드에 민감하고 소비 성향이 높다. 게다가 10대는 부모들의 상품 선택에 큰 영향을 미친다. 미국에선 SUV나 미니밴 구입에 10대가 미치는 영향이 62퍼센트라는 조사 결과까지 나와 있다.[15] 이들의 막강한 구매력과 구매 영향력은 대중문화에 그대로 반영된다. 대중문화는 그 상품을 사줄 수 있는 돈을 가진 사람들의 취향을 맞추는 방향으로 형성된다는 뜻이다. 이들은 구매력과 구매 영향력만 있는 게 아니라 기성세대엔 없는 뜨거운 정열까지 있다. 이들의 정열은 대중문화 산업의 종사자들에게 무시할 수 없는 큰 힘으로 작용한다.

어디 그뿐인가. 디지털 기술의 단절성은 본질적으로 아날로그형 경험과 경륜을 조롱하게 된다. 스마트폰의 구사 능력이 사용자의 나이와 반비례한다는 사실이 그 점을 드라마틱하게 입증한다. 일상적 삶의 중요한 것들을 어른이 아이에게 배워야 하는 세상이 도래한 것이다. 그렇잖아도 특유의 '빨리빨리 문화'로 빠른 속도를 숭배해온 한국 사회에서 늙음은 사회 진보에 역행하는 악덕으로 여겨지고 있다.

그런 상황에서 기성세대는 세상의 흐름에 뒤떨어져서는 안 된다는 일종의 강박관념을 갖고 있거니와 10~20대 자녀들의 세계를 이해해야 한다는 필요 때문에라도 그들 역시 기꺼이 10~20대 위주의 대중문화에 호응한다. 그러나 10~20대는 기성세대의 세계를 알기 위해 애쓰지 않기에 대중문화에서의 리더십은 10~20대가 행사할 수밖에 없게 된다.

10~20대에 공을 들이는 광고 전략도 그들의 파워를 키운다. 기성세대의 습관은 참으로 고치기 어렵다. 그래서 광고는 늘 젊음을 예찬한다. 젊음은 신축적이며 개방적이다. 새로운 것에 관대하고 정열적인 젊음은 광고가 선전하고자 하는 이상이다. 광고는 젊음을 이용해 혁신을 전파한다. 즉, 광고는 청춘 예찬을 통해 성인들로 하여금 시대에 뒤떨어지고 있다는 불안감을 주입한 후, 젊은이들이 즐겨 쓰는 상품을 똑같이 소비하면 젊어질 수 있다고 끊임없이 암시한다.

그리하여 성인들은 새로운 시대에 무엇이 옳고 적절한가를 판단하기 위해 젊은이들을 준거집단으로 삼는 것도 마다하지 않는다. 1920년대의 한 역사가가 예견한 '아이들이 지배하는 체제 filiarchy'가 광고를 통해 일어나고 있는 것이다. 광고 속의 젊은이들은 어떠한가? 그들의 유치함은 청춘이라는 후광을 얻어 미화되고, 그것은 알게 모르게 프로그램에도 영향을 미친다. 한물 간 청춘을 그리워하는 기성세대도 대중문화를 통해 젊음을 보고 싶어 하지 늙음을 보고 싶어 하진 않는다. 노인들도 자신의 실제 연령보다 10~15세 더 젊다고 인식한다. 그래서 인지 연령cognitive age이라는 개념마저 나왔다.[16]

연예 기획 제작사들의 마케팅 전략에 따른 것이긴 하지만, 이른바 아이돌 스타가 양산되는 것도 바로 그런 청춘 예찬 문화에 근거하고 있다. 김은영은 "아이돌은 우상이고 아이들이다. '폭풍간지', '여신', '꿀벅지'로 추앙되고 공적 호칭인 성-이름 대신 사적 호칭인 이름만으로 불리기를 자청하는 어린 우상이다"라며 다음과 같이 말한다.

"성적 매력에 대한 찬양과 공개적인 성욕 추구의 금기시가 이율배반적으로 공존하는 사회에서, 아이돌은 합법적 매체인 텔레비전과 합법적 표현 수단인 팬덤을 통해 어리고 순수한 섹스 심벌로 찬양받는다. 예능도 마찬가지다. 예능은 어린 스타에게 텔레비전 밖의 고달픈 인간들을 위해 최첨단 유행과 순수의 신세계를 보여주십사고 간청한다. 아이돌 숭배, 곧 예능의 청춘 예찬은 지속적인 수요 창출을 위해 최신 트렌드를 추종하게 만드는 소비사회의 속성을 반영한다."[17]

아이돌에 열광하는 30~40대 이모·삼촌 팬이 크게 느는 것도 바로 그런 이유 때문이다. 2009년 12월 16일에 방영된 KBS 1TV 〈수요기획-소녀시대와 삼촌부대〉에 따르면, 100만 명의 회원을 거느린 소녀시대 팬클럽의 운영진은 모두 33세 이상 남성이다. 인터넷 커뮤니티 '소시당'은 회원 수의 약 40퍼센트가 30세 이상이다.[18]

그런데 왜 아저씨를 삼촌이라 부르는가? 아줌마가 그렇듯이 아저

★ 늘씬한 다리를 뽐내는 걸그룹들. 아이돌 스타들은 청춘 예찬 문화에 근거해 양산된다. 성적 매력에 대한 찬양과 공개적인 성욕 추구의 금기시가 공존하는 사회에서 아이돌은 합법적인 섹스 심벌로 찬양받는다.

씨의 어감도 별로 좋지 않다. 게다가 아저씨가 어린 소녀들을 좋아한다니 뭔가 좀 이상하다. 그래서 가족주의적 안전장치 효과를 내기 위해 삼촌이라는 말이 등장했다. 그 삼촌들을 따뜻한 시선으로 바라볼 수는 없는 걸까? 그럴 수 없다고 말한 논객들이 적지 않았다. 삼촌들의 정체를 놓고 온라인에선 뜨거운 논쟁이 벌어지기도 했다.

삼촌 팬은 경제 위기 이후에 피터팬 신드롬*에 빠져버린 우울한 시대적 초상이라고 진단하거나 어린 소녀 스타의 성적 이미지를 탐닉하는 준변태 또는 롤리타 콤플렉스lolita complex: 소녀에 대한 성적 집착에 빠진 아저씨 정도로 폄하하는 주장들이 논쟁에 불을 붙였다. 모욕당했다고 느낀 삼촌 팬들이 들고 일어나면서 차분한 논쟁은 이루어지지 않았지만, 삼촌 팬들의 건재함은 재확인됐다.[19]

그러나 대체적으로 보아 삼촌 팬들 중엔 이른바 '일코'가 많다. 일코는 주변의 눈총을 받을까 봐 일상생활에서 특정한 스타의 팬임을 적극적으로 드러내지 않는 팬들을 가리키는 말로, '일반인 코스프레'의 준말이다.[20] 걸그룹 애프터스쿨의 열혈 팬 이 모(32·회사원) 씨는 "걸그룹 팬이라고 하면 주변에서 농담 반 진담 반으로 '변태'라고 놀린다"며 "처음에는 그러려니 했지만 자꾸 듣다 보니 팬클럽 활동은커녕 팬이라고 밝히는 것을 나도 모르게 주저하게 됐다"고 말했다.[21]

삼촌 팬들이 걸그룹에 대해 '유사 연애 심리'를 갖고 있다고 해서 그걸 꼭 준변태 또는 롤리타 콤플렉스로 봐야 하는지는 의문이다. 그런 요소가 전혀 없다고 말할 순 없다 하더라도 그것은 잃어버린 청춘에 대한 향수 비슷한 건 아닐까? 그 누구에게든 청춘은 영원하지 않지만, 청춘 자원은 영원하다. 끊임없는 세대 순환이 이루어지는 가운데, 대중문화는 영원히 청춘 독재 공화국으로 머무를 것이다.

왜 한국은 키치의 제국인가

고속버스나 기차를 타고 가다 수시로 마주치는 러브호텔은 한결같이 유럽의 고풍스러운 성채를 닮아 있다. 피식 웃음이 나온다. 그 모습에서 자연스럽게 키치kitsch라는 단어를 떠올리게 된다. 키치란 무엇인가? 키치는 '예술의 서자庶子' 인가, 아니면 '예술의 저승사자' 인가? 김용희는 "키치는 이발소 벽면에 걸려 있는, 유명한 작품의 모작이기도 하고, 싸구려 사진이기도 하고, 아니면 아마추어의 어설픈 그림 같은 것이기도 하다"며 이렇게 말한다.

"키치를 역사적인 전개 과정에서 본다면, 부르주아 사회의 성장과 뿌리를 같이한다. '고급 예술 감상'에 대한 정규 교육을 받지 못한 신흥 계급은 경제적 성공을 성취하자, 취미에의 욕구가 생겨났던 것이

★ 러브호텔뿐만 아니라 예식장들도 유럽의 궁전을 닮아 있다. 싸구려 모조품 같은 느낌이 들지만 매우 빠르게 근대화를 이룩한 우리 사회의 많은 부분이 서구적 원형을 흉내 내는 데 바빴기 때문에 키치를 조롱하는 것은 누워서 침 뱉기일 수 있다.

다. 키치 현상의 본질은 무엇일까? 키치는 사회 안에서의 개인의 성공을 확인시켜주며, 누구나 물질적인 키치를 소유하고 있다는 자기 긍정성을 가져다준다. 이때의 소유물은 물질적으로뿐 아니라 정신적으로 쾌적감이다. 사람들은 쾌적감, 편안함, 안락함 속에서 상류계급을 흉내 낸 그럴듯한 의식성儀式性을 자축하는 것이다."[22]

요컨대, 키치는 엘리트 스타일을 값싸게 대량으로 모방해낸 제품을 의미하는 것으로 보면 되겠다. "너희들만 즐기냐? 너희들만 잘났냐? 어디 나도 좀 맛보자!"라는 생각의 표현으로 봐도 될 것 같다. 장 보드리야르Jean Baudrillard, 1929~2007가 "키치가 존재하기 위해서는 그것에 대한 수요가 있어야 되는데, 이 수요는 사회적 지위 이동에 따라 결정된다. 사회적 이동이 없는 사회에서는 키치는 존재하지 않는다"고 말한 것도 바로 그 점을 말해주는 걸로 볼 수 있다.[23]

그러나 속마음은 그럴망정 겉으론 그렇게 저항적이진 않다. 오히려 대단히 순응적이다. 키치는 모든 것에서 쾌락적 감각을 찾고자 하기 때문이다. 고급 예술에서 테이블보에 이르기까지 모든 것을 미학화하는 일종의 낙관론적 태도인 것이다.

1910년대에 이르러 국제적인 용어가 된 이 독일 말이 지금과 같은 의미로 사용되기 시작한 것은 1860년 무렵이었다. 어원에 대해서는 설이 분분하다. 영어의 sketch에서 유래한 것으로, 뮌헨의 예술가들이 이를 잘못 발음하여 멋대로 여행자들, 특히 영국계 미국인들이 기념품으로 사는 것에 적용하여 생긴 것이라는 주장도 있다. 뮌헨에 온 영국과 미국의 미술품 구매상들은 살 만한 그림이 없을 경우 싸구려 스케치화를 사들이길 좋아했는데, 이로 인해 키치는 미학적 안목이나 경험이 없는 사람들을 위한 통속적인 싸구려 예술품을 지칭하게 되었다는 것이다. 또 어떤 이들은 "값싸게 만들다"라는 뜻을 가진 페어키첸verkitschen, "거리에서 쓰레기를 수집하다, 낡은 것으로 새 가구를 만들다"라는 뜻을 가진 키첸kitschen 등에서 그 기원을 찾기도 한다. "윤리적으로 부정함", "진품이 아님"이라는 의미가 내포되어 있었다

는 것이다.²⁴

그러나 키치는 왕성한 생명력을 자랑하며 문학, 가구, 장식품, 음악 등 수많은 분야에까지 침투해 들어갔다. 키치 현상에서 본질적으로 중요한 역할을 맡고 있는 것이 색채인데, 키치가 선호하는 색채 테크닉은 순수하게 보색 관계에 놓여 있는 색들의 대비, 흰색의 가감에 의한 색조의 변화, 특히 빨강색에서 보라색, 자주색, 연분홍색으로 이어지는 색조, 또는 무지개 스펙트럼 등이다.²⁵

키치가 소재를 원 상태 그대로 사용하는 경우는 거의 없다. 나무에는 대리석 모양의 색감이 칠해지고 플라스틱 표면에는 겉표지가 덧붙여지고, 아연은 청동처럼 가공 및 세공되며 그 청동은 금처럼 세공된다. 요컨대, 다양한 방법의 변장과 눈속임이 가세하는 것이다.²⁶

사물 또는 기술 생산품을 있는 그대로 받아들일 것을 주장하는 기능주의는 '안티 키치'인 셈이다. 기능주의는 사용가치가 없는 것, 불필요한 사물들의 만연에 대한 반동으로 생겨나 의식적으로 장식을 배제하고자 하는 금욕주의적 엄격성을 주장하기 때문이다.²⁷

키치에 대한 비판은 무수히 많다. 테오도어 아도르노[Theodor W. Adorno, 1903~1969]는 키치를 "예술과 혼합된 유해 물질"이라고 했고, 아르놀트 하우저[Arnold Hauser, 1892~1978]는 "키치가 내세우는 요구들이 아무리 고상한 것일 수 있다고 할지라도 키치는 사이비 예술인 것이며, 달콤하고 싸구려 형식을 갖춘 예술이고, 위조되고 기만적인 현실 묘사에 불과한 것"이라고 말한다.²⁸

움베르토 에코[Umberto Eco]는 "키치는 오히려 미학적 체험이라는 외

투를 걸친 채 예술이라도 되는 양 야바위 치면서 전혀 이질적인 체험을 슬쩍 끼워 넣음으로써 감각을 자극하려는 목표를 정당화하려고 하는 작품"이라고 정의 내린다. 에코는 '감동의 사전 조작과 주입'에 주목하면서 "쉽게 소화할 수 있는 예술의 대용품인 키치는 어렵게 이해하려고 애쓰기보다는 별로 힘들이지 않고 미의 가치 체계를 즐길 수 있기를 바라는 게으른 청중에게는 이상적인 음식이다"라고 말한다.[29]

이동연은 디지털 시대의 키치에 주목한다. 이미지와 무한한 합성, 변종이 가능한 디지털 문화 환경에서 키치는 상상한 모든 것이 현실화되는 가상 이미지의 최종 정착지가 되기 때문에 풍자적이고 비판적이면서도 색다르고 엽기적인 기호들이 키치의 형식으로 나타난다는 것이다. 그래서 키치는 혐오스러운 미학이나 소비 형식이 아니라 이제는 대중에게 친숙하고 일상적인 것으로 다시 태어나게 됐다는 것이다.[30]

이렇듯 키치의 생명력은 끈질기다. 그건 도처에 편재해 있다. 그래서 헤르만 브로흐 Hermann Broch, 1886~1951는 키치에 대해 독설을 퍼부으면서도, 끊임없이 '최소한 한 방울'이라도 키치가 들어 있지 않은 예술 작품이 있을까 하는 의구심을 표시한다. 브로흐는 급기야 '키치 인간'이라는 개념까지 생각해낸다. 키치 인간이란 실제 삶에서 대상의 본래적 가치 이외에 다른 덧붙여진 가치들을 소비하려는 존재를 가리킨다. 달리 말하자면, 키치가 아닌 작품들 또는 상황들조차 키치로 경험하려 하는 사람이다.[31]

"모든 예술에는 키치의 흔적이 담겨 있다"는 말이 있는데, 이는 모든 예술은 최소한의 인습주의적 성격과 무원칙적인 요소를 갖고 있으며, 이 점에 관한 한 어떤 위대한 예술가도 예외가 없다는 걸 의미하는 것이다.[32]

오창섭은 "오늘날 키치로부터 자유로울 사람은 없다. 우리는 일정 부분 키치적으로 말하고, 키치적으로 입고, 키치적으로 소비하는 키치맨들이다"라고 말한다. 그는 지금껏 키치는 대중문화와 마찬가지로 고급문화와 상대되는 저급하고 불순한 그 무엇으로 정의되어온 게 사실이지만, 이러한 시각은 반성을 필요로 한다고 주장한다. 대중문화와 고급문화의 구분 자체가 특정 이데올로기에 의해서 이루어진 것이라면, 키치에 대한 부정적 판단 또한 이데올로기적인 것일 수 있기 때문이라는 것이다.[33]

한국 사회에서 키치를 조롱하거나 경멸하는 건 누워서 침 뱉기일 수 있다. 매우 빠른 시간 내에 근대화 또는 서구화를 이룩한 우리 사회의 많은 부문이 서구적 원형을 흉내 냈다는 사실만으로도 키치의 굴레에서 벗어날 수 없기 때문이다. 그런 점에서 키치는 한국인에게 숙명이며 한국은 '키치의 제국'이다. 일부 한국인의 과도한 자기 비하는 바로 이런 사실에서 비롯되는데, 이는 부끄럽게 생각할 것이 아니라 오히려 자랑스럽게 생각해도 좋을 게 아닐까? 이른바 융합에 의한 새로운 창조를 많이 했다는 점에서 말이다. 키치의 제국에 대해 떳떳하게 생각하는 것은 촌놈의 자존심이지만, 그건 허세라기보다는 새롭고 역동적인 재창조의 원동력이다. 대한민국이 지금 그 길을 걷고 있다.

한류를 만든 10대 요인은 무엇인가

"2012년 말 한류미래전략연구포럼은 한류의 경제 효과가 5조 6,170억 원(2011년), 한류의 자산가치가 94조 7,900억 원(2012년 6월)에 달했다고 발표했다. 약 95조 원인 한류의 자산 가치는 국내 대표기업 삼성전자의 자산 가치인 177조 원의 절반이 넘고, 현대차(51조 원)와 포스코(32조 원)를 합친 것보다 11조 원 이상 높다. 특히 이는 지난해 7월〈강남스타일〉이 나오기 전 계산이라 '싸이 효과'까지 반영하면 2012년 한류 경제 효과는 12조 원에 달할 것이라는 관측도 있다."[34]

2013년 1월 2일자 『중앙일보』 특별취재팀이 "문화적 상상력이 밥이다"라는 제목의 기사에서 한 말이다. 문화를 경제적 가치로만 따진다고 마땅치 않게 생각할 사람들도 있겠지만, 중국 언론이 1997년 처

★ 영국의 케이팝 서포터들이 영국의 상징인 이층 버스를 배경으로 포즈를 취하고 있다. 중국 언론이 1997년 한류라는 말을 쓰기 시작한 이래로 한류는 경이적으로 성장해왔다.

음 '한류韓流'라는 말을 쓰기 시작한 이래로 약 15년에 걸친 한류의 성장이 경이적이라는 데에는 모두가 동의할 것이다.

한류는 대중문화 종사자뿐만 아니라 학자들도 바쁘게 만들었다. 2009년까지 총 250여 편의 학술 논문이 발표될 정도로 학자들은 한류에 깊은 관심을 보였다.[35] 한류를 둘러싸고 지난 10여 년간 이루어진 토론과 논쟁은 꽤 복잡한 것처럼 보이지만, 크게 보자면 거시적 시각, 중시적 시각, 미시적 시각 등 세 가지로 구분할 수 있다. 그간 나온 모든 주장과 분석을 종합하면, 한류를 만든 요인을 10가지로 정리할 수 있겠다.

첫째, 근대화 중간 단계의 이점이다. 세계 체제 차원의 거시적인 분석과 평가를 시도한 백원담은 "한류란 우리가 식민지, 분단, 파행적 자본의 세월을 견뎌 주변부에서 반주변부로 가까스로 수직이동, 중심부의 배제와 착취의 논리를 피눈물로 익히며 자본의 세계화라는 각축 속에서 겨우 따낸 상가입주권, 세계문화시장이라는 쇼핑몰에 어렵사리 연 작은 점포, 혹은 방금 찍은 명함 한 장과 다름없는 것을 알 수 있다"고 했다.36 백원담은 이런 논리의 연장선상에서 다음과 같이 말한다.

"일본에서의 한류는 세련된 향수(노스탤지어)의 소비다. 홍콩과 대만을 제외한 중국과 동남아시아에서의 한류는 가까운 미래에 대한 선험先驗이다. 개발도상국에 있어서 한국과 한류는 미국이나 일본처럼 요원한 미래가 아니라 손에 잡힐 듯 다가갈 수 있고 이룰 수 있는 희망으로 부유한다. 그러나 일본에서의 한류는 문화적 주변으로 밀려난 사람들이 일본 사회라는 폐쇄회로 속에서 뒤돌아보고 싶은 과거의 재현 욕망을 충족하는 기제다."37

상당 부분 동의할 수 있지만, 세계 체제에서 한국과 같은 위치에 처한 나라들이 모두 대중문화 수출에 성공한 건 아니므로, 이런 거시적 시각은 한국 내부의 다른 점도 살펴보는 중시·미시적 시각에 의해 보완될 필요가 있다.

둘째, 한국인의 잠재된 거시 문화적 역량이다. 시인 김지하는 한류는 "결코 일회적인 것도 아니고 '이제 엔간히 해둬야 한다'는 따위 비판을 가할 수 있는 들뜬 유행도 아닌 것"이라며 "한반도가 사상과 문화에서 참으로 제 목소리를 내기 시작"하는 것으로 보았다.38 그는 다음과 같이 말한다. "오늘 제가 류승범 주연의 〈주먹이 운다〉를 보면서 다섯 번이나 울었습니다. 한이 많은 우리 민족이 흥을 발휘할 때 그것이 한류를 일으킨다고 봐요. 인간 깊숙이 자리한 한을 흥으로 끌어올려 눈물을 나게 하는 우리의 문화적 역량, 바로 이 점이 한류로서 일본의 시민사회에게 호소할 수 있는 역량이라고 봐요."[39]

이어령도 비슷한 의견이다. 그는 "『삼국지』「위지 동이전」에 나타난 것처럼 우리 민족은 '가무에 능하다'는 점입니다. 남을 억압해 죽이거나 돈을 빼앗아 부자가 되는 민족이 아니라, 춤을 춰서 남을 기쁘게 하는 민족입니다. 노는 데는 확실히 끼가 있는 것이 우리 민족입니다. 이런 신과 흥, 사람들을 사로잡는 매력, 사람을 끌어당기는 힘을 활용해야죠"라면서 다음과 같이 말한다.

"국가가 정책으로 나서야 천재적 상상력을 문화와 예술 쪽으로 활용할 수 있습니다. 일하지 않고 게으름을 피우는 사람들도 사회가 흡수해야 문화를 일굴 수 있습니다. 이 사람은 베짱이, 저 사람은 개미라고 나누지 말아야 합니다. 대신 개미와 베짱이가 공존하는 사회를 만드는 데 주력해야죠. 한류라는 블루오션을 만들어낸 우리 사회에 필요한 것은 베짱이와 개미가 합쳐진 '개짱이'의 정신입니다. 당연히 이런 개짱이들을 한류 문명이 흡수해야죠."[40]

『한류의 비밀』이란 책은 한류의 주요한 성공 원인을 무엇으로 꼽든 간에 한류에 대해 한마디씩 던질 수 있는 위치에 있는 사람들은 모두 "한국 사람들이 좀 다르잖아요"라는 말을 은연중에 꺼냈다고 말했다. "다시 말해 이 예기치 못한 성공에는 우리도 미처 몰랐던 한국인 특유의 기질, 이른바 '한류 DNA'가 작용했다는 것이다. 전문가들의 말을 모아보면 이야기를 좋아하고, 남의 일에 사사건건 참견하며, 빨리빨리를 외치는 성질 급한 한국인의 민족성이 소프트 산업이 화두로 떠오른 21세기에 단점 아닌 장점으로 통했다는 것이다."⁴¹

셋째, 한국인의 감정 발산 기질이다. 한·중·일은 비슷한 문화에 속한 것 같지만, 감정 발산에선 크게 다르다. 장례식장에서 대성통곡하는 문화는 한국이 유일하다.⁴²

정해승은 "놀기를 즐기는 것으로만 친다면야, 남미나 남부 유럽 등 우리보다 몇 배 선수인 나라들도 많다"며 이렇게 말한다. "외국인, 특히 서양 사람들은 절규하듯 땅을 치며 통곡하는 모습을 잘 이해하지 못한다. …… 혹자는 그 이유를 한국인 특유의 '한恨' 문화에서 찾지만, 내 생각은 좀 다르다. 필자는 그것을 자신의 감정을 그대로 발산하는 한국인 특유의 기질 때문이라고 생각한다. …… 한국의 노래방 문화는 '발산의 문화'를 대표적으로 보여주는 모습이다."⁴³

그런 발산의 문화가 대중문화 발전에 유리하다는 건 두말할 나위 없다. 정희진은 "감정e/motion의 라틴어 어원은 자기로부터 떠나는 것, 나가는 것moving out of oneself 즉, 여행이다"라며 "근대의 발명품인 이성理性이 정적이고 따라서 위계적인 것이라면, 감정은 움직이는 것이고 세상과 대화하는 것이다"라고 말한다.⁴⁴ 그런 '대화'가 때론 거칠고 시끄럽기도 하지만, 대중문화라는 마당을 통해 표출될 때에는 뛰어난 경쟁력을 갖게 되는 게 아닐까?

넷째, 키치의 제국으로서의 혼성화 또는 융합 능력이다. 한류의 성공은 키치의 제국의 빛과 그늘 중 빛에 해당하는 것으로 볼 수 있다. 한류는 문화의 혼성화cultural hybridity가 성공한 대표적 사례라고 하는 점에서 말이다. 류웅재가 잘 지적했듯이, "한류는 온전히 한국적인 콘텐츠로만 채워진 것은 아니며, 지역과 수용자의 취향에 맞게 글로벌하고 동시에 지역적인, 즉 글로컬glocal한 요소를 배합하고 뒤섞은 이종교배hybridization, 음식으로 비유하자면 짬뽕 혹은 가든 샐러드적인 요소를 가지고 있기에 가능한 것이었음을 이해해야 한다."[45]

2011년 〈나는 가수다〉의 포맷이 미국에 100만 달러에 팔리는 등 한국의 방송 포맷 수출이 점점 늘고 있다. 이와 관련, MBC 예능 PD 권석은 이렇게 말한다. "후생가외後生可畏랄까. 이제 우리도 포맷 수출국이 됐다. 우리가 숨어서 베끼기에 바빴던 방송 선진국 미국과 일본이 우리 것을 사서 프로그램을 만든다. 포맷은 단순히 프로그램의 형식만을 의미하지 않는다. 그 안에는 한국의 문화와 역사 그리고 가치관이 녹아 있다."[46] 이게 바로 혼성화 또는 융합 능력의 힘이다.

다섯째, 내부 시장의 한계로 인한 해외 진출 욕구다. 신현준은 한류의 태동이 1997년 말에 한국을 강타한 이른바 IMF 환란 직후라는 것은 우연이 아니라고 주장한다. 경제 위기로 구조적 침체에 빠진 한국 음악 산업은 디지털화와 아시아화라는 전략을 취함으로써 한류를 생존의 자구책으로 삼았다는 것이다.[47]

특히 음악 시장은 'IMF 환란'에 이어 디지털화로 인해 고사 위기에 빠졌다는 점도 간과할 수 없다. 드라마 등 다른 대중문화 장르도 한국 시장의 협소함으로 규모의 경제를 실현할 수 없다는 판단, 그리고 한국 경제의 높은 해외 의존도로 인해 여전히 한국인을 사로잡고 있는 "수출만이 살 길"이라고 하는 멘털리티도 한류의 성장에 큰 역할을 했다고 볼 수 있다.

여섯째, 한국인의 강한 성취 욕구다. 김현미는 한류 현상을 아시아 지역의 '욕망의 동시성'이란 개념으로 분석했다. 한류는 한국 대중문화의 질적인 우수성이나 문화적 고유성 때문에 생겨난 것이라기보다는 급격한 산업자본주의적 발전을 겪은 아시아 사회 내부의 다양한 갈등들—성별 정체성이나 세대 간 의사소통의 불능성 등—을 가장 세속적인 자본주의적 물적 욕망으로 포장해내는 한국 대중문화의 능력 덕분에 생긴 것이라고 해석한 것이다.[48]

'가장 세속적인 자본주의적 물적 욕망'은 결코 아름답지는 아니지만, 한국의 파란만장한 역사를 생각한다면 결코 흉볼 것은 아니다. 많은 한국인이 "배고픈 건 참아도, 배 아픈 건 못 참는다"는 삶의 철학으로 생존 경쟁에 임하고 있다는 말도 나오는데,[49] 『경향신문』은 그런 사고는 6·25전쟁의 잿더미에서 한강의 기적을 일궈낸 원동력으로 조명할 필요도 있다며 다음과 같이 말한다.

"남처럼 잘살고 잘 먹겠다는 의지만큼 강력한 성취 동기는 없다. 여기에는 개인이나 기업이 따로 없다. 누구나 출세하기 위해, 더 잘 먹고 잘살기 위해, 권력을 쥐기 위해 전력투구한다. 목적 지상주의가 후유증을 남기기도 했지만 무엇이든 달성하고자 하는 욕구가 삶의 질을 급신장시킨 사실을 부인할 수 없다. 한국이 세계 10위권 경제대국으로 선진국 진입을 바라보게 된 배경에는 '너도 하면 나도 하겠다'는 평등 의식이 깔려 있는 것이다."[50]

일곱째, 강한 성취 욕구로 인한 치열한 경쟁이다. 학부모와 자녀가 동시에 참전하는 입시 전쟁이 잘 보여주듯, 치열한 경쟁은 대중의 일상적 삶까지 장악했다. 그러니 대중문화 분야의 경쟁 역시 치열했다는 건 두말할 나위가 없다. 이동연은 "공중파의 막강한 자본 능력이 경쟁력을 뒷받침하고 있고, SBS의 개국 이후 시청률 경쟁이 치열해져 한국 드라마의 수준이 높아졌다"고 진단한다.[51]

사실 한류 이전 한국 신문들은 수시로 지상파 독과점의 문제와 과도한 오락 중심주의를 지적하면서 드라마 망국론을 제기하곤 했는데, 한류는 오히려 그 덕을 보았던 셈이다. 대중가요를 비롯한 다른 대중문화 장르들도 치열한 경쟁으로 인해 늘 사회적 비판에 직면하곤 했지만, 바로 그런 경쟁이 한국 대중문화의 수준을 높여준 것도 분명한 사실이다.

여덟째, 인적 자원의 우수성이다. 한류 기업가와 연예인 모두 치열한 경쟁을 뚫고 그 자리에 선 사람들임을 잊어선 안 된다. 타고난 우수성도 있다. 외국 한류 팬들이 한결같이 감탄하며 지적하는 건 한국 연예인들의 뛰어난 외모 자본이다.

『매일경제』와 한국문화산업교류재단이 2012년 2월 세계 9개국(중국, 일본, 대만, 태국, 미국, 영국, 브라질, 러시아, 프랑스) 3,600명을 설문조사한 결과, 한류의 인기 비결을 묻는 질문에 '매력적인 외모'라고 답한 응답자가 2,032명으로 가장 많았다. 이어 '새롭고 독특하다'(2,029명), '우수한 품질'(1,691명), '뛰어난 퍼포먼스'(1,661명), '세련되고 고급스럽다'(1,545명) 순으로 나타났다.[52]

전반적으로 한국인의 외모가 뛰어나다는 설도 제기되었다. SM엔터테인먼트 대표 김경욱은 "베이징과 도쿄보다 서울 거리에서 잘생긴 사람을 발견하기가 더 쉽다"고 했고, 일본 문화 전문가 김지룡도 "일본에서 성공한 연예인은 꼭 한국계라는 소문이 돈다. 실제 한국계인 스타가 많은 것도 사실이다. 재일동포들이 주류 사회에 편입하기 어렵기 때문이기도 하지만, 한국인의 외모가 상대적으로 뛰어나기 때문이기도 하다"고 진단했다.[53]

아홉째, 군사주의적 스파르타 훈련이다. 군사주의는 일방적 비난의 대상이 되고 있지만, 여기서 군사주의는 기존의 부정적 의미를 탈피해 '목표 달성을 강력한 일극 리더십 체제에서 군사작전식으로 일사불란하게 달성하는 걸 최우선 가치로 여기는 이념'이라는 가치중립적 개념으로 쓰고자 한다. 앞서 보았듯이, 한국 아이돌 가수들의 스파르타 훈련은 다른 나라에선 감히 넘볼 수 없을 정도로 강도가 세다. 인권 문제가 제기되고 있긴 하지만, 그 모델은 태릉선수촌 개념의 연장선상에 있으며, 이는 적어도 금메달을 사랑하는 국민들의 암묵적 지지를 받고 있는 것도 분명한 사실이다.

열째, IT 강국의 시너지 효과다. 김상배는 한류의 성공은 "문화와 IT가 복합된 CT(culture technolgy: 문화기술) 분야에서 한국이 보유한 지식 역량이 바탕이 됐다"고 본다. 그는 한류를 디지털 현상으로 이해해야 하는 더 근본적인 이유를 소비자 측면의 변화에서 찾으면서 "실제로 한류 열풍의 이면에는 인터넷상에서 동아시아 신세대들을 중심으로 활발히 이뤄지는 디지털 문화 콘텐츠의 교류가 있고, 이를 매개로 한 지식의 공개와 공유 관념이 존재한다"고 지적한다. 말하자면 한류의 성공 요인을 바로 한국이 선두에 선 온라인 게임 등 사이버 문화가 막 생성기에 접어든 동아시아 청소년 디지털 코드와 맞아떨어졌다는 데서 찾은 것이다.[54]

연예 매니지먼트 기획사들이 홍보를 위해 공격적으로 IT 기술을 최대한 활용했다는 점도 간과할 수 없다. SM엔터테인먼트를 필두로 하여 기획사들은 유튜브, 페이스북, 트위터 등을 최대한 활용하여 해외 팬을 창출하고 관리하는 데에 공격적일 정도로 적극적인 면모를 보였다. 2011년 유튜브는 음악 카테고리에 케이팝을 추가했는데, 이 카테고리에 특정 국가의 음악이 자리 잡은 것은 상당히 예외적인 일이었다. 그래서 폐쇄적인 이슬람 국가인 사우디아라비에서도 소녀시대의 화려한 무대를 즐길 수 있게 되었다.[55] 마찬가지로 케이팝의 성장 가능성을 높이 산 미국 빌보드가 2011년 8월부터 케이팝 차트를 만들었다. 아시아 국가의 음악이 빌보드에서 별도 차트로 만들어진 것은 일본에 이은 두 번째였다.

일본 우익은 한류를 한국 정부의 강력한 지원에 따른 것이라는 음모론을 내세우지만,[56] 그건 한국 정부를 과대평가한 난센스로 보는 게 옳겠다. 물론 정부의 지원이 전혀 없었던 건 아니지만, 한류의 주역들은 한결같이 이렇다 할 도움을 받지 못했다고 말한다. 심두보는 "한류는 품질이 높아진 한국 문화 상품에 대해 국제시장이 호의적으로 반응한 데 따른 것인데도 정부의 정책적인 육성을 공개리에 강조함에 따라 외국의 반발을 키워온 측면이 있다"며 정부 지원 방식에

케이팝의 성장 가능성을 높이 산 빌보드가 케이팝 차트를 개재하기 시작했다. 아시아 국가의 음악이 빌보드에서 별도의 차트로 만들어진 것은 일본에 이은 두 번째다.

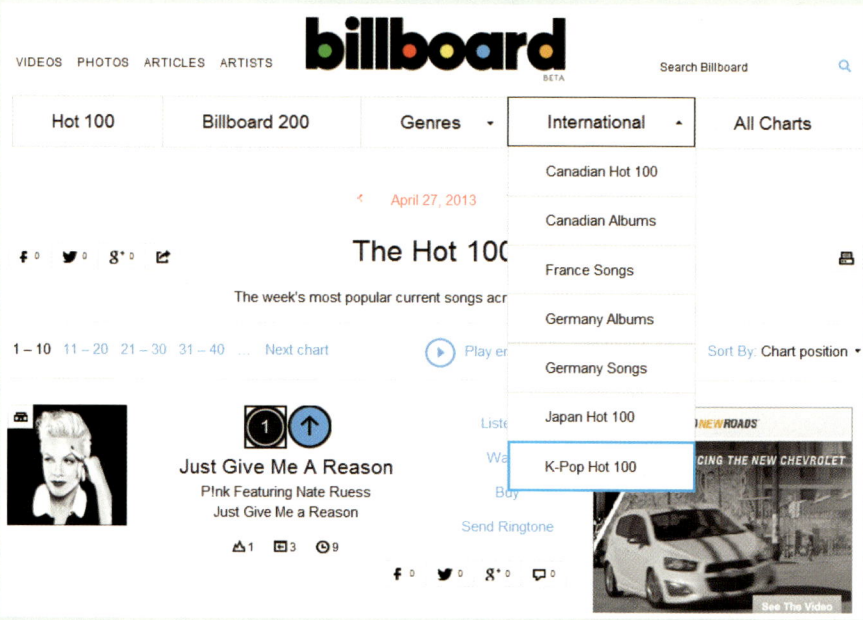

대한 재검토를 주문한 바 있다. 그는 또 "'민족'과 '우리' 중심으로만 한류를 볼 것이 아니라 다른 문화를 포용하고 어울리는 유연함이 중요하다"며 "한류를 위해서도 문화적 다양성에 대한 교육이 필요하다"고 했다.[57]

그렇다. 한류의 장기화를 위해서도 다양성은 매우 중요하다. 세계 문화 전쟁의 현실이 안타깝기는 하지만,[58] 전체의 판도를 바꿀 힘이 없는 한국으로선 일단 이기고 봐야 한다는 데에 누가 돌을 던질 수 있으랴. 다만 돌을 던지는 사람들도 한국의 품격, 즉 국격을 위해 기여하고자 하는 소중한 사람들이라는 걸 명심하면서 세계 문화 전쟁에서 열심히 싸우는 게 좋겠다.

8장 대중가요의 문법

가수는 무엇으로 살아야 하나

2000년대 중반 대중음악 산업에 혁명이라고 해도 좋을 정도로 일대 지각변동이 일어났다. 온라인 음악이 오프라인 음악을 압도하는 수준을 넘어 압살하면서 일어난 변화다. 1998년 1만 개에 이르던 레코드 가게는 2004년 말에 이르러 500여 개도 남지 않았다. 한국마이크로소프트 이사 이구환은 "디지털 문화가 발달한 한국에서 음악 산업의 새로운 역사가 만들어지고 있다"며 "외국의 전문가들은 한국의 음악 산업에서 나타나는 변화가 결국 다른 나라에도 적용될 가능성이 높다고 보고 한국을 주시하고 있다"고 했다.[1]

음반의 시대가 끝나고 음원音源의 시대가 왔지만 대중음악계는 음원 중심의 수익 구조를 만들어내지 못한 채 속수무책으로 당하고 있었다. 주도권은 음악 포털과 이동통신사들로 넘어갔다. 저작권법을 둘러싼 치열한 갈등과 투쟁이 벌어지기 시작했지만, 당시 2,000만 개나 되는 개인 홈페이지와 블로그를 단속한다는 것은 사실상 불가능한 일이었다.²

온라인 음악이 호황을 누릴수록 오프라인 음악과 가수들은 최악의 침체기를 맞아 급기야 가수 노조를 설립하기에 이르렀다. 2005년 6월 13일 200여 명의 가수들은 한국가수권리찾기협의회(회장 윤형주)를 공식 발족했다. 협의회 사무국장 김원찬은 "음반 시장이 최악의 침체기를 맞고 있으며 그 대체 시장인 음원 시장에서도 가수들은 제대로 대접받지 못하고 있다"며 "대중음악 발전을 위해서라도 우리 권리를 스스로 찾자는 의식이 팽배해 있는 상황에서 누가 먼저랄 것도 없이 뭉치게 됐다"고 말했다.³

윤형주는 "저작권법상 복제권이나 전송권 등 저작인접권●이 보장돼 있긴 하지만 실제로는 가수 배분율이 턱없이 낮을 뿐만 아니라 이마저 제대로 지급되지 않고 있습니다. 또 탤런트나 개그맨들은 노조가 결성돼 있어 출연료를 보장받고 있는데 반해 가수들은 형편없는 출연료를 받고 있습니다. 그 때문에 수많은 선배 가수들이 비참한 노후를 보내고 있습니다. 소속사와의 불공정한 계약 문제도 반드시 해결해야 할 과제입니다"라고 말했다.⁴

가수 김수희는 음악평론가 임진모와의 인터뷰에서 "가수 노조 출범 때 '가수들의 출연료가 턱없이 낮다'고 공개를 하셨죠. 1회 출연료가 26만 원이라고 했는데 그것은 본인 얘기죠? 네티즌들은 용감한 발언으로 높이 평가하더군요"라는 질문에 이렇게 답했다.

"제가 방송 출연료 산정 기준으로는 경력 20년이라서 1회 출연에 26만 원을 받아요. 같은 경력의 텔레비전 연기자 출연료의 10분의 1 정도예요. 엄청난 차별 대우 아닌가요. 제 얘기기도 하지만 우리 가수들의 얘기죠. 용감할 것도 없어요. 가수노조 집행부에서 참석률이 저조하니 꼭 나와달라고 전화를 했어요. 나가는 김에 솔직히 한마디를 하게 된 거예요. 대단한 것은 아니고, 단지 부당한 현실을 지적했을 따름이죠."[5]

그런데 가수들은 왜 그런 '엄청난 차별 대우'를 감수하고만 있었을까? 여기서 잠시 연예인의 직종별 문화적 차이를 이해하고 넘어갈 필요가 있겠다. 가수들은 똘똘 뭉쳐 자신들의 권리를 위한 투쟁을 하기 어렵다. 그건 가수라는 직업의 특성 때문이다. 다른 직종은 공동으로 일하는 반면 가수들은 평소 단독으로 일하고 노래가 끝나기가 무섭게 다른 출연 장소로 이동하느라 뿔뿔이 흩어지기 때문에 단결하는 문화가 뿌리내리기 어렵다.

그래서 가수들은 노조를 만들긴 했지만 이렇다 할 힘을 전혀 발휘하지 못했다. 2007년 가수 윤도현은 한 인터뷰에서 "디지털 음원 매출 30억 원을 기록했던 2005년 온라인 판매로 인한 내 수익은 1,200만 원에 불과했다"고 말했고, 이승철은 9집을 내면서 "더 이상 음반을 통한 수익을 기대할 수 없다. 이번 음반이 CD로 내는 마지막 앨범이 될지 모른다"고 토로했다. 음반 '100만 장 시대'는 이미 2001년 이후 자취를 감췄다. 2007년 가장 많이 팔린 음반인 SG워너비 4집이 15만

장 정도였다.[6]

　이렇듯, 한국의 기형적 대중음악 시장 구조는 가수가 노래만 해선 먹고살기 힘든 상황을 낳고 말았다. 사실 세계적인 케이팝 열풍은 바로 그런 상황이 낳은 결과이기도 하다. 국내에선 살 길이 없으니 어떻게 해서든 해외로 나가야만 하는 압력이 컸다는 뜻이다.

　그런 상황에 거대 매니지먼트 회사들의 체계적인 관리 시스템이 더해져 가수들은 예능 프로그램과 드라마로까지 활동 영역을 넓히게 되었다. 특히 아이돌 가수들의 예능 활약이 눈부시다. 예능도 아이돌을 원하고, 아이돌도 예능을 원한다. 양쪽 모두 간절히 원한다. 그 이유에 대해 김은영은 다음과 같이 말한다.

　"첫째, 아이돌은 풋풋하다. 젊음에 이끌리는 건 인간의 본능이다. 둘째, 인력 수급이 원활하다. 공급 과잉 상태인 연예인 인력 시장에는 연습생 폭증의 결과로 대방출된 소년소녀 그룹 멤버들이 줄을 섰고, 덕분에 예능은 다양한 캐릭터를 선택할 수 있게 됐다. 셋째, 기획사의 주도면밀한 관리에 힘입어 데뷔 전부터 팬덤이 형성된 스타들은 섭외와 동시에 화제를 모은다. 아이돌도 예능을 원한다. 한 명만 출연해도 전원이 가요 프로그램에 출연한 것 이상의 효과를 내기 때문이다. 아이돌의 방송 수요에 비해 텔레비전 가요 쇼의 공급량은 절대적으로 부족하다. 그나마 무대에 서더라도 한 팀당 허락되는 시간은 4분 내외에 그치고, 많은 시청자는 '또 판에 박은 댄스그룹이 나왔겠거니' 하며 채널을 돌리기 일쑤다. 반면 버라이어티 쇼에 개별 출연한 멤버가 클로즈업을 받으며 ○○○의 아무개로 호명되는 순간, 시

청자의 뇌리에는 그룹명이 자동 입력된다."⁷

　2012년 한 해에 데뷔한 아이돌 가수만 최소 30여 팀이다. 그러니 시장이 '아이돌 포화 상태'일 수밖에 없다. 그룹 이름도 갈수록 복잡하고 이상해져 이름을 알기조차 어렵다. 그러니 더욱 예능을 통해 이름을 알려야 하지 않겠는가? 그밖에 '유닛(팀 내 소그룹)' 활동을 하거나 연기를 겸업하는 '연기돌'로 나가는 등 다른 생존 방식들도 도입되고 있다.⁸

　한국의 기형적 대중음악 시장 구조를 바꿀 길은 없는 걸까? 가수들은 "디지털 음원 판매 과정에서 유통업체가 폭리를 취하고 있다"고 주장한다. 왜 이렇게 된 걸까? 2011년 음악평론가 김작가는 "첫 단추를 잘못 끼웠다. 음악 콘텐츠가 모바일 기기를 통해 전달되는 초기 단계에 제작사들은 이동통신사의 통신 네트워크를 이용할 수밖에 없었는데, 그때만 해도 디지털 음원 시장이 음반 시장을 대체할 것이라 예상한 사람이 거의 없었다. 당시 제대로 된 권리를 주장하지 못한 것이 지금까지 이어지는 것"이라고 설명했다. 〈나가수〉의 연출자 신정수 PD도 "휴대전화 벨소리나 통화 연결음 등을 유통시키는 통신업체가 음원 매출의 최대 60퍼센트까지 가져간다. 수익 분배 구조가 비상식적이라 놀랐다"고 밝혔다.⁹

　음원 이용자들은 곡당 500~600원 내고 내려받기보다 월 3,000원 무제한 스트리밍, 월 5,000원 기간제 임대형, 일정액을 내고 50~150곡 내려받는 정액제를 선호한다. 그 결과 현 정액제 상품 매출이 전체 매출의 93퍼센트를 차지하는, 세계에서 유례없는 기형적 구조에 이르

렀다. 정액제의 곡당 평균단가는 63.9원으로, 사실상 덤핑 시장으로 전락했다.[10]

2012년 3월 30일 '디지털 음악 산업 발전 세미나'에서 케이엠피 KMP홀딩스 이사 이승주는 "3월에 빅뱅, 투에이엠, 미쓰에이 등 대형 가수들이 한꺼번에 신곡을 발표해 좋은 반응을 얻었지만, 지금 구조에선 시장 규모가 커지는 게 아니다. 한정된 시장에서 누가 더 가져가고 덜 가져가느냐 하는 배분만 달라지는 것이다"라고 말했다. 특정 곡이 많이 팔릴수록 다른 가수에게 돌아가는 수익은 줄어들 수밖에 없는 제로섬 게임이라는 것이다.

이 세미나를 취재한 서정민은 "음원 시장을 정액제에서 종량제 기반으로 바꿔야 한다는 원론을 다시 한 번 확인하는 자리였다. 소비자들이 음원 이용 횟수에 비례해 돈을 내야 한다는 것이다. 외국에서는 일반적인 방식이다"라며 다음과 같이 말했다.

"정액제 상품을 없애면 곡당 가격은 올라갈 것이다. 소비자 원성 또한 높아질 것이다. 음원 서비스 업체들이 서로 눈치만 보는 이유다. 하지만 좋은 음악이 많이 나올수록 소비자들은 지갑을 더 열고 창작자들은 더 많은 수익을 올리는, 지극히 상식적인 시장이 그렇게 억울하기만 한 일일까? 음악도 영화처럼 보고 듣는 횟수대로 돈을 내자는 게 무리한 주장은 아니지 않은가. 돈을 더 내는 게 선뜻 내키진 않겠지만, 더 좋은 음악을 듣기 위해 창작자에게 재투자하는 거라고 발상의 전환을 해보면 어떨까? 단, 전제조건이 있다. 음원 서비스 업체도 창작자에게 정당한 대가가 돌아가도록 지금의 불합리한 수익 배분 구조를 바꿔야 한다. 그렇게만 된다면 나 또한 돈을 더 내더라도 억울하지 않을 것 같다."[11]

2012년 7월 10일 오후 서울 광화문 세종문화회관에 가수·연주자·작곡가·제작자 등 음악 생산자 수익 배분 구조개선 촉구를 위해 수백 명이 집결했다. 크라잉넛 같은 인디밴드부터 장혜진·박상민·공일오비·에스지워너비·빅마마 등 주류 가수까지 대거 모여 '온라인 음악산업 정상화를 위한 음악인 한마당'을 열었다. 참가자들은 서울시청 앞 광장까지 거리 행진을 벌인 뒤 대국민 호소문을 발표한 데 이어 〈스톱 덤핑 뮤직Stop Dumping Music〉이라는 캠페인송을 합창한 뒤 문화제 행사를 열어 결의를 모았다. 이 자리에서 작곡가 김형

★ '온라인 음악 산업 정상화를 위한 음악인 한마당' 행사 모습. 가수들은 음악 생산자에게 정당한 대가를 공급하지 않는 무제한 스트리밍 서비스와 과도하게 할인된 가격으로 제공되는 다운로드 서비스로 인한 피해를 알리고자 이 행사를 개최했다.

석은 다음과 같이 외쳤다.

"예술의 본질은 어른을 아이처럼 웃고 울고 사랑하게 만드는 것입니다. 그래선지 음악 하는 사람들은 숫자에 둔감했고, 이익을 똑똑하게 챙기지 못해 여기까지 왔습니다. 이제 음악의 가치와 권리를 스스로 지키고자 우리 음악인들이 여기 모였습니다. 지속가능한 창작 환경을 만드는 데 힘을 모읍시다."[12]

그러나 대부분의 기획사들은 그런 발언을 자신들의 회사에 속한 가수들이 간단히 언급하는 것조차 원천 봉쇄했다. 한 대형 아이돌 기획사 관계자는 "아이돌에게는 이미지가 곧 생명이다. 자칫 음원 수익구조나 금전적인 문제를 언급했다가는 (이미지에) 큰 타격을 받고, 방송, CF 섭외 등에 직접적인 제약이 따를 수 있다"고 말을 아꼈다.[13]

결국 대중이 문제인 걸까? 음원 시장을 정액제에서 종량제 기반으로 바꾸는 것에 반대하고 음원 수익구조나 금전적인 문제를 언급하는 가수를 좋지 않게 보는 대중의 생각이 바뀌지 않으면 그 어떤 변화도 기대하기 어렵다는 점에서 말이다. 2013년 5월 1일부터 온라인 음악 스트리밍 서비스의 저작권료가 정액제에서 종량제로 바뀌어 서비스 사업자는 가입자가 곡을 한 번 들을 때마다 저작권 사용료 3.6원을 내야 한다고 하니, 과연 어떤 변화가 일어날지 두고 볼 일이다.

거침없는 발언으로 유명한 가수 신해철은 2007년 2월 20일자 『오마이뉴스』 인터뷰에서 "CD를 사는 마지막 한 사람이 날 때까지 CD를 내려고 한다. 나 같은 사람한테는 앨범이 사라진다는 건 사형선고나 마찬가지다"라며 대중이 문제라는 점을 과감하게 지적했다. 그는

"우리나라 대중은 음악계에서 벌어지는 문제들에서 면책을 받고 있다. 매스미디어, 뮤지션, 시스템 여러 문제를 지적하면서 아무도 대중의 문제를 지적하지 않는다. 대중이야말로 모든 사태의 원인이자 책임자다. 아티스트가 반성할 게 없다는 뜻이 아니라 대중의 책임에 대해서는 아무도 다루지 않는다는 의미다. 뮤지션이 대중을 공격하면 싸가지 없는 놈이 되거나 변명하는 것처럼 비춰진다"며 다음과 같이 말한다.

"MP3 불법 다운로드 때문에 다른 나라 음반 시장도 작살나긴 했지만 우리나라는 가장 먼저 가장 참혹하게 작살났다. 그게 오직 초고속 인터넷 때문일까. 과연 뮤지션의 역량이 떨어져서 음악을 조잡하게 만들기 때문만일까. 아니다. 돌밭에 모내기했으면 쌀이 안 열리는 게 당연하다. …… 어디서 많이 듣던 멜로디가 아니면 안 들으려고 한다. 집요할 정도다. 특이한 멜로디나 특이한 시도를 받아주지 않는다. 그러면 작곡가들은 어디서 듣던 멜로디를 죽어라 찾아내야 하는데 확률적으로 나올 수 있는 멜로디가 뻔하니까 표절을 하게 되는 거다. 표절에 도덕적 책임을 묻는 건 당연하다. 그러면 왜 대중은 죽어라고 어디서 듣던 멜로디만 들으려고 할까."[14]

신해철은 아주 중요한 대중문화의 오랜 쟁점을 다시 제기했다. 미국 시인 월트 휘트먼Walt Whitman, 1819~1892은 "위대한 시인을 갖기 위해선 위대한 수용자(국민)가 있어야 한다"고 했는데,[15] 이 말에 동의할 수 있는가? 이 논법에 따르자면, 국민의 손가락질을 받는 정치의 책임도 결국 유권자 탓으로 돌릴 수 있지 않은가 말이다. 그렇지만 수준이 낮은 유권자가 좋은 정치인을 키우기 어렵다는 것도 분명한 사실이 아닌가. 음악가든 정치가든 그들을 수용하는 대중의 문제점은 한 번쯤 깊이 생각해보면서 논의해볼 만한 주제라 하겠다.

어떻게 MTV 혁명은 케이팝 열풍으로 바뀌었나·

1981년 8월 1일에 탄생한 미국 음악 전문 케이블방송 MTV는 오늘날 세계 최대·최고의 글로벌 음악 텔레비전 브랜드다. MTV 개국 시 나간 첫 번째 비디오의 제목이 상징적이다. 영국 2인조 그룹 보글스Buggles의 〈비디오가 라디오 스타를 죽였다Video Killed the Radio Star〉였다. 일부 비평가들은 MTV가 미친 듯이 빠른 속도와 장면 전환으로 청소년들의 관심의 폭을 좁게 만든다고 아우성쳤지만, 세상은 곧 MTV 스타일에 익숙해지게 된다.[16]

MTV의 등장으로 뮤직비디오의 전성시대가 열렸다. MTV의 영웅 마이클 잭슨Michael Jackson, 1958~2009은 세 개의 히트곡을 모두 뮤직비디오로 제작해 빅히트를 기록한다. 마돈나Madonna, 신디 로퍼Cyndi Lauper, 데이비드 보위David Bowie 등도 모두 MTV가 배출한 스타다.

★ MTV 로고(왼쪽)와 "비디오가 라디오 스타를 죽였다"라는 곡명이 쓰여 있는 보글스의 앨범 재킷(오른쪽). 이 노래가 뮤직비디오의 전성시대를 연 MTV에서 방송한 첫 노래라는 점이 의미심장하다.

MTV의 등장은 음악을 더 이상 '듣는 것'이 아니라 '보는 것'으로 바꾸는 혁명을 몰고 왔다. 이에 따라 음악 산업은 두 가지 큰 변화를 겪게 되었다. 사운드만을 제작하던 전통적인 방식에서 벗어나 사운드와 영상을 결합하는 멀티미디어 시대로 진입한 것과 스타 마케팅 시스템이 비주얼을 중시하는 글로벌주의를 지향한 것이다.[17]

MTV를 탄생시킨 주역 가운데 한 명인 로버트 피트먼Robert Pittman은 "시청자는 TV와 로큰롤을 들으며 자란 TV 베이비들이다. 그들에게 가장 효과적인 것은 논리보다 감각에 호소하는 것이다"라고 말했다.[18] 2005년 MTV가 내건 캐치프레이즈는 '360도 MTV 경험!'이었다. 이는 MTV가 텔레비전뿐만 아니라 온라인, 광역통신망, 휴대전화 등 가능한 많은 매체를 넘나들며 음악과 생활 오락을 젊은이들에게 제공하겠다는 의미를 담고 있는 캐치프레이즈였다.[19]

MTV는 국경마저 파괴해 전 세계의 젊은이를 미국식으로 동질화하는 데 크게 기여했다. 그래서 'MTV 세대'라는 말까지 낳았다. 국경을 초월한 MTV 세대의 등장은 미국만의 축복은 아니었다. 한국처럼 변방에 속하던 나라들도 그 MTV 세대를 향해 할 말이 있다는 걸 의미하는 것이었다. 그런 점에서 전 세계를 사로잡고 있는 케이팝 열풍은 MTV 혁명의 수혜자인 셈이다.

MTV 개국 당시 캘리포니아에는 한국의 인기 가수이자 MC로 정상에 오른 사람이 갓 유학을 와 있었는데, 그가 바로 이수만이다. 그는 MTV에 충격을 받고 음악 시장의 패러다임이 듣는 음악에서 보는 음악으로 변화하고 있음을 직감했다. 주먹구구식으로 운영되고 있던 국내 가요계와 달리 하나에서 열까지 체계적인 시스템을 구축해 굴러가고 있는 미국 음반 시장의 분업화·전문화는 그에게 또 다른 충격을 줬다.[20] 그는 나중에 한국에 돌아가 자신이 온몸으로 체험한 새로운 대중음악의 세계를 펼쳐 보이고야 말겠다는 꿈을 꾸며 즐거워하곤 했다.[21]

부푼 꿈을 안고 귀국한 이수만은 우여곡절 끝에 1996년 2월 SM엔터테인먼트를 설립해 본격적인 매니지먼트 사업에 나섰다. 그는 '춤, 노래, 외모를 갖춘 10대'라는 콘셉트를 가지고 아이돌 댄스그룹을 기획해 HOT(1996년), SES(1997년), 신화(1998년)를 연달아 성공시킨 뒤 1998년 HOT를 중국 시장에 진출시키며 본격적으로 중국 시장 진출에 나섰으며, SM엔터테인먼트는 2000년 4월 엔터테인먼트 업체 최초로 코스닥에 입성했다.

SM엔터테인먼트의 성공 이후 한국 대중가요는 전 세계적으로 케이팝 열풍을 불러일으키며 거대 매니지먼트 기획사의 시대로 접어들었다. 2012년 11월 20일 기준으로 주식 시가총액은 SM엔터테인먼트 8,784억 원, YG엔터테인먼트 5,883억 원, 로엔엔터테인먼트 3,541억 원, JYP엔터테인먼트 1,141억 원에 이르렀다.[22] 주가가 최고조에 올랐을 때인 2012년 8월 24일 기준으로는 SM엔터테인먼트는 1조 1,255억 원을 기록했으며, SM엔터테인먼트의 지분 21.5퍼센트를 보유한 이수만의 주식 가치는 2,420억 원, YG 양현석의 보유 주가는 2,231억 원에 이르기도 했다.[23]

가요계의 빅3로 불리는 SM, YG, JYP를 이끄는 사람들은 이수만, 양현석, 박진영으로 모두 가수 출신이며, 이 빅3는 이들의 스타일을 그대로 반영하고 있다. SM은 잘 짜인 인공미, YG는 재기 넘치고 자유로운 자연미, JYP는 대중성을 중시하는 특성이 있다.[24]

이정혁・백지은은 "소녀시대・동방신기・샤이니 등 SM 가수들이 'SMP'라 불리는 칼로 잰 듯 완벽한 군무를 통해 시선을 사로잡는 반면, 빅뱅・2NE1 등 YG 가수들은 자유롭게 뛰어노는 무대를 선호한다. 2PM・원더걸스 등 JYP 가수들의 노래는 한국인의 정서에 가장 어필할 수 있는 사랑과 이별에 관한 것들이 대부분이며 가장 대중적인 성격을 보인다"며 다음과 같이 말한다.

"무대 밖에서의 모습에서도 분명한 차이가 있다. 소녀시대 서현이나 동방신기 최강창민을 보면 알 수 있듯 SM 가수들은 '모범 답안'과 같은 모습이다. 바르고 단정한 이미지를 갖고 있으며 어떤 질문에도 정리된 대답을 내놓는다. 반면 JYP 가수들은 '인간미'를 물씬 풍긴다. '깝권' 2AM 조권이나 아이돌 가수 최초로 열애 사실을 자발적으로 인정한 원더걸스 선예가 대표적인 예. 이들은 20대 또래 친구들과 조금도 다름없는 모습으로 팬들에게 친근감을 선사한다. YG 가수들은 '반항아' 적 이미지가 강하다. 예뻐 보이는 것 대신 거리낌 없는 자유분방한 사고방식을 보여주는 케이스다."[25]

케이팝 열풍은 아시아를 넘어 유럽에까지 불어닥쳤는데, 2012년 6월 프랑스 일간지인 『르 몽드』와 『르 피가로』가 각각 9일과 10일 지면에 한류와 관련한 비중 있는 기사를 게재해 눈길을 끌었다. 이 두 신문의 기사 한 대목씩을 인용해 감상해보기로 하자.

"170여 명의 직원을 거느리고 60여 개의 그룹과 가수들을 보유하고 있는 SM엔터테인먼트는 적절한 전략을 추구하고 있다. '우리는 그룹의 콘셉트를 생각할 때 세계 여러 나라의 젊은이들을 먼저 염두에 둔다'고 SM엔터테인먼트의 김영민 대표이사는 설명하고 있다. 한 그룹을 만들어내는 과정은 매년 1만여 명의 지원자들이 몰려드는 오디션을 통한 인정사정없는 선정을 거치는 등 아주 세밀하게 짜여 있다. 일단 오디션을 통과하면 SM아카데미에서 노래 연습, 댄스, 연극, 심지어는 외국어 교육 등 3~5년간의 집중 교육을 받게 된다."

"이번 공연에서 소녀시대는 다른 보이스밴드들인 샤이니, 동방신기, 슈퍼주니어와 함께 무대에 설 예정이다. 유니섹스한 복장의 이들 남성 그룹들은 프랑스 소녀 팬들 사이에서 큰 인기를 얻고 있다. 종종 초등학교부터 발굴된 이 아이돌 스타들은 스파르타식 훈련을 거치면

SM타운의 프랑스 공연을 비중 있게 다룬 프랑스 일간지
『르 피가로』와 『르 몽드』. 케이팝 열풍이 아시아를 넘어
유럽에까지 불어 닥친 것을 상징적으로 보여준다.

서 노래, 춤, 드라마 연기나 광고 출연(광고 출연은 한국 쇼 비지니스에서 중요한 수입원 중의 하나다) 등 모든 것을 배우게 된다."[26]

이 두 신문이 그렇듯, 외국 언론은 케이팝 열풍에 대해 보도할 때 '스파르타식 훈련'을 빠트리지 않는다. 그걸 부럽다는 듯 배우려는 나라들도 있고, 나이 어린 가수 지망생들의 인권 문제를 들어 좋지 않게 보는 시각도 있다. 어떻게 보건 한국 아이돌 스타들의 경쟁력이 스파르타식 훈련에서 나온다는 건 분명한 사실이다.

일본 인기 그룹 AKB48의 프로듀서 아키모토 야스시는 "한국 아이돌 그룹은 모든 면에서 뛰어납니다. 딱 봐도 연습량이 많았다는 걸 금세 알 수 있죠"라고 했고, 태국 최대 음반사 GMM그래미 부사장 수라차이 센스리는 "본사도 한국의 시스템을 벤치마킹한 상태입니다. 한창 공부하고 있습니다"라고 했다.[27]

아이돌 가수들의 사생활 관리도 엄격하다. 기획사와 아이돌 가수들 사이에는 특별한 약속들이 있다. 계약서에 명시하지는 않더라도 '성형 금지', '연애 금지', '개인 휴대전화 사용 금지', '음주 및 흡연 금지' 등 가수들과 구두로 약속한 각종 금지령이다.[28]

스파르타식 훈련과 사생활 관리에 대해 인권침해 논란이 있기는 하지만, 사실 한국에선 큰 문제가 되지 않는다. 2009년 JYP엔터테인먼트에서 세 명의 연습생을 뽑는 데 모두 2만여 명이 몰려서 약 7,000대 1이라는 경쟁률을 기록했고, 엠넷에서 제작한 오디션 프로그램 〈슈퍼스타 K〉 시즌 2(2010년)에는 120만 명이 올렸는데 이런 '아이돌 고시열풍'이 말해주듯이, 연예 기획사의 연습생으로 뽑혔다는 것만도 엄청난 행운으로 여겨지는 풍토 때문이다.[29] 4인조 여성 그룹 JQT가 말했듯이, "김연아·박태환 선수, 그리고 여러 프로 선수의 그것과 다르지 않다."[30]

어쩌면 평범한 10대들도 입시 전쟁의 벼랑으로 내몰리고 있는 상황인지라 그게 큰 이슈가 되긴 어려운 것인지도 모른다. 한 가지 분명한 사실은 듣는 음악에서 '보는 음악'으로의 전환을 주도한 MTV 혁명은 그 정신에 가장 철저한 한국에 의해 한 단계 업그레이드된 단계로 접어들었다는 점이다.

왜 대중가요는 늘 사랑 타령인가

한국 대중가요는 주로 '사랑, 이별, 눈물' 타령이다. 흥미롭게도 2000년 송대관의 〈유행가〉는 "유행가 노래 가사는 사랑과 이별 눈물이구나"라고 확인해주었다. 그간 대중가요 속 사랑을 분석한 많은 글이 발표되었다. 주로 남녀관계 및 사랑 방식의 변화에 초점을 맞췄다. 물론 복고도 있고, 주류 흐름에 저항하는 시도도 있고, 소수파의 취향도 있기 때문에 다 그렇다고 말할 수는 없지만, 큰 흐름상 보자면 대중가요 속 사랑은 한국 사회 전반의 사랑 변천사에 근접한다고 말해도 무방하다.

대중가요에 묘사된 사랑을 어떻게 볼 것인가? '지긋지긋한 사랑 타령'이라고 한마디로 간단히 정리해버릴 수도 있겠지만, 진지하게 답하자면 이만저만 어려운 게 아니다. 우선 엘리트와 대중 가운데 누구의 관점에서 볼 것인지가 문제가 된다. 당연히 비평가의 취향도 검증 대상이다. 비평가가 대중의 관점에 서겠다고 해놓고선(여기까진 '진보적'으로 보일 수도 있다), 계도적이거나 사회개혁적 잣대로 대중가요의 가사 분석에 임한다면? 또 반대로 대중의 반응을 과대평가한 나머지 이른바 문화 포퓰리즘으로 흐른다면? 이 두 가지 경우는 늘 대중문화 논쟁의 쟁점이 되고 있다.

이 쟁점은 반영론과 조작론 사이에서의 고민이기도 하다. 대중문화는 대중의 수요를 반영하는가, 아니면 조작하는가? 물론 아무리 싸워봐야 답은 안 나온다. 정답은 증폭론이다. 최소한의 것은 반영하되 그걸 증폭한다는 것이다. 그 증폭의 정도가 작으면 반영론에 가까울 것이고, 크면 조작론에 가까울 것이다. 이는 공급(가요 산업, 미디어, 마케팅 등)과 수요(소비자의 반응이나 소비 행태) 가운데 어느 쪽에 더 많은 관심을 기울이느냐에 따라 영향을 받기도 한다.

도대체 누가 대중가요의 가사 따위에 신경 쓰는가? 이런 반론이 나올 수 있다. 실제로 여러 조사 결과 가요 소비자의 연령이 낮을수록 가사에는 아예 신경을 안 쓰거나 곡을 먼저 좋아한 다음, 나중에 부차적으로 가사를 음미해보는 정도의 관심을 기울이는 것으로 나타났다. 그러나 그렇다고 해서 가사가 아무런 의미를 갖지 못한다고 말할 수는 없다. 제작자가 가사와 곡의 조화에 큰 신경을 쓰는 만큼 가사와 곡은 분리될 수 없으며, 작사가가 세상의 트렌드나 유행을 담아내려고 애를 쓴다는 사실을 무시할 수 없다.

그럼 대중가요 속 사랑을 분석하는 게 무슨 의미가 있는가? 아예

★ 양화진선교사묘원에 있는 헐버트의 초상화. 개화기 선교사 헐버트는 "한국인들은 음악을 매우 좋아하며 어린이들까지도 길에서 늘 노래를 부른다"며 한국인의 노래 사랑을 증언했다.

이런 시비를 걸고 나올 사람도 있을 수 있겠다. 2006년을 기준으로 노래방 이용 경험이 있는 사람이 전체 국민의 90.5퍼센트, 경험자의 지난 1년간 평균 이용횟수가 7회인 나라에서 대중가요를 탐구 대상으로 삼는 것은 당연하거니와 필요한 일이다.

노래방에 가서 가곡 부르는 사람 있는가? 대학생에서부터 초등학생에 이르기까지 무슨 조사만 했다 하면 상위 애창곡들은 예외 없이 대중가요요 또 사랑 노래다. 노래 좋아하는 것은 아무래도 유전자 탓인 것 같다. 개화기에 선교사로 조선에 왔던 헐버트는 "한국인들은 음악을 매우 좋아하며 어린이들까지도 길에서 늘 노래를 부른다"고 했다. 중국에서도 조선족이 한족에 비해 노래를 훨씬 더 좋아하는 걸 보면 분명히 한국인의 유전자에 뭐가 있긴 있다.

대중가요 속 사랑은 주로 슬픈 사랑이다. 지난 수십 년 간 대중가요에 대해 제기된 비판 가운데 가장 많은 게 바로 그것이었다. 대중가요가 비관·염세·허무주의를 퍼뜨린다는 비난이 그치지 않았다. 갈수록 가사의 정신연령이 낮아진다고 개탄하는가 하면 심지어 망국·말세를 우려하는 목소리까지 나왔다. 그러나 수십 년이 지났지만 아직 멀쩡한 것을 보면, 지금의 비난과 개탄도 기우가 아닌가 싶다.

대중가요 가사의 문법과 어법을 문제 삼는 비판도 적잖이 제기되었다. 말이 안 되는 문법과 어법이 많으며 도대체 무슨 뜻인지 모르겠다는 불만도 있었다. 그러나 그건 감사나 분석을 위한 이성이 작동한 결과일 테고, 진짜 가요 소비자는 그런 것에 개의치 않으며 오직 감성으로만 가요를 껴안는다는 점을 지적할 필요가 있겠다. 의미가 모호한 가사는 작사자의 의도와는 다르게 읽힐 가능성은 있지만 그게 또 가요의 매력이다.

가요 전문가들은 1930년대를 대중가요의 전성시대로 보고 있다. 레코드 상점 앞에 수백 명이 모여 스피커에서 흘러나오는 노래를 따라 불러 경찰이 출동하기도 했다나. 김광해가 1925년에서 1945년 사이에 유행한 가요 437곡의 내용을 분석한 결과에 따르면, 주제별로 '사랑'이 전체의 33.9퍼센트로 가장 많았고, 다음은 '고향·타향살이', '생활(삶의 애환)'이 각각 16.2퍼센트, '현실 반영·풍자' 12.4퍼센트, '자연' 7.6퍼센트, '친일' 6.6퍼센트, '육친(가족)' 3.7퍼센트, '조국애' 3.4퍼센트 순이었다. '울다'라는 동사는 전체 437곡의 거의 절반에 가까운 213개의 노래에, '눈물, 사랑'이라는 명사는 3분의 1에 가까운 노래들에 나오는 것으로 나타났다.[31]

이에 대해 "일제시대 대중가요가 민족의 정서를 황폐화시키고 시적 표현을 왜곡시켰다"다거나 "유행창가 전반의 의식세계는 결국 식민지배에의 봉사로 귀결" 되었다는 분석이 주류를 이루고 있지만, 나라 잃은 식민지 민중에게 슬픔을 벗어나라고 주문하는 것은 오늘의 관점에서 본 무리한 요구가 아닌가 싶다. 슬픈 노래는 나라 찾고 경제발전 이룬 뒤에도 계속되는 걸 보면, 이는 일제시대 이전부터 한국인에게 체화된 그 어떤 한의 정서는 아닐까?

최상진·조윤동·박정열은 『가요반세기』(아름출판사, 1996)에 실려 있는 749곡의 대중가요를 분석했다. 해방 이후부터 1996년 사이에 유행했던 노래들로, 1950년 이전 75곡, 1950년대 135곡, 1960년대 183곡, 1970년대 134곡, 1980년대 114곡, 1990~96년 108곡이었다. '사랑, 이별, 그리움'을 주제로 한 노래가 전체의 66퍼센트를 차지했으며, 사랑 노래 중에서도 거의 대부분이 이미 지나간 과거의 사랑에 대해 노래한 걸로 밝혀졌다. 가사에 나오는 주요 어휘는 '사랑, 마음, 눈물, 떠남, 이별, 그리움, 기다림, 추억, 인생, 청춘' 등이었으며, 가장 많은 빈도수를 보인 어휘는 '울다'(269번)와 '눈물'(139번)이었다.[32]

이지연·신수진의 연구에서는 젊은 미혼 남녀의 사랑 감정을 소재로 하는 노래들이 전체 가요 중에서 점하는 비중이 1960년대에는 62.6퍼센트, 1970년대에는 63.9퍼센트, 1980년대에는 73.6퍼센트, 1990년대에는 82.6퍼센트로 증가한 것으로 나타났다. 일제시대부터 1950년대까지는 '임을 잃은 사람들의 사랑', 1960년대부터 1980년대 사이에 '낭만적 사랑의 정착'이 이루어진 것으로 분석했다.[33]

낭만적 사랑이라곤 하지만, 국가의 간섭이 심했다. 양희은의 〈이루어질 수 없는 사랑〉은 사랑이 왜 이루어질 수 없는 것이냐고 따지며 못 부르게 했고, 배호의 〈0시의 이별〉은 0시부터 통금인데 그 시각에 이별하면 어떻게 하냐며 금지곡이 됐다. "한 번 보고 두 번 보고 자꾸만 보고 싶네"로 시작하는 신중현의 〈미인〉은 퇴폐적이라고 금지곡이 되는 어이없는 일들이 숱하게 일어났다.[34]

1990년대 이후는 아무래도 '도발적 사랑의 시대'로 불러야 할지도 모르겠다. 최근의 노래 가사들은 너무도 당당해 발칙한 느낌마저 주지 않는가? "나도 어디서 꿀리진 않어. 아직 쓸 만한걸, 죽지 않았어"(빅뱅 G드래곤의 〈하트브레이커〉), "날 보는 사람들의 시선은 싫진 않아. 나는 예쁘니까"(씨야의 〈여성시대〉), "잘빠진 다리와 외모. 너는 내게 반하지, 내 앞에선 니 모든 게 무너지고 말걸"(애프터스쿨의 〈AH〉), "널 내가 갖겠어, 내게서 벗어날 수 없어"(브라운아이드걸스의 〈아브라카다브라〉).[35]

왜 대중가요는 늘 사랑 타령인가? 이유는 간단하다. 인간이 사랑 없인 살 수 없기 때문이다. 그리고 가장 안전하기 때문이다. 앞서 「왜 텔레비전 시청자의 평균 연령은 13세인가」에서 지적한 텔레비전의 경우처럼, 사랑은 최소공통분모인 데다 최소거부프로그램원칙에 잘 들어맞는다.

한국의 가요 문화는 혼자 즐기기보다는 남들 앞에서 보여주는 문화의 성격이 강하기 때문에 사랑 표현은 늘 과시적 과장을 범하게 돼 있다. 특히 1995년부터 급속히 늘어난 노래방은 그런 효과를 극대화했다. 한류의 1등 공신을 멀리서 찾지 말라. 바로 노래방이다. 노래방

★ 청소년들이 노래방에서 노래를 부르고 있다. 1995년부터 급격히 늘어난 노래방은 남들 앞에서 보여주는 성격이 강한 한국의 가요 문화에 큰 영향을 미쳤다.

은 의외로 매우 심오한 장소다.

대중가요 속 사랑과 관련하여 더욱 중요한 사실은 노래와 술은 늘 따라다닌다는 사실이다. 당신은 술 한잔 걸치고 마이크를 잡았다. 과장된 사랑 감정이 일지 않는다면, 당신은 사람이 아니다. 당신은 사랑을 위해 당신의 목숨을 내놓겠다는 의지로 충만하다. 어차피 현실 세계가 그러지 못하므로 절규라도 해야 한다.

한국인에게 노래는 발산의 축제다. 안으로 담는 게 아니라 밖으로 쏟아내는 것이다. 선언의 성격이 강해야 한다. 백화점 쇼핑 행위와 비슷해진 사랑이기에, 경제적 사정이 여의치 않은 사람일수록 목숨 거는 사랑을 절규하는 것으로라도 보상을 받아야 한다. 평소 인정미도 없고 자기 잇속만 챙기는 사람일지라도 노래방에서 사랑 노래를 부를 땐 전혀 다른 모습을 보이기 마련이다. 사랑을 위해선 모든 걸 다 희생이라도 할 듯 사랑 노래를 열창하는 모습은 감동적이지 않던가?

땅 좁고 인구밀도 높고 동질성이 강한 탓에 한국인은 체질적으로 타인지향적 보여주기에 강하다. 그렇게 축적된 저력이 한류를 만들어냈다. 〈겨울연가〉의 누군가가 말하지 않았던가. "하지만 제 첫사랑이 저를 다시 부르면 어떡하죠?" 낯간지럽고, 당하는 입장에선 온몸을 부르르 떨어야 할 배신 멘트지만, 삶의 피곤에 찌들어 전율을 잃어버린 대중에게 뜨겁고 격렬한 사랑은 반드시 창조되어야만 할 영원한 신화다.

인디 예술은 잠수함 속의 토끼인가

한국 인디 음악의 역사는 1990년대 중반으로 거슬러 올라간다. 홍대 앞을 중심으로 헤비메탈이 아닌 펑크와 얼터너티브 등을 연주하는 밴드가 등장하고, 그들이 공연하는 클럽이 각광받기 시작하면서였다. 당시 인디 담론을 주도했던 측은 과거의 운동권 내지는 진보 진영이었으며, 그들은 인디에 정치적 함의를 부여해 '문화 게릴라'라는 프레임을 설정했다.[36]

인디indie는 "독립적인"이란 뜻의 independent의 약어이자 애칭이다. 인디 하면 무엇이 떠오르는가? 2004년 그런 질문을 던진 한봄시내는 홍대 앞, 3인조 펑크 밴드, 금요일 밤 지하클럽의 열기, 싸가지 없는 애송이들, 유쾌한 해방감, 낯선 레이블에서 발매된 멋진 싸구려 음반, 얼터너티브, 하위문화, 비주류, 게릴라식의 '깨는' 공연, 실험 열광적인 공연을 하고 있는 인디 밴드.
인디 문화를 잠수함 속의 토끼에 비유하지만,
이들이 독립적으로 활동하면서도 먹고살 수 있는 방법을 찾아야 한다.

적인 퍼포먼스, 서투르고 진지한, 한마디로 아마추어적인 시도들 등을 열거하면서도, 가장 중요한 건 인디가 프리랜서들의 정체성이며 소호SOHO: Small Office Home Office, 자기 집이나 작은 공간을 사무실로 삼는 사업 형태들의 이념이라고 주장했다.[37]

성기완은 인디를 독립적이고 주변적인 자장을 지닌 문화예술 활동으로 보면서 인디 문화를 "공룡 틈에서 노는 쥐"로 정의했다. 거대한 공룡의 알을 깨먹던 쥐가 파충류의 전성기를 무너뜨리고 포유류의 시대를 열었듯이, 인디 문화가 메이저 상업 문화의 주변부에서 기민하게 움직이면서 결국에는 새로운 문화적 장을 열어젖히고 말리라는 것이다.[38]

인디는 권력과 자본에 저항하는 것으로 알려져 있지만, 그런 인디도 있고 그렇지 않은 인디도 있고 그렇게 하는 척하는 인디도 있다. 과거 인디 밴드가 메이저 음반사에서 음반을 내는 건 변절로 간주되었다. 성공이 가져다준 정체성 갈등을 견디지 못하고 27세에 자살한 너바나Nirvana의 리더 커트 코베인Kurt Cobain, 1967~1994의 전기에는 이런 대목이 나온다.

"메이저 레이블과 계약한 것은 펑크의 가치관과는 전혀 다른 것임을 커트는 잘 알고 있었다. 그의 옛 펑크 친구들은 벌써 그를 가리켜 변절자로 부르고 있었고, 커트는 발작적으로 죄책감이 밀려올 때마다 마약에 취하는 일이 더 많아지는 듯했다."[39]

한국에선 그런 고뇌를 할 필요가 없을 정도로 인디 음악이 외면받고 있다. 인디 음악인은 너무 춥고 배고프다. 그렇게 된 주된 이유 가운데 하나는 한국 소비자의 획일성이다. 2010년 최다 판매 음반·음원 차트를 살펴보면 90퍼센트 이상을 아이돌이 차지하며, 장르는 댄스 아니면 발라드다. 한국의 음반·음원 시장은 세계에서 10위권 안에 드는 규모지만 이토록 편중된 구조는 더 크거나 비슷한 규모의 시장을 가진 국가에서는 찾아보기 힘들다.[40]

또 하나의 주요 이유는 홍보 부족인데, 인디 음악 관계자들은 영미권의 예를 들어 비주류 음악이 편성에서 50퍼센트 이상 확보되는 음악 전문 FM 라디오 방송국의 설립, 그리고 유통 측면에서는 '통합 인디 레이블' 마케팅 회사의 설립이 절실하다는 의견을 제시하기도 했다.[41]

2008년 이후 인디 문화에 적잖은 변화가 일어났다. 김작가는 "데뷔 앨범을 내기도 전에 이미 스타가 된 장기하의 스타덤은 다시 인디란 무엇인지를 고민하게 했다. 마니아뿐만 아니라 일반 대중, 심지어 최근 음악에 관심도 없던 386세대가 그에게 열광했다. 지상파 음악 프로그램뿐만 아니라 시사 프로그램에서까지 다뤄질 정도였다"며 다음과 같이 말한다.

"장기하뿐만 아니라 요조, 국카스텐, 검정치마, 브로콜리너마저 등 새로운 세대의 뮤지션들이 더불어 나름의 지분을 확보했다. 사람들은 다시 인디 음악을 얘기하기 시작했다. 그건 문화 게릴라로서도, 실력파도, 라이브 중심도 아니었다. 그냥 인디 음악이었다. 개념은 사라졌다. 아이돌의 대척점으로서 인디 음악이 거기에 있을 뿐이다. …… TV에서는 갈수록 보기 힘든 뮤지션을 통칭해서 한국 사회는 인디라고 부르고 있다. 즉, 상당히 포괄적인 의미를 담고 있다는 얘기다."[42]

그래서 넓은 의미의 인디 밴드들 사이에 빈부격차가 심하다. 2012년 10월 17일 저녁 서울 홍대 앞 문화 공간 인디프레소에서 '예술인소셜유니온' 준비위원회 발족식이 열렸다. 만성적 생활고와 문화예술계의 구조적 문제를 해결하기 위해 음악·미술·영화·방송·만화 등 다양한 분야의 예술인들이 노동조합을 꾸리자고 뜻을 모으는 자리였다. 이 자리에서 인디 밴드 '더 문'의 리더 정문식은 다음과 같이 말했다.

"끝날 때까진 끝난 게 아니라는 야구 명언이 있죠. 이 바닥에선 (돈을) 받을 때까진 받은 게 아니라는 말이 있어요. 홍대 앞에서 음악만 해서는 먹고살기 어려워서 영화·뮤지컬·드라마 음악 일을 했거든요. 작업료 입금을 차일피일 미루더니 갑자기 연락 끊고 사라지는 일이 부지기수입니다. 음악감독이 스태프인 내가 만든 곡을 자기 이름으로 올리고는 '나도 너만 한 때는 그랬어'라고 하죠. 그걸 거부하면 업계에서 매장돼요. …… 그래도 너희는 하고 싶은 거 하니까 좀 굶어도 괜찮아, 네가 선택한 길이잖아, 원래 예술가는 가난한 거 아니냐, 이런 인식이 가장 큰 문제입니다. 예술 노동의 가치가 경시되는 풍토를 바꾸는 게 가장 중요합니다."[43]

강헌은 "1997년부터 인디의 붐을 주도했던 세 축, 곧 홍대 앞 클럽 '드럭'과 '강아지 문화예술기획', 그리고 인디 제작·유통사 '인디'는 새로운 천 년에 이르러 드럭을 제외하고는 모두 몰락의 수순을 걸었다. 한때 붐을 이루었던 클럽 역시 드럭과 힙합을 중심으로 하는 마스터플랜 등을 제외하면 모두 운영난에 봉착하며 하나둘씩 우리 곁을 떠나갔다"며 다음과 같이 말한다.

"언더그라운드 문화는 잠수함 속의 토끼와 같다. 그것은 오버그라운드 문화가 거품 같은 소모전으로 전락하는 것을 방어한다. 우리에게 그리고 작은 클럽 무대에 선 밴드들에 지금 필요한 것은 바로 스스로에 대한 솔직한 탐문이다. 클럽은 클럽이며 인디는 인디다. 우리는 언제나 가장 낮은 곳에서 그리고 가장 작은 것에서 출발해야 하는 운명이다."[44]

'잠수함 속의 토끼'라는 말이 인상적이다. 토끼에겐 잠수함 속의 산소가 부족해지는 걸 가장 먼저 알아차릴 수 있는 능력이 있지만, 그러다가 호흡곤란으로 가장 먼저 죽을 수도 있잖은가. 그러면서도 살겠다고 조금만 발버둥 치면 '인디 상업주의'라고 욕을 먹으니 그것도 참 못할 일이다. 음악 관계자들은 "독립 음악을 하면서도 먹고살 수 있는 방법을 찾는 것이 인디 음악계에 놓인 과제"라고 말하는데,[45] 과연 그런 길이 열릴 것인지 지켜보기로 하자.

인디 영화 또는 독립 영화의 처지도 크게 다르지 않다. 2012년 1,000만 관객을 돌파한 영화가 두 편(〈도둑들〉과 〈광해, 왕이 된 남자〉)이나 나왔지만, 한국 영화 사상 처음으로 세계 3대 영화제 가운데 하나인 베니스영화제에서 작품상을 받은 〈피에타〉의 관객은 60만 명에 불과했다. 늘 독립 영화는 대기업들이 주도하는 유통 시장에서 상영관을 잡지 못하거나 조기 종영당하는 피해를 보곤 하는데, 김기덕 감독의 〈피에타〉도 마찬가지였다. 김기덕은 대기업 배급사를 두고 "도둑들이 아니고 무엇이냐"고 비난했다.[46]

〈고양이를 부탁해〉, 〈말하는 건축가〉 등을 제작한 정재은 감독은 2012년 12월 "영화계의 경쟁은 매우 치열하다. 매주 많은 영화가 쏟아져 나오고 있지만, 몇 개 되지 않는 독립 영화관에서 일주일에 한 번, 하루에 한 번 상영하는 건 어쩔 수 없는 현실이다. 그 경쟁에서 살아남는 게 상업 영화가 천만 관객을 달성하는 것보다 더 힘들다는 걸 알게 됐다"고 밝혔다. 그는 "〈말하는 건축가〉가 4만 정도의 관객이 들었는데 주위에서 400만 한 것과 같다고 말했다. 처음에는 실감하지 못했지만 지금에 와서 보면 그 말이 현실로 느껴진다"며 "독립 영화 시장의 자생력이 필요하다. 앞으로는 독립 영화의 제작 지원보다는 배급 지원이 더 필요한 상황이라고 생각한다"고 말했다.[47]

★ 독립 영화 〈말하는 건축가〉 포스터. 아무리 좋은 콘텐츠라도 대중이 접근하기 힘든 유통 구조에서는 성공이 요원하다.

2000년대 중반부터 독립, 예술, 저예산, 실험 영화 등을 아우르는 개념으로 '다양성 영화'라는 용어가 사용되었지만, 이들 중에서도 제작 및 유통 규모에서 약자에 위치한 독립 영화를 더욱 어렵게 만들었다는 비판이 제기되

기도 했다.[48]

영화진흥위원회는 예술 영화 전용관 25개, 독립 영화 전용관 3개, 고전 영화를 상영하는 시네마테크 15개에 지원하고 있다. 예술 영화 전용관에는 한국 독립 영화를 연간 최소 73일 틀어야 하는 쿼터제를 실시한다. 하지만 이들 영화관을 다 합쳐도 50개관이 채 되지 않는다. 반면 2013년 2월 4일 현재 박스오피스 1, 2위를 달리고 있는 영화 〈베를린〉과 〈7번방의 선물〉이 상영되고 있는 스크린 수는 자그마치 1,553개다. 한국에 있는 스크린 수가 총 2,081개인 것을 감안할 때 두 편의 영화가 우리나라 영화관의 74퍼센트를 차지하는 것이다. '극장에 가도 선택의 여지가 없다'는 말이 나오는 이유다.[49]

사실 음악이든 영화든 인디 문화의 저항은 현실적으론 막강 유통 권력에 대한 저항의 뜻이 강하다. 우리는 문화 콘텐츠가 가장 중요하다고 말하지만, 사실 그것보다 더 중요한 것은 유통이다. 대중을 만날 길이 없다면 아무리 좋은 콘텐츠라도 대중의 심판조차 받을 길이 없기 때문이다. 인디 문화를 잠수함 속의 토끼로만 머무르게 하는 것은 너무 가혹하지 않은가?

9장

엔터테인먼트의 힘

사람을 지루하게 만드는 건 죄악인가

사람을 지루하게 만드는 건 죄악이다. 그런 좌우명에 따라 엔터테인먼트가 모든 걸 지배하는 세상이 되었다. 엔터테인먼트라는 말을 우리말로 번역하면 '오락'이 되겠지만, 오락보다는 넓은 개념이다. 엔터테인먼트entertainment의 어원이 "특정한 틀로 붙들어두다"라는 뜻의 12세기 프랑스어 앙트르트니르entretenir라는 사실이 시사하듯이,[1] 엔터테인먼트는 우리의 일상적 삶의 구도와 풍경 자체를 바꾸는 틀로 군림하고 있다.

엔터테인먼트는 관련 업계에선 아예 '엔터'라고 줄여서 말할 정도이며 '한국엔터테인먼트학회'가 생겨났을 정도로 이미 외래어로 널리 사용되고 있으므로, 여기선 엔터테인먼트라는 단어를 쓰도록 하겠다. 한국엔터테인먼트학회 외에도 여러 학술단체들이 엔터테인먼트라는 단어를 사용하고 있다. 한국엔터테인먼트법학회, 한국엔터테인먼트산업학회, 한국스포츠엔터테인먼트법학회, 디지털엔터테인먼트학회 등이 있으며, 2003년 한양대에는 '엔터테인먼트 최고과정'마저 생겼다. 엔터테인먼트라는 단어는 수많은 합성어를 만들어내는 것도 그만큼 엔터테인먼트의 가치가 치솟고 있기 때문일 것이다.

엔터테인먼트가 정보와 결합한 인포테인먼트infotainment, 디지털과 결합한 디지테인먼트digitainment, 다큐멘터리와 결합한 다큐테인먼트docutainment, 아나운서와 결합한 아나테인먼트annatainment, 스포츠와 결합한 스포테인먼트sportainment, 예술과 결합한 아트테인먼트art-tainment, 광고와 결합한 애드테인먼트adtainment, 판촉과 결합한 프로모테인먼트promotainment, 마켓과 결합한 마켓테인먼트marketainment, 쇼핑과 결합한 쇼퍼테인먼트shoppertainment, 유통과 결합한 리테일먼트retailment, 식사와 결합한 이터테인먼트eatertainment, 자원봉사와 결합한 볼런테인먼트voluntainment, 교육과 결합한 에듀테인먼트edutainment, 의학과 결합한 메디테인먼트meditainment, 일과 결합한 워크테인먼트worktainment, 정치와 결합한 폴리테인먼트politainment 등등.

환자의 치료를 게임 형태로 구현하는, 즉 치료와 엔터테인먼트가 결합된 테라테인먼트theratainment도 나타났다.[2] 팝송 스타일의 새로운 성가를 따라 부르기 좋게 하려고 대형 스크린 텔레비전을 설치하는가 하면 예배에 록 밴드와 댄서들까지 동원하는 교회들이 많이 생겨나자 처치테인먼트churchtainment라는 말도 등장했다.[3] 심지어 티티테인먼트tittytainment라는 말까지 생겨났다. 즈비그뉴 브레진스키Zbigniew

★ 에듀테인먼트 개념으로 개발된 학습 로봇과 함께 공부를 하고 있는 어린이. 교육을 비롯한 거의 모든 분야가 엔터테인먼트의 영향을 받고 있다.

Brzezinski가 만든 말로 세계화로 인해 '20 대 80'(부유층 20퍼센트, 빈곤층 80퍼센트)으로 이루어진 세상에선 티티테인먼트가 판치게 될 것이란다. 이는 엔터테인먼트와 엄마 젖을 뜻하는 속어인 titty를 합한 말인데, 기막힌 오락물과 적당한 먹을거리를 절묘하게 결합해서 제공함으로써 이 세상의 좌절한 사람들을 기분 나쁘지 않게 만들 수 있다는 것이다.[4]

미국에선 이미 1990년대 중반 엔터테인먼트 산업은 매년 4,800억 달러가 넘는 매출을 올렸는데, 이는 공사립 초중등학교 교육비로 지출되는 금액보다 많은 액수였다.[5] 미국의 경영 컨설턴트인 마이클 울프Michael J. Wolf는 1999년에 쓴 『엔터테인먼트 경제The Entertainment Economy』에서 현대의 경제활동은 모든 분야에서 오락(엔터테인먼트)의 요소를 갖게 되었다고 주장했다. 울프는 이것을 이팩터E-Factor라고 명명하고 유통, 음식, 패션, 항공, 호텔, 금융 등 업종의 경계를 뛰어넘는 경제의 오락화 현상이 진행되고 있다면서 "실제 비즈니스와 엔터테인먼트 사이의 경계는 이미 사라졌다"고까지 단언했다.[6]

그렇다면 왜 이 같은 엔터테인먼트의 팽창 현상이 나타나는 걸까? 기술 발전으로 노동생산성이 높아지고 여가 시간이 늘어난 데다 세계화로 인해 국경의 장벽이 약화되고, 경제구조의 축이 제조업에서 서비스 산업으로 옮겨가고 있는 가운데 콘텐츠●의 중요성이 더욱 커지고 있기 때문이다. 엔터테인먼트의 핵심은 콘텐츠이고, 콘텐츠의 특징은 그 형태를 자유자재로 바꿀 수 있다는 점이 아닌가.[7] 그래서 멀티미디어 산업은 통신, 컴퓨터와 엔터테인먼트 산업의 수렴으로 형성되고 있다. 또 인터넷에서는 비즈니스와 엔터테인먼트가 최종적으로 하나로 수렴되고 있다.[8]

사실 굳이 엔터테인먼트라는 말을 쓸 필요가 없을 정도로 모든 삶이 엔터테인먼트화되었다고 보는 게 옳을지도 모르겠다. 2008년 6월 초 스웨덴 남부에 있는 도시 예테보리에서 열린 세계신문협회 총회와 세계편집인포럼에서 스웨덴의 안나 세르너와 카타리나 그라프만은 스웨덴 젊은이들의 미디어 이용 실태를 조사한 뒤 "요즘 젊은이들은 엔터테인먼트라는 단어를 쓰지 않습니다. 이미 그들의 생활 자체가 엔터테인먼트이기 때문이죠"라고 말했다.[9]

아니 이 세상 자체가 곧 엔터테인먼트는 아닐까? 뉴욕의 금융투자가 펠릭스 로하틴Felix Rohatyn은 그렇게 믿는 사람이다. 그는 이렇게 주장했다. "크라이슬러 자동차는 쇼 비즈니스다. 스포츠도 쇼 비즈니스고, 헨리 키신저도 쇼 비즈니스다. 이것이 시장의 현실이다. 언젠가 내가 말했듯이 이 세계의 모든 것이 쇼 비즈니스로 바뀌어가고 있다."[10]

로하틴의 주장이 과장스러운 건 분명하지만, 터무니없는 주장은 아니다. 엔터테인먼트의 위력에 대한 증언은 무수히 많다. 역사학자 닐 게이블러Neal Gabler는 "20세기 말, 미국을 이끌어가는 사업은 더 이상 사업이 아니다. 그것은 엔터테인먼트다"라고 말한다. 경영 컨설턴트 톰 피터스Tom Paters도 "모든 사람이 엔터테인먼트 산업에 발을 들여놓았다고 말해도 절대로 과장이 아니다"라고 말한다.[11]

이젠 국민의 권리이자 의무라는 투표마저 엔터테인먼트의 유혹 대상이 되고 있다. 낮은 투표율을 올리기 위해 쇼핑몰처럼 엔터테인먼트 요소가 많은 장소에 투표소를 설치하는 시도가 이루어지는 게 그걸 잘 말해준다.[12] 생각해보자. 투표 안 하면 민주시민의 자격이 없다고 욕하는 것과 투표하기 편리하고 쾌적한 환경을 조성해주는 것 가운데 어떤 게 더 효과적일까? 이런 발상을 공공적 목적에 적용하는 걸 가리켜 '공익 마케팅'이라고 한다. 공익 마케팅을 위한 엔터테인먼트 요소의 도입은 엔터테인먼트 요소를 바탕에 깔고 있는 소비문화가 공공 영역마저 점령했다는 걸 말해주는 것인지도 모르겠다.

엔터테인먼트가 베를린 장벽을 무너뜨렸는가·

1980년대에 세계 지식계를 풍미했던 '미국 쇠망론'에 대한 가장 강력한 반론은 바로 엔터테인먼트를 비롯한 미국의 소프트 파워soft power에 대한 재평가였다. 조지프 나이Joseph S. Nye는 소프트 파워를 "국제사회에서 강제력을 사용하지 않고 목적을 달성할 수 있는 능력"이라고 정의했다. 군사력과 경제력 등이 하드 파워라면 소프트 파워는 미국적 가치관, 정보통신, 교육기관, 문화의 수출, 국제기구와 제도를 통한 의제 설정 능력 등에서 나온다는 게 나이의 주장이다. 정치체제, 인터넷과 CNN, 하버드, 맥도날드와 IMF 등이 21세기 미국의 힘이라는 것이다.[13]

즈비그뉴 브레진스키도 "문화적 지배는 미국의 세계 권력에서 과소평가되고 있는 측면이다. 미국의 미적 가치를 어떻게 평가하든지

간에 미국의 대중문화는 특히 세계의 젊은이에게 거대한 자석과 같은 힘을 행사하고 있다"며 다음과 같이 말했다.

"미국의 텔레비전 프로그램과 영화는 세계 시장의 4분의 3을 차지한다. 미국의 대중음악 역시 비슷한 지배력을 지니고 있고, 미국의 유행, 식사 습관, 의상까지도 점차 전 세계적인 모방의 대상이 되고 있다. 인터넷에서 쓰는 언어는 영어이며, 컴퓨터를 통해 대화를 나누는 사람의 압도적 다수가 미국인으로서 전 지구적인 담론의 내용에 영향을 미치고 있다. 끝으로 미국은 더욱 선진적인 교육을 받고자 하는 사람들의 메카가 되고 있다. …… 미국 대학을 졸업한 장관들은 모든 대륙의 거의 모든 내각 안에서 발견된다."[14]

미국 디즈니사의 회장인 마이클 아이스너Michael Eisner는 한 걸음 더 나아가 엔터테인먼트가 이데올로기를 이겼다고 주장한다. "미국의 엔터테인먼트 산업이 역사를 바꾸는 데 일익을 담당해왔다는 것은 그다지 과장이 아니다. 베를린 장벽은 서구의 무기에 의해서 무너진 것이 아니라 서구식의 사고에 의해서 무너진 것이다. 그런 사고를 전달한 수단은 무엇이었는가? 다름 아닌 미국의 엔터테인먼트가 전적으로 그 역할을 담당했다는 사실을 인정해야 한다."[15]

또 세계적인 미디어 재벌 루퍼트 머독Rupert Murdoch은 "위성방송 덕분에 폐쇄된 사회에 살고 있는, 정보에 굶주린 사람들이 정부에서 통제하는 TV를 우회해서 정보를 얻을 수 있게 되었다"고 했고, MTV를 소유한 비아콤 인터내셔널Viacom International의 회장 섬너 레드스톤Sumner Redstone은 "우리가 동독에 MTV를 들여놓자 바로 베를린 장벽이 무너

★ 디즈니 회장 마이클 아이스너는 베를린 장벽은 서구식 사고에 의해 무너진 것이고, 그런 사고는 미국의 엔터테인먼트가 전적으로 전달한 것이라고 주장했다.

졌다"고 주장했다.[16]

베를린 장벽 붕괴(1989년 11월 9일) 후 40여 일 만에 루마니아를 1964년부터 1989년까지 25년간 지배한 독재자 니콜라에 차우세스쿠 Nicolae Ceaucescu, 1918~1989 정권도 무너졌는데, 차우세스쿠가 총살당하기 전 남겼다는 말도 흥미롭다. 그는 미국 텔레비전 드라마 〈댈러스〉의 국내 방영 허가를 몹시 후회했다고 한다. 그 드라마가 결국 혁명을 촉발시킨 자극제였다는 논리다.[17]

과연 엔터테인먼트가 베를린 장벽을 무너뜨렸는지에 대해선 논란의 여지가 있을망정 장벽 붕괴 이후 동유럽 국가들이 미국 대중문화의 침략으로 정체성 상실에 대한 고민에 빠져 있는 것은 분명하다. 1999년 체코 프라하의 바츨라프 광장에 위치한 음반 백화점 본톤뮤직센터에 전시된 30여 개의 베스트셀러 음반 가운데 20개가 미국 음반이었으며 체코 음반은 6개에 불과했다. 1992년 체코슬로바키아에서 분리된 슬로바키아도 문화적 정체성 상실을 고민하고 있었는데, 문화운동가 페테르 구벨라는 "상당수 젊은이들이 미국 대중문화를 무비판적으로 수용하면서 스스로를 미국인인 것처럼 착각해 심지어 동유럽 고유의 영화나 음악을 경멸하는 풍조까지 퍼져 있다"고 개탄했다.[18]

유고슬라비아 베오그라드 영화학교 교수 출신의 영화제작자 고르단 미히치는 "개방 이전 훌륭한 예술영화를 많이 만들었던 동구의 자랑스러운 영화 전통은 우수한 인력에도 불구하고 개방 이후 정부지원이 끊긴데다 진지함을 회피하는 사회풍조와 오락성이 강한 할리우드 영화의 봇물 유입에 밀려 빛이 바랬다"고 말했다. 단지 유고만이 매년 6~8편의 영화를 만들고 있을 뿐 개방 전 세계적인 수준을 자랑했던 동구의 영화는 이제 매년 국가별 제작편수가 1~2편 정도로 격감했다는 것이다.[19]

2009년 6월 25일 마이클 잭슨의 사망은 미국 대중문화의 힘을 유감없이 입증해주었다. 전 세계인이 그의 죽음을 애도했기 때문이다. 그는 전 세계에서 음반이 팔리고 공연이 매진되는 등 진정한 의미에서 최초의 '글로벌 스타'였다. "어젯밤 멕시코시티에 마이클 잭슨으로 분장한 사람들이 모였다. 오늘 밤 런던에선 군중이 모여 '문워크'를 춘다"고 전한 『포린폴리시』는 잭슨을 일컬어 "상냥한 손님이자 친절한 대사ambassador였다"고 했다. 45세의 중국인 사업가는 "1980년대 그의 음악은 개방 시대를 처음 맞은 중국인들에게 서양 문화를 상징

★ 마이클 잭슨의 죽음을 애도하는 중국의 팬들(위)과 그의 춤을 따라하는 일본의 팬들(아래). 마이클 잭슨은 진정한 의미의 글로벌 스타였다.

하는 주제곡이었다"고 회고했다.[20]

우리는 과거 공산권 국가들의 국민이 가장 원했던 건 자유와 관련된 것이라고 생각하기 쉽지만, 그건 진실은 아니다. 그건 마치 미국으로 몰려든 이민자들이 단지 자유를 누리기 위해 미국을 찾은 건 아니었던 것과 비슷하다. 이와 관련, 제러미 리프킨Jeremy Rifkin은 다음과 같이 말한다.

"아메리칸드림을 가지고 미국 땅으로 몰려든 이민자들이 못내 부러워한 것은 교실과 공식석상에서 찬양하던 시민적 참여의 이상이 아니라 탐나는 물건들이 잔뜩 쌓여 있는 궁전처럼 으리으리한 백화점에 가서 원하는 물건을 마음껏 사는 것이었다. '참여'는 정치적 영역의 고매한 횃대에서 굴러 떨어져 상업적 영역에서 소비자로서 마음껏 선택할 수 있는 기회로 격하되었다."[21]

베를린 장벽 붕괴를 전후로 한 공산권 국가들의 국민도 비슷했다. 그들은 정치적 자유 못지않게 또는 그 이상으로 소비의 자유를 원했다. 바로 여기서 영상 미디어 테크놀로지는 자본주의를 편애한다는 가설이 가능해진다. 미국 비평가 수전 손택 Susan Sontag, 1933~2004은 자본주의 사회가 본질적으로 영상에 입각한 문화를 요구한다고 말한다. 그것은 구매력을 자극하여, 계급과 인종과 성의 갈등으로 인한 상처를 마취시키기 위하여 대량의 엔터테인먼트를 제공할 필요가 있기 때문이라는 것이다.[22]

그 의도가 무엇이건 자본주의는 영상으로 보여줄 풍요로운 장면이 많이 있었던 반면, 공산주의는 '줄서기' 외엔 보여줄 게 거의 없었다. 늘 일상적으로 줄을 서서 배급을 기다리던 사람들에게 그림의 떡일망정 백화점을 비롯한 소비의 궁전들이 과시하는 풍요는 마력적인 것이었다. 소비 이데올로기는 정치 이데올로기보다 강하다. 그런 시각에서 엔터테인먼트가 베를린 장벽을 무너뜨렸다는 가설도 성립될 수 있는 것이다.

왜 스토리텔링이 흘러넘치는가

"대부분의 사람들은 특정 정당이나 특정 정치인을 지지할 때 '좋고' '싫고'의 문제로 접근합니다. 그러고 나서 좋은 이유, 싫은 이유를 덧붙이지요. 이게 진실 아닐까요?"[23]

『프레시안』 기자 강양구의 말이다. '좋고', '싫고'의 문제는 주로 특정 정치인의 스토리에 의존한다. 사람들은 스토리에 열광하고, 그래서 대선 후보들은 스토리 마케팅에 몰두한다. 『오마이뉴스』가 연재한 「2012 전략가의 선택」 시리즈에서 나온 다음 주장들은 2012 대선이 과거 그 어느 때보다 치열한 스토리 전쟁을 치렀음을 말해준다.

김두관은 정의를 삶에서 실천한 성적표를 가지고 있다. 민주당에서 그런 삶의 스토리를 가지고 있는 후보를 찾기 어렵다. 없는 스토리

를 만들 수는 없다. 있는 스토리를 조명할 수 있는 가능성은 김두관에게 있다. ●민병두 의원[24]

'저녁이 있는 삶'은 학생운동 시절부터 탄광, 빈민촌, 철공소에서 했던 막노동과 민생대장정을 통해 직접 경험한 노동자의 삶과 애환에 대한 이해에서 나온 대안이며, 그게 바로 다른 대선 후보들이 흉내 낼 수 없는 손학규 후보만의 차별점이다. …… 스토리가 가장 많은 인물이 손 고문이다. ●조정식 의원[25]

노무현 대통령이 요트 타는 변호사에서 뒤늦게 철들었다고 한다면 문재인 고문은 청년 시절부터 민주주의에 헌신해왔다. 문 고문의 삶에는 노 대통령보다 더 많은 스토리가 있다. ●윤후덕 의원[26]

 2012 대선이 박근혜의 승리로 끝난 걸 보면, 가장 드라마틱한 스토리의 주인공은 한국 현대사의 주요 고비였던 두 번의 암살 사건으로 부모를 모두 잃은 비극적인 가족사를 겪은 박근혜였을까?
 과연 그런 것인지 알 수 없는 일이지만, '이야기'의 힘이 막강하다는 건 분명한 사실이다. 요즘 아이들이야 불행하게도 할머니의 옛날이야기를 거의 듣지 못하고 자라겠지만, 할머니의 옛날이야기를 듣고 자란 세대는 이야기의 가공할(?) 마력에 대한 기억을 갖고 있을 것이다. 오늘날 텔레비전이나 인쇄 매체의 픽션물이 쉬운 이해를 위해 이야기체 스크립트를 사용하는 것도 바로 그런 이유 때문일 것이다.

심지어 광고도 이야기체를 사용하는데, 어느 학자는 고민하는 치질 환자를 주제로 한 30초 동안의 광고 내용이 고대 그리스 비극과 같은 극적인 이야기 구조를 갖추고 있다고 주장하기도 했다.[27]

언제부턴가 '이야기해주기' 라는 말 대신 스토리텔링storytelling이라는 외래어가 널리 쓰이기 시작했는데, 이는 '디지털 시대의 특성에 맞는 이야기하기' 라는 뜻을 강조하기 위한 것이다. 최혜실은 "스토리텔링에서의 'tell' 은 단순히 말한다는 의미 외에 시각은 물론 촉각이나 후각 같은 다른 감각들까지 포함한다. 특히 구연자와 청취자가 같은 맥락 속에 포함됨으로써 구연되는 현재 상황이 강조된다. 현장성의 회복, 즉 새롭게 확장된 '구술 문화' 의 차원이 되는 것이다. 여기에 'ing' 는 상황의 공유, 그에 따른 상호작용성의 의미를 내포한다"고 풀이했다.

최혜실은 "스토리텔링은 문화기술CT과 결합하면서 문학, 만화, 애니메이션, 영화, 게임, 광고, 디자인, 홈쇼핑, 테마파크, 스포츠 등의 장르를 아우르는 상위 범주가 됐다"며 "서사 형식의 원형질인 스토리텔링은 다른 매체로 옮겨가면서 매체 변주를 하고 새로운 표현 방식을 획득하게 된다"고 말한다. 한 장르가 성공했을 때 다른 장르로 활용, 개발되는 것은 디지털 컨버전스 시대의 특징이라는 것이다.[28]

대중문화에는 스토리텔링이 철철 흘러넘친다. 2008년 구둘래는 "텔레비전을 켜면 '스토리 욕망' 이 넘쳐난다. 그렇다고 드라마만의 이야기도 아니다. 〈세상에 이런 일이〉, 〈TV 특종 놀라운 세상〉, 〈사랑과 전쟁〉, 〈TV는 사랑을 싣고〉의 놀라운 생명력은 이야기의 생명

★ 눈물을 흘리는 불상을 다루는 〈TV 특종 놀라운 세상〉의 600회 특집 방송화면. 이 프로그램이 오랫동안 장수할 수 있었던 비결은 스토리텔링이라는 이야기의 생명력에 줄을 대고 있었기 때문이다.

력에 줄을 대고 있다. 케이블방송 프로그램들도 이야기를 원천으로 한다. 〈리얼스토리 묘〉, 〈김구라의 위자료 청구소송〉, 〈신해철의 데미지〉, 〈심령솔루션 엑소시스트〉 등은 조금씩 카테고리를 달리하면서 이야기에 골몰한다"며 다음과 같이 말한다.

"스토리의 힘은 구체성의 힘이다. 유명한 예로 '원수를 사랑하라'란 말은 공허하게 들릴 뿐이지만 자신의 인생을 추적하던 경감을 용서하는 '장발장'의 이야기에서는 구체적으로 다가오게 된다. 출판계에서도 자기계발서의 '우화형으로 메시지 전달하기' 기법은 베스트셀러로 가는 지름길이다. '변화를 두려워하지 말라'라는 메시지를 우화적으로 전하는 『누가 내 치즈를 옮겼는가』, '지금 실천하라'는 메시지를 간곡하게 전달한 『마시멜로 이야기』, 칭찬의 힘을 다룬 『칭찬은 고래도 춤추게 한다』 등의 전통은 미국 시장을 넘어 국내에도 미치고 있다. 우화형 자기계발서는 2006년부터 한국형을 만들어내며 승승장구하고 있다."[29]

스토리텔링의 인기가 치솟으면서 스토리텔링 마케팅도 각광을 받았다. 이는 상품에 얽힌 이야기를 가공, 포장해 광고·판촉 등에 활용하는 브랜드 커뮤니케이션 활동이다. 인지심리학 분야의 세계적 권위자인 미국 카네기멜런대 교수 로저 섕크Roger Schank는 "우리는 그동안 우리가 살아온 스토리, 들어온 이야기로 세상을 이해한다. 상대가 들려주는 이야기를 바탕으로 그 사람을 정의하듯 기업도 회사가 만들어낸 스토리, 주변에서 만든 이야기로 정의된다"고 말했다. 또 덴마크의 스토리텔링 전문기업 시그마SIGMA의 클라우스 포그Klaus Fog 대표는 "창업주에 대한 스토리, 제품 탄생과 관련한 스토리, 훌륭한 직원에 대한 스토리, 감동받은 소비자의 스토리 등 모든 기업은 누구도 모방할 수 없는 자신만의 스토리를 갖고 있다"며 "이는 기업을 특별하게 만드는 훌륭한 전략적 도구"라고 강조했다.[30]

이유진은 「명품의 스토리텔링」이란 글에서 꿈·희소성·전통·장인 정신·스토리·후광 효과 등을 명품 스토리텔링의 구성 요소로 꼽았다. 이를테면 루이비통의 경우 외국인은 파리 매장에서 하루 두 개밖에 구입할 수 없으며 페라가모 구두는 134가지 공정을 거친 뒤 변형을 막기 위해 7일간 오븐에 넣는다는 이야기, 영화 〈애수〉의 로버트 테일러와 〈카사블랑카〉의 험프리 보가트가 버버리 트렌치코트를 입었다거나 모나코 왕비 그레이스 켈리가 임신했을 때 에르메스 핸드백으로 볼록한 배를 감췄다는 이야기 등이 모여 명품의 신화를

★ 에르메스 핸드백을 들고 있는 모나코 왕비 그레이스 켈리. 그녀가 임신 중에 자신의 배를 에르메스 핸드백으로 가린 모습이 전 세계적으로 화제를 모으자 에르메스사는 그 가방 모델에 켈리 백이라는 이름을 붙였다.

만들어 판촉에 기여한다는 것이다. 명품 보석·시계로 유명한 불가리는 베스트셀러 작가인 페이 웰던에게 아예 『불가리 커넥션』이란 소설을 써달라고 의뢰했다. 이 책의 표지는 불가리 사의 목걸이 사진이었는데 이 목걸이가 소설에서 핵심적인 역할을 한다.[31]

박정현은 "출간 2년 만에 600만 부를 돌파한 한자 만화 책 『마법천자문』의 인기는 스토리텔링의 위력을 여실히 보여주는 사례라 할 수 있는데, 이런 경향은 과학이나 역사 서적에서도 비슷하게 나타나고 있다"며 이렇게 말한다. "또한 스토리텔링 마케팅의 효과는 관광 등 문화 산업에서도 주목할 만하다. 똑같은 남이섬이라 하더라도 '〈겨울연가〉 주인공이 거닐던 남이섬'이면 한 번 더 보고 싶은 것이 사람의 마음이다. 그러므로 지자체 등 문화 산업 주체들은 '스토리'와

'체험'이 있는 문화 상품을 만들기 위해 노력할 필요가 있는데, 최근 한국관광공사도 이러한 추세를 반영해 유명 관광지와 그곳에 얽힌 이야기를 결합한 다양한 한류 상품을 기획한다는 계획이다."[32]

『마법천자문』의 인기에 자극을 받은 걸까? 2012년 1월 교육과학기술부는 '수학 교육 선진화 방안'을 발표하면서 "요약된 설명과 공식, 문제 위주로 구성돼 있는 기존 교과서에 수학적 의미, 역사적 맥락 및 실생활 사례 등을 스토리텔링 방식을 통해 유기적으로 연계해 수학에 대한 이해와 흥미를 높인다"고 발표했다.

스스로 수학 교육에 스토리텔링을 도입하는 교사들도 늘고 있다. 2013년 1월 24일 사단법인 전국수학교사모임이 주최한 '제15회 매스페스티벌'의 '스토리텔링 교수학습방법과 서술형 평가문항을 통한 교실수업 개선'이라는 강의의 한 장면을 보자.

'내 속엔 내가 너무도 많아. 당신의 쉴 곳 없네. 내 속에 헛된 바람들로 당신의 편할 곳 없네.' …… 밴드 자우림이 〈나는 가수다〉에서 부른 노래 〈가시나무〉가 울려 퍼진다. 노래가 끝나자 마이크를 들고 있던 고양외고 박성은 수석 교사가 청중을 향해 질문을 던진다. "여러분은 이 노래가 나오는 동영상을 놓고 무슨 수업을 하실 건가요?" 박 교사의 질문에 강연장에 있던 교사들이 하나둘 손을 들어 대답한다. "함수요!" "집합이요!" 박 교사가 미소를 지으며 다음 설명을 이어간다. "네, 좋습니다. 그렇게 사용하세요. 저는 '부등식의 영역'에 대해 수업할 때 이 동영상을 활용합니다. 원래는 마음이 한 개였는데 원을 그리면 영역이 두 개 생깁니다. 원을 그리다 보면 '경계'가 생깁니다. 철학적으로 말하면 '기준', '가치관'이 생기는 겁니다.

박 교사는 "학생들이 '수학 이거 어디에 써먹어요?'라고 묻는 걸 보고 자극받아 나만의 스토리텔링 수학 수업을 만들어보게 됐다"며 "기존의 수학적인 언어, 실생활 속의 언어로 수학을 표현하는 삶의 언어, 여기서 나아가 수학으로 한 편의 에세이를 쓸 수 있을 정도의 심미적 언어 세 가지를 모두 담은 수업을 할 수 있어야 한다"고 했다.[33]

이야기의 마력을 감히 누가 부인할 것인가? 문제는 픽션 이외의 영역에서 벌어지는 이야기일 것이다. 정보엔 여러 종류가 있는데, 이른바 '이야기 정보'라는 것도 있다. 일상적으로 사람들끼리 나누는 이야기의 형식으로 전달되는 정보를 말한다. 친구들과 수다를 떨어본 사람들은 이야기 정보가 얼마나 재미있고 강한 파급력을 발휘하는지 잘 알 것이다. 그러나 주의할 점도 있다.

이야기는 육하원칙을 필요로 하지 않는다. 그럴듯하면 그걸로 족하고 설득력은 말하는 이의 권위와 말솜씨에 좌우된다. 굳이 옛날이야기를 상정할 필요는 없다. 그저 사람들 사이에 떠도는 이야기를 생각해보라. 사람들은 어떤 이야기를 들으면 '그거 말 되는데'라거나 '말도 안 돼'라는 말을 즐겨 한다. 진실은 때로 얼른 듣기에는 말도 안 되는 것일 수도 있다. 그런 진실은 이야기로서의 생명력이 약하다. 이야기 정보가 워낙 사람들을 끌어들이는 흡입력이 강하기 때문에 신문 기사마저도 점점 이야기의 형식을 취하고 있다. 이는 특히 사람들 간의 갈등을 많이 다루는 정치 기사에서 많이 나타난다. 그러나 정치 보도와 논평이 정치인의 퍼스낼리티에 대한 품평회로 전락하는 것은 구조와 제도의 변화를 어렵게 만든다. 사람이란 다 거기서 거기라는 식의 냉소주의마저 불러일으킬 것이고, 이는 결국 정치 개혁을 좌초시키는 결과를 초래한다. 정치를 포함한 사회문제에 대한 이해를 위해서는 너무 이야기식으로 말랑말랑하게 쓰인 기사나 글을 경계해야 할 것이다.

왜 우리는
쇼핑몰에
열광하는가

미국에서 1950년대 중반은 "절약은 반反미국적이다"는 말이 나올 정도로 풍요가 만끽되고 소비가 권장되던 시절이었다. 이때 쇼핑몰shopping mall이 탄생했다는 것은 우연이 아니다.[34] 몰은 원래 품위 있는 산책에 좋은 장소라는 뜻이다. 이걸 쇼핑과 연결시킨 사람은 건축가 빅토르 그루엔Victor Gruen, 1903~1980이다.

그루엔은 1956년 미네소타 주 미니애폴리스 교외의 에디나Edina에 사우스데일 몰Southdale Mall을 개장했다. 사우스데일 몰은 계절에 관계없이 실내 온도를 일정하게 조절함으로써 밀폐된 공간 안에 마법의 세계를 방불케 하는 환상적 환경을 재현하는 데 성공했다. 소비자들은 이곳에서 바깥 세계의 소음, 산만함, 사고, 긴장으로부터 해방될 수 있었다. 이후 미국의 거의 모든 쇼핑몰이 이걸 모방함으로써 사우

스데일 몰은 쇼핑몰의 원형이 되었다.35

장 보드리야르Jean Baudrillard, 1929~2007는 "자동차를 만드는 일보다 파는 일이 더 어렵게 되었을 때야 비로소 인간 자체가 인간에게 과학의 대상이 되었다"고 말했는데,36 쇼핑몰은 그런 과학이 활용되는 집결지였다. 1973년 노스웨스턴대의 마케팅 교수 필립 코틀러Philip Kotler는 분위기학atmospherics이라는 새로운 과학의 도래를 알리는 일련의 글을 발표했다. 코틀러는 "분위기는 모든 구매 상황에 언제나 존재하는 요소"라고 규정하면서 다음과 같이 말했다.

"극히 최근까지 분위기는 우연히 또는 유기적으로 발달했다. 그러나 분위기학에서는 구매자의 구매 성향을 부추길 수 있는 분위기를 의도적으로 계획한다. 다른 마케팅 수단이 극심한 시장 경쟁에서 점차 무력화하고 있음에 따라 분위기학은 차별적인 우위를 점하기 위해 끊임없이 노력하는 기업들에 있어 점점 더 그 역할이 중대할 것이다."37

때마침 1970년대에는 행동 심리학이 크게 유행했다. 행동 심리학의 연구 성과는 마케팅에 곧바로 도입됐다. 1970~1980년대 동안 10여 개가 넘는 호텔 및 카지노 경영 관련 학술 잡지에서 카지노 운영을 위한 원칙들이 발표됐다.

카지노 설계 시 창문은 만들지 말라. 빛이나 소리가 외부에서 들어올 수 없는, 철저히 밀폐된 환경을 만들어야 한다. 카지노에 흐르는 공기는 항상 일정한 온도와 산소 농도를 유지해야 하며 어떤 경우에도 변동이 있어서는 안 된다. 고객이 집에 갈 생각을 아예 하지 못하게 하기 위해서다. 시간 감각을 무디게 만들기 위해 시계도 없어야 한다. 실내 장식은 가능한 한 빨간색을 많이 사용해야 한다. 열광과 자극을 위해서다. 고객이 일상의 소심함에서 벗어나 화끈해지게끔 만들어야 한다. 웨이트리스는 노출이 심한 옷을 입고 술은 공짜로 제공하라. 고객을 헷갈리게 하기 위해 그렇게 하는 것이 필요하다. 손님이 고독감을 느끼게끔 하라. 자리를 뜨지 말고 계속 도박에 몰두하게끔 하기 위해서다.[38]

　카지노의 이와 같은 마케팅 원리는 쇼핑몰에도 그대로 적용됐다. 연구자들은 쇼핑몰 바닥이 중요한 역할을 한다는 걸 간파했다. 내부 바닥재는 카펫이나 부드러운 비닐 재질을 쓰지만 통로엔 대리석이나 딱딱한 나무를 사용했다. 고객이 발에 불편을 느껴야 상점 안으로 들어가게 되기 때문이다. 또 반짝이는 대리석 바닥을 까는 것은 빛을 반사시키고 생동감을 주기 위한 목적도 있다.

　쇼핑몰은 카지노와는 달리 고객이 어느 정도 시간 감각을 가지고 있는 편이 오히려 '쇼핑 오래 하기'에 도움이 된다는 연구 결과도 나왔다. 그래서 복잡한 조명 장치와 에어컨 시스템을 가동해 시간대별로 자극에 변화를 주는 방법이 도입됐다. 실내 온도는 정오경에 최고가 되도록 했고, 조명도 오전에는 밝은 색조의 형광등 불빛을 쓰다가 저녁 때에는 백열등에서 내뿜는 따뜻한 색조로 바꾼다든가 하는 식이었다.

　배경음악도 중요했다. 패스트푸드점에선 박자가 빠른 음악을 들려줄 때 고객들의 음식을 씹는 속도가 빨라졌다는 것이 밝혀졌다. 화

★ 세계 최초의 쇼핑몰인 미국의 사우스데일 몰(위)과 한국에서 쇼핑몰의 전성시대를 연 타임스퀘어(아래). 쇼핑몰은 소비자의 구매욕을 부추기도록 설계되었으니 쇼핑할 때 쇼핑의 주체는 내가 아닐 수도 있다는 생각을 한번쯤 해보자.

러한 옷은 생음악으로 연주되는 시끄러운 음악을 들려주면 잘 팔리며 액세서리도 마찬가지라는 것도 밝혀졌다. 그 이유는 고객들이 물건의 질을 잘 살펴보려고 하지 않게 되기 때문이라는 것이다.

그런 매장 음악만 전문으로 판매하는 뮤잭Muzak corporation 같은 회사들이 생겨났다. 이제는 대형 비디오 스크린과 함께 음악을 들려준다. 분위기학의 일환으로 향기학aromacology도 가세했다. 냄새가 판매에 영향을 미친다는 오랜 상식이 하나둘씩 과학화되기 시작했다. 과자는 냄새를 잘 풍겨야 매출이 늘어난다. 계피 냄새를 맡으면 사람이 너그러워진다. 빅토리아시크릿이라는 여성용품 전문 매장은 고객의 여성적 느낌을 부추기기 위해 포푸리 향을 사용한다. 어느 카지노는 냄새가 나는 화학물질을 의도적으로 방출해 슬롯머신 이용률을 45퍼센트나 증가시켰다.[39]

"우리는 여러분이 길을 잃기 바랍니다." 1992년 미니애폴리스 근교에 개장한 세계 최대 규모의 쇼핑몰 '몰 오브 아메리카Mall of America'를 설계한 디자이너가 개막식장에서 한 말이다. 이 말은 오늘날 모든 대형 쇼핑몰의 불문율이 되었다. 모든 설계와 환경 조성은 고객들이 길을 잃게끔 해야만 한다. 아니 정신까지 잃게 만들어야 한다. 바로 여기서 그루엔 전이Gruen transfer라는 병이 생겨났다. 그루엔의 이름을 따서 붙인 이 병은 분명 살 물건을 정하고 쇼핑을 나갔던 사람이라도 물건을 보고 돌아다니는 동안 계획에도 없던 것들을 충동적으로 사고 돈을 낭비해버리는 현상을 가리킨다. 사회학자들은 현대식 쇼핑몰이 생기고 나서 얼마 되지 않아 이런 현상이 나타나는 것을 목격하

고 그와 같은 이름을 붙였다.⁴⁰

소비자는 늘 관찰의 대상이 된다. 예컨대, 미국의 성공적인 소매 기업 어번 아웃피터스는 시장 조사를 하지 않는다. 그건 낡은 방식으로 실효성이 없다고 보기 때문이다. 그 대신 가게 내에서 고객이 보이는 태도와 행동을 비디오테이프나 스냅 사진으로 촬영해서 그것을 토대로 고객의 특성을 분석한다. 고객의 마음을 끄는 것이 무엇인지에 대한 감을 얻기 위해서다. 이 기업의 철칙은 이것이다. "우리는 사람들의 말을 믿지 않고 사람들의 행동을 믿는다. 당신의 고객이 말하는 것을 무시하시오. 단지 그들이 무엇을 하는지를 유심히 관찰하시오."⁴¹

소비자는 변덕스러운 동물이다. 소비자가 쇼핑몰의 단조로움과 인공적인 조형에 싫증을 내자 쇼핑몰은 문화라는 테마의 옷을 입고 각종 엔터테인먼트 요소를 도입하기 시작했다. 쇼핑몰에 테마가 있는 각종 행사, 놀이기구, 아이맥스 영화관 그리고 공연이 등장했다. 그건 쇼핑을 정기적인 가족 나들이로 승격시키기 위해서도 꼭 필요한 일이었다. 10대들은 쇼핑몰을 사적인 만남의 공간이자 유행을 퍼트리고 소비하는 공간으로 활용한다. 미국 청소년이 집과 학교 다음으로 시간을 많이 보내는 곳이 바로 쇼핑몰이라는 건 당연한 일인지도 모르겠다.⁴²

한국에서 사실상 쇼핑몰 전성시대를 연 것은 2009년 서울 영등포에 오픈한 경방 타임스퀘어다. 37만 제곱미터 면적에 호텔·오피스텔·영화관·명품 숍·서점 등을 망라한 타임스퀘어는 주말에 평균

30만 명 이상이 몰리면서 개점 후 6개월 만에 5,200억 원대 매출을 올렸다. 2011년부터는 서울 신도림 디큐브시티, 경기 김포 롯데몰, 2012년 8월엔 서울 여의도 IFC몰 등이 생겼고, 2013년부터 2017년까지 완공을 앞둔 전국의 쇼핑몰만 12개에 이른다. 한국에선 규모를 강조하기 위해 흔히 '복합쇼핑몰'이라고 부른다.

쇼핑몰은 몰링malling족 또는 몰워커mall walker라는 신조어를 만들어내고 있다. 쇼핑몰에서 쇼핑·놀이·공연을 한꺼번에 즐기는 새로운 소비계층을 이르는 말이다. 소비자들이 쇼핑을 단순히 물건을 구입하는 행위가 아니라 문화 활동과 결합한 일종의 놀이로 즐기기 시작했다는 걸 의미한다. 용산 아이파크몰은 야외 공간에 이벤트 파크와 풋살 경기장을 만들었으며, 김포공항 인근에 위치한 롯데몰은 전체 부지 면적의 60퍼센트가 넘는 12만 9,000제곱미터를 정원과 산책로, 잔디광장, 수변 공간 등 여섯 개 테마를 가진 공원으로 꾸몄다. 부산의 신세계 센텀시티는 백화점을 비롯해 아이스링크, 골프연습장, 스파랜드까지 각종 문화·레저 시설을 총망라했다.[43]

쇼핑몰은 마켓과 결합한 마켓테인먼트marketainment, 쇼핑과 결합한 쇼퍼테인먼트shoppertainment, 유통과 결합한 리테일먼트retailment의 진수를 보여주는 공간이라 할 수 있다. 쇼핑몰에서 마음껏 즐기되, 소비자는 늘 관찰과 분석의 대상이 되고 있다는 것과 쇼핑의 주체는 내가 아닐 수도 있다는 것을 한번쯤 생각해보는 것도 좋을 것이다. 쇼핑의 즐거움을 감히 부정하려는 건 아니다. 쇼핑의 노예가 아닌 주인이 되자는 뜻에서 하는 말이다.

10장

미디어 테크놀로지의 문법

"미디어가 메시지"라는 말은 무슨 뜻인가

대중문화는 테크놀로지의 산물이다. 오늘날 테크놀로지의 도움을 받지 않는 대중문화는 거의 없다. 만화 같은 대중문화 양식도 인쇄술이라고 하는 테크놀로지가 발명되었기에 가능한 것이다. 텔레비전도 그렇고 노래방도 그렇다. 사람들끼리 오손도손 마주 앉아 노는 건 테크놀로지의 도움 없이도 가능하겠지만, 우리는 그런 놀이를 대중문화라고 부르지 않는다. 대중문화는 더 많은 사람에게 전달되기 위해 어떤 형태로든 테크놀로지의 힘을 필요로 하는 것이다.

그래서 어떤 학자들은 대중문화 생성의 필요하고도 충분한 조건은 테크놀로지라고 주장한다. 즉, 테크놀로지의 요건만 구비되면 자본주의 국가에서든 사회주의 국가에서든 대중문화가 이루어질 수 있다는 것이다. 이와 같은 주장을 테크놀로지 결정론technological determinism 이라고 부른다. 기술결정론이라고도 하니, 이후엔 기술결정론으로 쓰기로 하자.

그러나 일반적으로 기술결정론은 대중문화와 무관하게 더 넓은 의미에서 사용돼왔는데, 기술 발전이 곧 사회 발전의 방향과 내용을 결정한다는 시각을 가리킨다. 이 시각에 따르면, 기술은 독립적인 우연한 발견으로 간주된다. 예컨대, 텔레비전 같은 기술도 우연히 발명되어 지금과 같은 형태와 영향력을 얻게 되었다고 말할 수 있다.

그러나 기술결정론에 반대하는 학자들은 텔레비전 기술이 우연히 발명된 것이 아니라 특정 이해세력들이 그들의 특별한 요구들을 해결하고자 하는 동기에 의해 발명된 것이라고 말한다. 즉, 텔레비전 기술은 그것의 특정한 용도가 예정된 가운데 추구되었기 때문에 발명된 것이지, 결코 우연 또는 과학적 창조의 결과는 아니라는 것이다.[1]

또한 기술결정론은 기술을 가치중립적인 것으로 보는 입장에서 기술이 모든 나라와 사회집단에 보편적인 이익이 된다고 간주한다. 정보사회의 도래를 예찬하는 미래학은 주로 그런 기술결정론에 근거하고 있다. 그러나 기술결정론을 받아들이지 않는 사람들은 어떤 기술의 도입이 모든 사람에게 이익은 아니며 특정 나라 또는 집단에 유리하게 작용한다고 생각한다.

대중문화 현상의 구체적인 논의에서 기술결정론이 시사하는 바는 매우 크다. 기술결정론을 믿는 사람들은 기술이 대중문화의 내용까지 결정한다고 생각하는 반면, 기술결정론에 반대하는 사람들은 기술이 아니라 기술을 이용하고 조종하는 사람들이 대중문화의 내용을 결정한다고 생각한다.

기술결정론을 둘러싸고 학자들 사이의 논쟁은 뜨겁지만, 사실 많은 경우 수사학적 성격이 강하다. 거칠게 말하자면, 이론상의 논쟁에 불과할 수도 있다는 것이다. 기술이 대중문화에 큰 영향을 미친다는 것은 누구나 다 인정한다. '어느 정도' 냐고 물었을 때, 논쟁이 시작된다. 50퍼센트? 60퍼센트? 70퍼센트? 80퍼센트? 90퍼센트? 100퍼센트?

비판자들은 "기술이 대중문화를 100퍼센트 결정한다"는 시각이라는 전제 아래 기술결정론을 비판하는 경향이 있다. 예컨대, 미국의 미디어 학자 데이비드 크로토David Croteau와 윌리엄 호인스William Hoynes는 기술결정론을 이렇게 설명한다. "기술결정론적 시각에 의하면 인간은 오직 기술에 의하여 합리적으로 작업하는 고용인에 불과하다. 장기판에서 장기를 두듯이 기술이 요구하는 대로 움직일 뿐이라는 것이다. 달리 말하자면, 이러한 관점에서는 어떤 사회구조적인 제한도 없고 인간의 의식적인 행위도 없으며, 사회는 인간이 아닌 오로지 기술에 의해서 변화되는 것이다."[2]

이런 설명엔 기술결정론을 주장하는 사람들이 자기주장을 강하게 하느라 동원한 수사적 과장법이 일조했다. 예컨대, 기술결정론자라 할 수 있는 레슬리 화이트Leslie A. White, 1990~1975는 "사회 체계는 기술 체계의 작용이다. 그것은 기술 체계에 의하여 결정된다. …… 관념이나 철학은 또한 기술의 작용이다"라고 단언한다.[3]

바로 이런 식의 발언이 비판을 부르는 것이다. 100퍼센트가 아니라 80퍼센트나 90퍼센트 정도 영향을 미친다고 말하면, 속된 말로 '빠져나갈 구멍'이 생기지 않는가 말이다. 바로 그런 점에서 수사학적 성격이 강한 논쟁이라는 것이다. 우리는 그런 논쟁에 휘말릴 필요 없이 기술이 매우 중요하다는 선에서 타협을 보기로 하자.

대중문화에 관한 논의에서 기술결정론자라고 지적받는 대표적인 인물은 마셜 매클루언Marshall McLuhan, 1911~1981이다. 매클루언만큼 대중문화에 관한 논의를 대중화한 사람도 찾아보기 어려울 것이다. 그는 텔레비전이 본격적인 매스미디어로 등장한 1960년대 미국의 산물이었다. 많은 사람들이 텔레비전이라는 '괴물'에 대해 당혹스럽게 생각하고 있을 때 그가 그의 대표작인 『미디어의 이해』를 통해 명쾌한 설명을 제시했다. 이 책이 출간된 1964년은 미국에서 텔레비전이 큰 위력을 발휘하던 때였다.[4]

매클루언은 현재를 현재의 눈으로 보는 사람은 거의 없으며 모두 과거의 눈으로 본다는 것을 지적했다. 현재는 전자 미디어에 의해 창출된 전자 환경이며 그것은 공기와 같다는 것

★ 거울에 비친 자신을 바라보는 마셜 매클루언. 그는 현재를 현재의 눈으로 보는 사람이 거의 없다고 지적했다.

이다.[5] 그런데도 사람들은 그것을 내용 지향적인 지각으로 받아들여 그 의미를 깨닫지 못한다는 것이다. 그는 대부분의 학자들이 '활자 매체의 포로들prisoners of print'이라 그 새로운 변화를 제대로 이해하지 못하고 있다고 주장했다.[6] 매클루언의 주장이 뜻하는 의미는 매우 크다. 전자 매체의 시대에 활자 매체의 감각과 시각으로 세상을 이해하려는 사람들이 많다면 그건 결코 보통 일이 아닐 게다.

매클루언의 트레이드마크가 된 "미디어가 곧 메시지"라는 명제는 미디어의 내용이란 그것을 전달하는 미디어라는 기술과 분리할 수 없다는 전제에 근거하고 있다. 이 말은 쉽게 말해서 '옷이 날개'요 '옷이 곧 그 사람의 얼굴'이라는 세속적 상식으로 이해해도 큰 무리는 없다. 사람들은 알맹이보다는 외양에 더 관심이 많다. 메시지의 내용이 무엇인가를 따지기보다는 그 메시지를 담고 있는 그릇, 즉 미디어에서 더 영향을 받는다는 것이다. 매클루언은 한마디로 "미디어의 '내용'이란 도둑이 마음의 개를 혼란시키기 위해 던져주는 고깃덩어리와 같다"고 단언한다.[7]

더 쉽게 설명해보자. 어느 정치인의 연설이 라디오와 텔레비전에 의해 동시 중계된다고 생각해보자. 그 정치인의 연설을 라디오로 듣거나 텔레비전으로 보고 듣거나 메시지는 동일하다. 아니 동일해야만 한다. 그러나 라디오로 그 연설을 들은 사람과 텔레비전으로 그 연설을 보고 들은 사람 사이에는 그 메시지를 이해하고 해석하는 데 있어서 큰 차이가 존재한다. 또 하나의 예를 들어보자. 똑같은 영화를 영화관에서 보는 것과 비디오로 보는 것을 비교해보자. 그 영화의 메시지는 분명히 같아야만 할 것이다. 그러나 영화관에서 보는 것과 비디오로 보는 것 사이에는 큰 차이가 존재한다.

이 두 가지 경우에서 메시지 못지않게 메시지를 전달하는 미디어가 중요하다는 것을 알 수 있다. 라디오와 텔레비전 그리고 영화와 비디오의 차이는 메시지에 영향을 미친다. 매클루언은 그 영향을 강조하기 위해 '미디어는 메시지'라고 과장법을 사용한 것이다.

1960년 미국 대통령 선거 사상 최초로 시도된 텔레비전 토론을 사례로 삼아 더 설명을 해보자. 공화당 후보 리처드 닉슨Richard M. Nixon, 1913~1994과 민주당 후보 존 케네디John F. Kennedy, 1917~1963가 대결한 이 토론은 사실상 케네디의 승리로 끝나 그의 대통령 당선에 결정적으로 기여했다. 부통령을 지낸 거물 정치인인 닉슨에 비해 정치 경력도 떨어지는 데다 가톨릭교도였던 케네디가 여러모로 불리한 선거였지만 케네디에겐 텔리제닉telegenic: 외모가 텔레비전에 잘 맞는하다는 강점이 있었다. 매클루언을 포함한 많은 전문가들이 바로 이 토론 때문에 닉슨이 선거에서 패배했다고 주장했으며, 케네디도 선거 후 가진 첫 기자회견에서 텔레비전 토론이 없었더라면 자신이 이길 수 없었을 것이라고 말했다.[8]

그런데 한 가지 흥미로운 사실은 라디오로 토론을 들은 청취자들 가운데에는 닉슨이 토론에서 이겼다고 생각한 사람들이 더 많았다는 점이다. 왜 그런 차이가 생긴 걸까? 케네디는 유권자들에게 더 생생하게 보이기 위해 미리 하루 종일 잠을 푹 자두었으나 닉슨은 전염병으로 두 주 동안이나 병원에 입원해 있다가 퇴원해 지친 상태에서 전

★ 케네디와 닉슨의 대통령 후보 텔레비전 토론 모습. 컨디션이 나빴던 닉슨은 자주 땀을 훔쳤는데 시청자들은 닉슨이 케네디와의 논쟁에서 수세에 몰려 진땀을 흘리는 것으로 오해했다.

국목수협회에서 연설을 했고 차에서 내리다가 무릎까지 다쳐 선거 참모들에게 조금이라도 분장을 하라는 권고를 받을 정도였다.

그런 컨디션 문제 때문에 닉슨은 토론 내내 땀을 뻘뻘 흘렸고 자주 땀을 닦는 모습이 화면에 잡혔다. 사실은 전혀 그렇지 않았는데도, 시청자들로서는 닉슨이 케네디와의 논쟁에서 수세에 몰려 진땀을 흘리는 것으로 생각할 수밖에 없었다. 그러한 장면을 연출하도록 한 장본인은 바로 케네디의 참모였다. 케네디의 참모와 닉슨의 참모는 화면을 결정하는 담당 프로듀서인 CBS의 돈 휴잇 Don Hewitt, 1922~2009을 사이에 두고 앉았는데 당시 상황을 케네디의 참모는 이렇게 말했다.

"닉슨을 보면 나는 그가 땀을 흘리기 시작하는 것을 본다. 또 조명으로 인해 턱수염이 강하게 부각된다. 사실 그는 말끔히 면도를 한 상태지만 조명에 신경을 쓰지 않은 탓으로 수염의 그림자가 생기고 마치 4시나 5시가 된 것처럼 우중충하게 느껴지는 것이다. 그가 땀을 흘리면 나는 즉시 '휴이트, 닉슨 얼굴 잡아. 우리 쪽 얼굴이 세 번이나 더 나왔어. 이제 닉슨 차례야'라고 외쳤다. 이러한 주문에 휴잇은 미칠 지경이었다."

이른바 '5시 수염five o'clock shadow'의 문제였다. 아침에 깎은 수염이 저녁에 거뭇거뭇 자라 있는 모습을 나타내는 영어 표현이다. 미국인의 일상이 대개 오후 5시면 끝나기 때문에 이 말이 생겼다. 그런데 닉슨은 하루 종일 이런 모습으로 있었던 것으로 유명하다. 그는 분장을 하라는 참모들의 제의를 묵살하고 피곤하고 텁수룩한 모습으로 그냥 나가, 이 말은 닉슨의 별명이 되었다.[9]

즉, 미디어라고 하는 기술은 그 기술에 담기는 메시지가 무엇이든 일정 부분 그 메시지에 영향을 미친다는 것이다. 라디오에 출연해서 노래를 하든 텔레비전에 출연해서 노래를 하든 노래라고 하는 메시지에는 아무런 차이가 없지만, 그 노래를 받아들이는 수용자의 입장에선 라디오에서 듣는 노래와 텔레비전에서 보고 듣는 노래가 같을 수는 없으며 심지어 정반대의 느낌을 가져다 줄 수도 있다. 그 차이는 라디오라고 하는 기술과 텔레비전이라고 하는 기술의 차이에서 비롯되는 것이다.

매클루언은 전자 미디어로 인해 현대 사회가 모든 성원이 조화롭게 존재했던 부족사회로 복귀할 것이라고 주장했다. 그의 설명은 이렇다. 사람이 책을 읽을 때에는 눈만 사용하지만 영화와 텔레비전은 눈과 귀를 사용한다. 그러한 다감각적 사용은 원시인들이 터치touch의 감각을 중시했던 것으로의 복귀를 의미한다. 텔레비전은 전 세계 구석구석까지 즉각적으로 그러한 터치를 가능하게 만들어 인간 생활의 재부족화retribalization를 낳는 데 가장 중요한 미디어라는 것이다. 매클루언은 텔레비전에 의해 재부족화된 세계를 지구촌global village라고 했다.[10]

　　물론 그의 주장에 대한 반론은 많다. 그러나 매클루언의 주장이 안고 있는 그 어떤 한계에도 불구하고 그가 올바른 문제 제기를 했다는 것만큼은 분명하다. 미디어의 내용이란 그것을 전달하는 미디어 기술과 분리하여 생각할 수 없다는 그의 주장은 정도가 문제일 뿐 기본적으로는 유효하다는 것을 부인하기 어렵다.

왜 야구는
핫 미디어이고
축구는 쿨 미디어인가.

텔레비전 토론 프로그램을 시청하다 보면 우리는 때로 토론자의 말보다는 토론자의 매너에서 더 큰 영향을 받을 때가 있다. 아무리 말의 내용이 좋아도 흥분해서 자신의 감정을 격하게 드러내는 사람에겐 좋은 점수를 주기 어렵다. 차갑고 냉정하게 자신을 다스리면서 유머 감각을 발휘하는 사람에게 호감을 느끼게 된다. 그러나 대규모의 군중집회에서는 큰소리로 격한 감정을 드러내는 연사에게 감동을 받을 경우가 많다. 왜 그럴까? 이 궁금증을 풀기 위해서 매클루언의 이야기를 더 해보자.

그는 미디어를 '인간의 연장extension of man'으로 이해했다. 이 아이디어는 "지구상의 모든 도구와 엔진들은 인간의 수족과 감각의 연장일 뿐이다"고 말했던 시인 랠프 월도 에머슨Ralph Waldo Emerson, 1803~1882

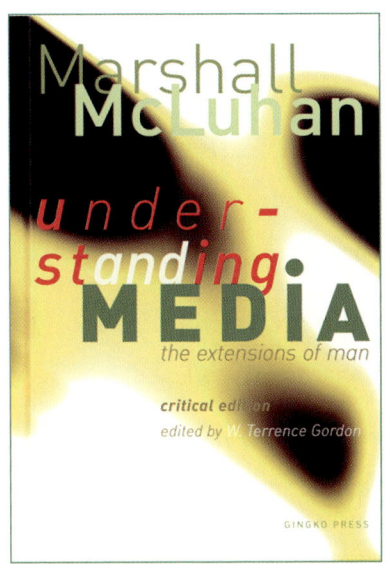

★ '인간의 연장'이라는 부제가 달려 있는 『미디어의 이해』 표지. 매클루언은 미디어를 인간의 신체 부위를 연장한 것으로 이해했다.

에게서 빌려온 것이다.[11] 이 아이디어에 따르면 책, 자동차, 전구, 텔레비전, 옷 등 무엇이든 인간의 신체와 밀접한 관련을 맺고 있는 것들은 다 미디어라고 할 수 있다. 예컨대, 자동차는 다리의 연장이고 옷은 피부의 연장인 셈이다. 언어는 인간 테크놀로지human technology로서 인간의 생각을 외면화하여 연장시키는 미디어인 셈이다. 매클루언은 인간의 어느 신체 부위가 연장되는 것은 인간의 삶에 큰 영향을 미친다고 본다.

매클루언은 미디어를 '핫 미디어hot media'와 '쿨 미디어cool media'로 분류했다. 핫 미디어는 고정밀성high definition과 저참여성low participation, 그리고 쿨 미디어는 저정밀성low definition과 고참여성high participation의 특징을 갖고 있다. '정밀성'이란 어떤 메시지의 정보가 분명한 정도 또는 실질적인 밀도를 의미하며, '참여성'은 어떤 메시지를 받아들이는 사람이 그 뜻을 재구성하는 데 필요한 노력 투입의 정도를 의미한다. 수용자는 어떤 메시지의 부족한 정밀성을 자신의 참여성으로 채우려 들기 때문에 둘 사이의 관계는 반비례한다. 물론 핫 미디어와 쿨 미디어는 시간에 따라 변할 수밖에 없는 상대적인 개념이다. 즉, 한때는 핫 미디어이던 것이 나중에 테크놀로지의 발달로 쿨 미디어로 간주될 수 있는 것이다.

영화는 핫 미디어인 반면 텔레비전은 쿨 미디어다. 영화가 모자이크 형태의 이미지로 구성된 텔레비전에 비해 정밀성이 높은 반면 수용자의 참여성은 텔레비전 쪽이 높다는 것이다. 참여성은 수용 상황의 관점에서 이해할 수 있다. 텔레비전은 매우 친근한 거리에서 시청하지만 영화는 넓은 공간에서 먼 거리를 두고 관람하게 된다. 아무래도 참여도는 텔레비전 쪽이 더 높을 수밖에 없지 않을까? 매클루언의 다음과 같은 해설도 이해에 도움이 될 것이다.

"텔레비전 배우는 말소리를 높이거나 큰 동작을 할 필요가 없다. 마찬가지로 텔레비전 연기는 극도로 친밀감을 갖는다. 왜냐하면 시청자가 독특한 방법으로 참가하여 텔레비전 영상을 완성하거나 혹은 끝내버리기 때문이다. 그 때문에 영화에는 맞지 않으며, 또 무대에서는 잃어버린 고도의 자연적인 일상성을 텔레비전 배우는 갖추어야 한다."[12]

또 참여성 문제는 영화와 TV라는 두 매체를 고립된 상태에서 비교할 게 아니라 현실 세계에서의 전반적이고 실질적인 영향력 중심으로 생각하면 납득이 될 것이다. 매클루언은 그걸 다음과 같이 설명하고 있다.

"텔레비전에서는 시각뿐만 아니라 모든 감각을 동시에 끌어들이는 능동적, 탐색적 접촉 감각의 확장이 일어난다. 당신은 텔레비전과 '함께' 있어야 한다. …… 텔레비전의 위력이 가장 분명하게 증명된 것은 케네디 대통령의 장례식 때였다. 텔레비전은 조문객들과 더불어 (시청자들로 하여금) 하나의 의식儀式에 참여하게 했다. 텔레비전은 의식의 과정에 전 세계인을 끌어들였다. (거기에 비하면 신문, 영화, 라디오는 소비자들을 위한 들러리 장치에 지나지 않았다.) 텔레비전에서는 이미지가 시청자 쪽으로 투사된다. 당신은 스크린이다. 이미지는 당신을 둘러싼다."[13]

정밀성과 참여성이라고 하는 기준으로 따져보건대, 라디오는 핫 미디어고 전화는 쿨 미디어다. 초상화나 사진은 핫 미디어고 만화는 쿨 미디어다. 한글은 핫 미디어고 상형문자는 쿨 미디어다. 왈츠는 핫 미디어고 트위스트는 쿨 미디어다. 왈츠와 트위스트를 비교한 매클루언의 말을 들어보자.

"핫과 쿨이라는, 미디어 특유의 말로써 표현한다면, 후진국은 쿨이고 선진국은 핫이다. 한편 '도시인'은 핫이고 시골 사람은 쿨이다. 그러나 전기 시대가 되어 행동의 양식과 여러 가지 가치가 역전되었다는 관점에서 말한다면, 과거의 기계 시대는 핫이고, 우리의 텔레비전 시대는 쿨이다. 왈츠는 공업 시대의 화려한 기분과 환경에 어울리는 빠르고 기계적인 무용으로서, 핫이다. 이에 비하여 트위스트는 즉흥적인 몸짓으로 온몸과 마음으로 추는 화려한 형태의 춤으로서 쿨이다."[14]

스포츠는 어떨까? 매클루언의 분류에 따르자면, 야구는 핫 미디어고 축구는 쿨 미디어다.[15] 아니 축구가 쿨하다고? 그런 뜻이 아니다. 오히려 뒤집어 생각해야 한다. 앞서 말했듯이, 쿨 미디어의 특성은 저

★ 축구장에 들어와 난동을 부리는 훌리건들. 매클루언에 따르면 축구는 고참여를 유도하는 쿨 미디어이기 때문에 관중의 피를 끓게 만드는 것이다.

정밀성과 고참여성이다. 축구는 야구와 비교해볼 때에 정밀한 운동이 아니다. 선수들마다 포지션이 있기는 하지만 넓은 그라운드를 비교적 마음대로 뛰어다닐 수 있는 운동이다. 손만 빼놓곤 온몸을 쓸 수 있으며, 온몸의 기를 통째로 발산해야만 하는 운동이다. 그렇기 때문에 축구는 관중의 적극적 참여를 유도한다. 관중은 단 한시도 눈을 돌릴 수 없다. 축구는 관중의 적극적 참여로 완결될 수 있기에 관중의 피를 끓게 만든다. 난동을 부리는 훌리건이 축구에는 있어도 야구에는 없는 이유도 바로 여기에 있다.

텔레비전은 쿨한 미디어로서 정밀성이 낮기 때문에 수용자의 더 큰 참여를 필요로 한다. 텔레비전은 핫한 이슈를 다루기엔 적합한 미디어가 되지 못한다. 수용자의 참여가 지나치게 높아지기 때문에 역효과가 날 수 있다. 매클루언은 텔레비전에서 자기 자신의 역할·지위·생각을 강력하게 선언하는 것은 어리석다고 충고한다. 시청자들에게 쉽게 분류될 수 있는 사람으로 인식되면 시청자가 참여자로서 채워야 할 것이 없어지기 때문에 시청자들은 불편한 심정을 느낀다는 것이다.[16]

물론 이런 분류는 상대적인 것이다. 디지털 고화질 텔레비전이 나와 텔레비전의 정밀성이 높아지고 텔레비전이 가족 매체가 아닌 1인 매체로 변하고 있는바, 50여 년 전에 나온 그의 주장을 그대로 다 받아들일 필요는 없다. 그 기본 원리에 주목해 새로운 매체 분류를 시도해보는 것은 우리들의 몫일 것이다.

왜 비빔밥 정신이 시대적 대세인가

화이부동和而不同을 외치는 목소리가 높다. 화이부동은 다른 사람과 생각을 같이하지는 않지만 화목하게 지낼 수 있는 포용력을 말한다. 화이부동이 표방하는 화합과 조화의 가치는 전주의 대표 음식이라 할 비빔밥에서 잘 드러난다. 화이부동을 '비빔밥 정신'이라고 불러도 좋을 것이다. 그간 여러 지식인이 비빔밥 정신을 예찬하고 나섰는데, 그 핵심이 바로 화이부동이다.

비디오 아트의 선구자 백남준은 "한국에 비빔밥 정신이 있는 한 멀티미디어 시대에 자신감을 가질 수 있다. 한국인은 복잡한 상황을 적당히 알아서 잘 지탱하는 법을 안다. 그 복잡한 상황이 '비빔밥'이다. 우리나라에 '비빔밥 정신'이 있는 한 우리는 멀티미디어 세상에서 뒤지지 않는다. 비빔밥은 참여 예술이다. 손수 함께 섞어 먹는 것

이 특색이니까"라고 말했다.¹⁷

김회평은 "융합과 시너지, 유연성과 탈권위, 보편성과 균형감 같은 비빔밥의 미덕은 아직 편 가르기와 독선이 득세하는 우리 사회에 절실히 필요한 것들이다. 정운찬 전 서울대 총장이 재임 중 '지식 판박이'들의 동종교배를 비판하며 '서울대를 비빔밥으로 만들고 싶다'고 한 것처럼, 대한민국을 비빔밥으로 만드는 작업도 필요할 듯싶다"고 말했다.¹⁸

최재천은 "모든 걸 쪼개어 분석하던 환원주의의 20세기가 저물고 통섭의 21세기가 열렸다. 섞여야 아름답고, 섞여야 강해지고, 섞여야 살아남는다. 학계, 기업, 사회가 함께 섞여야 한다. 이런 거대한 변화의 선봉에 일찍이 비빔밥을 개발한 우리 민족의 모습이 보인다"고 말했다.¹⁹

김택환은 "'비빔밥'이 웹2.0을 바꾼다"고 했다. 웹2.0 문화를 통해 신구 미디어는 새로운 콘텐츠 제작 행태를 선보였는데, 매시업mesh-up과 프로암pro-am 방식이 바로 그것이다. 매시업은 웹에서 서로 다른 콘텐츠나 프로그램을 섞어서 완전히 새로운 자원이나 서비스를 만드는 것을 말하고, 프로암은 원래 골프에서 프로와 아마추어가 함께 시합을 치르는 경기를 가리키는 것으로 한 이슈에 대해 프로 기자와 아마추어 네티즌이 함께 콘텐츠를 만들어가는 것을 말한다. 둘 다 비빔밥 정신에 충실한 것이다. 김택환은 이를 '비빔밥 패러다임'이라 불렀다.²⁰

비빔밥 정신의 핵심은 "섞여야 산다"다. 반세기 전 해방 정국에선

"뭉쳐야 산다"는 말이 유행하기도 했지만, 섞이는 건 뭉치는 것과는 다르다. 섞이는 건 각자의 개성과 의견을 존중하면서 뭉치는 것이다. 그런 비빔밥 정신이 시대적 대세로 떠오르고 있는데, 그게 바로 컨버전스니 융합이니 하는 것이다.

컨버전스convergence를 위키피디아에서 찾아보면 경제, IT, 문학, 음악, 수학, 자연과학 등 여러 분야에 걸쳐 30여 항목이 나온다. 그만큼 많은 분야에서 쓰이는 말이다. 예컨대, 예술 분야에선 하이브리드 예술hybrid arts, 트랜스 예술trans arts, 퓨전 아트fusion arts 등이 모두 컨버전스 현상에서 비롯된 것이다.[21]

컨버전스는 "한 곳으로 모임(집합), 집중성, 통합"이란 뜻으로, IT 업계에선 "다양한 미디어의 기능이 하나의 기기에 융합되는 기술적 기능"이란 뜻으로 쓰고 있다.[22] 컨버전스 컬처convergence culture란 그런 기술적 기능이 가져오는 새로운 문화를 의미한다. 내 생각엔 '비빔밥 문화'로 번역해도 좋을 것 같다. 실제로 컨버전스 컬처의 원리는 비빔밥의 원리와 닮은 점이 많기 때문이다.

미국 MIT 인문학부 교수인 헨리 젠킨스Henry Jenkins는 『컨버전스 컬처』라는 책에서 기존 개념이 문화적 요소를 배제한 채 지나치게 기술적 요소만 강조했다며 컨버전스의 핵심 요소는 '상호작용'이라고 주장한다. 과거와 달리 콘텐츠가 다수의 매체를 넘나들며 미디어 생산자(미디어 기업)와 소비자의 힘(참여 문화)이 복잡하게 얽히며 역동적으로 상호작용하고 있는 상황을 강조한 것이다. 그는 이 과정에서 가장 중요한 변화로 꼽히는 것은 소비자의 역할이라며, '컨버전스 문화 시대'를 이끌어가는 핵심적인 요소로 참여 문화와 집단 지성을 꼽는다.

컨버전스 문화에서 올드 미디어는 사라지는가? 젠킨스는 그렇지 않다고 단언한다. "올드 미디어는 뉴 미디어와 공존하기를 택했다. 그래서 지난 수십 년간의 미디어의 변화를 이해함에 컨버전스가, 디지털 혁명 패러다임보다 유효하다고 볼 수 있을 것이다. 올드 미디어는 대체되지 않았다. 새로운 기술의 등장으로 그들의 기능과 지위가 변하게 된 것이다."[23]

그는 "미디어 컨버전스는 단순히 기술 변화만을 의미하지 않는다"고 말한다. "컨버전스는 기존 기술, 산업, 시장, 장르, 그리고 시청자 간의 관계를 변화시킨다. 컨버전스는 미디어 산업이 운영되는 논리를 변화시키고, 미디어의 소비자들이 뉴스와 엔터테인먼트를 받아들이는 과정 또한 변화시킨다."[24]

미래에 모든 미디어 콘텐츠가 하나의 블랙박스를 통해 우리 거실로 유통될 것이라고 믿었던 때도 있었지만 젠킨스는 이러한 예측이 빗나갔다면서, 이를 가리켜 '블랙박스의 오류'라 부른다. 실제로 우리 생활에서는 노트북과 휴대전화, 아이팟과 게임보이 등 블랙박스가 더 늘어나는 식으로 하드웨어가 분화되었고, 콘텐트가 유통되는 방식만 다양해졌기 때문이다. 이 점을 포착한 미디어 기업은 다양한 채널로 콘텐츠를 유통시키며 시너지를 창출하기 위해 다양한 시도를 하고 있다.

그래서 스토리텔링도 오늘날엔 당연히 '트랜스미디어 스토리텔링'이다. 그 뒤엔 강력한 경제적 동기가 있기에 시너지 스토리텔링

synergistic storytelling이라고도 한다. 트랜스미디어 스토리는 다양한 미디어 플랫폼을 통해 공개되며, 각각의 새로운 텍스트가 전체 스토리에 분명하고도 가치 있는 기여를 한다는 것이 젠킨스의 주장이다. 평론가들이 이 점까지 꿰뚫고 있는 것은 아니다. 그래서 대중은 환호하는데도 자기들만의 아집에 사로잡혀 헛발질을 하기도 한다.

"영화평론가들은 영화 비평에는 익숙해도 영화 주변의 기제를 보는 데는 익숙하지 않다. 매트릭스가 좋은 평을 못 받은 것은 아마도 그 때문일 것이다. 게임을 해보거나, 만화나 애니메이션을 본 평론가는 거의 없었고, 결과적으로 거기 포함된 핵심 정보를 섭렵한 이들도 거의 없었다."[25]

젠킨스는 "모든 미디어를 거부하고 숲 속에 살면서 소규모 대안 출판사가 재생용지로 출판한 책만을 읽으며 살자"는 식의 비관론적

★
나이키의 런닝화와 연동되는 애플 제품들. 이 런닝화는 신고 달리기를 하면 아이팟이나 아이폰을 통해 운동한 거리, 시간 등을 알 수 있어 체계적인 운동을 하는 데 도움을 준다. 이처럼 컨버전스를 핵심 속성으로 삼은 애플의 제품들은 온갖 분야와 융합하고 있다.

대안을 거부해야 하며, 더 적극적으로 사회를 변화시킬 수 있는 방법을 찾아야 한다고 역설한다.

그렇지만 아무래도 컨버전스 컬처의 우선적인 수혜자는 IT 분야의 대기업이다. 컨버전스를 상품의 핵심 속성으로 삼은 아이팟의 대약진이 그걸 잘 말해준다.[26] 한국게임산업협회장 권준모는 다음과 같이 주장한다. "지금 문화 트렌드는 컨버전스로 요약할 수 있다. 대중문화적인 속성과 공동체적 속성이 융합된다는 이야기다. 대중문화도 스스로 참여하고 체험하는 방향으로 변하고 있는데 그런 변화에 가장 잘 맞는 엔터테인먼트가 온라인 게임이다."[27]

컨버전스는 기술 분야에서만 일어나는 것은 아니다. 오래전부터 정치인은 연예인과 비슷한 속성이 많은 직업이었지만, 정치인과 연예인 사이의 컨버전스는 가속화되고 있다. 반면 사회는 컨버전스보다는 오히려 본래의 기능에 충실하자는 뜻의 디버전스divergence로 나아가고 있는 게 아닐까? 기술적 컨버전스가 사회적·심리적 디버전스를 촉진하는지에 대해선 논란이 있겠지만, 이게 앞으로 주요 연구 대상이 되어야 한다는 데엔 이의가 있을 것 같지는 않다.

왜 디지털화 될수록 아날로그를 찾게 되나

'디지털화의 전도사'로 불리는 니콜라스 네그로폰테 Nicholas Negroponte는 디지털화의 원리를 따르지 않는 팩스야말로 정보 환경에 심각한 오점을 남겼으며, 정보화를 후퇴시켰다고 주장한다.[28] 그러나 꼭 그렇게만 보아야 할까? 팩스에 대한 평가에 관한 한, 네그로폰테보다는 또 다른 미래학자인 존 네이스비트 John Naisbitt의 손을 들어주는 게 옳을 듯하다.

네이스비트는 삶에 더 많은 하이테크(첨단기술)를 도입하면 할수록 우리는 더 많은 하이터치(고감성) 균형을 찾게 된다고 말한다. 그는 팩스를 '하이테크-하이터치'의 관점에서 이해한다. 기술적으론 전자우편이 팩스에 비해 훨씬 우월하지만, 팩스가 더 편리한 점도 있다. 팩스 전송을 받으면 팩스 용지를 뽑아 복사하거나 자기만의 표시

★ 미래학자 존 네이스비트. 그는 우리가 삶에 더 많은 하이테크를 도입하면 할수록 더 많은 하이터치 균형을 찾게 된다고 말한다.

를 할 수도 있고, 자신의 견해를 덧붙이거나 밑줄을 그어 반송할 수도 있다. 즉, 자기가 받은 데이터와 물리적인 접촉이 가능하다는 것인데, 네이스비트는 이것이 바로 하이터치의 개념이라고 말한다. 반면 전자우편의 경우에 하이테크는 있지만 하이터치가 개입될 여지는 없다.

"팩시밀리가 전자우편보다 더 큰 성공을 거둔 이유는 그것뿐만이 아니다. 팩스는 플러그만 꽂으면 그만이다. 즉, 전원을 연결하고 전문을 끼우기만 하면 어디로든지 송신할 수가 있다. 모든 팩시밀리는 호환성을 갖추고 있기 때문에, 상대의 기종과 호환 가능한지 고심하거나, 접속을 위해 데이터를 변형시켜야 하는 까다로운 절차도 필요 없다. …… 팩시밀리는 낡은 것과 새로운 것 사이의 가교 역할을 하기도 한다. 팩시밀리에 전문을 끼워 넣는 것은 서류를 봉투에 넣는 일과 비슷하고, 전화처럼 착신지 다이얼만 누르면 된다. 익숙하고도 간편한 방식이다."[29]

네이스비트는 사람들의 사는 모습에도 관심을 기울인다. 미국에서는 기술 중독이라고 해도 좋을 정도로 첨단 기술에 심취하는 사람들이 많아지면서 하이터치 균형을 찾기 위한 노력도 활발하게 이루어지고 있다는 것이다. "이를테면 우리의 삶이 기술에 젖어들면 들수록 사람들은 다른 사람들과의 접촉을 더 많이 원하게 되고(극장에서, 박물관에서, 독서 클럽에서, 아이들 축구 경기장에서), 의학이 하이테크 쪽으로 접어들면 들수록 대체 치료제나 치료 방법에 대한 관심이 높아지며, 육체가 아닌 머리로 컴퓨터에 몰두하면 할수록 레저 활동이 더 감성적이고 감각적인 방향(정원 일, 요리, 목공일, 새 키우기 등)으로 기운다는 것이다."[30]

어디 그뿐인가. 그 수준을 넘어서 종교·명상 서적의 판매가 급증하고 있다. 1991년부터 1997년에 이르는 동안 미국에서 종교 서적 판매는 150퍼센트라는 경이적인 성장률을 기록했으며, 영혼의 안식과 일상의 행복을 강조하는 책들이 베스트셀러 목록의 상위권을 차지했다. 『사소한 일에 땀 흘리지 마라』, 『영혼을 위한 닭고기 수프』, 『단순한 풍요』와 같은 책 말이다.[31] 새로운 기술 활용에 적극적이었던 여피●yuppie가 전혀 어울릴 것 같지 않은 요기yogi: 요가 수행자와 그런 점에서 비슷한 것은 우연이 아니다.[32]

모순인가? 그렇지 않으며 오히려 당연한 현상이라는 게 네이스비트의 주장이다. 그게 바로 하이터치 균형을 찾기 위한 노력이라는 것이다. 이와 관련, 최근 가장 괄목할 만한 것은 날로 세를 더해가고 있는 '단순하게 살기' 운동이다. 단순성이라는 새로운 패러다임이 각광을 받고 있으며, 최소주의에 대한 열정적 추구가 여러 분야에서 이루어지고 있으며 큰 호응을 얻고 있다. '자발적인 간소화 운동'을 전개하는 작가 바버라 브랜트는 그 운동을 "하이테크 기계, 특히 텔레비전에 중독된 우리를 구하기 위한 운동"으로 정의한다.[33]

이 같은 '하이테크-하이터치' 코드로 세상을 보는 건 의외로 많은 걸 설명해줄 수도 있다. 우리 사회에 만연해 있는 돈에 대한 이중성도 '하이테크-하이터치'의 비유로 설명해보는 건 어떨까? 황금만능주의가 위세를 떨치면 떨칠수록 사람들은 돈에 대해 이중적인 태도를 보이게 된다. 돈이 너무도 아름답고 사랑스럽기 때문인지 부당하거나 공정치 못한 방법으로 돈을 버는 데에 주저하지 않으면서도 겉으로는 돈에 대해 의연하거나 심지어 경멸하는 듯한 태도를 보이기도 한다는 것이다.

상업주의라는 말처럼 오남용되는 말이 또 있을까. 마땅히 상도덕을 따져야 할 일도 상업주의라는 이름으로 비판하는 경우가 너무 많다. 속여서 팔거나 공정치 못한 담합이나 유착을 해서 상행위를 하면 그건 법이나 윤리를 어긴 행위지, 그걸 상업주의라고 비판하는 건 온당치 못한 게 아니냐는 것이다. 상업주의라는 말을 오남용하는 심리의 이면엔 돈에 대한 심리적 균형을 취하고 싶은 욕구가 작동하고 있는 건 아닐까? 개인 차원에서는 이해할 수 있는 일이지만, 그런 개인적 성향의 사회적 총합은 우리 모두에게 아주 좋지 않은 결과를 초래하게 된다.

네이스비트는 하이터치를 하이테크의 반작용만으로 보는 게 아니라 둘의 결합을 역설한다.

하이테크가 독자적으로 작용할 때보다 하이터치가 가미될 때라야 기술 혁신은 훨씬 큰 성과를 올릴 수 있다는 것이다. 그러나 현실은 그렇지 못한 것 같다. 양극단만 존재할 뿐 중간이 빈 것 같은 느낌을 떨치기 어렵다. 즉, 극단적으로 하이테크에 빠져들고 또 극단적으로 초월주의적인 명상이나 '나 혼자만의 행복감'에 빠져드는 건, '극단에 의한 극단의 치료'가 아니냐는 것이다. 애초부터 그 중간 지대는 존재할 수 없는 걸까?

'단순화'만 하더라도 그것이 가진 사람들의 호사는 아닌가 하는 생각을 지우기 어렵다. 단순화가 마케팅 전략으로 널리 이용되고 있기 때문이다. 예컨대, 타임워너의 잡지 『리얼 심플Real Simple』은 창간호를 내기도 전에 40만 명의 구독자를 확보하는 대성공을 거두었지만, 대부분의 지면은 값비싼 제품들을 선전하는 광고로 뒤덮여 있었다.[34] 어느덧 단순화는 있는 사람들의 호사로 전락하고 말았다. 한국에서 '자연' 찾으면서 오지에 오두막 짓는 사람들이 대부분 돈깨나 있는 사람들인 것과 비슷한 이치다.

그러나 최근 한국 사회를 강타한 '힐링 열풍'은 아날로그 문화에 대한 향수가 대중화되어가고 있음을 보여준다. 불교의 템플 스테이나 천주교의 피정에 참여하는 일반인이 크게 늘었고, 베스트셀러 목

★ 한국인뿐만 아니라 불교의 템플 스테이에 참가하는 외국인이 늘어나는 추세다. 기술이 발달하면서 전 세계적으로 하이터치에 대한 욕구가 높아지고 있다.

록의 상당 부분을 대중의 '지치고 피로한 마음을 위로하는' 서적들이 차지하고 있으며, 〈힐링캠프〉를 비롯하여 여러 텔레비전 프로그램들까지 힐링에 참여하고 있는 것이 그 점을 잘 말해준다.[35] 힐링 열풍에 대해 "폭력이 난무하는 사회에서 달콤한 언어들이 번성한다"며 비판하는 목소리도 있지만,[36] 무기력한 개인의 처지에서 달리 기댈 곳이 없지 않은가.

복잡하게 살든 단순하게 살든 '인정認定 투쟁'이 날로 격화되고 있는 세상에서 자신의 마음을 다스리는 것은 꼭 필요하다. 늘 그런 건 아니지만, 많은 경우 가장 큰 장애물이 나 자신이라는 건 분명한 사실이다. 남에게 조금이라도 지기 싫어하는 마음은 자기 발전에 긍정적으로 작용할 수도 있지만, 지거나 무관심해도 될 만한 것들에 대해서까지 경쟁심과 시기심을 느끼게 되는 순간 우리의 삶은 불행해진다. 남 탓하기 전에 나 자신부터 다스리는 법을 배우자.

이어령은 디지털과 아날로그를 융합한 디지로그digilog의 길을 역설한다. 그는 이것이냐 저것이냐의 양자택일적인either-or 선형적 사고에서, 모순되는 두 개의 이것과 저것both-and 모두 포용하는 순환적 사고가 필요하다며 다음과 같이 말한다.

"한국인이 여기까지 오게 된 것은 한국의 아날로그 문화가 디지털과 만나면서 날개를 달고 로컬의 벽을 뛰어넘는 힘을 얻을 수 있었기 때문이었다. …… 남의 나라 가슴에 못 박지 않고서도 이만큼 사는 나라가 있는가. 디지털 강국에서 한 발 더 나아가는 길은 첨단 기술과 한국 문화를 융합하는 디지로그의 동력에서 나온다."[37]

앞으로 그 어떤 디지털 기술이 출현하건, 우리가 잊지 말아야 할 것은 우리 인간의 두뇌가 바로 아날로그 기술이라는 사실이다. 디지털 기술만으론 파악할 수 없는 다른 큰 역량이 있다는 것이다. 아날로그 커뮤니케이션에는 무엇보다도 융통성이 있다. 신체 언어가 대표적인 예다. 아무리 언어가 다른 나라의 사람끼리라도 몸짓으로 소통할 수 있다.

전 사회의 디지털화가 맹렬한 속도로 이루어질지라도 일상적 삶에서 사고방식의 디지털화는 경계할 일이다. 우리의 삶에는 이거나 저거냐 하는 식의 양자택일식 답이 존재하지 않는 경우가 많다. 세상이 아무리 단절적인 디지털 혁명으로 들끓어도 우리의 삶은 연속적인 아날로그라는 데에도 관심을 돌려야 하지 않을까.

11장

대중문화로서의 광고

광고는 어떻게 평등 의식을 촉진하나

광고의 힘은 강력하다. 미국과 같은 다인종·다민족 국가가 세계에서 가장 통합력이 뛰어난 국가 가운데 하나라는 놀라운 사실은 광고의 위력에 대해 좀 더 진지해질 필요가 있다는 것을 시사해준다. 광고는 사람들을 통합시키는 힘을 갖고 있다. 미국에 이민의 물결이 들이닥치던 시절 사회적 갈등은 매우 심각했다. 다른 인종과 민족에 속하는 사람들의 독특한 의상과 라이프스타일에 대한 상호간의 거부감은 정치경제적인 문제로까지 비화되었다.

그런 문화적 격차를 해소시켜준 것이 바로 광고였다. 앞서 앤디 워홀Andy Warhol, 1928~1987이 콜라를 예로 들면서 "이 나라, 아메리카의 위대성은 가장 부유한 소비자들도 본질적으로는 가장 빈곤한 소비자들

과 똑같은 것을 구입한다는 전통을 세웠다는 점이다"라고 말한 걸 상기할 필요가 있다.¹

맥도날드 햄버거도 마찬가지다. 왜 선거 때만 되면 햄버거 가격도 잘 모르는 정치인들이 앞다투어 맥도날드를 찾는가? 자신도 보통 사람과 같다는 평등 메시지를 던지고 싶어 하기 때문이다. 맥도날드가 수많은 문제에도 불구하고 미국인의 사랑을 받는 이유 가운데 하나는 포퓰리즘●과 관련이 있다. 조 킨첼로Joe L. Kincheloe는 많은 미국인이 맥도날드의 반反엘리트주의적 포퓰리즘에 호감을 지닌다고 말한다. 그들은 맥도날드에 대한 비판을 자신들에 대한 비판, 즉 자신들의 정치성, 미학, 먹는 습관을 경멸하는 것으로 간주하여, 그에 대한 반발심으로 오히려 맥도날드를 옹호한다는 것이다.²

평등 의식의 상징으로 간주되는 콜라와 햄버거는 '세뇌'라고 해도 좋을 정도로 엄청난 광고 공세를 퍼부었으며 지금도 그렇다. 예컨대, 맥도날드는 매출액의 15퍼센트를 광고비로 지출하며, 새로운 햄버거를 선보일 때는 20~25퍼센트를 지출한다.³ 그런 점에서 맥도날드와 코카콜라가 평등 의식의 보루처럼 여겨지는 것은 미디어 현상이기도 하다.

심지어 정치적으로는 극단적으로 대립되는 견해를 가진 사람들도 광고의 영향을 받아 똑같은 상품을 소비하게 될 때 무어라 설명하기 어려운 공감대가 형성된다. 프랑스의 사회학자 장 보드리야르Jean Baudrillard, 1929~2007가 그의 저서 『소비의 사회』에서 소개하는 다음과 같은 우화는 광고의 통합력에 대해 많은 것을 시사한다.

"함께 잠수 물고기잡이를 하고 사모스(아페리티프의 일종)를 같이 마신 후 그들 사이에는 깊은 우정이 생겼다. 돌아오는 배에서 두 사람은 서로의 이름밖에 알지 못하고 있다는 것을 깨닫고는 주소를 교환하였을 때 같은 공장에서 근무하는 기술부장과 야간 경비원이라는 사실을 알고서 너무 놀랐다."[4]

보드리야르는 "여가에서는 모든 사람이 다시 평등하다"는 신화를 이야기하기 위해 위의 우화를 인용했지만, 여가보다 더욱 원초적인 평등은 광고에서 이루어진다. 물론 소비자의 구매력에는 평등이 존재하지 않는다. 그건 여가를 얼마나 보낼 수 있으며 또 여가를 즐기는 동안 어떤 종류의 놀이를 할 수 있는가 하는 경제적 능력의 경우에도 마찬가지다. 그러나 광고의 경우에는 소비자의 구매력과는 무관하게 '평등의 가능성'을 제공해준다.

부자나 살 수 있는 아주 비싼 자동차가 텔레비전에 광고되는 걸 본 적이 있는가? 대중매체에 광고되는 상품은 주로 웬만한 사람들이면 다 살 수 있는 소비재다. 그래서 나도 마음만 먹으면 저 상품을 살 수 있고, 그렇게 되면 광고 속의 모델 또는 그 상품을 소비하는 그 어떤 사람과도 동등해질 수 있다고 생각하는 것이다. 그래서 요즘 광고는 상품의 특성을 강조하지 않는다. 이미지●를 판매할 뿐이다. 멋진 광고 모델이 이 상품을 사용해 이렇게 환상적인 모습을 보여주는데 당신은 무엇을 하는가? 광고는 늘 그렇게 말한다.

그렇다. 광고는 상상의 세계다. 그래서 광고는 늘 삶의 새로운 가능성에 대한 비전까지 제시해준다. 사실 미래를 꿈꾸는 데 모든 사람은 평등하다. 그런 의미에서 광고는 미래의 신화다. 복고조의 노스탤지어에 기대는 광고일망정 그것은 현재와의 차별성을 강조하고 있다는 점에서 현재를 미래화한 신화다. 광고는 전통적인 신화를 대체해 버렸다.

광고가 제공하는 신화적 교훈은 모든 사회적 가치를 소비사회의 덕목에 종속시킨다. 광고가 보여주는 그 어떤 장밋빛 미래든 그건 광고되는 상품을 소비할 때에만 가능하기 때문이다. 무엇을 할 것인가. 어떻게 살아야 할 것인가. 그건 광고가 가르쳐준다. 시부모에게 효도하는 방법, 유능하고 자상한 아버지가 되는 방법, 국가에 충성하는 방법, 예의범절과 공중도덕을 지키는 방법, 치통을 없애는 방법, 피곤을 푸는 방법, 이성 교제를 무난히 하는 방법, 자식의 성장을 지켜보는 방법까지 가르쳐준다.

물론 소비자는 결코 순진한 학생은 아니다. 광고가 가르치는 대로 따라서 하지 않는다. 그러나 1년 365일, 매일 몇 시간씩 눈과 귀를 따라다니며 반복에 반복을 거듭하는 선생이 광고 말고 어디에 있는가. 그것도 15초에서 30초짜리 강의를 만들기 위해 몇억 원을 써가는 성의를 보이면서 가르치는 선생이 어디 있는가. 그렇게 학생을 가르치기 위해 쓰는 돈이 우리나라에서 연간 12조 원이 넘는다.

광고에서 삶의 방법을 배운 학생은 배은망덕하기 십상이다. 자신의 지식과 지혜가 광고에서 배운 것이 아니라고 주장할 것이다. 그러나 그건 자신의 인생관이 자기 혼자 스스로 세운 것이라고 믿는 철부지의 주장과 다를 바 없으니 크게 신경 쓸 건 못된다. 원래 인간은 환

앤디 워홀은 "이 나라, 아메리카의 위대성은 가장 부유한 소비자도 본질적으로 가장 빈곤한 소비자들과 똑같은 것을 구입한다는 전통을 세웠다"라고 말했다.
아래 베네통의 광고는 모든 사람이 평등하다고 가르치지만, 아마도 자신들이 파는 제품 앞에서의 평등일 것이다.

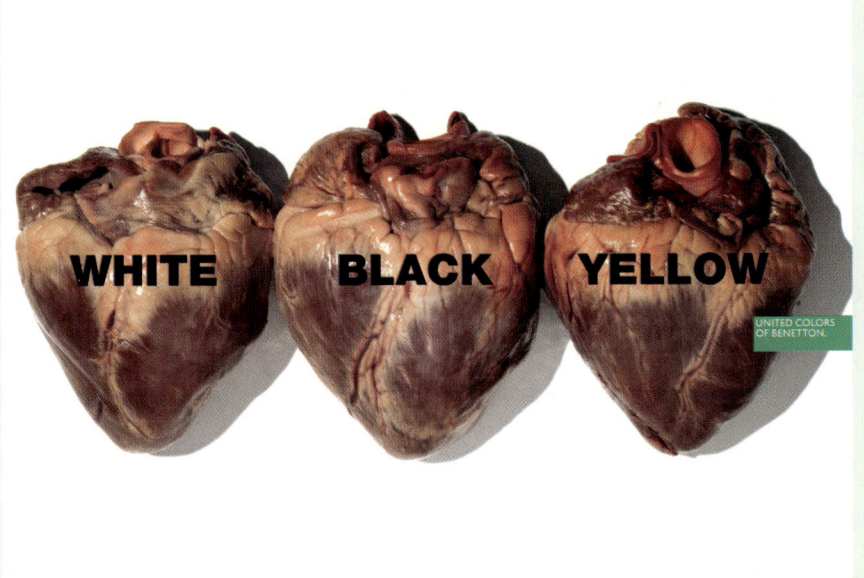

경의 중요성을 막연히 깨달을 뿐 그것이 자신의 삶에 구체적으로 어떤 영향을 미치는지에 대해선 알 수 없게 되어 있다.

광고는 이미 가정교육의 상당 부분을 대체했다. 가장이 가족의 모든 문제를 해결해주던 시대는 지났다. 이제 광고가 그 역할을 맡았다. 게다가 광고에 등장하는 사람들은 늘 구원을 갈망한다. 그들은 불신과 회의로 가득 차 있다. 자기 자신조차 못 믿는다. 어떤 제품 또는 그 제품과 관련된 이미지의 소비를 통해서만 마음의 평정과 희열을 맛본다. 오직 믿을 수 있는 건 광고 속의 제품일 뿐이라고 광고는 가르치고 있는 것이다.

세상이 답답하고 어둡다면 그런 상황에서 광고 효과를 거두기는 어렵다. 광고는 그런 세상 분위기마저 바꾸려고 시도한다. 우리 모두 한 배에 탔다는 공동체 의식을 강조한다. IMF 사태 이후 희망을 내세우는 광고 카피가 부쩍 늘어났던 것도 결코 우연이 아니다. '우린 할 수 있어요', '시원한 한국을 다시 만듭시다', '사노라면 언젠가는 좋은 날도 오겠지······ 내일은 해가 뜬다', '마음을 합치면 우린 할 수 있어요', '우리가 해낸 한강의 기적 다시 일궈냅시다', '바람이 거셀수록 연은 더 높이 날 듯 우리는 어려운 때일수록 더 강해지는 국민입니다', '우리에게 한계는 없다', '우리 다시 일어섭시다.' [5]

광고는 분명 새로운 유형의 '문화혁명'이다. 과거 활자 매체 시대에는 광고를 피해갈 수 있었지만 전자 테크놀로지의 폭발 현상이 일어나고 있는 오늘날, 광고는 새롭거니와 중요한 문화 양식이다. 광고와 타협하지 않고 광고를 거부하는 일이 가능할까? 소비사회의 물질적 풍요 속에서 헤엄치면서 '나는 소비사회를 원한 적이 없다'고 외칠 수 있을까?

그런 의문들에 긍정적으로 답할 수 없다면, 아니 어떤 대답이든 망설여진다면, 그건 광고를 좀 더 진지하고 심각하게 생각해야 할 필요하고도 충분한 이유가 될 것이다. 광고가 요구하고 부추기는 소비 행진이 언제까지 계속될 수 있을 것인가? 이건 이데올로기와 체제상의 문제이기에 앞서 인류 생존의 문제다. 끊임없는 소비 행진은 환경 파괴의 가장 큰 원인이기 때문이다. 그 문제는 광고를 무조건 포용하거나 무조건 경멸하는 것만으론 해결될 수도 없고 규명될 수도 없다. 광고를 더 이상 외면해서는 안 된다.

광고는 대중문화를 어떻게 지배하나

오늘날 그 어떤 대중매체도 광고 없이는 생존이 불가능하다. 또 대중문화는 대중매체의 문화라고 해도 과언이 아닐 정도로 대중매체의 절대적인 지배 아래 놓여 있다. 이 자명한 사실을 모를 사람은 아무도 없다. 그런데 놀랍게도 대중문화에 관한 논의에서 광고는 아예 빠지거나 매우 작은 부분을 차지하고 있다. 마치 자동차를 이야기하면서 엔진에 대해선 한마디 말도 없이 자동차의 실내 장식에 대해서만 이야기하는 것과 다를 바 없다.

이제 그런 오류를 더 이상 내버려둘 수 없는 시점에 이른 것 같다. 광고가 대중문화를 지배한다고 표현해도 될 정도로 광고는 이미 대중문화의 환경을 조성하고 지평을 바꾸는 데 절대적인 영향력을 행사하기 때문이다. 특히 텔레비전 광고가 그러하다. 우선 텔레비전 광고 모델의 절대다수가 연예인들이다. 그들은 드라마, 코미디, 쇼 등 텔레비전 프로그램에서 쌓아올린 이미지를 광고주에게 팔아넘긴다. 텔레비전 프로그램과 광고의 경계는 불분명하고 또한 무의미하다. 무엇이 먼저고 무엇이 나중인지 그걸 따지는 것도 어렵게 된다. 그래서 광고 모델들이 텔레비전 프로그램에 출연해 연기를 하고 노래를 하면서 그들이 출연했던 광고 속의 이미지를 또 한 번 판다고 보아도 무방하다.

광고는 다른 대중문화 상품에 대해 리더십을 행사하고 있다. 예컨대, 광고와 드라마를 비교해보자. 한 편의 광고와 드라마에 들어가는 인력과 돈은 비슷하다. 돈과 제작 일정에선 광고가 훨씬 유리하다. 어찌됐거나 둘이 같은 조건에서 만들어진다고 가정했을 때 시청자에게 미치는 영향에서 드라마는 결코 광고의 적수가 되지 못한다. 광고는 모든 자본과 인력과 테크놀로지를 15초 또는 30초의 시간에 집약시키는 반면 드라마는 30분 또는 1시간에 집약시키기 때문이다.

방송사나 광고대행사 모두 이익을 가능한 한 많이 올려야 한다는 자본 논리의 지배를 받지만 그 정도에서는 비교할 바가 못 된다. 광고대행사의 자본 논리가 방송사의 그것에 비해 훨씬 치열하고 집요하다. 광고는 인간의 심리에 관해 축적된 모든 사회과학적 연구 성과를 유감없이 활용해 제작된다. 반면 드라마는 광고보다는 훨씬 피상적이고 주먹구구식의 방법 또는 경험에 의해 제작된다.

물론 시청자의 느낌이나 인식에서 드라마는 광고와는 비교할 수 없을 정도로 유리한 입장에 있다. 드라마를 일부러 보려고 하는 사람

★ 보험 회사들은 신뢰감을 주는 연예인의 이미지를 빌려와 자사 상품을 광고한다.

은 많지만 광고를 일부러 보려고 애쓰는 사람은 거의 없다는 뜻이다. 그러나 광고는 그 불리함을 상쇄하기에 충분할 만큼 몇 개월을 두고 끊임없이 반복해 방영된다. 반면 한 편의 드라마는 일회용이다.

드라마가 누리는 인기의 핵심은 스타 시스템이다. 그러나 스타 시스템의 철두철미함에 관한 한 드라마는 결코 광고를 넘볼 수 없다. 광고는 오로지 '스타의, 스타에 의한, 스타를 위한' 영상 이미지의 압축이라고 해도 과언이 아닙니다. 게다가 광고는 짧은 시간에 압축된 고농축 영상 이미지인 관계로 경쾌하고 간결하며 밀도가 높은 속도감을 자랑한다. 이는 바로 텔레비전 세대의 정서 구조의 핵심이다. 어린아이가 텔레비전에서 방영되는 것 가운데 가장 즐기는 게 바로 광고라는 사실을 상기할 필요가 있다.

광고는 장르의 제약에서도 자유롭다. 그래서 드라마식 광고도 나오고 뉴스를 흉내 낸 광고도 나온다. 영국에선 드라마식 텔레비전 광고가 소설로까지 출간돼 곧장 베스트셀러가 되기도 했다. 한국에선 심지어 광고의 CM송이 가요로까지 만들어졌는가 하면 각종 매체들에 의해 광고의 인기도 조사가 정기적으로 행해진다. 개그맨들은 광고 카피를 흉내 내 인기를 얻고 예능 프로그램들도 광고를 소재로 삼기에 바쁘다.

미국에서 초기의 텔레비전 광고는 매우 조잡하게 만들어졌다. 방송사들은 그런 조잡한 광고가 프로그램의 흐름을 매끄럽게 만드는 데에 장애가 된다는 것을 발견했다. 그래서 방송사들은 광고주들에게 광고를 더 세련되게 만들 것을 요구했으며 또 시청자들이 지루해 하지 않도록 가능한 한 광고를 자주 바꾸도록 요청했다.

그러한 요청에 부응하여 텔레비전 광고 제작자들은 점차 프로그램에 동화될 수 있는 '광고 같지 않은 광고'를 만드는 데 심혈을 기울였다. 물론 그건 광고주에게도 이득이 되는 일이었다. 특히 리모컨의 등장으로 그런 광고의 필요성이 더욱 절실해졌다. 행여 일순간이라도 시청자들을 짜증나게 만들었다간 채널이 획 돌아가고 말기 때문이다. 그래서 요즘 텔레비전 광고는 직설법으로 상품을 선전하기보다는 보기에 지루하지 않은 영상 이미지로 시청자들의 잠재의식을 파고든다.

광고 제작자들은 광고를 하나의 '즐길 거리'로 만들기 위해 모델에 많은 투자를 한다. 텔레비전 광고는 현실 세계와 가공의 세계 사이의 경계를 점점 허물어뜨리고 있다. 대량 소비 시대에 상품은 더 이상 품질로 경쟁하지 않는다. 품질로 경쟁하는 상품이 전혀 없는 건 아니나 대부분의 상품이 느낌과 이미지와 품위와 스타일로 경쟁을 한다.

그런 경쟁을 위해선 상품의 연상적 전이transfer 효과를 노리는 것이 가장 효과적이다. 느낌과 이미지와 품위와 스타일을 웅변으로 역설하는 건 어리석다. 이미 그런 느낌과 이미지와 품위와 스타일을 풍기는 기존의 모델 또는 상황을 빌려다 쓰는 것이 가장 경제적이다.

바로 그런 이유로 인해 광고는 끊임없이 텔레비전 프로그램과 관계를 맺으려고 애쓴다. 광고는 드라마, 쇼, 코미디, 토크쇼 등 각종 프로그램에 등장하는 인물과 상황을 그대로 빌려다 쓴다. 이러한 프로그램 양식 가운데 가장 강력한 광고 효과를 발휘하는 것은 역시 드라마다.

드라마는 그 어떤 프로그램 양식보다 지속적이다. 따라서 이미지가 분명해 순간적으로 그 이미지를 알아챌 수 있다. 그 때문에 시청자의 시선을 붙들어 매는 데 가장 강력한 힘을 발휘한다. 텔레비전 광고에 등장하는 모델 가운데 드라마 배우들이 가장 많은 것도, 또 드라마 속에서의 상황이 가장 많이 모방되는 것도 바로 그런 이유 때문이다.

드라마라는 가공의 세계는 현실 시장에서의 상품 선택에 절대적인 영향력을 행사함으로써 더 이상 가공의 세계로만 존재하지 않는다. 광고되는 상품에 부여되는 드라마 세계의 후광은 소비문화를 낭만적

★ 〈개그콘서트〉의 인기 있는 콩트 코너를 그대로 따라한 국제전화 광고. 상품의 연상적 전이 효과를 노리는 광고는 끊임없이 텔레비전 프로그램과 관계를 맺으려고 애를 쓴다.

이고 고상한 것으로 꾸민다. 상품의 선택은 그 상품에 부여된 텔레비전 속의 느낌과 이미지와 품위와 스타일에 의해 결정된다.

사실 우리나라 스타급 연예인의 가장 큰 수입원은 광고 모델 수입이다. CF 한 편당 수억 원대의 모델료를 받는 스타는 수십 명에 이른다. 2012년 현재 금융권의 연간 광고 모델료만 보자면, 한화생명보험 모델인 김태희 10억 원, 우리은행 모델 장동건 7억 5,000만 원, KB국민은행 모델 이승기 7억 원, 현대해상보험 모델 송승헌 6억 5,000만 원, 삼성화재해상보험 모델 공유 6억 원, 메리츠화재 모델 한석규 5억 원, LIG손해보험 모델 김명민 5억 원 등이다.[6]

CF 수입 1위 스타는 피겨 여왕 김연아가 차지했다. 김연아는 CF 한 편당 12억 원대의 고액 출연료를 받는 것으로 알려졌는데 2012년 상반기에만 8편 정도의 광고에 출연해 상반기 CF 수입만 무려 100억 원대에 이를 것으로 추정되었다. 최다 출연 CF 스타는 소녀시대로 지난 1년 동안 무려 26편의 CF를 찍었다.[7]

광고 제작자들은 왜 그렇게 스타 모델에 집착할까? 앞서 지적한 바와 같이 이유는 간단하다. 어느 학자는 이렇게 말한다. "연속극에서 자신과 아이들을 두고 떠나려는 남편에게 애원했던 여배우가, 이와 똑같이 진지하고 개성 있는 음성으로 보험에 들거나 향수를 쓸 것을 광고를 통해 다시 애원하고 있다."[8]

대중문화와 광고가 한동안 뜨겁게 연애하더니 드디어 결혼을 하기에 이르렀다. 그걸 잘 보여주는 게 바로 PPL Product Placement이다. PPL은 돈을 받고 영화나 텔레비전 드라마 속에서 특정 상품, 협찬 업체의 이미지, 명칭, 장소 등을 내용물의 일부로 자연스럽게 소화시켜 홍보하는 간접광고 기법을 말한다. 이 기법은 원래 영화 제작 시 필요한 소품을 확보하기 위해서 기업에 협찬을 요청한 데서 유래되었는데, 1945년 영화 〈밀드레드 피어스 Mildred Pierce〉에 등장한 버번 위스키가 그 시초이나 1950년대 〈이유 없는 반항〉에서 제임스 딘 James Dean, 1931~1955이 사용한 빗이 젊은이들의 필수품이 되면서 PPL에 대한 관심이 생기기 시작했다.[9] PPL에 대해선 다음에 나오는 「간접광고는 드라마를 어떻게 바꾸나」에서 자세히 살펴보기로 하자.

간접광고는 드라마를 어떻게 바꾸나,

인터넷에서 프로그램을 다운로드 해서 보는 시청자가 느는 등 텔레비전 광고의 영향력이 감소하면서 광고주들이 텔레비전 프로그램 속에 자사 제품을 내보내는 간접광고을 선호해 드라마들이 PPL로 몸살을 앓고 있다. 미국에선 텔레비전 프로그램 작가들이 "지나친 PPL로 프로그램의 질이 위협받고 있다"고 시위를 벌이기도 했다.[10]

미국과 일본은 PPL을 허용하고 있으나, 프랑스와 독일은 상황에 따라 허용하거나 불허하며, 영국은 불허한다.[11] 그래서 유럽에서는 PPL이 교묘하게 이루어지고 있다. 독일에서는 공영방송인 ARD와 ZDF 방송사 간부가 금품을 받고 PPL을 해 구속되기도 했으며, 영국 에선 『선데이 타임스』가 "공영방송 BBC가 규정을 어기고 PPL을 하

고 있다"고 폭로하기도 했다.¹²

미국에서는 PPL이란 용어 대신 프로덕트 인티그레이션product integration이나 브랜디드 엔터테인먼트branded entertainment라는 식으로 바꿔 부르고 있다. 브랜디드 엔터테인먼트는 PPL이 한 단계 발전한 것으로, 엔터테인먼트 콘텐츠 내에서 특정 브랜드나 제품, 상징, 이미지 등이 중요한 모티브 및 소재로서 콘텐츠의 중심으로 자리매김하는 걸 말한다. 스토리포인트 PPL이라고도 한다. PPL은 리얼리티 쇼와 서로 잘 맞아떨어져, 1회당 PPL 광고비가 수십억 원 단위인 사례까지 있다.¹³

미국 시민단체 커머셜 얼러트Commercial Alert는 2006년 4월 현재 미국 광고주의 3분의 2에 해당하는 기업들이 어떤 식으로든 간접광고를 하고 있고, 이 가운데 80퍼센트는 텔레비전 프로그램에 집중돼 있다며, PPL을 포함한 모든 간접광고는 일종의 사기 행각이라고 주장했다.¹⁴ 그러나 PPL은 그런 비판에도 아랑곳하지 않고 성장 산업이 되어 가고 있다. 영화와 텔레비전을 넘어서 라디오, 게임, 연극, 뮤지컬, 소설, 만화에까지 침투한 지 오래다. 심지어 뉴스 프로그램에까지 파고들었다.

2008년 7월 미국 폭스뉴스의 지역 제휴사인 메리디스는 각 지역 채널의 뉴스 쇼에서 처음으로 맥도날드의 커피를 홍보하는 PPL을 도입했다. 대표적 프로그램은 메리디스의 라스베이거스 채널인 KVVU의 오전 뉴스 쇼였는데, 남녀 앵커 앞에 놓인 컵에는 맥도날드 로고가 선명히 드러났다. 잔에 담긴 커피는 강한 조명에 녹지 않도록 가짜 얼

★ 미국의 유명한 오디션 프로그램인 〈아메리칸 아이돌〉의 한 장면. 테이블 위에 코카콜라 로고가 선명하게 보이는 컵이 놓여 있다.

음과 액체로 만들어져 직접 마시는 앵커를 볼 수는 없지만, 사실 이게 더 기가 막힌 이야기다. 맥도날드의 커피 컵은 메리디스의 애틀랜타 WGCL-TV나 시애틀 KCPQ-TV, 시카고 WFLD-TV, 뉴욕 Univision 41의 뉴스 데스크에도 등장했다.[15]

이제 PPL은 디자인과 비슷해졌다. 과거에 전자제품의 디자인은 기능에 밀렸다. 기능이 우선이고 디자인이 나중이었다. 그러나 이젠 그렇지 않다. 디자인을 먼저 하고 기능을 그 디자인에 맞게 '구겨 넣는' 시대가 되었다. PPL도 마찬가지다. 전엔 "그것을 어디에 삽입할 수 있느냐"고 물었지만, 이젠 아예 처음부터 붙박이로 짜 넣는다. 제작 과정의 초기부터 논의돼 스토리가 PPL에 맞게 적응해야 하는 시대가 되었다.[16]

PPL의 유효성을 평가하는 독립적인 서비스업체까지 생겨났다. 미국의 iTVX는 얼마나 오래 그 상품이 화면에 나타나는가, 얼마나 두드러지게 그것이 전시되는가, 그리고 그것이 이야기 속에 구성 부분으로 융합되었는가 등을 기초로 PPL을 10단계로 분류·평가한다. 이에 질세라 닐슨 미디어리서치도 2003년 PPL 평가를 위해 정규 직원 100명 이상을 채용했다.[17]

PPL로 상징되는 광고의 전투성은 때와 장소를 가리지 않는다. 병원 침실에서 경찰 차량에 이르기까지 모든 게 광고 미디어로 전환된다. 이 모든 광고 공세의 원리는 이른바 바퀴벌레론이다. 광고회사 옴니콤 그룹의 중견 간부인 데이비드 루바스David Lubars가 제시한 이 이론에 따르면, 소비자들은 바퀴벌레와 같다. 약을 뿌리면 뿌릴수록 면역성이 강화된다. 답은 딱 하나다. 계속 약을 뿌려대는 것이다.

로버트 맥체스니Robert W. McChesney는 이를 하이퍼상업주의hyper-commercialism라 부르면서 이것이 소비자에 미치는 영향은 고전적 의미에서의 민주주의 실천에 큰 장애가 된다고 진단한다. 민주주의, 자유, 개인성, 평등, 교육, 공동체, 사랑, 건강 등과 같은 소중한 가치들이 광고의 도구로 전환되고 모든 사람에게 폭포수처럼 퍼부어지면서 공적인 삶에 암적인 존재인 심각한 냉소주의와 유물론이 팽배해질 것을 우려한다.[18]

한국에선 2010년 1월 방송법을 개정해 간접광고를 합법화했는데, 세부 시행령을 통해 간접광고를 낼 때 크게 두 가지 기준을 제시했다(방송법에선 PPL을 간접광고라고 부른다). 해당 제품의 노출 시간은 전체 방송 시간의 100분의 5를 넘어서는 안 되고, 상표나 로고가 노출될 경우도 전체 화면의 4분의 1을 넘지 않아야 한다. 그러나 이 기준이 자의적으로 해석될 여지가 있어 논란이 끊이지 않는다.

간접광고는 합법화 이전에도 애매한 규정으로 인해 수많은 논란을 만들어냈는데, 예를 들자면 이런 식이었다. MBC 드라마 〈히트〉는 2007년 4월 16일 방송에서 KTF의 영상통화 서비스 SHOW를 노골적으로 광고했다는 지적을 받았다. 이날 방송에서는 '팀 내 연애'를 시작한 차수경 팀장과 김재윤 검사가 팀원의 눈을 피해 영상으로 대화를 나누는 장면이 1분 남짓 이어졌는데 SHOW에서 'W' 한 글자만 지운 휴대폰이 중간 중간 클로즈업되었다. 한 달 전인 3월 5일 MBC 시트콤 〈거침없이 하이킥〉에선 불어경시대회에서 1등을 한 민호가 외할머니에게 휴대폰을 선물로 받는 장면에서 "이거 영상통화도 되는 거잖아", "친구들하고 얼굴 보면서 통화도 하고 그래"라는 대사가 있었다. 등교가 늦어 급한 상황에서 친구와 영상통화를 하는 억지스런 장면도 있었다.[19]

2012년 9월 21일 방영된 〈KBS 미디어 비평〉의 한 꼭지 「'간접광고' 약인가 독인가?」에서는 이렇게 말한다. "최근 23퍼센트가 넘는 시청률을 기록하며 막을 내린 드라마, 〈신사의 품격〉. 높은 시청률만큼 주인공과 함께 등장한 드라마 소품들도 큰 관심을 모았습니다. 이들은 항상 똑같은 기종의 휴대전화로 연락을 한 뒤, 같은 브랜드의 차를 타고 이동해서, 지난번에 만났던 그 카페에서 오늘도 만나 담소를 나눕니다. 모두 미리 기획된 간접광고입니다."[20]

★ 드라마 〈그 겨울, 바람이 분다〉의 한 장면. 이 장면의 배경은 드라마의 여주인공인 송혜교가 광고 모델로 있는 한 화장품 회사의 브랜드숍이다.

〈신사의 품격〉에서 40대의 김도진(장동건 분)과 친구들은 만났다 하면 카페를 찾는데, 그곳은 바로 망고식스라는 디저트 카페다. 이 PPL로 이 신생 프랜차이즈의 지명도는 크게 높아졌다. 물론 작가는 스토리를 카페 위주로 끌어가는 부담을 안아야 한다. 드라마 〈시크릿 가든〉에서 주인공은 왜 폐쇄공포증을 갖게 되었을까? PPL로 등장한 오픈카를 타기 위해서였다. 이는 스토리에 자연스럽게 PPL을 녹인 사례로 꼽히는데, PPL을 대본에 잘 녹이는 작가들의 몸값이 높아지는 추세다.[21]

다소 부자연스러운 PPL도 있다. 〈넝쿨째 굴러온 당신〉에선 "날도 덥지만 어머님께서 이렇게까지 더위를 못 이기시는 건 갱년기 번열증이 더 큰 원인이거든요. 그래서 제가, (카메라가 클로즈업되며) 여성 갱년기 치료제예요"라는 대사가 등장했다. 시청자들은 이 장면을 보

면서 해당 제품이 효과가 좋다는 듯한 느낌을 받게 되는 건 두말할 나위가 없다.[22]

합법과 탈법의 모호한 경계 때문에 간접광고는 실제 드라마에서 위태로운 줄타기를 하곤 하는데, 방송통신심의위원회 위원들 사이에서도 의견이 일치하지 않을 때가 있다. 2012년 10월 협찬주 '치킨마루'에 대한 간접광고 논란을 일으켰던 KBS 〈세상 어디에도 없는 착한남자(이하 착한남자)〉가 그 좋은 예다.

전체회의에서 다수 심의위원들은 KBS 〈착한남자〉의 드라마 제목(처음엔 '차칸남자')과 남자 주인공 이름 강마루가 협찬주에 대한 간접광고라며 〈방송심의에 관한 규정〉 제46조 '광고 효과의 제한'을 위반한 것이라고 판단했지만 제재 수위에 있어 위원들 간 의견이 갈려 다수결에 따라 '권고'로 의결됐다. 강력한 제재를 주문한 장낙인 위원은 "제작사와 협찬계약서 5조 3항을 보면 '강마루라는 주인공 이름을 마케팅에 활용한다'고 돼 있다"며 "이것을 보더라도 강마루라는 이름은 방송심의규정을 중하게 위반한 것"이라고 비판했다.[23]

김환표는 간접광고가 드라마의 전반적인 기조에도 영향을 미친다며 이렇게 말한다. "특히 한류 열풍을 타고 드라마 제작에 막대한 자본이 유입되면서 간접광고는 과거보다 더욱 사치와 소비를 강조하기 시작했다. 드라마 주인공들은 하나같이 외제차를 타고 명품 브랜드로 치장했는데, 그런 면에서 드라마가 한국인의 명품 사랑과 소비주의를 부추기는 역할을 했다고 해도 과언은 아니었다."[24]

개그 프로그램에도 간접광고가 등장했다. 2012년 11월 4일 방송된

KBS2 〈개그콘서트-생활의 발견〉 코너의 배경은 빨래방이었다. 이 코너는 그간 온갖 일상적인 장소에서 이별 통보를 해왔는데, 간접광고 유치 이후 카페ㆍ식당 등 불특정 공간이 아니라 '크린토피아', '치킨마루' 등 특정 공간으로 성격이 바뀌었다. 이날 방송에서는 '크린토피아' 상호와 세탁기 그림을 배경으로 '세탁편의점', '코인세탁', '이불! 세탁에서 건조까지 1시간에 OK~' 등 광고 문구가 세세히 등장했다.[25]

2011년 방송사별 간접광고 매출은 MBC가 106억 원으로 가장 많았고, SBS와 KBS는 각각 53억 원, 15억 원이었다. 프로그램별로는 MBC 〈위대한 탄생 2〉(8억 7,400만 원, 49회 노출)와 KBS 〈개그콘서트〉(7억 6,500만 원, 43회 노출)가 가장 많은 간접광고 수입을 올린 것으로 나타났다. 간접광고 증가에 따른 관련 심의규정 위반 사례도 2010년에는 14건에 그쳤지만, 2011년엔 39건으로 세 배 가까이 늘었다.[26]

PPL은 광고와 엔터테인먼트의 합일화 현상을 웅변한다. 광고를 광고로 의식하지 말고 엔터테인먼트의 일부로 즐기면서 받아들여 달라는 주문인 셈이다. 광고의 대중문화화 또는 대중문화의 광고화 현상이라고 말할 수 있겠다. 미국 역사학자 대니얼 부어스틴Daniel J. Boorstin, 1914~2004은 미국은 광고에 의해 생겨났고 광고에 의해 성장한 '광고의 천국'이라고 했다. 광고의, 광고에 의한, 광고를 위한 '광고공화국'이라고 해도 좋겠다. 한국도 그 뒤를 따르는 건가?

속 편한 마음으로 PPL을 이해하자면, 모든 경계를 허물어뜨리는 포스트모더니즘적 융합 현상으로 보아야 하는 걸까. 아니면 한국에선 뉴스 프로그램에까지 PPL이 등장하는 일은 없을 테니 현 수준에서 만족해야 하는 건가. 인터넷이 PPL을 능가하는 각종 광고 묘기대행진의 텃밭이 되고 있는 건 어떻게 보아야 할까. 광고는 과잉 커뮤니케이션 overcommunication 일 텐데, 이게 광고에서만 나타나는 것도 아니잖은가. 대중의 주목注目을 쟁취해내려는 사생결단식 투쟁이 광고에 의해서만 이루어지는 것도 아니잖은가. 이런 주목 투쟁은 인류 발전의 원동력이라는 '인정 투쟁'의 불가피한 비용인가. 의문은 끝없이 이어지지만 속 시원한 답을 내리긴 어렵다.

왜 한국은
간판 공화국이
되었나

한국은 간판 공화국이라고 해도 좋을 정도로 간판 천국이다. 간판을 혐오하는 사람들에게는 간판 지옥이라고 할 수도 있겠다. '간판 공해' 라는 말은 이미 익숙한 용어가 되었다. 그 공해는 미학적 관점에서만도 아니다. 바람이 세게 부는 날에는 어김없이 전국 어디에선가 지나가던 행인이 떨어진 간판에 맞아 부상을 입었다는 뉴스가 들려오곤 한다.

보는 사람들의 처지에서는 간판 공해겠지만, 적잖은 돈을 들여 내건 상인들의 처지에선 간판 전쟁이다. 그것도 처절한 전쟁이다. 간판은 건물 벽도 모자라 땅까지 내려왔다. 보도에 늘어선 이동식 입간판이다. 행여 구청 단속반이 변덕을 부려 입간판을 수거해갈까 봐 노심초사하면서 입간판을 지키는 업주들도 많다. 간판만으로는 모자라

★ 건물의 외벽을 빽빽하게 채운 간판들. 보는 사람들 입장에서는 시각 공해겠지만 적잖은 돈을 들여 간판을 내건 상인들의 입장에선 간판 전쟁이다.

전단지를 뿌려대고, 땅에 붙이고, 그것마저 효용이 다 하면 소리를 치거나 아예 손님을 붙잡는 호객 행위로까지 나아가기도 한다.

간판 전쟁에도 빈부 격차가 있다. 대기업은 빌딩 꼭대기로 올라가 싸우고 영세 자영업자는 빌딩 밑에서 싸운다. 대접도 크게 다르다. 대기업과 언론사의 독무대인 전자식 전광판은 일부 시민에게 한때 지지를 받기도 했다. 도시를 세련되게 만들고 눈요깃거리로 그만이라나. 간판의 대리 판매·유통업에 종사하는 언론 매체는 권위까지 누린다. 그 권위를 이용하는 대기업 광고에는 팬클럽까지 생겨났지만, 거리에서 돌리는 전단지에 대한 반응은 싸늘하다.

돈으로 호사하는 극소수 간판을 제외하곤, 간판에 대한 원성이 자자하다. 특히 미적 감수성이 뛰어난 사람들의 개탄은 하늘을 찌를 정도다. 강력한 법으로 확실하게 정비해야 한다는 목소리는 오래전부터 나왔다. 그런데 묘한 건 서울 같은 구도시야 이미 버린 몸이라지만, 서울 근교의 신도시들까지 서울을 뺨 쳐먹는 수준의 간판 공해로 몸살을 앓고 있다는 사실이다.

소설가 성석제는 미국에서 20년 넘게 살다 잠시 다니러 왔던 선배가 저녁에 자신이 살고 있는 신도시의 중심상업지역을 보는 모습을 "아예 넋을 잃고 원색의 숨 가쁘게 점멸하는 간판들을 바라보고 있었다. 화를 낼 정신도 없는 듯했다"라고 표현했다. 성석제는 선배에게 다음과 같은 변명을 내놓았다고 한다.

"누군들 좋아서 천박하게 번쩍거리고 싶겠는가. 옆집 앞집 뒷집에서 하니까 가만히 있으면, 아니 평범하게 하면 묻히고 버림받을 것 같은 초조감에 간판도 커지고 자극적으로 변한다. 앞에서 시끄럽게 떠들어대니까 나도 스피커를 마주 틀어댈 수밖에 없다. 비슷비슷한 사람들이 비슷비슷하게 사는 한국에서 눈에 띄는 방법은 저런 것뿐이라고 생각하는 것 같다."[27]

맞다. 그런 이유 때문일 것이다. 전국적으로 음식 깨나 한다는 어느 곳에 가건 접할 수 있는 '원조' 간판은 절규에 가깝다. 원조는 더이상 원조를 의미하지 않는다. '진짜 원조' 또는 '유일 원조'를 강조해야 한다. 원조의 다원성을 인정하면서 '원조 제1호'라고 주장하는 곳도 있고, 증거 과시를 위해 텔레비전 무슨무슨 프로그램에 나온 집

★
원조 중의 원조라고 강조하는 간판들. 이러한 원조 간판은 절규에 가깝다.

이라는 것을 보여주기도 해야 한다.

경쟁이 치열해지면서 간판 메시지도 막 나가고 있다. 서울 강남, 명동을 비롯한 지방 대도시 유흥 밀집 지역에는 '꿀통, 줄래, 쭈쭈, 똥값, 야마도라, 졸라빨라, 배째라, 란제리 오르가즘 쎄일' 등 비속어 간판이 즐비하다. '여대생 다방, 쇼걸 노래방, 골 때리는 노래방, 뼈다귀에 작업 들어갔네' 등 변태 영업을 교묘히 광고하는 간판도 많다.[28]

돈에 눈이 먼 건가? 아니다. 꼭 그런 것만은 아니다. 돈과는 관련 없는 대학가 플래카드도 사람들의 주목을 쟁취하기 위해 처절한 투쟁을 하고 있다는 점에서는 다를 게 없다. 경희대 교수 조현용은 대학 정문을 들어서면 대학에는 건물도 숲도 없고, 플래카드만 있다는 생각이 들 때가 있다며 다음과 같이 말한다.

"앞의 플래카드에 가려 뒤의 플래카드가 보이지 않을 정도로 빽빽하기도 합니다. 원하든 원하지 않든 우리는 플래카드에 덮인 하늘을 볼 수밖에 없는 것입니다. 우리의 시선은 가려지고 닫혀 있습니다. 닫혀진 시선에서 여유를 찾을 수 있을까요? 그러고서 조금 더 넓게 그리고 멀리 볼 수 있을까요? 이제 다른 이들의 시선을 열어주면서 새롭게 관심을 모으는 생각들을 시작해보는 건 어떨까요. 눈을 가리려 하는 구호보다는 하늘을 열어 보여주는 배려의 속삭임으로 다른 이들의 마음을 움직여보는 건 어떨까요."[29]

아무래도 '여유'라는 말에 답이 있는 것 같다. 자극적인 간판 범람의 주된 이유는 경쟁의 악순환 때문이겠지만, 그 악순환마저도 여유 없는 조급증이 낳은 것이라고 보는 게 옳을 것이다. 그러나 우리는 그 조급증 덕분에 세계에서 가장 빠른 경제성장을 이루었으니, 조급증을 무작정 나쁘다고만 할 수는 없다. 아니 조급증을 극복하는 게 매우 어렵다고 말하는 게 옳겠다.

간판이 낳은 파생어라 할 간판주의에 대해 생각해보자. 간판 만능주의나 간판 제일주의라고 부르기도 한다. 간판주의는 학벌주의의 다른 이름이기도 하다. 왜 한국인은 학벌, 아니 간판에 집착하는가? 그것 역시 조급증과 관련이 있다. 한국인은 뭐든지 빨리 알려고 든다. 그래서 처음 만나는 사람도 만나자마자 나이, 고향, 학교 등 '족보'부터 파고든다. 이는 폭탄주 심리와 비슷하다. 거쳐야 할 과정을 건너뛰거나 생략하자는 것이다. 이런 극단적 효율주의에는 간판이 큰 변수가 된다. 적어도 확률적으로 그렇다. 사람에 대한 평가를 확률로 때려잡는 것은 효율적일지는 몰라도 위험하다. 반인권적이다. 그러나 조급증은 그런 문제의식을 마비시킨다.

어느 신문의 논설위원은 명문 대학 선호 열기를 비판하면서 "'명문 간판'이 보다 나은 삶을 보장하는 시대는 곧 끝난다는 것을 알아야 한다"고 일갈했다. 아닌 게 아니라 많은 사람이 그런 말을 한다. 그러나 과연 그럴까? 그런 날은 결코 오지 않을 것이다. 간판주의는 인구 밀도와 깊은 관련이 있기 때문이다.

한국의 인구밀도는 2005년 11월 1일 기준 1평방킬로미터당 474명으로 5년 전 464명보다 10명 늘었다. 세계 3위 수준이지만 산악 지대를 빼고 평지 중심으로 계산하면 세계 1위일지도 모르겠다. 적어도 서울의 인구밀도는 세계 최고일 것이다. 2006년 서울의 인구밀도는 1평방킬로미터당 1만 6,181명으로 강원의 88명보다 183배가 높았다.

고밀도 사회에서 여유는 기대하기 어렵다. 생물학적으로 그렇다. 치열한 경쟁과 더불어 '시간 강박'에 근거한 속전속결주의로 치닫게 돼 있다. 간판은 시간 강박이 요구하는 비용 절감 효과를 가져다준다. 고밀도 사회는 이웃과의 비교를 강요한다. 이웃을 의식하지 않고서는 단 한시도 살지 못하게 만든다. 그 비교는 필사적이다. 행복은 비교에서 나오기 때문이다. 그간 수많은 사상가들이 이 '비교의 사회학'에 대해 한마디씩 했다.

마르크스 Karl Marx, 1818~1883는 "집은 클 수도 작을 수도 있다. 주변의 집들이 똑같이 작다면 그것은 거주에 대한 모든 사회적 수요를 충족시킨다. 만약 작은 집 옆에 궁전이 솟아오르면 그 작은 집은 오두막으로 위축된다"고 했다. 헨리 루이스 멩켄H. L. Mencken, 1880~1956의 "부자란 그의 동서(아내의 여동생의 남편)보다 더 많이 버는 사람을 가리킨다"는 말은 더 가슴에 와 닿는다. 실제로 미국에서 이루어진 조사에 따르면 여동생의 남편보다 자기 남편의 소득이 더 적은 여성은 그렇지 않은 경우에 비해 취업할 확률이 20퍼센트 높은 것으로 나타났다.

이와 관련, 경제학자 찰스 킨들버거Charles P. Kindleberger, 1910~2003는 "친구가 부자가 되는 것만큼 한 사람의 복지와 판단에 혼란을 주는 것도 없다"고 했다. 경제학자 폴 크루그먼Paul R. Krugman, 1953~의 발언도 흥미롭다. "나는 보수가 매우 좋고 전 세계에서 열리는 회의에 많이 초대받는 매우 좋은 일자리를 갖고 있다. 99퍼센트의 인류와 비교해도 나는 불만스러운 것이 없다. 그러나 인간이라는 동물은 본래 그런 식으로 생각하지 않는다. 나의 정서적 준거 그룹은 내 세대의 가장 성공적인 경제학자들로 이루어져 있고, 나는 그 소수 안에 들어 있지 않다."[30]

이게 바로 이웃 효과neighbors effect다. 그 어떤 절대적 기준이 아니라 이웃과의 비교를 통해 자신을 평가함으로써 발생하는 효과다. 한국인의 자부심이 낮은 주요 이유다. 공부를 잘하는 학생인데도 옆집에 공부를 더 잘하는 아이가 있으면 주눅 들고 집에서 구박받기 쉬운 이유도 바로 여기에 있다. 이른바 '엄친아(엄마 친구 아들)' 현상인 셈이다.

한국의 학부모들이 오직 자식 사랑 때문에 자식에게 좋은 간판을 요구하는 건 아니다. 이웃에게 기죽지 않으려는 심리도 적잖이 작용한다. 요란한 간판과 플래카드를 내거는 심리도 기 싸움과 밀접한 관련이 있다. 한국 정치가 기의, 기에 의한, 기를 위한 싸움을 하는 '기민주의'라는 것도 우연이 아니다.

간판은 주목을 받기 위한 투쟁의 차원에서 벌어지는 포장 심리다. 우리의 근현대사는 불확실성의 질곡으로 점철된 시대였기에 한국인은 본능적으로 불확실성에 공포감을 느낀다. 그래서 불확실성을 제거하는 데 도움을 주는 종교, 위계질서, 신분증 문화가 발달돼 있다. 간판은 불확실성 제거의 표지이기에 요란할수록 좋다.

속전속결주의의 이면엔 바로 이 불확실성에 대한 공포가 자리 잡고 있다. 다른 것에 대한 공포는 동질성을 찾고자 하는 시도로 이어지고, 이게 연고와 배짱과 코드를 융성케 한다. 또 이게 같은 간판을 가진 사람들의 결속력을 높여주기 때문에 이왕이면 좋은 간판을 가져야 할 결정적인 이유가 된다.

좋은 간판을 가진 사람들에게 물어보라. 가장 우선적인 효용이 무엇인가? 안도감이다. 자기 확인이다. 요란한 간판을 내건 상인들도 똑같은 말을 한다. 간판 문화 개선을 위해 발 벗고 나선 어느 국회의원은 상인들에게 큰 간판을 달아야 장사가 잘된다는 건 오해라는 것을 이해시켜드려야 한다고 했지만, 상인들이 그걸 모를 것 같진 않다. 간판은 자기 존재 증명이다. 인정 투쟁이다. 장사가 잘되면 좋지만 안 되더라도 '나 여기 있다'라고 알리는 일을 소홀히 할 수는 없다.

눈과 귀는 따로 놀지 않는다. 언제 어느 곳에서건 자기감정 발산을 자유롭게 하는 한국인의 큰 목소리가 낮아질까? 그게 낮아지지 않는데, 시각적인 간판 문화만 홀로 바뀔 수 있을 것 같지는 않다. 혈압

올려가며 국가주의와 민족주의를 비판하는 지식인들도 어느 낯선 나라의 공항에 내려 시선을 압도하는 한국 재벌들의 대형 광고판을 보면 묘한 안도감을 느낀다지 않는가.

그래서 지금과 같은 간판을 그대로 두자는 건가? 아니다. 간판 문제가 지극히 한국적 현상임을 인식하면서 전 분야에 걸쳐 주목의 기회 균등과 공정거래의 원칙에도 눈을 돌려보자는 뜻이다. 예컨대, 언론의 서울대 보도를 보라. 우리는 다음과 같은 신문 기사 제목들을 당연하게 여길 정도로 간판 중독증에 빠져 있는 것은 아닌지 자문할 필요가 있다.

「탈북자 최초로 서울대생 나온다」「56년 만에 첫 서울대 합격 강원 평창고 "경사 났네"」「전교조 해직교사 출신 40대 서울대 교수 됐다」「올해 서울대 10명 이상 합격 전국 60개 고교」「서울대 교수님 강의 맞아?: "가슴 작은데 브래지어 필요한가" "김태희는 비싸다"…」「소녀가장 서울대 들어가다」

서울대 총장이 기침만 해도 뉴스가 되고, 자신이 살고 있는 아파트가 '아파트 브랜드'를 알리는 대형 광고판 노릇을 하는 걸 긍지로 여기며 살아가는 사회에서, 어느 개그맨 말마따나 "1등만 기억하는 이 더러운 세상"에서, 발버둥에 가까운 주목 투쟁을 벌이는 조무래기 간판들만 문제 삼기는 쉽지 않은 일이다. 간판 공화국의 신민臣民다운 이해심인가?

12장

소비문화와 대중문화의 결합

왜 브랜드는 종교가 되었나.

교육 운동가 김진경은 「나이키와 나이스」라는 글에서 1993년 자신의 집안에서 일어난 일을 소개했다. 중학교에 들어간 딸이 엄마가 사다준 나이스 운동화를 내던지며 "요새 누가 나이스 같은 가짜 상표 신발을 신고 다녀"라고 항변하면서 닭똥 같은 눈물을 뚝뚝 흘리더라는 이야기다. 결국 엄마는 그 이른 아침에 나이키 대리점을 찾아 딸에게 나이키 운동화를 사 신긴 후에야 겨우 학교에 보낼 수 있었다고 한다.

김진경은 타이어표 검정색 고무신을 신던 시절을 회상하면서 요즘의 아이들은 자기 정체성을 머릿속에 들어 있는 정신이 아니라 몸을 통해서 내세우고자 하며, 몸의 정체성은 어떤 브랜드를 소비하는가에 따라 결정된다고 말했다.[1] 앞서 스타 파워야말로 우리 시대가

'브랜드 시대'임을 웅변해준다고 지적한 바 있지만, 도대체 브랜드가 무엇이기에 어린 소녀로 하여금 닭똥 같은 눈물을 뚝뚝 흘리게 만드는가?

영국의 정기간행물 『브랜드전략Brand Strategy』 2003년 1월 2일자에 대니얼 두몰린Daniel Dumoulin이 쓴 「브랜드: 새로운 종교Brands: The New Religion」라는 글은 "종교와 철학이 담당했던 역할을 브랜드가 떠맡을 수 있을까?"라는 물음을 던진 뒤 종교와 브랜드가 통합되고 있다는 결론을 내린다. 그의 주장에 따르면, 애플의 마케팅 전략은 불교적이고 P&G의 세제 광고는 가톨릭의 교리에 비유될 수 있다. 종교는 현대적인 가치관과 종교가 관련되어 있음을 증명해야 하고, 브랜드는 "소비자들의 감정적·영적 욕구 속으로 깊이 파고들어갈 수 있는 능력"에 따라 미래가 좌우된다는 것이다.[2]

급기야 광고회사 영앤루비컴Young & Rubicam은 "브랜드는 새로운 종교"라고 선언한 보고서를 내기에 이르렀다. 이를 인정하는 제임스 트위첼James B. Twitchell은 "그렇지 않다면, 매년 수천 명의 사람들이 디즈니 테마 공원에서 결혼식을 올리고, 할리데이비슨Harley-Davidson 브랜드가 박힌 관에 담겨 무덤 속에 묻히는가를 어떻게 설명할 수 있겠느냐"고 반문한다.[3]

브랜드가 종교거나 종교에 근접하는 것이라면, 전통적인 공동체는 쇠퇴해가는 반면, 같은 브랜드를 소비하는 행위에서 연대감을 만끽하는 브랜드 공동체 또는 브랜드 커뮤니티brand community가 그걸 대체해가는 양상을 보이는 것은 당연한 일이다. 경제학자 로버트 라이

명상을 하고 있는 젊은 시절의 스티브 잡스.
선불교에 심취해 단순함을 추구한 그답게
거실이 텅텅 비어 있다. 이 단순함에 대한 추구는
애플 제품의 디자인에도 잘 반영되어 있다.

시Robert Reich는 "이제 미국인들에게서는 공동사회를 잘 찾아볼 수 없다. 우리는 더 이상 이웃과 같이하지 않는다. 옆집에 누가 사는지도 모른다"면서 이렇게 말한다.

"그러나 더 이상 이웃과 같이하지 않는다는 것은 완전히 맞는 말은 아니다. 그것은 현재 상황의 가장 중요한 면을 제대로 설명하지 못하는 것이다. 우리는 여전히 서로 같이하고 있다. 아동 보호, 노인 보호, 학교, 의료 서비스, 보험, 헬스클럽, 투자클럽, 구매클럽, 오락 시설, 사설 경호원 그리고 이외에 혼자서 사기에는 너무 비싼 다른 모든 것들이 있다. 그러나 우리는 참가자로서 같이하지는 않는다. 소비자로서 함께할 뿐이다. 우리의 경제적 자원을 함께 모아서 가장 좋은 조건의 거래를 얻어내고 있다."⁴

소비자로서 함께하는 브랜드 커뮤니티는 자발적으로 운영되기도 하지만 상업적 목적에서 기업에 의해 의도적으로 형성되기도 한다. 브랜드 커뮤니티를 마케팅 전략으로 이용하는 대표적인 브랜드로는 할리데이비슨을 들 수 있다. 미국의 대표적인 모터사이클 브랜드인 할리데이비슨은 '미국인의 상징american icon'이라는 브랜드 메시지를 이용한다. 36만 명이 넘는 사람들이 800여 개의 할리 소유자 모임 가운데 하나에 소속돼 있으며, 이 구성원들은 격월로 신문을 받아보고 매주 혹은 매월 열리는 모임에 참석할 뿐만 아니라 판매 대리점의 후원을 받는 야유회에도 참가한다.

이런 마케팅 전략 덕분에 도요타가 캠리 차종 하나만을 위해 1억 달러 가까운 광고비를 지출한 것에 비해 할리데이비슨의 광고비는 겨우 100만 달러에 불과했다. 할리데이비슨은 '울트라 클래식' 모델의 경우 본체 가격만 3,500만 원에 튜닝 비용을 더하면 5,000만 원이 훌쩍 넘는 데다 유지비도 만만치 않아 사실상 부유층의 전유물이었다. 2000년대 중반 한국에는 할리데이비슨 오너가 1,000명 정도 있었는데, 적금을 들어 할리데이비슨을 타려는 직장인들도 생겨날 정도로 인기가 높았다.[5]

자동차는 고급 차종일수록 브랜드 커뮤니티가 발달돼 있다. 사브Saab 차 운전자들끼리는 도로에서 마주칠 경우 서로 반갑다고 손을 흔들어주는 게 불문율처럼 돼버렸다.[6] 렉서스Lexus는 노골적으로 '렉서스 가족Lexus family'을 강조하면서 '렉서스 커뮤니티'를 만들기 위해 애를 쓰고 있다.[7] 튼튼한 장갑차를 방불케 하는 허머Hummer 차 소유자들은 HOPEHummer Owners Prepared for Emergencies라는 전국 네트워크까지 조직해 재난 발생 시 같이 힘을 모아 구난 활동을 벌인다.

미국에선 아이 이름을 명품 브랜드를 따서 짓는 부모들이 늘고 있다고 하니, 이 정도 되면 공동체 귀속 의식이 대단히 높다고 봐야 할 것이다. 어느 공동체에 속하느냐 속하지 못하느냐 하는 문제로 좌절감과 박탈감을 느끼는 정도로 말하자면, 그 어떤 공동체도 '명품 공동체'를 능가하긴 어려울 것이다.

공동체 문화의 변화는 새로운 업종을 낳게 했는데, 그 대표적 사례가 바로 커피전문점 스타벅스Starbucks다. 다 죽어가던 미국의 커피 시장을 살려낸 스타벅스 회장 하워드 슐츠는 "사람들이 스타벅스에서 얻는 것은 커피의 낭만, 즉 따뜻한 공동체의 느낌이다"라며 다음과

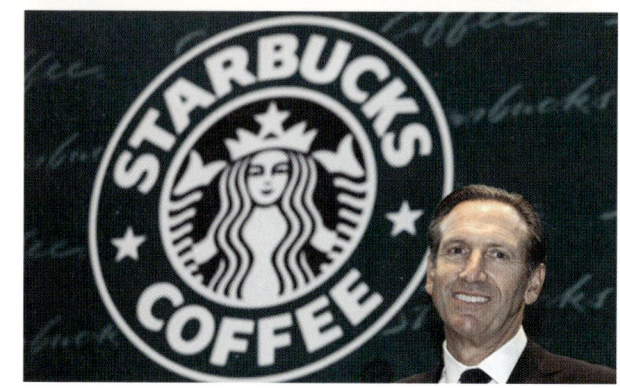

★
사람들이 따뜻한 공동체의 느낌을 받을 수 있도록 꾸며진 스타벅스 내부(위)와 하워드 슐츠 회장(아래).

같이 말한다.

"미국인은 공동체 생활에 너무나 굶주렸고, 그래서 어떤 손님들은 우리 점포를 모임 장소로 활용하기 시작했다. 친구와의 약속 장소, 가벼운 회의 장소, 다른 단골손님과의 대화 장소가 된 것이다. 제3의 장소에 대한 강렬한 수요가 있다는 사실을 이해했기 때문에, 우리는 보다 넓은 매장에 보다 많은 테이블을 갖추고 준비할 수 있었다."⁸

이런 브랜드 커뮤니티에 대해 나오미 클라인Naomi Klein은 비판적이다. "대규모의 브랜딩 캠페인은 상징에 의미를 부여하려는 가장 기본적인 부족적 충동이에요. 자신을 특징짓고, 자신의 정체성과 그것에 따라붙는 것을 만들려는 거죠. 종교도 그렇게 하고 정당도 그렇게 하지요. 이젠 기업들이 그렇게 하고 있는 겁니다. 문제는 그들이 가짜 공동체를 팔아먹고 있다는 겁니다."⁹

반면 브랜드를 옹호하는 월리 올린스Wally Olins는 "나오미 클라인 같은 반反자본가들의 치명적 약점은 브랜드 기능을 상업적인 것에만 국한시킨다는 데 있다"며 "다소 심기가 불편할지는 모르나 이젠 브랜드를 자선 사업과 예술, 대학, 스포츠, 문화 영역 안으로 들여보내야 한다. 이것은 거스를 수 없는 대세다"라고 주장한다. 그러나 올린스도 브랜드의 완곡어법으로 '평판reputation'이 등장하고 있는 현실을 인정한다. "브랜드란 용어가 지나치게 저속하고 상업적이라 자신들의 업무를 표현하는 데 부적절하다고 보는 사람들은 추후 '평판'이란 용어를 애용할 것으로 보인다."¹⁰

진짜 공동체를 찾아보기 어려워진 상황에서 소비자들이 각종 '가짜 공동체'에서나마 위안과 더불어 즐거움을 누릴 수 있다면, 그걸 어찌 탓할 수 있으랴. 브랜드 비판의 선두 주자인 클라인도 브랜드 딱지를 떼긴 하지만 브랜드 옷을 사 입는다고 하니,¹¹ 우리 모두 다 브랜드에 포위된 세상에 살고 있는 바람에 다른 길을 찾기가 어렵다고 보는 게 옳을 것 같다. 각종 인터넷 커뮤니티는 브랜드 커뮤니티를 형성하고 있을 뿐만 아니라 일종의 취미 공동체와 정보 공동체 역할도 수행하고 있는바, 브랜드의 종교적 속성은 더욱 강화될 것 같다.

왜 비쌀수록 명품 로고는 더 작아질까

미국 경제학자 소스타인 베블런Thorstein Veblen, 1857~1929은 1899년에 쓴 『유한계급론The Theory of the Leisure Class』에서 값이 비쌀수록 호사품의 가치는 커진다고 주장했다. 그는 유한계급에게 가격표는 본질적으로 지위를 상징하는 것이며 "비싸지 않은 아름다운 물건은 아름답지 않다"고 말했다.[12]

이를 가리켜 베블런 효과veblen effect라고 한다. 베블런 효과는 경제학적 관점에서 보면 비합리적인 소비● 행위임이 틀림없지만, 중요한 건 바로 이것이다. "호사스러움을 위해 많은 돈을 지불했다는 사실을 자신만 알아서는 안 된다. 남들이 알아줘야 한다."[13]

비슷한 것으로 속물 효과snob effect가 있다. 이는 "자기만이 소유하는 물건에 특별한 가치를 부여하는 소비 행태"다. 남들이 사용하지

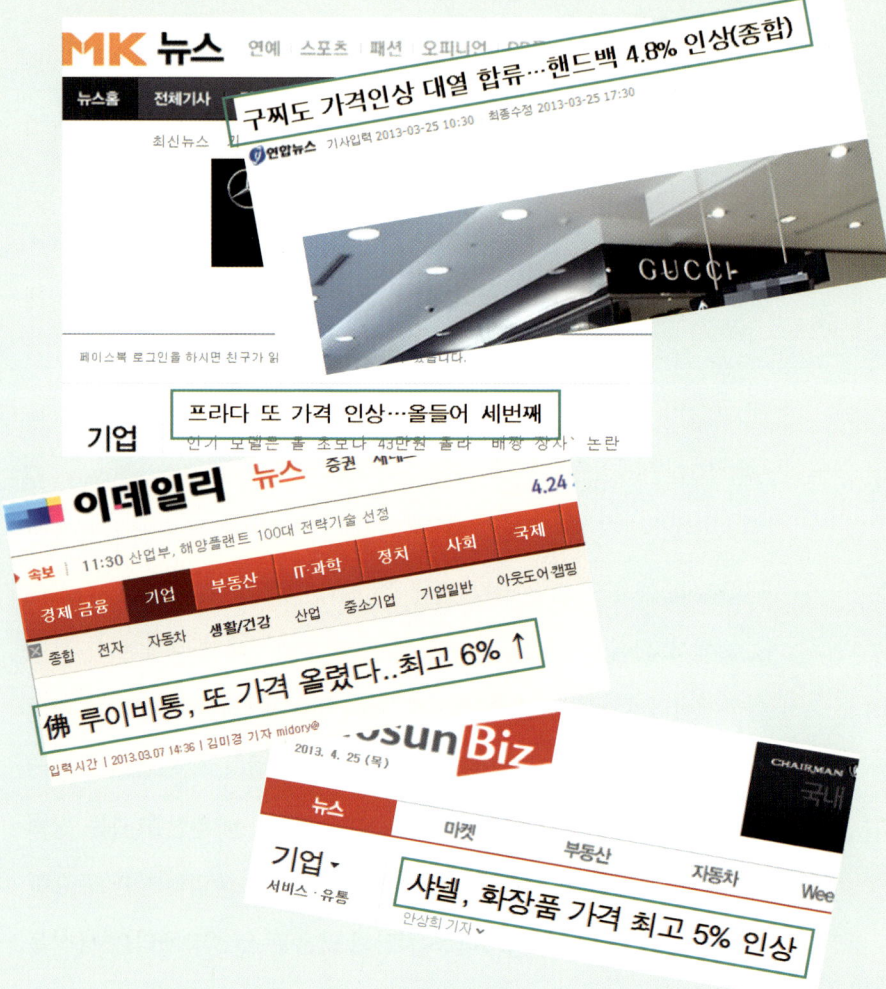

명품 브랜드들은 지속적으로 가격을 올린다.
그런데도 일부 계층의 과시욕이나 허영심 등으로 인해
수요가 줄어들지 않는 현상을 베블런 효과라고 한다.

않는 물건, 즉 희소성이 있는 재화를 소비함으로써 더욱 만족하고 그 상품이 대중적으로 유행하기 시작하면 소비를 줄이거나 외면하는 행위다.[14]

중류층과 상류층은 숨바꼭질 놀이를 한다. 중류층이 상류층을 쫓아가면 상류층은 기분 나쁘다며 다른 곳으로 숨는다. 예컨대, 20세기 초에는 화장품의 가격이 매우 비쌌기 때문에 상류층 여성들만 사용했지만 제1차 세계대전 말쯤에는 화장품의 값이 저렴해지자 공장에서 일하던 여성 노동자들까지 화장품을 사용할 수 있게 되었다. 그래서 화장품을 많이 사용하면 상류층이 아니라 노동 계층이라는 표시가 되었다. 이에 상류층 여성들은 어떻게 대응했던가? 그들은 화장품을 계속 사용하기는 했지만 훨씬 절제된 방법으로 사용했으며 세련되고 비싼 제품을 사용함으로써 중하층 여성들과의 차별성을 유지하고자 했다.[15]

오늘날 유행의 사이클이 빨라진 것도 그런 숨바꼭질 놀이와 무관하지 않다. 상류층은 중류층이 쫓아오면 숨어버리고, 중류층이 상류층이 숨은 곳을 찾아내면 얼마 후 또다시 숨는 일이 반복된다는 것이다. 이와 관련, 낸시 에트코프Nancy Etcoff는 다음과 같이 말한다.

"중류층은 패션 추구자들로, 그들 중 가장 보수적인 사람도 특정 스타일을 입도록 이끌리게 된다. 그 이유는 오로지 그 스타일이 너무 유행이라 그것을 입지 않으면 관행에 따르지 않는 사람이 되기 때문이다. 상류층은 그들을 모방하는 중류층으로 오인되는 것을 두려워한다. 이것이 한 패션이 그들에 의해 도입되자마자 그들이 그 패션을

포기하는 이유다."¹⁶

그런데 소비사회는 물질로 자신을 내세우는 걸 매우 어렵게 만든 점도 있다. '물질의 평등'이 상당한 정도로 이루어졌기 때문이다. 그래서 나온 게 바로 '명품luxury'이다. 미국에서 명품의 소비 규모는 전체 소비 규모에 비해 네 배나 빠른 속도로 성장하고 있으며 이는 서구 여러 나라에서도 마찬가지다. 젊은 세대일수록 명품 소비에 더 열성적이다. 왜? "이제 사람들은 종교, 정치적 견해, 가치관 등이 아니라 사용하는 제품의 브랜드로 다른 사람을 이해"하기 때문이다.[17]

값이 비쌀수록 명품의 로고는 더 작아진다. 명품을 찾는 중류층이 많아진 탓에 생긴 차별화 욕구로 빚어진 결과다. 이와 관련, 제임스 트위첼은 "지난 수십 년 동안 랄프 로렌의 폴로 선수 도안, C 자를 맞대어 놓은 샤넬의 도안, 구찌의 G 자 도안, 루이비통의 머릿글자 도안 같은 등록상표들은 높은 가격을 뜻하는 신분 상징물 노릇을 해왔다. 그러나 그런 높은 가격을 지불하고라도 그 물건을 사는 사람이 많아져 의미가 퇴색하자 디자이너들은 가격을 올리고 로고를 작게 만듦으로써 베블런 효과를 활용하고 있다"며 다음과 같이 말한다.

"유명 디자이너들의 제품은 아무리 싸구려라고 해도 낙서 같은 도안 글자나 로고로 도배가 되어 있는데, 그렇다고 아무 물건이나 닥치는 대로 만들어서 로고나 글자를 박아놓을 수도 없는 것이 현실이다 보니 앞으로는 디자이너의 제품이면서도 로고나 글자가 들어가 있지 않은 의류가 가장 비싸고 귀한 것이 될 것 같다. 우습게도 이제는 아무 표시도 나지 않는 것에 더 많은 돈을 지불해야 할 것처럼 보인다.

물건이란 물건은 모조리 디자이너들의 광고판이 되어버렸으니 스스로 인간 광고판이 되고 싶어 하지 않는 사람은 광고할 기회를 상실하는 디자이너의 손실을 보상하기 위해 더 많은 돈을 지불해야만 하게 된 것이다."[18]

아무도 알아볼 수 없다면 왜 비싼 돈을 주나? 그러나 안심하시라. 자기들끼리 그리고 그 근처에 가까이 가고 싶어 안달하는 사람들만 알아볼 수 있는 그 무엇인가가 있다. 게다가 그 무엇인가를 알아내는 능력이 대접받기 때문에 이건 아주 재미있는 수수께끼 놀이가 된다. 그래서 생겨난 게 바로 노노스족이다.

노노스nonos족은 'No Logo, No Design'을 추구하는, 즉 겉으로 드러나지 않는 명품을 즐기는 계층을 일컫는 말이다. 2004년 프랑스 패션회사 넬리로디가 처음 사용한 단어로, 명품의 대중화에 대한 상류층의 반발이 노노스족을 낳게 했다. 루이비통이 'LV'라는 널리 알려진 로고를 2005년 추동 제품부터 거의 쓰지 않기로 한 것도 바로 그런 이유 때문이다.[19]

명품잡지 『네이버Neighbor』의 VIP 마케팅 팀장 이기훈은 "부자들은 '구별짓기'를 하고 워너비wannabe: 추종자들은 '따라하기'를 한다"며 "여행을 하더라도 부자들은 구별짓기 위해 워너비들도 갈 수 있는 발리보다는 쉽게 가기 어려운 몰디브나 마케도니아를 선호한다"고 말했다. 진짜 부자들은 '10개 한정판매' 등과 같은 특별한 물품, 즉 '명품 중의 명품'을 원하며, 일반적인 명품에 대한 선호도는 오히려 추종자 그룹에 비해 떨어진다는 것이다.[20] 그래서 아예 『부자들의 여행지』 같은 책도 나오곤 한다. 패키지여행을 벗어나 특별한 휴가를 준비하는 사람들에게 몰디브, 피지, 뉴칼레도니아 등 고급 리조트 45군데를 소개한 책이다.[21]

노노스족의 원리에 따라 해외 명품을 취급하는 국내 백화점들은 소비 귀족층을 일반인과 철저하게 분리해 관리한다. 노노스족을 신명품족 또는 명품족 2세대로 부르기도 한다. 이들은 일반 소비자는 몰라보고 이른바 '선수'들만 알아보는 브랜드를 찾아내 사용하는 데에서 쾌감을 느낀다. 이들에게 샤넬, 루이비통, 조르지오 아르마니, 구찌, 프라다 등은 낡은 이름이다. 이들은 보테가 베네타, 다이안 폰 퍼스텐 버그, 바네사 브루노, 스텔라 매카트니, 햄무트 랭, 나르시소 로드리게스, 쿠스토 바르셀로나, 로베르토 메니케티, 알렉산더 맥퀸 등 희소성 있는 럭셔리 브랜드들을 선호한다. 그들에겐 구별짓기를 위한 우아한 처신이겠지만, 어떤 이들에게는 처절한 몸부림으로 보일 수도 있겠다.[22]

한국인의 지극한 명품 사랑은 일종의 기 싸움이다. 세계적인 명품 업체들이 첫 출시를 한국에서 하는 이유에 대해 국내 한 명품 정보 사이트의 전문가는 이렇게 말했다. "똑똑한 소비자와는 거리가 멀죠. 아무리 명품이라도 품질 등 조건을 따지는 유럽 소비자와 달리 브랜드 프리미엄만으로 너도 나도 구매를 하니, 한국만큼 안전하고 매력적인 시장이 어디 있겠습니까. 당연히 몰려올 수밖에 없죠."[23]

아니다. 똑똑한 소비자다. 명품 사랑의 이유가 '주목'이며, 유럽인에게 주목받으려는 게 아니라 같은 한국인에게 주목받으려는 게 아닌가. 명품 대중화에 반발한 상류층, 즉 노노스족 또는 신명품족이 일반 소비자는 몰라보고 이른바 선수들만 알아보는 브랜드를 찾아내 사용하는 데에서 쾌감을 느끼는 것도 바로 이웃 효과 때문이 아니겠는가.

한국에서는 비쌀수록 더 잘 팔린다는 법칙을 깨달은 세계 명품업체들은 유독 우리나라에서만 가격을 올리는 마케팅 전략을 쓰고 있다.[24] 한마디로 말해서 한국이 해외 명품 업체들의 봉 노릇을 하고 있는 것이다. 북유럽에서는 명품을 자랑하면 얼마나 자존감이 없으면

★ 심지어는 명품 브랜드의 종이가방까지 사고파는 현상도 나타났다. 종이가방까지 명품 브랜드로 들고 다녀야 할 정도로 한국의 주목 투쟁은 치열하다.

그러느냐고 모자란 사람 취급을 받는다지만,[25] 한국에선 명품을 가지면 사람도 명품 대접을 받으리라는 기대가 높으니 그거 참 묘한 일이 아닐 수 없다.

"당신은 사랑(주목)받기 위해 태어난 사람"이라는 노래 가사도 있지만, 그건 당위일 뿐 현실은 아니다. 주목은 쟁취의 대상이다. 한국인은 주목 투쟁의 전사들이다. 혼자 사는 세상이 아니기 때문에 어떻게 해서건 자신이 돋보이는 쪽으로 남들과 구별되고 싶은 욕망, 그리고 그 욕망에서 비롯된 명품 사랑을 잘못된 것이라고 말하기는 어렵다. 오히려 중요한 건 균형 감각일 것이다. 속이 허할수록 겉에 더 신경을 쓰는 법이니, 명품을 사랑하더라도 적당히 사랑하는 것이 좋지 않을까?

프로슈머는 대기업의 이윤 창출을 위한 용병인가

프로슈머prosumer는 생산자producer와 소비자consumer의 합성어로 "생산소비자(또는 생산적 소비자)"라는 뜻이다. '참여소비자'라고 해도 좋겠다. 미래학자 앨빈 토플러Alvin Toffler가 1979년에 출간한 『제3의 물결』에서 소개한 개념으로,[26] 생산과 소비가 완벽하게 분리되는 것이 아니라 소비자가 제품 개발과 관련된 제안을 적극적으로 하는 등 둘 사이의 부분적인 결합이 나타나는 현상을 가리킨다. 특히 인터넷이 기폭제가 되었다.

프로슈머의 두 번째 용례는 전문가professional와 소비자consumer의 합성어로 "전문소비자"라는 뜻이다. 1987년경에 나타난 이 두 번째 개념은 디지털 캠코더나 사진기 등 새로운 미디어 기술이 발전함에 따라 과거에는 전문직 종사자만이 할 수 있던 일들을 아마추어도 손쉽게 처리할 수 있게 되었다는 것을 의미한다. 백욱인은 '디시인사이드'나 『오마이뉴스』도 프로슈머의 한 형태로 간주했다.[27]

프로슈머는 보통 첫 번째의 의미로 많이 쓰인다. 소비자의 요청에 따라 만들어지는 상품을 프로슈머 제품이라 부르는데, 국내에선 2005년부터 본격적으로 쓰이기 시작했다. 예컨대, 2005년 10월 LG전자는 고객이 아이디어를 내면 기획 단계부터 이를 반영해 제품을 만드는 이른바 프로슈머 마케팅 제도를 도입하기 위해 휴대폰 커뮤니티인 세티즌과 공동으로 '싸이언 프로슈머'를 모집했다.[28]

이후 프로슈머 문화가 만개했다. 대중문화 분야에선 주로 팬픽 fanfic의 형태로 나타났다. 팬픽은 팬 픽션 fan fiction의 줄임말로, 주로 남자 연예인을 주인공으로 등장시켜 팬들이 쓰는 소설을 말한다. SM엔터테인먼트가 2006년 2월 1일부터 공모한 동방신기 팬픽에는 5일 만에 3,000건의 소설이 몰렸다. 팬픽 공모전에서 대상으로 선정된 이에게는 상금 100만 원과 더불어 동방신기 멤버들과 특별한 데이트 시간이 주어졌으며, 영웅재중상, 최강창민상, 시아준수상, 유노윤호상, 믹키유천상 등 부문별 수상자에게 상금 50만 원 및 사인 CD 등을 수여했다.[29]

프로슈머 개념은 시위자들에게까지 적용되었다. 2008년 6월 연세대 교수 박명림(정치학)은 촛불집회 참여자들을 "지식을 생산하는 동시에 향유하는 '지식의 프로슈머'"라고 주장했다. 이와 관련해 그는 지식인의 자기성찰이 필요하다며 이렇게 말했다. "한국 지성계에는 순수 이론만 추구하거나 상업주의에 영합하는 극단만 있는데, 시민들은 정보를 창출해 온라인 네트워크에 올리고 다시 시위자로 참여하면서, 진정한 의미의 사회 지성의 구실을 하고 있다."30

최근 등장한 공짜경제freeconomics: free+economics 트렌드는 이런 프로슈머 개념과 관련된 것이다. 공짜경제란 '과거 유료였던 제품이나 서비스를 무료 또는 사실상 공짜로 제공하고 그 대신 대중의 관심과 평판, 광범위한 사용자 기반을 확보해 이를 바탕으로 관련 영역에서 새로운 수익을 창출하는 사업 방식'이다.

공짜경제의 개념은 크리스 앤더슨Chris Anderson이 영국『이코노미스트』의 '2008년 세계경제 대전망'에서 새로운 비즈니스 트렌드로 소개하며 알려졌는데, 공짜경제의 네 가지 유형 가운데 하나가 바로 '프로슈머 공유 촉진 방식'이다. 예컨대, 애플, 노키아, 구글 등은 경쟁적으로 소프트웨어 개발 키트SDK를 무료로 배포했는데, 이들이 노린 것은 금전적 수익이 아니라 프로그램 및 콘텐츠 프로슈머들을 아군으로 끌어들여 차세대 모바일 기기 시장의 표준과 주도권을 차지한다는 것이었다.31

프로슈머에 이어 창조적 소비자를 뜻하는 크리슈머cresumer: creative+consumer 개념도 등장했다. 단순히 물건을 사는 데(컨슈머) 그치지 않고, 상품 제작에 직간접적으로 참여하더니(프로슈머), 이젠 소비자가 직접 도안하고 제작한(크리슈머) 작품이 기업의 신상품으로 만들어지고 있다. 고객 모니터링(프로슈머) 등 기업-소비자 간 쌍방향 마케팅이 갈수록 확산되면서 나타난 현상이다.32

이젠 전시회의 큐레이터처럼 기존 제품을 꾸미고 다양하게 활용하는 편집형 소비자를 뜻하는 큐레이슈머curasumer: curator+consumer라는 개념마저 나왔다. 직접 생산에 참여하는 프로슈머보다 한발 더 진화한 능동적인 소비자로, 제품을 기존 용도와 다르게 활용할 수 있는 법을 적극적으로 찾거나 기업에 원하는 상품 사양을 요구하기도 한다는 것이다. 개성을 중시하는 큐레이슈머의 대표적인 사례는 적극적인 스마트폰 사용자들인데, 배경화면과 앱의 배치를 자신의 원하는 방식으로 재구성하고 다양한 액세서리를 활용해 자신의 스마트폰을 톡톡 튀게 치장한다. 이 덕분에 전 세계 스마트폰 액세서리 시장 규모는 50조 원, 한국 시장 규모는 1조 원대에 이르렀다.[33]

크리슈머와 큐레이슈머는 프로슈머의 진화한 형태일 뿐, 기본 개념은 프로슈머다. 프로슈머는 축복인가? 귄터 포스G. Günter Voß는 『일하는 고객Der arbeitende Kunde, 소비자들이 보수를 받지 않는 직원이 될 때』라는 책을 통해 프로슈밍에 대해 비판적 자세를 취했다. 그는 이케아 같은 저렴한 가구를 생산하는 업체에서 슬그머니 고객들로 하여금 직접 가구를 조립하게 하는 데서부터 많은 사람들이 웹2.0에서 애호하는 베타 서비스●라는 말에 이러한 메커니즘이 숨겨져 있다고 했다. '완제품이 아닌 베타 버전'이라는 것은 결국 기업들이 자기들이 생산한 제품의 최종적인 테스트를 고객에게 떠넘긴다는 의미라는 것이다.[34]

최항섭은 "프로슈머의 행위가 종종 새로운 제품의 소비에 대한 집착으로 이어진다는 점에서 이들의 행위를 언제나 합리적으로 볼 수는 없으며, 오히려 감정적 측면을 이해할 필요가 있다"며 다음과 같

★ 베타 서비스를 가장 적극적으로 활용하는 곳은 게임 업계다. 퀸터 보스에 따르면 베타 서비스는 기업들이 자신들이 생산한 제품의 최종적인 테스트를 고객에게 떠넘기는 것이다.

이 말한다.

"프로슈머에 대한 가장 큰 논쟁거리는 프로슈머가 언뜻 보기에는 자본주의와 기업에 대항하는 소비 권력으로 보일지 모르지만, 그 내면을 들여다보면 오히려 자본주의와 기업에 의해 교묘하게 이용되고 있지 않은가에 대한 것이다. …… 이 경우 프로슈머는 새로운 경제 권력이 아니라 기존의 거대 경제 권력인 대기업의 이윤 창출을 위한 '용병'으로 평가될 수도 있다. 경제 논리와 이윤 논리가 지배적인, 그래서 인간과 주체가 계속 움츠러드는 세상에서 우리가 지켜나가야 할 것 가운데 하나가 바로 순수한 의미에서 경제 권력으로의 프로슈머가 아닐까 한다."[35]

프로슈머 현상은 그 어떤 장점에도 불구하고 기업이 대중의 일상적 삶에 미치는 영향력이 커졌다는 걸 말해주는 것이다. 소비자의 힘이 커졌다곤 하지만, 그건 어디까지나 기업이라는 틀을 전제로 한 권력 증대라는 점에 주목할 필요가 있다. 일반인이 기자로 참여하는 인터넷 신문 『오마이뉴스』와 같은 넓은 의미의 프로슈머 문화를 발전시키는 것이 기업이 모든 걸 지배하는 이른바 기업사회에 대한 최소한의 견제일 수 있다.

왜 "주문하신 커피 나오셨습니다"라고 말할까

"주문하신 커피 나오셨습니다. 뜨거우시니 조심하세요.", "7,500원이시구요. 호출기 울리시면 건너편으로 오세요." "문의하신 상품은 품절이십니다.", "고객분께서 말씀하신 대로……", "부하 직원분이 왔었는데……" "부인분은 이해하시나요?" 커피숍이나 백화점 같은 각종 서비스 업소에서 자주 듣는 말이다. 물론 틀린 말이다.

이에 대해 김덕한은 "이 정도는 보통이다. 더 터무니없고 섬뜩하기까지 한 '시'의 오용誤用 사례는 넘쳐난다. 최근까지 케이블방송에서 여러 차례 반복 방송된 한 보험회사 광고는 '벌금이 나오셨다구요?'라는 말로 시작된다. 운전자가 과태료를 부과받게 되면 그 과태료를 보험료로 물어주겠다는 걸 광고하기 위한 것이지만 벌금 부과를 받은 '신' 고객이 아닌 벌금 자체에까지 무조건 존대를 하고 본다"며 다음과 같이 말한다.

"그래야 마음이 편한 모양이다. '시'는 행위하는 사람을 존대하는 '주체 존대'에 쓰는 것이기 때문에 돈이나 음료, 심지어 벌금을 높여 표현하는 데 써서는 안 된다는 문법 강의를 하려는 게 아니다. 헷갈릴 수도 있다. 그러나 정도가 좀 심하다. 왜 그렇게 심하게, 사회 전체가 헷갈리고 있을까. '시'에 못지않게 '분'도 전성시대다. …… 굳이 문법적으로 따지자면 의존명사인 '분'도 '어떤 분' '그분'처럼 꾸미는 말 다음에 쓰는 것이지 명사 다음에 갖다 붙여 쓰는 게 아니다. 이렇게 마구 '분'을 갖다 붙이고, 아무 데나 '시'를 붙여 존대하는 사회가 상대방을 진짜로 존중하는 사회일 수 없다."[36]

'시'와 '분'만 오남용되는 게 아니다. '실게요'라는 말도 전성시대다. 건강 검진을 받으러 간 임철순은 남녀 가릴 것 없이 안내하는 직원마다 "이리 오실게요", "슬리퍼 벗고 올라서실게요", "웃옷 걷어 올리실게요", "좀 더 내려 누우실게요"라고 말하는 것에 짜증이 나 도저히 더 참지 못하고 "도대체 말을 왜 그렇게 하느냐", "그게 어느 나라 말이냐"고 따졌다고 한다. 그랬더니 눈이 동그래진 여직원이 그게 잘못된 말이냐고 묻기에 "그냥 '이리 오세요' '슬리퍼 벗고 올라서세요'라고 하면 된다"고 알려주었다는 것이다.[37]

왜 '시', '분', '실게요' 등이 전성시대를 누리고 있는 걸까? 그만큼 한국 사회가 상대를 지극히 배려하는 친절 사회로 가고 있기 때문일까? 그러나 위와 같은 언어 현상을 지적한 이들은 한결같이 욕도 역사상 가장 많이 하고 있다고 지적한다. 중·고교생의 80.3퍼센트가 대화할 때 욕설·협박·조롱이 담긴 공격적 언어를 사용한다는 조사 결과도 있다.[38]

이 역설은 이른바 감정 노동emotion work, emotional labor이 서비스 업소 전반에 퍼진 걸로 이해하는 게 옳을 것 같다. 감정 노동은 대중과 접촉하는 일에 종사하면서 의지를 갖고 어떤 마음 상태를 생산해내야만 하는 일을 가리킨다. 정서의 창조와 처리에 초점을 맞추는 노동이라고 해서 정서적 노동affective labor이라고도 한다.[39]

1983년 미국의 사회학자인 알리 혹실드Arlie Hochschild는 『관리된 마음The Managed Heart: 인간 감정의 상업화』라는 책에서 소비자본주의 사회에서 증가하고 있는 감정 노동을 소개했다. 그는 좋아하고, 싫어하고, 슬프고, 화나는 매우 사적인 감정이 조직 속에서 집단적 감정으로 변형되며, 집단적 감정은 조직 속에서 바람직한 것으로 여겨져 강요된다고 보았다. 감정 노동을 엄밀히 정의하면 "업무상 요구되는 특정한 감정 상태를 연출하거나 유지하기 위해 행하는 일체의 감정 관리 활동"이 직무의 40퍼센트 이상을 차지하는 노동 유형이다.[40]

승무원, 판매원, 외판원 등 서비스 직종에 종사하는 여성을 대표적인 감정 노동자라 할 수 있는데, 그는 백화점 여성 노동자를 대표적인 감정 노동자로 보았다. 백화점들은 '미소의 여왕'을 선발한다든가 하는 방식으로 감정 생산에 경쟁을 도입하기도 한다. 일부 직종에선 노동의 연예화라고 해도 좋을 정도로 감정 노동의 고급화를 추구한다.[41]

서비스 제공자의 감정뿐만 아니라 외모도 중시하면 심미적 노동 aesthetic labor, 서비스 제공자가 특별한 인생관으로 인해 정말 가슴에서 우러나오는 감정 노동을 하는 건 박애적 감정 노동 philanthropic emotional labor으로 부르는 학자들도 있다.[42]

감정 노동은 정당한 대접을 받지 못하고 있다. 미국의 한 간호사는 이렇게 항변한다. "의사들이 암세포를 꺼내지만, 환자가 시련을 이겨내게 하는 건 우리 간호사들이라고요. 왜 세상은 의사들이 하는 일은 알아보고 공을 돌리면서, 간호사들이 하는 일에는 그러지 않죠?"[43]

한국에서 감정 노동의 확산은 여성 비정규직의 증가와 밀접한 관련이 있으며, 이들은 과도한 대고객 친절을 강요받고 있다. 한 증권회사의 콜센터에서 일하는 전 모 씨(25·여)는 "하루 80~100통의 전화 상담을 하는데 통화 내용이 모두 녹음돼 인사 담당자가 평가한다"며 "조금이라도 목소리가 낮아져도 불친절하다는 지적을 받아 점수가 깎인다"며 감정 노동의 괴로움을 토로했다."[44]

최선경은 여성 감정 노동자들의 노동이 낮게 평가되고 있다고 지적하면서 그 이유 가운데 하나는 감정 노동이 노동으로서 제대로 평가받지 못하고 있기 때문이며, 이는 사적 공간인 가정에서도 그대로 적용된다고 말한다. 여성들은 가정에서 어머니로서, 아내로서, 며느리로서 여러 역할을 수행하는데, 이 역할들 속에는 근력을 쓰는 일, 머리를 쓰는 일, 요리를 하는 일 등 다양한 노동이 존재함에도 노동 그 자체로서 존재하기보다는 가족에 대한 보살핌이라는 의미에 종속

★ 다닥다닥 붙은 책상에 앉아 고객 상담 중인 콜센터 직원들. 이들과 같은 감정 노동자들은 과도한 대고객 친절을 강요받고 있다.

돼 있다는 것이다.[45]

서비스를 하는 감정 노동자들에게 반말을 쓰면서 횡포를 부리는 고객들도 많다. 이럴 때에 감정 노동자들에게 부과되는 회사의 규칙은 간단하다. "고객이 항상 옳은 건 아니다. 하지만 고객은 항상 틀리지 않는다."[46] 바로 이 규칙이 결국 '시', '분', '실게요' 등의 전성시대를 여는 단초가 된 셈인데, 이젠 고객들도 자신이 틀릴 수 있다는 걸 인정해야 감정 노동자들의 노동 강도가 약화될 수 있지 않을까? 고객도 어떤 상황에선 감정 노동에 임해야 할 것이므로, 이는 우리 모두의 문제인 셈이다. 노동의 연예화를 지양하고 연예는 대중문화를 통해서 즐기는 게 어떨까?

물론 기업도 바뀌어야 한다. 불만을 크게 표하지 않는 고객의 요구는 들어주지 말라고 서비스 교육을 하는 기업들도 많다는데, 바로 이런 얄팍한 상술이 일부 고객을 전투적으로 만드는 악순환을 낳고 있다는 점에도 주목해야 할 것이다.

　연예인들도 넓은 의미의 감정 노동자인데, 이들은 사생활 영역에서 곤란을 느낄 때가 많다. 바쁜 상황인데도 사인이나 사진 촬영을 요청하는 게 대표적이다. 특히 무대 밖에서 만난 개그맨에게 '웃겨달라'고 요청하는 건 무례를 넘어선 모욕이다. 근무를 끝낸 일반적인 감정 노동자에게 그 어떤 서비스를 요구하지 않으면서도, 왜 연예인들에겐 그런 요구를 하는 걸까? 단지 친근한 느낌이 든다는 이유 때문인가? 연예인들이 팬에게도 호통을 친다는 '호통 개그의 달인' 박명수를 부러워하는 것은 그들 역시 사생활을 보호받고 싶기 때문이 아닐까?

13장

대중문화로서의 저널리즘과 여론

선정주의는 어떻게 탄생했는가

언론을 비판할 때 가장 많이 사용되는 단어 가운데 하나인 '선정주의'는 영어 센세이셔널리즘 sensationalism을 번역한 말인데, 이 번역에 다소 문제가 있다. 우리말로 선정煽情은 "정욕을 불러일으킴"이라는 뜻인데, 정욕을 불러일으키는 보도는 센세이셔널리즘의 일부일 수는 있어도 전부는 아니기 때문이다. 그래서 많은 사람이 선정주의보다는 센세이셔널리즘을 그대로 쓰고 있기도 하다.

그러나 여기서는 선정주의라는 단어가 어차피 널리 사용되는 만큼 센세이셔널리즘의 뜻을 가진 우리말인 것으로 간주하기로 하자. 철학자 이정우는 "'센세이셔널리즘'이란 말은 본래 인식론적 맥락에서 생겨난 말이다"라며 다음과 같이 말한다.

"18세기 프랑스의 철학자 에티엔느 콩디악은 인간의 모든 인식 작용을 감각에서 출발해 설명하고자 했다. 이러한 그의 시도는 다소 부정적인 평가를 받았으며, 센세이셔널리즘이라는 말도 비난의 뉘앙스를 띠게 되었다. 그 뒤 이 말은 인식론의 범위를 넘어 문화 일반의 맥락에 편입되었으며 말초적인 문화에 붙여지는 말이 되었다. 오늘날 센세이셔널리즘이 문제가 된다면 그것은 대중문화의 득세와 떼어 생각할 수 없다."[1]

그렇다면 대중문화 영역에서의 센세이셔널리즘은 어떠한가? 역사적으로 센세이셔널리즘은 오늘날 흔히 생각하는 것처럼 그렇게 부정적인 개념만은 아니었다. 학자들에 따라 주장하는 바가 좀 다르기는 하나, 센세이셔널리즘의 역사는 1830년대의 미국으로 거슬러 올라간다.

미국에서 1830년대는 흔히 저널리즘의 혁명기로 불린다. 당시 신문 한 부의 가격은 6센트였는데, 그 값을 파격적으로 낮춰 1센트에 파는 신문들이 등장했기 때문이다. 1센트짜리 신문의 출현은 신문의 주요 독자가 상인과 정치 엘리트에서 일반 대중으로 전환되었다는 것을 의미한다. 즉, 최초의 대중신문이 등장한 것이다.

일반 대중을 상대로 한 1센트짜리 신문들은 생존을 위해 대중의 관심을 끄는 것이 무엇보다도 중요했으므로 과거와는 다른 파격적인 편집 정책을 도입했다. 현대적 의미의 '뉴스'는 바로 이때부터 나타났다. 대중 신문들은 독자들이 재미있어 할 인간 흥미성 human interest 기사를 싣기 시작했으며 범죄 사건을 보도했다. 이전만 하더라도 범죄 사건을 보도한다는 것은 상상할 수도 없는 일이었다. 6센트짜리 신문들은 1센트짜리 신문들이 범죄 사건을 보도하는 걸 가리켜 센세이셔널리즘이라고 비판했다.

그러나 당시만 해도 뉴스는 만들어지기보다는 발견되는 것이라고 생각되었다. 1860년대에 이르자 뉴스는 적극적으로 만들어지는 상품으로 변하게 된다. 예컨대, 유명한 사람과 인터뷰를 해서 신문에 싣는다면 그건 뉴스를 만드는 것이다. 그 사람과 인터뷰를 하는 결정은 전적으로 신문사의 의지에 달려 있기 때문이다. 인터뷰에서 유명한 사람이 놀라운 발언을 한다면 그게 뉴스가 되는 것이다.

물론 뉴스를 만들어내는 관행은 그만큼 독자의 관심을 끌어야 할 필요성에 기인한 것이었다. 19세기 미국에서 사용된 센세이셔널리즘은 독자들의 관심을 끌기 위한 수법으로서, 오늘날의 센세이셔널리즘과 다소 다르다는 것을 알 수 있다. 마찬가지로 수십 년 후의 센세이셔널리즘도 지금과는 큰 차이가 날 것이다. 요컨대, 센세이셔널리즘은 언론계에서 통용되는 정상적인 언론 관행에 근거한 상대적 개념이라는 걸 알 수 있다.

센세이셔널리즘은 신문을 더 많은 독자에게 팔기 위한 전략의 일환으로 시도하는 형식과 내용상의 기교, 노력, 과장 등을 의미한다. 원칙적으로 어떤 것이든 그것이 독자의 관심을 끌기 위해 고안된 것이라면 센세이셔널리즘이라고 할 수 있다. 사회 개혁과 선교를 위해 센세이셔널리즘을 동원하는 경우도 있는데, 이를 도덕적 센세이셔널리즘moral sensationalism으로 부른다.[2]

독자의 관심을 끄는 내용은 나라와 시대에 따라 다르다. 따라서 센세이셔널리즘의 형식과 내용도 나라별로, 시대별로 다를 수 있다. 그러나 어느 나라에서든 시대를 막론하고 독자의 관심을 끌 수 있는 소재는 섹스, 범죄, 비극 등과 같은 것이며, 우리가 흔히 언론의 센세이셔널리즘을 비판할 때에도 그런 소재의 보도에 집중하는 경향이 있다.

미국에서 센세이셔널리즘은 처음엔 보도 내용의 문제였으나 1880년대에 이르러 보도 형식의 문제로 부각되었다. 신문에 그림을 많이 사용하고 헤드라인을 크게 하는 따위의 변화와 더불어 문체도 구어체로 속어와 개인적 언어를 많이 사용함으로써 독자의 흥미를 유발하는 것 등도 센세이셔널리즘으로 간주되었다.

그런 센세이셔널리즘이 주로 인간의 불건전한 감정을 자극하는 범죄, 괴기 사건, 성적 추문 등을 과대하게 보도하는 등 본격적인 타락의 길을 걷게 된 것은 1890년대에 미국의 신문 재벌 윌리엄 랜돌프 허스트William Randolph Hearst, 1863~1951가 뉴욕에서 『모닝 저널』을 인수해 조지프 퓰리처Joseph Pulitzer, 1847~1911가 경영하던 『뉴욕 월드』와 치열한 경쟁을 벌이면서부터였다. 황색 저널리즘yellow journalism이라는 말도 이때 생겨났다. 『뉴욕 월드』 일요판이 황색 옷을 입은 소년 '노란 꼬마yellow kid'라는 만화를 게재하자, 이를 『모닝 저널』이 흉내 내면서, 두 신문의 선정주의적 성향을 가리켜 황색 저널리즘이라는 말을 사용하게 된 것이다.

영국에서는 신문 판형을 작게 하는 동시에 내용도 압축적으로 신

★ 황색 저널리즘이란 말의 계기가 된 노란 꼬마 캐릭터(왼쪽)와 노란 꼬마 복장을 한 퓰리처와 허스트가 서로 경쟁하는 모습을 그린 당시 만평(오른쪽).

는 신문을 가리켜 타블로이드tabloid라고 했는데, 이런 신문들이 선정주의로 치달으면서 타블로이드는 곧 '선정주의'를 대체하는 말로 쓰이게 되었다. 1980년대 후반부터 타블로이드 신문의 선정주의를 흉내 내는 텔레비전 프로그램이 등장했는데, 이를 가리켜 타블로이드 텔레비전이라고 한다.[3]

우리는 흔히 센세이셔널리즘이라고 하면 언론의 무책임하고 비윤리적인 행위를 연상하지만, 그 기원을 따지자면 꼭 그렇게 볼 것만은 아니다. 센세이셔널리즘은 대중의 관심을 끌기 위한 정당한 노력에서 시작하여 사실의 왜곡과 날조도 마다 않는 극도의 파렴치 행위에 이르기까지 광범위한 것으로, 한꺼번에 싸잡아서 매도할 수 있는 성질의 것은 아니다.

『뉴스의 역사A History of News』를 쓴 미국 뉴욕대 교수 미첼 스티븐스

Mitchell Stephens는 센세이셔널리즘이 뉴스에 더 관심을 갖게끔 자극을 주기 위한 교육적 효과가 있었다는 점을 인정한다. 그는 많은 사람들이 오해하고 있는 것과는 달리, "뉴스에 끊임없이 등장하는 센세이셔널리즘에 대한 책임의 대부분은 미디어 기업이 아니라 우리 자신의 본성에 있다는 사실을 거부하기가 어렵다"고 말한다.⁴

한국 인터넷에 난무하는 '낚시 제목'에 대해서도 그런 이해심을 발휘해야 하는 걸까? 이건 정말 해도 너무한다는 비판의 목소리가 높아, 그렇게 보긴 어려울 것 같다. 급기야 어느 프로그램 개발자가 '충격 고로케 http://hot.coroke.net/' 라는 사이트를 만들어 그 실태를 고발하기에 이르렀다. 충격 고로케는 인터넷 뉴스 제목에 만연한 낚시성 표현

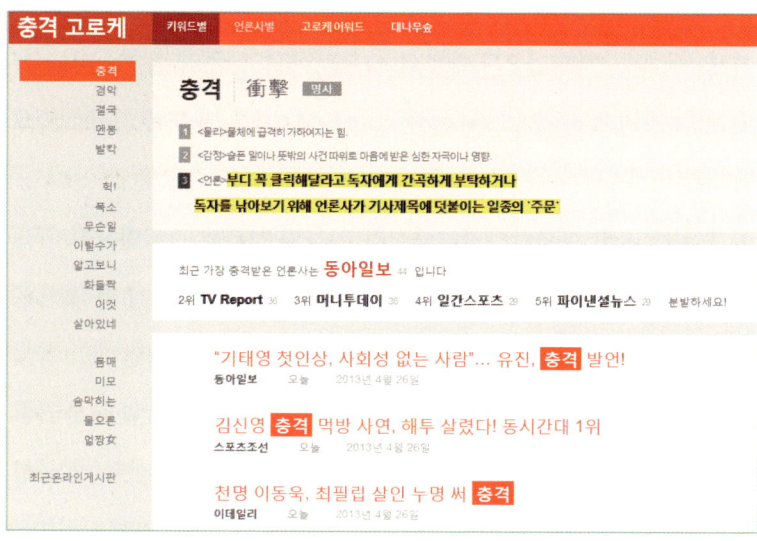

★ 충격 고로케 사이트 화면. 역사와 전통을 자랑하는 유력 언론사도 충격 고로케의 고발에서 자유로울 수 없었다.

을 한곳에 모아 보여준다. '충격, 경악, 결국, 알고보니, 헉!' 등의 표현을 담은 제목을 언론사별로 몇 번이나 썼는지 알 수 있다. 재미를 더하기 위해 '충격상', '알고보니상' 등의 시상도 했다. 충격상은 기사 제목에 '충격, 경악, 결국, 멘붕' 문구를 가장 열심히 추가한 언론사에게 '충격받은 독자 일동'이 수여하는 상이다. 역사와 전통을 자랑하며 민족 정론지를 주장하는 유력 언론사들도 충격 고로케의 고발에서 자유로울 수 없었기에 많은 사람을 씁쓸하게 만들었다.[5]

왜 그런 일이 벌어지는 걸까? 2013년 1월 한국언론진흥재단이 발간한 '2012 언론수용자 의식조사'● 보고서에 그 답이 있다. 우리나라 국민에게 인터넷 뉴스 이용방법(복수 응답)을 물은 결과 '포털사이트 메인 페이지 뉴스 제목을 보고 클릭하는 경우'가 전체의 87.4퍼센트로 나타났기 때문이다. '실시간 검색 순위에 오른 인물이나 사건을 찾는 경우'도 57.3퍼센트에 달했다. 대부분 기사의 제목을 보고 충동적으로 뉴스를 소비한다는 뜻이다.[6]

그러니 낚시의 유혹을 받을 수밖에 없긴 한데, 이에 대해 이지선은 이렇게 말한다. "인터넷이든 모바일이든 새로운 커뮤니케이션 환경은 마치 언어를 익히는 것과 같다. 단어와 발음을 익히는 것만으로 언어를 자유자재로 구사할 수는 없다. 단순히 방문자 증대라는 목전의 이익만을 생각하면 '충격'과 '경악'에서 벗어나기 어렵다. 모바일 시대에서는 인터넷에서처럼 속어에 빠지지 말고, 신뢰할 수 있고 공정한 고급 언어로 뉴스를 전달했으면 한다. 그러기 위해서는 좀 더 깊은 고민이 필요할 때다."[7]

어찌 보면 센세이셔널리즘은 언론이 대중문화 영역으로 완전히 편입되었다는 것을 의미한다. 센세이셔널리즘을 신문이든 텔레비전이든 보도 부문에만 국한시켜 사용하는 것도 보도는 대중문화와는 다른 기준과 논리에 의해 이루어져야 한다는 전제에 근거하고 있는 것이다. 그러나 언론은 사실상 대중문화의 일부다. 언론을 대중문화로 보지 않는 시각은 언론에 지나친 신뢰를 부여하는 잘못을 범하게 만든다.

왜 여론조사는 엔터테인먼트인가

경마 저널리즘horcerace journalism이라는 게 있다. 기자가 선거를 마치 경마를 취재하는 스포츠 기자처럼 오로지 누가 앞서고 누가 뒤지느냐에만 집착하여 보도하는 관행을 뜻한다. 학자들은 경마 저널리즘을 비판하지만, 언론 수용자들의 입장에선 선거를 경마처럼 즐길 수 있으니 흥미진진할 수밖에 없다. 그래서 경마 저널리즘을 옹호하는 기자들은 경마 저널리즘이 제공하는 당의 sugar coating가 없이는 독자들이 선거 이슈를 수용하지 않을 것이라고 말한다. 그러나 문제는 경마 저널리즘이 이슈를 둘러 싼 당의의 정도를 넘어 아예 이슈를 축출해버리는 데 있다.

경마 저널리즘은 상업 언론의 속성이지만, 여기에 선거에서 인간 드라마를 보고 싶어 하는 유권자들의 속성이 가세하면 사실상 언론의 숙명이라고 볼 수밖에 없다. 그런데 이 경마 저널리즘이 의존하는 최대의 근거가 바로 여론조사다. 여론조사 결과는 누가 앞서고 누가 뒤지느냐 하는 걸 객관화한 유일한 자료이기 때문이다. 바로 여기서 여론조사는 사실상의 엔터테인먼트라는 가설이 성립될 수 있다.

여론조사가 처음 도입되었을 때 영국의 윈스턴 처칠Winston Churchill, 1874~1965은 비웃었고, 미국의 해리 트루먼Harry Truman, 1884~1972은 무시했다. 그러나 언론은 두 가지 장점을 발견했다. 하나는 여론조사 결과를 뉴스로 제공함에 따라 새롭고 재미있는 뉴스의 제조가 가능하게 되었다는 점이었고, 또 다른 하나는 여론조사의 주제 선정을 통해 권력을 행사할 수 있게 되었다는 점이다. 언론의 여론조사는 여론의 다양성을 죽이는 결과를 초래했지만, 그럼에도 높은 상품성 때문에 여론조사는 정치사회적 제도로 굳건히 자리 잡게 되었다.[8]

1960년대에 프랑스 정치에 여론조사가 본격적으로 도입되자 사회학자 피에르 부르디외Pierre Bourdieu, 1930~2002는 강력히 반대하고 나섰다. 그는 여론조사가 ①여론조사는 모든 사람이 의견을 갖고 있다, ②모든 의견이 똑같은 무게를 갖고 있다, ③물을 만한 가치가 있는 질문에 관한 동의가 이루어졌다는 등의 그릇된 전제에서 출발한다는 점을 지적하면서, "여론은 존재하지 않는다"고 단언했다.[9] 미국의 언론학자 허버트 실러Herbert I. Schiller, 1919~2000는 "여론조사는 현상 유지를 위한 매춘"이라고까지 주장했다.[10]

그러나 이 같은 비판은 "그러면 대안은 뭐냐?"라는 물음 앞에선 무력해진다. 그래서 오늘날 민주주의를 하는 나라들은 '여론 민주주

★ 2012년 대선 여론조사 화면. 경마 저널리즘이 의존하는 최대 근거는 바로 여론조사로, 여기서 여론조사는 사실상 엔터테인먼트라는 가설이 성립된다.

의'를 위한 방법론인 여론조사를 왕성하게 실시하고 있다. 무엇보다도 여론조사는 여론 민주주의의 한 기둥이라 할 언론 매체의 주요 영업 수단이기 때문에, 언론의 자유를 보장하는 한 여론조사를 통제한다는 것은 기대하기 어렵게 되었다. 기껏해야 여론조사 방법을 검증하는 수준의 공적 규제만 있을 뿐이다.

많은 사람이 한국처럼 여론조사 결과에 따라 정치판이 요동치는 나라도 없다고 말한다. 그래서 여론조사 공화국이라는 말까지 나왔다. 물론 좋은 의미는 아니다. 여론조사의 오남용이 심하고, 국민 역시 여론조사 결과에 너무 휘둘리고 있다는 뜻이다.

여론조사를 아무리 엄격하게 과학적·윤리적으로 한다 해도 여론조사 자체에 너무 많은 의미를 부여하면 더욱 위험한 일이 벌어질 수 있다. 다른 문제들을 제쳐놓더라도 질문 순서만 바꿔도 여론조사 지지율이 전혀 딴판으로 나타나는데,[11] 이런 여론조사에 절대적으로 의존한다는 게 얼마나 위험한가 말이다. 그런 과도한 의존의 대표적 사례가 정당 내 여론조사 경선이다. 이에 대한 전문가의 의견은 대부분 부정적이다.

국민대 교수 이명진은 "당원들이 해야 하는 후보 선출에 여론조사를 활용하는 것은 정당정치를 포기한 얄팍한 포퓰리즘"이라고 했다.[12] 서울대 교수 박찬욱도 "지금과 같은 정당의 후보 선출 방식은 여론조사의 본질을 모르는 '조사문맹research illiteracy' 현상이자, 정치적 선택이 가요 인기투표와 같다고 여기는 포퓰리즘"이라며 "노선과 이념에 관계없이 누구든 지지율만 높으면 된다는 풍조는 민주주의를 후퇴시킬 것"이라고 주장했다.[13] 한국사회여론연구소장 김헌태는 "(여론조사 경선은) 세계적 망신거리"라고 했다.[14] 『조선일보』 기자 주용중은 "당 후보를 여론조사로 뽑는 나라는 우리나라와 대만뿐이다. 대만은 국민당의 일당 통치에서 벗어난 지 10년도 되지 않는 민주 정치의 후발국이다. 우리가 구태여 그런 나라의 제도를 본받을 이유는 없다. 여야는 여론조사를 여론조사 본연의 자리로 되돌려 놓아야 한다"고 주장했다.[15]

좀 다른 경우이긴 했지만, 정당 내 여론조사 경선의 원조는 2002년 대선 직전 여론조사로 성사된 노무현·정몽준 후보 단일화였다. 당시 단일화의 드라마틱 가치가 워낙 커 대충 넘어가긴 했지만, 그건 여론조사 오남용의 극치를 보여준 사건이었다. 지금도 '드라마틱 가치'에만 집착해 그 사건을 재현하려는 시도만 왕성하게 이루어질 뿐,

왜 그게 문제였는지에 대해서는 아무런 성찰도 찾아볼 수 없다.

왜 그럴까? 전문가와 일반 민심의 괴리가 크기 때문이다. 전문가들은 정당정치의 원리를 내세워 여론조사 경선을 비판하지만, 정당을 포장마차보다 수명이 짧은 것으로 알고 있거니와 실제로 그렇게 경험해온 유권자들의 입장에선 별 문제의식을 느끼지 못하기 때문일 것이다.

여론조사 자체를 못하게 했던 독재 정권 시절의 상흔이 유권자의 뇌리에 '여론조사=민주주의'라는 등식을 성립시킨 점도 있다. 선거에 여론조사가 도입된 것은 1987년에 치러진 제13대 대통령선거 이후였으니, 이제 겨우 20년의 역사인 셈이다. 자유롭게 자기 의사를 표현해도 괜찮더라는 걸 알고 솔직하게 여론조사에 임한 건 10년 정도라고 보아야 하지 않을까?

여론조사 경선을 선호하는 정치인들에게도 비슷한 상흔이 있다. 당내 민주화가 안 돼 있던 시절 여론조사는 이른바 보스 정치를 타파할 수 있는 최상의 수단이었다. 여론에 따른 상향식 공천과 의사 결정은 무슨 개혁의 보증수표인 양 떠받들어지던 시절이 꽤 길었던 것이다. 그런 의식에 기초하여 정치적 열세를 순식간에 만회해보려는 한탕주의 심리가 작동하고 있다고나 할까.

국회의원의 직업적 문화 또는 행태는 그 속성상 늘 한탕주의 심리로 가득하다. 그들은 뜨지 않으면 죽는다는 강박에 시달리고 있다. 이 강박은 국정감사 때에 잘 드러난다. '언론플레이'라는 표현도 점잖은 말이다. '필사적 몸부림'이라는 게 더 적합한 표현이다. 언젠가

모 의원은 국정감사 전에 보좌진 전원에게서 각서를 받았는데, 그 내용은 "의원의 국감 활동이 언론에 제대로 부각되지 않으면 해고를 감수한다"는 내용이었다. "TV 9시 주요 뉴스에 보도되면 10점, 신문 1면 톱에 실리면 10점" 등 구체적인 '성적표 작성 방식'까지 정했다고 한다.

그런 언론플레이에 취약한 언론도 문제가 있지만, 이런 문제는 의원이나 언론 탓만 할 일은 아니다. 유권자에게도 문제가 있다. 별 업적이나 실적이 없는 정치인이라도 언론 매체를 타서 유명해지면 금방 여론조사에서 유력 정치인 리스트에 오르는 세태에서는 의원들이 언론 보도에 목숨을 걸 수밖에 없기 때문이다.

그런데 또 알고 보면 유권자들도 구조의 포로다. 무슨 구조인가? 한국의 독특한 여론 형성 구조다. 그 구조의 가장 큰 특성은 잦은 변심이다. 전여옥은 "변심은 유권자의 기본이자 특권"이라고 했다.[16] 그러나 변심이 지나치면 대접받지 못한다. 정치인은 여론을 무서워하는 동시에 여론을 깔보기 때문이다. 언제든 바람 한번 불면 쉽게 뒤집어질 수 있다고 보기 때문에, 자신의 과오를 심각하게 성찰하기보다는 바람을 만들 수 있는 드라마와 이벤트를 연출하는 데만 집중한다. 이는 정치인의 한탕주의를 창궐케 하고 성찰의 씨를 말리는 결과를 초래한다. 선거나 여론조사에서 자기 입맛에 맞는 결과가 나오면 '대중은 위대' 하고, 자기 입맛에 맞지 않으면 '반대편의 음모와 방해' 때문에 그렇다는 식의 이중 잣대가 만연한 것도 바로 이런 대중 폄하에서 비롯되는 것이다.

대중은 여론조사를 일종의 게임으로 즐길 뿐이기 때문에 바람 따라 노는 것에 별 문제 의식을 갖고 있지 않다. 여론조사는 범국민적 오락인 셈이다. 일종의 '바람 놀이'다. 굳이 좋게 말하자면, 정열과 소신의 부질없음을 깨달은 체념과 냉소의 지혜라고나 할까. 가벼운 인상 비평의 수준에서 자신의 선택을 게임으로 여기는 기존 '여론조사 공화국' 체제는 신축성·융통성·역동성 등과 같은 그 나름의 장점이 있으므로 부정적으로만 볼 일은 아니지만, 그 사회적 비용은 성찰의 고갈과 더불어 정치적 불확실성·불안정성의 증대다.

하긴 그게 엔터테인먼트의 묘미이긴 하다. 그런데 엉뚱한 의문이 든다. 한국인은 진정 정쟁을 혐오하는가? 혹 욕하면서 즐기는 건 아닌가? 싸움 구경만큼 재미있는 게 어디 있겠는가만서도 정치를 엔터테인먼트 산업으로 여겨도 좋을 만큼 세상이 편안치 않다는 게 문제다.

인터넷 검색 순위는 시대정신을 말해주는가

"웹은 당대의 세속 종교다. 정치인들은 구글 자이트가이스트Google Zeitgeist 컨퍼런스 같은 행사에 참석하여 기도를 올린다. 선견지명이 있다는 이미지를 만들고 싶은 정치인이라면 구글 보이즈Google boys: 구글의 젊은 창업자들와 사진을 찍으려 할 것이다."¹⁷

2008년 8월 테크놀로지 관련 웹사이트 더 레지스터The Register의 편집주간 앤드루 올로브스키Andrew Orlowski가 한 말이다. 자이트가이스트는 독일어지만 기원은 라틴어 제니우스 세쿨리genius seculi다. genius는 "수호신"을, seculi는 "세기世紀"를 뜻한다. 이 단어는 한 시대의 지적·문화적 분위기를 설명하는 '시대정신'이란 의미로 쓰이는데, 검색 순위가 높은 단어가 시대정신을 말해주는 단서일 수 있다는 가정

★ 실시간으로 검색어 순위를 알려주는 인터넷 포털 사이트 다음의 메인 페이지. 검색 권력의 힘은 시대정신을 만들어낼 수 있을 정도로 막강해졌다.

에서 '구글 자이트가이스트'라는 말이 만들어졌다.[18]

과연 그런가? 인터넷 검색 순위는 시대정신을 말해주는가? 시대정신을 말해주는 게 아니라 만들어내고 있는 건 아닌가? 그런 생각이 들 정도로 검색 권력의 막강함에 대한 증언과 전망은 무수히 많이 쏟아져 나온다. 세 가지 견해만 감상해보자.

"이제 온 세상이 검색으로 모여들고 있다. 지구상 어딘가에서 큰 사건이 터지면 수백 수천만의 사람들이 엄지손가락 크기밖에 안 되는 검색창 앞에 모여 정보에 대한 갈증을 해소한다. …… 하늘에서는 인공위성이 연결되고, 땅에서는 책과 도서관이 검색과 손을 잡는다. 정말 편리하고 놀랍다. 하지만 역시 두렵다. 검색되지 않는 세계는 이제 존재하지 않는 세계로 전락하고 있는 것이다."[19]

"나는 검색한다. 고로 나는 존재한다. …… 현대 생활에서 인터넷 검색은 오감, 육감에 이어 '제7의 감각'이다. 윈도가 PC와 사람의 상호작용을 매개하듯 검색은 인터넷과 사람의 상호작용을 매개한다."[20]

"10년 뒤 검색엔진은 인공지능과 비슷해진다. 사용자의 위치와 검색어의 사회적 맥락까지 파악해 인류의 삶과 일을 바꿀 것이다."(구글의 에릭 슈밋 회장)[21]

그러나 검색의 그늘도 만만치 않다. 무엇보다도 인터넷 검색은 '순위 권력'을 강화시키고 있다. 존 바텔John Battelle은 『구글 스토리』에서 "앞으로 모든 마케팅은 검색 순위 상단을 차지하려는 경쟁으로 변할지도 모른다"고 전망했다. 그래서 소위 '알바(아르바이트 직원)'를 동원한 클릭 수 조작, 일정 시간대에 포털 사이트 검색 창에 계획적으로 특정 단어를 집중 검색함으로써 이를 인기 검색어 순위 1위에 올리는 '광클'이 성행하고 있다.[22]

한국의 검색 권력은 세계에서 가장 강한 것으로 정평이 나 있다. 검색 신드롬이라 부를 만하다. 왜 한국 네티즌은 검색 순위에 열광하는 걸까? 백재현은 "한국의 네티즌은 다른 나라 사람들에 비해 유독 '이슈'에 관심을 갖는다. 그들은 나의 관심사를 인터넷에서 찾기보다는 다른 사람들이 무엇에 관심을 갖는지에 더 주목한다는 얘기다. 포털에 오른 질문들 중에는 '○○○가 왜 검색어 순위 1위죠'라는 질문이 많이 올라 있다. 다른 사람들이 왜 관심을 갖는지에 대해 궁금해 하는 것이다"라며 다음과 같이 말했다.

"이 같은 한국 네티즌들의 성향은 검색 위주의 구글이 한국에서 위력을 발휘하기 힘들게 만드는 요소로 지적된다. 그러나 '실시간'과 '추천'으로 네티즌들의 정보 수요 패턴을 이끄는 것은 숙고하기보다는 즉각적인 대응을 낳게 만들며 정보의 편식을 부른다. 무엇보다 인터넷의 장점인 개인의 창의성과 자율성 확대보다는 획일로 몰아갈 가능성이 높다는 점에서 반성해봐야 한다. 인기 있는 콘텐트가 좋은 콘텐트라는 보장은 없다. 사이트 운영자들은 인기 위주로만 네티즌들의 입맛을 길들여가고 있지는 않은지, 그것이 먼 미래를 위해 바람직한지 반성해볼 때다."[23]

양성희는 "인기 검색어는 눈에 잘 띄는 위치에 배치되며 즉각 여론을 반영하는 듯 실시간 순위를 바꾼다. 부정확하고 편향된 정보이거나 말초적 이슈들도 많지만 인기 검색어라는 이름 아래 묶이는 즉시 강력한 사회적 증거 효과를 낸다. 이런 식이다. 낯선 이름이나 단어가 인기 검색어에 올라 있다. 사람들은 이게 왜 인기 검색어인지 궁금해 하면서 클릭한다. 비록 내 관심은 아니지만 타인들의, 혹은 사회적인 관심사라는 전제다. 다시 검색 순위가 올라간다"며 다음과 같이 말한다.

"과연 정보로서 가치 있는지는 중요치 않다. 심지어 애초부터 많은 사람들이 진짜 궁금해한 사안인지도 중요치 않아진다. '명사名士란 그 사람이 널리 알려져 있다는 점이 널리 알려져 있는 사람'이라는 말이 있다(대니얼 부어스틴). 이 문구를 빌려오면 인기 검색어란 단지 '많이 검색됐다는 이유로 많이 검색되는 것'일 뿐이다. 문제는 이런 사회적 증거 효과를 통해 인기 검색어가 어느새 사회적으로 주요한 주제로 '공인'된다는 것이다. 포털이 여론 조작 혐의에서 자유로울 수 없는 이유다."[24]

검색 신드롬의 더욱 큰 문제는 프라이버시의 침해를 넘어선 프라이버시의 실종이다. 존 바텔은 "미국 사회는 대중의 알 권리라는 다소 소름끼치는 개념 위에 세워진 곳이다. 그래서 미국 정부는 공개적으로 운영되도록 되어 있다. 법원도 마찬가지다. 재판관이 공개 불가 판결을 내리지 않는 한, 이혼, 살인, 중죄, 경범죄, 주차위반 딱지 등 모든 것이 대중에 공개된다"며 다음과 같이 말한다.

"하지만 누군가에 대한 정보를 알아내는 것이 구글에 그의 이름을 입력하는 것과 같이 간단하다면 과연 어떤 일이 일어날까? …… 이제는 온라인으로 볼 수 있는 초등학교 2학년 때 통신문에 적혀 있던 이야기에서부터 당신이 차버린 옛 애인의 분노에 이르기까지 당신에 대한 모든 것들이 공개적으로 당신의 이름을 영원히 따라다닌다면 과연 어떻게 될까? 사회적 차원에서 우리가 디지털 검색을 금지하는 법안이라도 만들어서 어떤 것은 공개되어도 되고, 어떤 정보가 종이에 쓰여져 곰팡내 나는 서류 창고에 보관되어야 하는지 분명한 경계를 그어야 하는 것은 아닐까? …… 검색으로 인해 우리는 민주주의가 맞닥뜨릴 수 있는 가장 중요하고 어려운 문제 가운데 하나와 맞서게 되었다. 그 문제란 바로 개인의 프라이버시 보호 권리와 기업이나 정부 혹은 다른 개인이 될 수도 있는 누군가의 알 권리 사이에 균형을 잡는 일이다."[25]

그러나 그런 걱정조차 하지 않고, 오히려 그런 세상을 긍정하거나 담담하게 보는 이들도 있다. 토머스 프리드먼Thomas L. Friedman은 "정직하게 살아야 한다. 왜냐하면 당신이 무엇을 하는지, 무슨 잘못을 저지르는지 모든 것이 검색되는 날이 언젠가 올 것이기 때문이다"라고 했다.[26] 가혹하다고 해도 좋을 정도로 숨 막히는 미국식 청교도주의가 지배하는 세상을 꿈꾸는 걸까?

알 권리에 한이 맺힌 한국인들은 아직 검색 프라이버시 문제를 심각하게 생각하고 있지 않거니와 무조건 미국 따라가는 걸 선진화로 여기는 버릇마저 있어서 문제가 심각하다. 또한 이미 한국이 자랑하는 쏠림 현상이 검색 신드롬으로 인해 더욱 극단화되는 양상을 보이고 있어 한국에서 검색의 축복은 저주의 그늘에 가려질 가능성이 점점 더 높아지고 있다.

어느 악플 폐인은 왜 자살했을까

한국의 독특한 인터넷 문화를 대표하는 것 가운데 하나가 바로 '리플'이다. 영어 reply를 가리키는 리플은 댓글, 꼬리말, 덧글 등으로 쓰기도 하는데, 정도나 내용이 심한 것들을 통칭해 '악플(악성 리플)', 악플을 쓰는 사람들을 '악플러'라 부른다. "악플은 일종의 행위예술"이라는 주장도 있지만, 그걸 규제해야 한다는 목소리도 만만치 않다.

2005년 악플의 폐해가 너무 심각해 악플 규제가 강화되면서 한 '악플 폐인'이 자살하는 사건이 일어났다. S(22세)는 익명 자유 게시판으로 유명한 D 사이트의 200여 개 게시판에 심한 욕설과 성적 표현 등이 담긴 악플을 '도배'하는 일로 소일해왔는데, 자신의 글이 올라가는 즉시 삭제당하는 규제가 가해지고 업무 방해 등의 혐의로 고발까지 당하자 좌절한 나머지 자살을 한 것이다. 그가 이 인터넷 사이트에 마지막으로 올린 글은 "짧지만 그간 즐거웠고 고마웠다. 날 진심으로 대해준 곳은 이곳 동생들밖에 없었다"는 내용이었다.

"날 진심으로 대해준 곳은 이곳 동생들밖에 없었다"는 말이 강한 울림으로 다가온다. 오프라인 세계에서는 인정받지 못했지만, 그곳 온라인 세계에선 인정을 받았다는 말이 아닌가. 이와 관련, 서울대 심리학과 교수 곽금주는 "인터넷에 악플을 지속적으로 올리는 것은 자신의 상태와 욕구를 알리고자 하는 과시욕과 사람들의 반응을 끊임없이 확인하고 싶어 하는 관음증의 발현"이라며 "이런 욕구가 좌절되면 익명성에서 오는 분노로 인해 더욱 공격적인 행동을 하는 경향이 있다"고 말했다. 고려대 심리학과 교수 허태균은 "사이버 세계는 대리 만족의 실현으로 현실보다 훨씬 큰 만족감을 준다"며 "이 때문에 사이버 세계에서 입은 상처는 오프라인에서 받는 상처보다 훨씬 커 자신의 존재 가치를 잃게 만드는 부작용이 있다"고 말했다.[27]

댓글은 서구에선 찾아보기 어려운 한국만의 독특한 현상이다. 연세대 심리학과 교수 황상민은 댓글 현상을 한국인의 심리와 관련지어 분석했다. "남의 생각이 바로 나의 생각이 될 수 있다고 쉽게 믿는 한국인의 심리가 작동하는 것이다. 사이버 공간의 리플은 개인의 정체성이 분명하지 않고, 집단의 움직임이 나의 행동이 되는 사이버 공간의 한국인의 삶의 증거들이다. 리플의, 리플에 의한, 리플을 위한 한국형 인터넷 민주주의가 만들어지는 것이다."[28]

문제는 오프라인 세계에서는 더할 나위 없이 착한 사람도 온라인 세계에선 무자비한 야수로 돌변할 수 있다는 점이다. 이런 가능성을 잘 보여준 게 미국 스탠퍼드대의 심리학자 필립 짐바르도 Philip Zimbardo의 실험이다. 짐바르도가 1971년에 행한 사회심리적 실험 결과는 가학적 성격 타입이 아닌 사람들도 상황이 바뀌면서 쉽게 가학적 행태를 보일 수 있다는 사실을 보여주었다. 비가학적 성격 타입의 사람들로 하여금 죄수들을 통제하는 임무를 맡겼더니 이들도 잔인성, 모욕, 비인간화의 행태를 보이며 통제하기 시작했고 그 정도는 급속도로 상승했다는 것이다.

이 실험은 이런 식으로 이루어졌다. 대학의 심리학부 건물 지하에 가짜 감옥을 만들고 지역 신문을 통해 실험 지원자를 모집했다. 모두 72명이 지원했는데, 이들 중에서 가장 정상적이고 건전한 사람 21명을 선발했다. 실험 결과는 충격적이었다. 간수 역할을 맡은 사람들은 점점 잔인하고 가학적으로 되었으며, 한 죄수는 36시간 만에 신경 발작 반응까지 보였다. 이런 문제들로 인해 연구자들은 원래 이 실험을 2주간 계속하려고 했지만 6일 만에 중단하고 말았다.[29]

황상민은 이 죄수 실험의 분명한 결론은 "우리가 근본적인 분별력이나 이성을 가지고 있거나 또는 우리의 행동을 다스리는 내적인 잣대와 같은 기준을 소유하고 있다는 개념이 잘못이라는 것"이라고 말한다. "개인의 성격이 아니라 상황이 그 사람의 행동을 통제한다"는 것이다.[30] 곽금주는 "인터넷에서 자신을 감춘 상태에선 사람을 직접 대할 때보다 공격성이 여섯 배 정도 높아진다는 연구 결과가 있다"며 "사이버 공간에서 오가는 말들이 유난히 과격하고 자극적인 것은 이

> ⓘ 합격이네씨발왜지
> 에이 씨발... 다민족주의 좋아하네
> 정치인 병신새끼들 어휴 지들 자식 다 조선족한테 뭐져봐야 정신차리지
>
> ⓘ 3대가롱어
> 웃대종자 ㅁㅈㅎ
>
> ⓘ 불꽃싸닥션백대
> 다 추방해서, 황해 건널 때 바다에 다 밀어쳐넣었으면 좋겠다.
>
> ⓘ '('
> 좆선족 병신새끼들 10명 발견
>
> ⓘ I.R.A.
> 앞으로는 좆선족 새끼들을 이유없이 죽여도 된다는 뜻이구만 뭐
>
> ⓘ Kroocks
> 저 글쓴게 좆선족이라는 근거는?
>
> ⓘ 넓적다리사슴
> 못배워서 그렇지
> 우린 못배운 저들을 잘 써먹을 궁리를 하면된다
>
> ⓘ NoHanGle
> 무슨시발 이런좆고전이 일베를오냐?
>
> ⓘ 대한극우단체   +2
> 이유가 있긴 있지 배고픈 이유
>
> ⓘ 귀찮노
> 야,,궁금한게 언론에서 왜 저새끼들에게는 동포라는 날말쓰냐,,,

★
한 조선족 관련 인터넷 기사에 달린 악플들. 익명이 보장되는 온라인에서는 사람을 직접 대할 때보다 공격성이 여섯 배 정도 높아진다는 연구 결과가 있다.

때문"이라고 설명했다.[31]

오프라인 세계에선 너무 착했기 때문에 그간 억눌린 게 있었을 테고 그래서 비교적 익명이 보장되는 온라인이라는 새로운 상황에서는 그 억눌림을 터트리고 싶어 하는 걸까? 실제로 검·경찰 수사를 받을 정도로 문제가 된 악플러들의 한결같은 공통점은 전혀 그럴 것 같지 않은 사람들이라는 점이다. 그들의 그럴 수밖에 없는 처지가 가슴 아프긴 하지만, 이는 사이버 공간이 한풀이 성격의 배설 공간일 수 있다는 걸 말해준다. 그런 배설 행위에 박수를 치는 이들도 정도만 덜할

뿐 비슷한 유형의 사람들이라고 보아도 무방하다. 실은 이들이 '간수' 역할을 하면서 악플러들의 인정 욕망을 자극하는 건지도 모른다.

악플을 규제하기 위해 인터넷 실명제가 뜨거운 쟁점으로 등장했었지만, 사실 실명을 밝혀내는 절차상의 문제만 있을 뿐 실명·익명의 차이는 무의미한 건지도 모른다. 중요한 건 온라인 공간이 자신의 얼굴을 드러내지 않을 수 있는 효과로 인해 자신을 익명의 존재로 여길 수 있는 분위기가 형성된 곳이라는 점이다.

그럼에도 더 높은 단계의 실명제를 주장하는 사람들도 있어, 이는 여전히 뜨거운 쟁점이 되고 있다. 미국 IT 잡지인 『와이어드』의 총괄 편집장 케빈 켈리Kevin Kelly는 "익명은 희토류rare-earth 금속과 같다. 이 원소들은 세포가 계속 살아 있도록 하는 데 필요한 요소다. 그러나 필요한 양은 측정하기 어려울 만큼의 소량에 불과하다. 그 양이 조금 많으면, 이 중금속들은 지금까지 알려진 것들 중 가장 유독한 물질에 속하게 된다. 이 금속은 인간의 생명에 치명적이다"라며 다음과 같이 주장한다.

"익명도 이와 같다. 아주 적은 미량의 원소처럼, 익명은 가끔 내부 고발자나 박해받는 비주류파에게 기회를 주기 때문에 어떤 면에서는 유익하다. 그러나 익명의 양이 많으면, 언젠가 익명은 시스템을 독살하고 말 것이다. 사람들은 익명을 언제나 손쉽게 선택할 수 있어야 하며, 익명을 보장하는 것이 통제 기술에 대한 뛰어난 방어 수단이라고 믿는 경향이 있다. 그러나 이것은 위험한 생각이다. 이것은 당신 몸을 더 강하게 하려고 몸속의 중금속량을 늘리는 것과 같다. 모든 독소처럼, 익명은 가능한 한 계속 제로에 가까워야 한다."[32]

"코넬대에서 가장 헤픈 여학생은?" 미국 59개 대학 학생들이 방문한다는 주시캠퍼스닷컴JuicyCampus.com이란 웹사이트에 올라온 질문이다. "○○가 숱한 남자들과 성관계를 했다"는 식으로 코넬대 여학생 이름을 언급한 답변 등 댓글 49개가 줄줄이 이어졌다. 『뉴욕타임스』 기자 리처드 번스타인Richard Bernstein은 주시캠퍼스닷컴을 전국의 대학생들이 급우들에 대한 욕설, 중상, 비밀을 갈겨쓰는 '가상의 화장실 벽'에 비유하며 "(인터넷의) 익명성이 남을 헐뜯으려는 사람, 비겁한 사람들에게 막대한 도움을 준다"고 비판했다. 그는 기업의 내부 고발자나 취재원을 보호해야 할 언론인은 익명성이 필요한 이유가 분명하지만 "인터넷은 익명성의 가치를 떨어뜨릴 뿐 아니라, 간사하게 킬킬거리는 사람들을 기술적으로 유혹한다"고 지적했다.[33]

미국 풀뿌리 저널리스트 댄 길모어Dan Gillmor의 익명성에 대한 자세가 바람직한 것 같다. 그는 사이버 시민 저널리즘이 반드시 극복해야 할 약점으로 신뢰성 문제를 지적했다. 길모어가 익명성의 혜택을 인정하면서도 해악을 열심히 지적하는 것은 바로 그런 이유 때문이다. "나는 인터넷에서 익명성을 없애기 위한 일은 전혀 하지 않을 것이다. 그러나 우리가 온라인에서 진지한 토론을 하기를 원한다면, 참여자들은 (극히 소수의 예외적 상황을 제외하면) 자신이 누구인지 밝혀야 한다고 생각한다. 밝히지 않는다면 자신이 하는 말이 의혹을 받거나 무시당할 위험을 감수해야 할 것이다."[34]

미국과 한국의 사정이 다르긴 하지만, 오랜 세월 독재 정권을 거친 한국에는 익명성에 관한 묘한 신화가 존재한다. 진보파와 자유주의파는 과거의 기억에만 사로잡힌 나머지 사이버 세계의 익명성을 열렬히 옹호하는 경향이 있다. 한국이 악플의 천국이 되어 수많은 사람에게 고통과 상처를 주는데도, 통제를 강하게 하면 권력 감시와 내부 고발 기능이 죽고 심지어 창의력마저 죽는다고 아우성치는 사람들이 많다.

그들이 21세기를 1970~80년대의 기억으로 살아가는 것도 파란만장한 대한민국 역사의 업보겠지만, 뭐든지 과유불급이다. 사회 전반적으로 책임 윤리가 박약한 한국에선 권리 못지않게 책임의 문제를 좀 더 강조하는 방향으로 나아갈 필요가 있지 않을까? 대중문화를 둘러싼 여러 갈등의 해법도 바로 그런 자세에 있는 게 아닐까?

• 용어 사전

광고산업통계 매년 문화체육관광부와 한국방송광고진흥공사가 우리나라 광고 산업 사업체들의 전반적인 현황과 동향을 체계적으로 조사해서 내는 통계다. '2012 광고산업통계' 조사 결과에 따르면, 2011년 기준 광고 사업체의 취급액에 따른 광고 산업 규모는 전년도 10조 3,232억 원에 비해 17.9퍼센트 늘어난 12조 1,727억 원으로 나타났다. 광고 사업체들이 취급한 매체별 광고비는 8조 3,378억 원으로 광고 산업의 68.5퍼센트를 차지했다. 이 가운데 4대 매체(텔레비전, 라디오, 신문, 잡지) 취급액은 3조 6,421억 원(43.7퍼센트)으로 전년도 3조 2,778억 원(46.7퍼센트) 대비 점유율이 3퍼센트포인트 하락했다. 텔레비전은 2조 1,481억 원(25.8퍼센트), 라디오는 2,820억 원(3.4퍼센트), 신문은 8,680억 원(10.4퍼센트), 잡지는 3,439억 원(4.1퍼센트)이다. 반면, 뉴미디어(케이블, 온라인, 위성, 모바일, IPTV, DMB)의 취급액은 2조 8,794억 원(34.6퍼센트)으로 전년도 1조 9,937억 원(28.4퍼센트) 대비 점유율이 6.2퍼센트포인트 높아진 것으로 나타났다. 케이블은 1조 2,076억 원(14.5퍼센트), 온라인은 1조 4,337억 원(17.2퍼센트), 모바일은 1,155억 원(1.4퍼센트), DMB는 828억 원(1.0퍼센트), IPTV는 308억 원(0.4퍼센트), 위성은 90억 원(0.1퍼센트)이었다. 리서치, 이벤트 및 인프라 부문은 3조 8,349억 원으로 전체 광고 산업의 31.5퍼센트를 점유했다.[1]

네이밍 스폰서naming sponsor 금전적 후원을 받는 대신 공연장 이름에 후원 기업 이름을 넣는 '명칭 후원'을 말한다. 예컨대, 서울 예술의전당 토월극장은 1년 6개월간의 리모델링을 거쳐 1,000석의 중대형 극장으로 거듭났는데, CJ그룹이 리모델링 비용 150억 원을 후원해 이름을 'CJ토월극장'으로 바꾸었다. "대기업이 돈으로 예술까지 장악한다"는 비판도 있지만, 해외에선 명칭 후원금으로 부족한 운영비를 충당하는 게 일반적이다.[2]

동어반복tautology 정의(定義)에 있어서 정의하는 말이 정의되는 것을 되풀이하는 걸 말한다. 술어가 이미 주어에 포함돼 있는 것으로 수학 공식이야말로 전형적인 동어반복이다. 3×3=9는 3×3과 9가 동일한 것을 다르게 표현한 것이다.[3] 텔레비전엔 연예인들끼리의 수다와 연예인들에 관한 이야기가 철철 흘러넘친다. 인터넷도 다를 게 없다. 우리는 왜 그들에게 그토록 크고 많은 관심을 기울이는 걸까? 미국 역사학자 대니얼 부어스틴에 따르면, 베스트셀러는 단지 잘 팔리기 때문에 잘 팔리는 책에 지나지 않으며, 유명인도 단지 유명하기 때문에 유명한 사람에 지나지 않는다. 그런 의미에서 베스트셀러나 유명인은 동어반복인 셈이다.[4]

리얼리즘realism 보통 '사실주의'나 '현실주의'로 번역하지만, 따지고 들면 그간 여러 분야에서 이루어진 수많은 논쟁이 말해주듯이 난해한 개념이다. 주로 많이 쓰이는 문학상의 용법에선 현실의 재현(representation)을 제공하는 픽션의 방법 혹은 형식을 가리킨다.[5] 리얼리즘의 원산지인 프랑스에선 1850년경부터 낭만주의 문학의 서정주의, 비현실성, 과도한 공상성 등에 대한 반동으로 등장해 평범한 현실의 충실하고 완전한 재현을 목표로 했다는 걸 염두에 둘 필요가 있겠다. 이후 사회주의 리얼리즘이 등장했는데, 이는 '예술을 위한 예술', 형식주의, 추상 예술, 초현실주의, 인상주의에 반대하여 국민적, 민중적, 민속적 예술을 주장하면서 예술을 사회적 의식의 한 형태이자 교육 수단으로 본 것이다.[6]

메세나mecenat 문화 예술가들에게 지원을 아끼지 않았던 로마의 정치가 가이우스 마에케나스(Gaius Maecenas, 70~8 BC)의 이름에서 유래된 말로, 기업의 문화 후원을 가리킨다. 1960년대 중반 미국에서 기업의 예술후원회가 발족하면서 이 용어를 처음 쓴 이후 퍼져나갔다. 이제는 기업의 예술·문화·과학·스포츠에 대한 지원뿐 아니라 각종 공익사업에 대한 지원 활동을 두루 나타내는 말이 됐으며, 기업의 홍보·마케팅 수단으로 활용되기도 한다. 1994년에 발족된 한국의 한국메세나협의회는 2013년 2월 이름을 한국메세나협회(Korea Mecenat Association)로 변경했는데, 현재 249개 기업이 가입하고 있다.[7]

문화 제국주의cultural imperialism 군사·경제적으로 지배적인 위치에 있는 나라가 다른 나라에 대해 정치·경제·사회·문화적 통제를 확대·강화해간다는 제국주의의 한 형태로서 특히 문화적 지배와 종속에 초점을 둔 것이다. 문화 제국주의는 ①미디어 제국주의로서의 문화 제국주의, ②국가담론으로서의 문화 제국주의, ③세계 자본주의에 대한 비판으로서의 제국주의, ④근대성에 대한 비판으로서의 문화 제국주의 등 네 가지 방식으로 사용된다.[8] 이 네 가지 방식 가운데 첫 번째 방식으로 가장 많이 사용돼왔지만, 구조-결정론적 속성의 한계로 인해 문화 제국주의라는 용어는 사양길을 걸어왔으며 오늘날엔 거의 사용되지 않는다.[9] 특히 한국에선 한류의 성공으로 인해 "그렇다면 한국도 문화 제국주의 국가냐"라는 의문이 대두되면서 거의 시대착오적인 개념이 되고 말았다. 흥미롭게도 오히려 미국과 같은 서양권인 프랑스와 캐나다에서 가끔 자국 문화 보호를 위해 사용된다.

미디어media 미디어를 우리말로 번역하면 매개체이며, 줄여서 매체라 한다. 동아출판사에서 나온 국어사전은 매체를 "둘 사이에서 어떤 일을 하는 구실을 하는 물건"으로 정의하고 있다. 예컨대, A와 B가 커뮤니케이션을 하는데, 직접 만나서 이야기를 하는 것이 아니라, 전화로 커뮤니케이션을 한다면 전화가 바로 매체인 셈이다. media는 medium의 복수형이다. 영어에서는 단수와 복수의 구별이 엄격해 medium과 media를 가려서 쓰지만, 이 책에서는 medium이나 media 모두 매체로 번역해서 사용하거나 미디어라는 단어를 쓰기도 했다. 또 뉴 미디어(new media)의 경우처럼 아예 외래어로 널리 사용되는 단어는 '새로운 매체'라고 번역하면 오히려 이상할 것 같아 굳이 번역하지 않고 그대로 뉴 미디어라고 사용하는 것이 보통이다. 매스미디어(mass media)는 '대중매체'로 번역해 쓰는 경우가 많다. A와 B가 커뮤니케이션을 하는 데, A가 텔레비전 방송사이고 B가 시청자일 경우엔 텔레비전은 매체인 동시에 대중매체다. 즉, 커뮤니케이션을 하더라도 어느 한 쪽이 많은 수의 사람을 상대로 하는 매스 커뮤니케이션의 매체가 대중매체인 것이다.

미디어 리터러시media literacy 수용자의 미디어 사용 능력을 뜻하지만, 넓은 의미로 미디어의 올바른 이용을 촉진하는 사회 운동을 가리키는 개념이다. 1992년 미국의 싱크탱크인 애스펜연구소는 '미디어 리터러시 전미 지도자회의'를 주최했는데, 이 회의에서 '미디어 리터러시'는 "다양한 형태의 커뮤니케이션에 액세스(접근)하고, 분석하고, 평가하고, 발신하는 능력"으로 정의되었다.[10] 2000년대 초까지만 해도 인터넷 교육은 따로 '웹 리터러시'라고 불렀지만, 미디어의 권력 이동이 일어나 인터넷과 스마트폰이 올드 미디어들을 압도하는 오늘날엔 인터넷과 스마트폰이 미디어 리터러시의 핵심으로 등장했다. 미디어 리터러시는 인터넷 출현 이전에는 주로 교육 수준에 의해 결정되었지만, 인터넷 출현 이후에는 주로 나이에 의해 결정되고 있다. 교육 수준에 관계없이 나이가 젊을수록 인터넷과 스마트폰을 다루고 이용하는 능력이 훨씬 뛰어나기 때문이다. 그래서 청소년을 대상으로 한 미디어 리터러시 교육은 주로 '미디어 중독' 예방과 해결에 초점을 맞추고 있다.[11] 10여 년간 재능 기부 차원에서 학부모 대상의 '미디어 교육' 강연을 다닌 서강대 교수 현대원은 "청소년이 게임이나 스마트폰과 같은 새로운 미디어 이용을 잘 할 수 있도록, 청소년들 스스로가 강한 내적 규제의 수단과 통제의 힘을 가질 수 있도록 훈련시키는 것"이 필요하다며 "이러한 측면에서 초중고 학생들을 대상으로 한 미디어 교육의 의무화는 반드시 실행돼야 할 사회적 과제"라고 말한다.[12]

베타 서비스beta service 주로 인터넷을 기반으로 운영되는 프로그램이나 게임의 정식 버전이 출시되기 전, 프로그램상의 오류를 점검하고 사용자들에게 피드백을 받기 위하여 정식 서비스 전에 공개하는 미리보기 형식의 서비스를 말한다. 비슷한 말로 오픈 베타(open beta) 또는 클로즈드 베타(closed beta)가 있는데, 오픈 베타란 베타 서비스를 누구나 이용할 수 있도록 공개한 것을 말하며, 클로즈드 베타란 베타 서비스를 한정된 사용자만 이용할 수 있도록 폐쇄적으로 공개한 것을 말한다.[13]

브랜드brand 미국에서 남북전쟁(1861~1865)이 끝났을 때 텍사스의 목장에만 약 500만 마리의 소가 있었다. 북부 시장에서의 소 가격이 오르자, 남부에서 북부로 소 떼의 대이동이 시작되었다. 각 목장을 대표하는 카우보이들이 소 떼를 몰고 갔다. 목장 주인들은 자기 소와 남의 소를 구분하기 위해 소에 소인(燒印) 표시를 했다. 이게 바로 브랜드의 탄생이다. 브랜드는 원래 불꽃이라는 어원을 갖고 있는데, 여기에서 '타고 남은 것'이라는 의미가 파생했고, 그것이 가축 등에 찍는 소인으로 확대되었다. 이는 1400년대부터 유럽에서도 이루어졌던 일이지만, 미국의 경우는 대량으로 광범위하게 이루어졌다는 점에서 더 큰 의미를 갖는다. 1890년대 초 와이오밍엔 5,000가지, 몬태나엔 1만 2,000가지의 브랜드가 존재했다. 표식이 찍히지 않은 소는 매버릭(maverick)이라고 불렀다. 이는 자기 소에 브랜드를 찍지 않은 새뮤얼 A. 매버릭(Samuel Augustus Maverick, 1803~1870)이라는 텍사스 목장 주인의 이름에서 유래했다. 그는 법률가이자 지역 정치인이었지만, 한동안 미국 서부 역사학자들은 그가 이상한 사람이었거나 게으른 사람이었거나 그도 아니면 낙인이 찍히지 않은 소는 모조리 자기 것이라고 주장하려는 뻔뻔한 사람이었는지를 두고 오랫동안 논쟁을 벌이기도 했다. 오늘날 매버릭은 '무소속 정치가'나 '독불장군'이란 뜻이 있다.[14] 이 에피소드는 오늘날 '브랜드 열풍'과 관련해 흥미로운 유사점을 보여준다. 브랜드를 무시하는 사람은 '독불장군'이거나 '이상한 사람'으로 취급받는 게 오늘의 현실이 아닌가. 브랜드에 열광하는 미국인들이 즐겨 쓰는 표현으로 'brand new(brand-new)'가 있는데, 이는 "아주 새로운, 신품의, 갓 만들어진(들여온)"이란 뜻이다. 이 말을 쓸 때엔 매우 빼기는 듯한 자세를 취한다는 건 두말할 나위가 없다.[15]

소비consumption 14세기 초에 만들어진 단어로 consume이라는 동사의 뜻은 파괴하고, 약탈하고, 정복하고, 소진시킨다는 의미였다. 1900년대 초반까지만 해도 '소비(consumption)'라는 단어는 낭비, 약탈, 탕진, 고갈 등과 같은 부정적인 뜻으로 쓰였으며, 심지어 폐병을 뜻하는 말이기도 했다. 그러나 '소비'에 대한 이런 부정적인 이미지는 대중광고와 마케팅이 본격적으로 도입되면서 긍정적 이미지로 돌아서기 시작했다. 소비라는 단어는 '선택'과 동일시되면서 '축복'으로 다시 태어났다.[16]

수용자audience 미디어를 이용하는 행위를 가리켜 흔히 '소비한다'거나 '수용한다'는 표현을 쓰기도 한다. '소비한다'는 건 대중매체가 내보내는 것이 팔기 위한 상품이라는 점을 강조하는 것이고, '수용한다'는 것은 대중매체가 내보내는 것을 사람들이 받아들인다는 점을 강조하는 것이다. 그래서 대중매체가 사회문화적으로 미치는 영향에 대해 이야기하고자 할 때에는 대중매체의 이용자를 흔히 '수용자'라고 부른다. 신문이나 잡지 같은 인쇄 매체 수용자는 독자, 연극이나 영화의 수용자는 관객, 라디오 방송의 수용자는 청취자, 텔레비전 방송의 수용자는 시청자가 될 것이다.

앰비언트ambient "주위(주변)의"란 뜻인데, '환경(環境)'이나 '편재(遍在)'로 번역해, ambient noise(환경 소음, 주변 소음), ambient light(주위 밝기, 환경광), ambient music(환경 음악) 등과 같이 쓰인다. 본문에 나온 ambient intimacy를 굳이 번역한다면, '환경적 친밀성' 정도가 될 텐데, 영 어색하다. 그냥 앰비언트 인티머시라는 외래어로 쓰는 게 더 나을 것 같다. 앰비언트는 항상 우리를 둘러싸고 있으면서 원하는 순간에 원하는 것을 사용할 수 있게 해준다는 뜻으로 이해하면 될 것 같다. 예컨대, 애플의 아이튠스는 음악을 앰비언트로 만들었다고 볼 수 있다.[17]

언론수용자 의식조사 한국언론진흥재단(www.kpf.or.kr)이 매년 실시하는 조사다. '2012 언론수용자 의식조사' 보고서에 따르면 우리나라 국민의 매체별 하루 평균 이용시간은 신문이 38.4분, 텔레비전 175.8분, 라디오 93.9분, 잡지 23.9분, 고정형 인터넷 103.1분, 스마트폰을 통한 인터넷 76.9분으로 나타났다. "지난 1주일간 종이 신문을 읽었다"고 답한 사람(신문 열독률)은 40.9퍼센트에 그쳐 '읽지 않았다'(59.1퍼센트)라고 응답한 사람보다 18.2퍼센트포인트 적었다. 종이 신문의 열독률은 1980~90년대만 하더라도 60~70퍼센트 수준이었다. 뉴스 소비는 점점 오프라인에서 온라인으로 이동하고 있는 것으로 나타났다. 뉴스 이용자의 62.6퍼센트가 뉴스를 주로 인터넷으로 소비하고 있었으며 이 가운데 젊은 층에 해당하는 18~29세(94.7퍼센트)의 소비 비율이 제일 높았다. 그런데 놀라운 것은 인터넷에서 본 뉴스를 작성한 언론사에 대한 인지 여부를 물은 결과 '거의 모른다'는 응답이 54.7퍼센트로 높게 나타났다는 점이다. '거의 다 알고 있다'는 응답은 6.3퍼센트에 불과했다. '1/3 정도 알고 있다'는 답은 22.9퍼센트였다. 어떤 사건 또는 사안에 대해 신문, 텔레비전, 잡지, 라디오, 인터넷 등 5개 매체가 동시에 보도했을 경우 어떤 매체의 보도 내용을 가장 신뢰할까? 텔레비전(72.0퍼센트), 인터넷(15.9퍼센트), 신문(10.6퍼센트), 라디오(1.4퍼센트), 잡지(0.2퍼센트)로 나타나 신문의 신뢰도는 이전보다 더욱 하락한 것으로 나타났다.[18]

여피yuppie '도시에 사는 젊은 전문직 종사자(Young Urban Professional)'의 머리글자에 '히피(hippie)'의 뒷부분을 붙여 만든 단어다. 1983년 3월 『시카고트리뷴(Chicago Tribune)』

논설위원 밥 그린(Bob Greene)이 이 말을 처음 사용했다. 제임스 트위첼(James B. Twitchell)은 "여피는 숫자로 따져보면 불과 400만 명에 불과하지만 그들이 나머지 전체 인구에 미치는 영향은 실로 막대하다"며 이렇게 말한다. "명품, 고품격 제품, 사치품 등이 폭발적으로 증가하던 시기에 여피들은 가장 앞장서서 그런 물건들을 소비했고 이제는 그 중심부에 서 있다. 르네상스 시대 이후 여피들만큼 자신들이 사용하는 물건들을 드러내 놓고 과시한 사회적 계층이나 집단은 없었다."[19] 여피 현상은 1960년대의 개인주의가 1980년대의 물질주의로 얼마나 쉽게 변질했는지를 보여주었다. 그래서 여피를 '출세욕에 찬 젊은 전문직 종사자(Young Upwardly Mobile Professional)'라고 부르기도 한다.

영어 제국주의 english linguistic imperialism 로버트 필립슨(Robert Phillipson)은 『언어 제국주의(Linguistic Imperialism, 1992)』에서 영어 제국주의를 "영어와 다른 언어들 사이의 구조적, 문화적 불평등을 확립하고 계속 재형성함으로써 영어 지배가 주장되고 유지되는 것"이라고 정의했다. 필립슨은 영어 지배는 정치·경제 영역에서의 불평등과 연계돼 있을 뿐만 아니라 세계의 다양한 언어들 중에서 영어를 규범으로 삼도록 조장함으로써 일종의 인종주의인 앵글로중심주의(anglocentrism)를 확산시킨다고 비판했다.[20] 태혜숙은 필립슨의 논의를 받아들여 영어가 세계를 지배하게 된 현상을 영어 제국주의로 파악하되, 언어 변화와 관련된 인간의 교섭 능력을 열어놓을 목적으로 '영어 헤게모니'라는 용어를 쓸 것을 제안했다. 그는 영어가 헤게모니를 위한 수단이 분명하지만 동시에 저항을 위한 매체가 될 수 있다고 본다.[21]

이미지 image 심상(心象), 영상(映像), 표상(表象) 등을 뜻하는 말이다. 인간의 마음속에 그려지는 사물의 감각적 영상을 가리키며 주로 시각적인 것을 말하지만 시각 이외의 감각적 심상도 이미지라고 한다. 이 단어의 어원은 라틴어 이마고(imago)이며, 동사형인 라틴어 이미타리(imitari)는 '모방하다(imitate)'는 뜻을 갖고 있다. 따라서 이미지는 "어느 대상, 특히 사람의 외적 형태의 인조적 모방 또는 재현"이라고 정의할 수도 있다.[22] 체코의 작가 밀란 쿤데라(Milan Kundera)는 인간들을 움직이는 것은 이제 더 이상 논리적 사상 체계가 아니라 단지 일련의 이미지와 암시라는 것을 강조하기 위해 이데올로기라는 말 대신에 '이마골로기(imagologie)'라는 말을 만들었다.[23]

인터페이스 interface 좁게는 컴퓨터 및 소프트웨어 조작 방식을 말하며 넓게는 서로 다른 두 물체 사이에서 상호간 대화하는 방법을 의미한다. 인터페이스는 이종(異種)의 경계면이라는 의미에서 '계면(界面)'이라고 번역해 쓰기도 한다.[24] 도널드 노먼(Donald Norman)은 『보이지 않는 컴퓨터』에서 점점 더 쓰기 쉬운 컴퓨터가 나온다고 하지만, 새로운 컴퓨터 역시 복잡하고 이해하기 힘들어 '도움말(FAQ)'의 도움이 없다면 온전히 사용하기 힘들다며, 기술에 사람이 맞춰야 하는 패러다임을 넘어서 "인간 중심, 사용자 중심의 인간적 기술"을 실현해야 한다고 주장했다. 가장 이상적인 시스템은 "그 기술이 깊숙이 감추어져 있어 사용자들이 그것이 있는지조차 인식할 수 없는 상태"라는 것이다.[25]

저작인접권著作隣接權: neighbouring rights   저작물의 복제, 전파 기술의 발달로 인하여 전통적인 저작권의 보호 외에 저작물의 배포, 전파에 기여한 사람들의 권리를 보호해주기 위해 인정된 권리 개념으로 실연자, 음반 제작자, 방송 사업자 등이 이 권리를 누린다. 우리나라 저작권법 '제3장 저작인접권'은 제64조에서 제90조까지 저작인접권을 다루고 있다. 지적재산권(intellectual property)은 ①산업재산권(특허권, 실용신안권, 의장권, 상표권) ② 저작권(저작인격권, 저작재산권, 저작인접권)으로 대별된다.

창구 효과window effect   하나의 프로그램을 서로 다른 시점에서 서로 다른 채널을 통해 공급하여 프로그램의 부가가치를 높이는 전략적인 배포 방식을 의미한다. 예컨대, 한 번 방송된 지상파방송 프로그램은 이후 케이블방송, 위성방송, 지역민방, 인터넷, 비디오, DVD, 해외 수출에 이르기까지 지속적으로 활용될 수 있다. 또 게임, 음반, 캐릭터 등과 같은 부가 산업이나 드라마 촬영지의 관광 상품화까지도 활성화한다. 바로 이런 창구 효과를 통해 프로그램은 각 미디어의 성격에 맞게 변형되고 계속 재활용되어 하나의 프로그램을 효율적으로 이용할 수 있게 되는 '원 소스 멀티 유스(one-source multi-use)'의 구조를 갖게 되는 것이다. 관련업계에서는 '원 소스 멀티 유스'를 영어 약어인 OSMU로 쓰기도 한다.[26]

침묵의 나선 이론the spiral of silence theory   여론을 '획일화의 압력'으로 보는 이론으로, 독일의 엘리자베스 노엘레-노이만(Elizabeth Noelle-Neumann)이 1974년에 제시했다. 우리 인간은 사회적 동물이다. 우리는 사회적 존재로서 주위 환경으로부터 고립되는 것을 두려워한다. 그래서 사회로부터 격리되지 않고 존경과 인기를 잃지 않기 위하여 우리는 끊임없이 자신의 주변을 관찰한다. 또 그래서 우리는 어떤 의견과 행동 양식이 우세한가를 판단하여 그에 따라 의견을 갖고 행동하려는 경향이 있다. 이렇듯 남의 눈치를 보느라 침묵하는 양상이 나선(螺旋: 물체의 겉모양이 소라 껍데기처럼 빙빙 비틀린 것)을 만들며 증폭된다는 의미에서 '침묵의 나선'이라는 말을 쓴 것이다. 그런 나선의 모습이 소용돌이와 비슷하다고 해서 '침묵의 소용돌이'라고도 한다. 사람들이 소외당하지 않기 위해서라기보다 승자에 속하고 싶은 생각에서 대세에 순응할 가능성도 있다. 이는 선거가 끝나고 나면 실제보다 많은 사람이 선거에 이긴 후보에게 투표했다고 말하는 경우를 보아도 알 수 있다. 이는 사회적 낙인을 피하기 위한 방어 전략인 셈이다.[27] 대중문화 영역에선 많은 사람들이 본 영화나 드라마를 보지 않게 되면 대화에 끼는 것이 힘들어지기 때문에 별로 내키지 않더라도 그 영화나 드라마를 볼 가능성이 높다고 할 수 있다.

카타르시스catharsis 정화(淨化). 아리스토텔레스는 비극을 관람하는 것은 관람자가 배우의 정서들을 대리적으로 경험할 수 있기 때문에 카타르시스를 일으킬 수 있다고 생각했다. 심층적이며 거대한 고통에 대한 예술가들의 모방은 청중의 가슴에 공포나 연민을 불러일으킴으로써 그러한 감정을 추방하고 더 나아가서는 관객의 영혼을 정화시킨다는 것이다.[28] 프로이트는 이걸 발전시켜 인간은 공격을 표현함으로써 분노의 감정을 감소시킬 수 있다고 보았다. 프로이트는 이런 과정을 카타르시스라 했다. 프로이트의 카타르시스 이론은 우리는 내부에 공격적 에너지의 저장소를 항상 지니고 있다고 가정한다. 늘 발산시켜버려야 할 공격성을 어느 정도 갖고 있다는 것이다.[29]

커뮤니케이션communication 동아출판사에서 나온 국어사전은 커뮤니케이션을 "일정한 뜻의 내용을, 언어 그밖의 시각, 청각에 호소하는 각종의 몸짓·소리·문자 기호 따위를 매개로 하여 전달하는 일"로 정의하고 있다. 그러나 학문적으로는 여러 가지 정의가 있는데, 어느 학자는 서로 다른 정의가 98개나 된다고 보고한 적도 있다.[30] 커뮤니케이션의 어원은 라틴어의 '나누다'를 의미하는 코무니카레(communicare)다. 커뮤니케이션은 서로 의미를 공유하여 이해하고 합의에 도달하는 과정이지 메시지 그 자체를 가리키는 것은 아니다. 한국언론학회에서는 국어학자들에게 의뢰하여 커뮤니케이션을 '알림알이'라는 우리말로 번역하는 시도를 했으나, 커뮤니케이션이란 단어를 대체하지 못했다. 커뮤니케이션 가운데에서도 매스미디어를 이용해 많은 수의 사람들을 대상으로 한 커뮤니케이션을 매스 커뮤니케이션(mass communication)이라 한다. 매스 커뮤니케이션을 줄여서 흔히 '매스컴'이라는 말도 많이 사용되고 있다. 매스 커뮤니케이션을 굳이 우리말로 번역하면 '대중 커뮤니케이션'이 될 것이나, 어느 한쪽만 번역해 쓰는 것이 어색해 그대로 '매스 커뮤니케이션'이라고 부르는 것이 보통이다.

콘텐츠contents 미디어의 내용물을 뜻한다. 심상민은 콘텐츠를 "그 장르가 영화든 문학이든 학습이든 뉴스든 오락이든 간에 기획이나 창작, 혹은 가공이나 개발을 누가 했는지가 분명하게 나타나서 추후에 저작권을 주장할 수 있는 모든 종류의 원작"으로 정의했다.[31] 콘텐츠(contents)로 표기하는 게 옳으냐 콘텐트(content)가 옳으냐 하는 논란이 있다. 콘텐트는 1990년대 중반 유럽에서 '멀티미디어 콘텐트'라는 용어로 쓰이기 시작하면서 보편화된 것이며, 콘텐츠는 한국에서 '내용물 전반'을 지칭하기 위해 편의상 사용하는 것이다.[32] 박상수는 "영어에서 contents는 셀 수 있는 명사와 셀 수 없는 명사를 모두 표현하는데 셀 수 있는 명사인 경우 상자 안의 내용물(contents in the box)이라는 표현처럼 s를 붙여 복수로 표현한다. 그러나 인터넷 콘텐트(internet content)라는 표현에서 사용되는 내용물은 추상적인 개념이므로 셀 수 없는 명사다. 따라서 이 경우에는 뜻이 복수라 하더라도 s를 붙이지 않고 content로 표시해야 한다"고 주장했다.[33] 콘텐츠의 중요성이 부각되면서 '콘텐츠가 왕'이라는 말도 나왔지만, 유통 채널이 더 큰 힘을 쓴다는 주장도 있다. 권호용은 "지금은 소비자와의 소통 통로를 장악한 네트워크 업계의 영향력이 훨씬 세졌다"며 앞으로 콘텐츠 업계의 어려움은 지속될 것이라고 전망했다.[34]

키덜트 kidult 어린이(kid)와 성인(adult)의 합성어로, '어린이 같은 어른'을 뜻한다. 한국에서는 2000년대 중반부터 대중문화 시장에서 급부상하기 시작한 사회적 현상이다. 신경정신과 전문의 김창기는 "키덜트 문화는 '나는 당신에게 해를 주지 않는다', '나는 착하다'는 점을 과시하면서 악수를 청하는 새로운 세대의 '마음 트기'로 보인다"며 "그것이 '좋았던 어린 시절'에 대한 향수든, 사회적 권위 앞에서 어른들이 갖게 되는 무조건적 도피 심리의 발로든, '무거운 책임감'에서 벗어나고 싶은 현대인들의 심리를 반영하고 있다"고 분석했다.[35] 사회학자 김문겸은 한국에서도 어른다움이라는 것이 사회적으로 큰 의미를 부여받지 못함에 따라 키덜트 현상이 부상하게 되었으며, 치열한 경쟁에서 오는 공포감이 어른으로부터의 탈주 욕구도 불러일으키고 있다고 분석했다. 김문겸은 키덜트 현상은 '피터팬 신드롬'과 같은 심리적 퇴행 현상과는 다르며, 오히려 성인들이 스트레스를 풀기 위한 하나의 심리적 기제로 볼 수 있다고 평가했다. 그래서 어른들이 어린이 용품 시장에 포섭되는 '동심의 상품화' 현상이 일어나고 있다는 것이다.[36] 어른 같은 아이를 뜻하는 '어덜키드(adulkid)' 현상도 나타나고 있다.[37]

타블로이드 tabloid 타블로이드는 1884년 영국 제약회사 버로스 웰컴 앤드 컴퍼니(Burroughs, Wellcome & Company)가 그들이 팔던 정제(錠劑: tablet)에 접미사 'oid'를 붙여 만든 상표명이다. 창업자 가운데 한 명인 헨리 솔로몬 웰컴(Sir Henry Solomon Wellcome, 1853~1936)이 만든 말이다. 정제란 분말 또는 결정성의 의약품에 젖당이나 백당(白糖), 아라비아고무, 녹말 등을 섞어서 일정한 형상으로 압축하여 만든 고형(固形)의 약제를 말한다. 타블로이드 상표명이 널리 알려지면서 작게 압축한 것은 모두 타블로이드라 부르기 시작했는데, 그 가운데 하나가 바로 신문 판형을 작게 하는 동시에 내용도 압축적으로 싣는 타블로이드 신문이다. 최초의 타블로이드 신문은 1896년 5월 4일 앨프리드 함스워스(Alfred Harmsworth, 1865~1922)가 런던에서 발행한 『데일리 메일(Daily Mail)』이다. 스스로 이 신문을 '타블로이드'라 부른 함스워스는 하층계급도 쉽게 이해할 수 있는 편집 정책으로 창간 4년 만에 발행 부수 100만 부에 육박하는 성공을 거두었다.[38] tablet에는 '평판(平板)'이란 뜻도 있는데, IT 업계에서는 컴퓨터의 그래픽 사용자 인터페이스에 사용되는 도형 입력판을 가리키는 말로 쓰이다가 2001년 마이크로소프트사가 발표한 '태블릿 PC(Tablet PC)'로 인해 오늘날엔 운영 체제의 구별 없이 터치스크린을 주 입력

장치로 장착한 휴대용 PC를 가리키는 말이 되었다. 삼성의 갤럭시 노트처럼 스크린 크기가 5~7인치에 이르는 스마트폰은 패블릿(phablet: phone + tablet)이라고 한다.**39**

테크놀로지 technology 흔히 '기술'로 번역해 사용되나, 테크놀로지라고 그냥 쓰는 경우도 많다. 그 이유는 '기술'이 테크놀로지와는 다른 개념인 테크닉(technic)의 번역어로도 사용되고 있기 때문에 불필요한 오해를 피하기 위해서다. 이 책에선 두 가지를 혼용하고 있다. 테크놀로지에서 파생된 테크(tech)와 테크노(techno)는 접두어식으로 쓰여 많은 단어들을 만들어내고 있다. 기술(tech)에 예술(art)을 접목한 마케팅을 가리켜 데카르트 마케팅이라고 한다. 테크노포브(technophobe)는 신기술을 두려워하는 사람, 테크노키드(techno-kid)는 10대 컴퓨터광, 테크노 아트(techno-art)는 컴퓨터·컴퓨터 그래픽스·신소재 등 첨단 기술을 이용한 미술, 음악 따위의 테크노 예술, 테크노 컬처(techno culture)는 사용자가 콘텐츠 소비자에서 벗어나 원하는 정보를 추려내고, 한 걸음 더 나아가 창조하는 역할까지 담당하는 등 '보텀 업(Bottom-Up)' 기능을 갖추고 있는 문화를 말한다.**40**

파파라치 paparazzi (유명 인사를 쫓아다니는) 프리랜서 사진가. paparazzi는 복수이며, 단수는 paparazzo다. 이탈리아 영화감독 페데리코 펠리니(Federico Fellini, 1920~1993)의 1960년 영화 〈La Dolce Vita(The Sweet Life: 달콤한 인생)〉에 등장하는 사진가 Signor Paparazzo 때문에 널리 쓰이게 된 말이다. 펠리니는 훗날 자신이 '파파라초'라는 이름을 만들어낸 이유를 자신의 어린 시절을 회상하면서 장황하게 설명했지만, 펠리니가 이 영화의 제작 기간 동안 이탈리아로 번역·출간된 영국 소설가 조지 기싱(George Gissing, 1857~1903)의 여행기 『이오니아해에서(By the Ionian Sea)』에서 가져온 것이 틀림없다고 주장하는 사람들도 있다. 이 여행기에는 파파라치 성향이 농후한 여인숙 주인이 등장하는데, 그의 이름은 Coriolano Paparazzo다. 이탈리아어로 '파리처럼 웽웽거리는 벌레'를 뜻한다는 파파라치는 이탈리아 영화의 전성시대인 1960년대에 주로 로마 등 이탈리아 도시들에서 활약했지만, 오늘날 파파라치가 가장 극성을 부리는 나라는 타블로이드 황색지가 발달한 영국이다.**41**

팬덤 fandom 팬(fan)과 '영지(領地)·나라' 등을 뜻하는 접미사 '덤(-dom)'의 합성어로 특정한 인물이나 분야를 열성적으로 좋아하는 사람들 또는 그러한 문화 현상을 가리킨다. fan은 fanatic(광신자, 열광자)을 줄여서 쓴 말이다. 미국에서 fan이라는 말이 처음 등장한 건 1889년으로, 당시에는 스포츠 팬만을 가리켰다. 그러다가 이후 배우, 가수 등에 열광하는 대중문화 팬으로 옮겨갔다.**42** fanatic을 fan의 모태로 보기엔 너무 강하고 종교적이라고 생각한 걸까? fan은 'the fancy(애호가들, 호사가들, 동호자)'에서 유래됐다는 설도

있기는 하다.⁴³

포퓰리즘populism   반(反)엘리트주의적인 민중영합주의. 영어로 피플(people)을 뜻하는 라틴어 포풀루스(populus)에서 유래된 말로, 19세기 말 러시아 사회를 풍미했던 나로드니키(narodniki)의 계몽운동과 1890년대 미국 농촌 사회에서의 농민 운동에서 비롯된 것이다. 최근 논의되고 있는 포퓰리즘은 주로 라틴아메리카 연구에서 발달한 개념이다. 일반적인 의미에서 포퓰리즘은 대중 기반과 다계급적(cross-class) 구성을 지닌 정당 또는 정치 운동을 포괄하는 개념으로 '소외된 엘리트들'에 의한 리더십, 대중에 대한 리더십의 직접적인 호소와 일방적 우위, 기존 정당의 취약성, 혁명적이라기보다는 개혁적인 경향, 단순하고 감정에 기반을 둔 대안 제시 등의 특성을 갖는다. 그 핵심은 '엘리트에 대한 불신과 대중에의 직접 호소'다.⁴⁴ 포퓰리즘은 사회주의와 비슷한 점이 많지만, 분노에 토대를 두고 있어 분노를 느끼는 대상이 누구인가에 따라 포퓰리즘의 성격이 달라지고, 여기서 좌파 포퓰리즘과 우파 포퓰리즘으로 갈라지게 된다. 좌파든 우파든 근본적으로 반체제적이며, '낙오자들의 목소리(rhetoric of the underdog)'라는 주장도 있다.⁴⁵ 실제로 모든 포퓰리즘 유형은 선악 이분법에 근거해 자신의 열악한 처지를 감성적으로 강조함으로써 동정심과 분노를 유발하는 수사적 스타일(rhetorical style)을 공통적으로 지니고 있다.

피터팬 신드롬 Peter Pan syndrome   성인이 되어도 어른들의 사회에 적응할 수 없는 '어른아이' 같은 남성들이 나타내는 심리적인 증후군. 1983년 미국의 심리학자 댄 카일리(Dan Kiley)가 『피터팬 신드롬』이라는 책에서 처음 쓴 말로, 신체적으로는 어른이 되었지만 그에 따른 책임과 역할을 거부하고 어린이의 심리 상태에 머무르고자 하는 심리적 퇴행 상태에 빠진 어른들을 영원히 늙지 않는 동화 속 주인공에 비유한 것이다.⁴⁶

호모 루덴스homo ludens   '노는 인간' 또는 '놀이하는 인간'이다. 요한 하위징아(Johan Huizinga, 1872~1945)는 1938년에 출간한 『호모 루덴스』에서 놀이는 문화의 한 요소가 아니라 문화 그 자체가 놀이의 성격을 가지고 있다고 역설했다. 그는 "지금보다 더 행복한 시절에 우리는 우리 종족을 '생각하는 인간(Homo Sapiens)'이라고 부른 적이 있었다"며 "그러나 시간이 지나면서 이성을 숭배하고 낙관주의를 고지식하게 좇았던 18세기처럼 우리를 그렇게 이성적이라고 믿을 수는 없게 되었다"고 주장했다.⁴⁷ 로제 카유아(Roger Caillois, 1913~1978)는 20년 후인 1958년에 출간한 『놀이와 인간』에서 하위징아가 놀이 분류의 기본 범주로 '경쟁'과 '모의'를 제시한 것에 '운'과 '현기증'이라는 두 가지 범주를 추가했다. '운'의 대표적 놀이는 도박, '현기증'의 대표적 놀이는 회전·낙하운동과 공중서커스 등이다.⁴⁸

• 주

1장 대중문화 이론과 논쟁

1 박기성, 「언제부터 '대중'이 '매스'의 속성을 띠었는가」, 『저널리즘비평』, 1993년 12월, 69면.
2 조동성·김보영, 『21세기 뉴 르네상스 시대의 디자인 혁명』(한스미디어, 2006), 32쪽.
3 한길사에서 2006년에 출간된 국내 번역본(윤지관 옮김)의 제목은 『교양과 무질서』다.
4 Jason Dittmer, 『Popular Culture, Geopolitics, and Identity』(New York: Rowman & Littlefield, 2010), p. 23; 윌리엄 D. 로마노프스키, 신국원 옮김, 『대중문화전쟁』(예영커뮤니케이션, 1996/2001), 77쪽.
5 원용진, 『대중문화의 패러다임』(한나래, 1996), 85쪽.
6 윌리엄 D. 로마노프스키, 신국원 옮김, 『대중문화전쟁』(예영커뮤니케이션, 1996/2001), 98~99쪽.
7 윌리엄 D. 로마노프스키, 신국원 옮김, 『대중문화전쟁』(예영커뮤니케이션, 1996/2001), 100~101쪽.
8 윌리엄 D. 로마노프스키, 신국원 옮김, 『대중문화전쟁』(예영커뮤니케이션, 1996/2001), 101쪽.
9 John Storey, 『Inventing Popular Culture: From Folklore to Globalization』(Malden, MA: Blackwell, 2003), pp. 32~41.
10 Lawrence W. Levine, 『Highbrow/Lowbrow: The Emergence of Cultural Hierarchy in America』(Cambridge, MA: Harvard University Press, 1988), pp. 100~101.
11 윌리엄 D. 로마노프스키, 신국원 옮김, 『대중문화전쟁』(예영커뮤니케이션, 1996/2001), 247쪽.

12 데이비드 트렌드, 고동현·양지현 옮김, 『문화민주주의: 정치, 미디어, 뉴테크놀로지』(한울, 1997/2001), 72쪽.
13 러셀 자코비, 강주헌 옮김, 『유토피아의 종말』(모색, 1999/2000).
14 존 피스크, 박만준 옮김, 『대중문화의 이해』(경문사, 1989/2002), 261~262쪽.
15 Dominic Strinati, 『An Introduction to Theories of Popular Culture』, 2nd ed.(New York: Routledge, 2004), pp. 19~27.
16 타일러 코웬, 임재서·이은주 옮김, 『상업문화 예찬』(나누리, 1998/2003), 312, 341쪽.
17 앨런 블룸, 이원희 옮김, 『미국정신의 종말』(범양사출판부, 1987/1989), 88~89쪽.
18 타일러 코웬, 임재서·이은주 옮김, 『상업문화 예찬』(나누리, 1998/2003), 312~317쪽.
19 Todd Gitlin, 『Inside Prime Time』(New York: Pantheon Books, 1983), p. 82.
20 타일러 코웬, 임재서·이은주 옮김, 『상업문화 예찬』(나누리, 1998/2003), 41~43쪽.
21 돌로레스 마르티네즈, 「성, 경계의 이동 그리고 세계화」, 돌로레스 마르티네즈 엮음, 김희정 옮김, 『왜 일본인들은 스모에 열광하는가: 문화인류학으로 본 일본 대중문화의 10가지 코드』(바다출판사, 1998/2000), 253~254쪽.
22 조우석, 「인터넷이 문화를 망친다고? 역사를 모르는 소리」, 『중앙일보』, 2012년 7월 28일.
23 김헌식, 『의외의 선택, 뜻밖의 심리학』(위즈덤하우스, 2010), 263쪽.
24 신일철, 「프랑크푸르트학파 서설」, 신일철 엮음, 『프랑크푸르트학파』(청람, 1979), 15쪽. 아도르노와 호르크하이머는 '대중문화'가 '대중 스스로에 의해 자발적으로 생겨난 문화'라는 긍정적인 뉘앙스를 갖는 것을 염려해 의도적으로 '문화산업'이라는 말을 썼다. 신혜경, 『벤야민 & 아도르노: 대중문화의 기만 혹은 해방』(김영사, 2009), 87~88쪽.
25 조안 홀로우즈, 「대중문화이론과 정치경제」, 조안 홀로우즈·마크 얀코비치 엮음, 『왜 대중영화인가』(한울, 1995/1999), 54쪽.
26 도날드 닷슨, 「포퓰러 컬처와 매스 컬처의 차이」, 강현두 엮음, 『현대 사회와 대중문화』(나남, 1998), 176쪽.
27 존 톰린슨, 강대인 옮김, 『문화제국주의』(나남, 1991/1994), 94~95쪽.
28 크리스 바커, 하종원·주은우 옮김, 『글로벌 텔레비전』(민음사, 2001), 196쪽.
29 Ien Ang, trans. Della Couling, 『Watching Dallas: Soap Opera and the Melodramatic Imagination』(London and New York: Methuen, 1985).
30 존 스토리, 박만준 옮김, 『대중문화와 문화연구』(경문사, 2002), 179쪽.
31 원용진, 『광고 문화 비평』(한나래, 1997), 25쪽.
32 강경희, 「TV 문화이론가 존 피스크 교수 인터뷰」, 『조선일보』, 1993년 11월 19일.
33 Pierre Bourdieu and Loic J. D. Wacquant. 『An Invitation to Reflexive Sociology』(Chicago: University of Chicago Press, 1992), pp. 204~205.
34 이상호, 「사회질서의 재생산과 상징권력: 부르디외의 계급이론」, 현택수 편, 『문화와 권력: 부르디외 사회학의 이해』(나남, 1998), 173쪽.
35 Axel Honneth, 「The Fragmented World of Symbolic Forms: Reflections on Pierre

Bourdieu's Sociology of Culture」, 『Theory, Culture and Society』, 3:3(1986), p. 61.
36 피에르 부르디외, 최종철 옮김, 『구별짓기: 문화와 취향의 사회학 상(上)』(새물결, 1995), 44쪽; 피에르 부르디외, 문경자 옮김, 『피에르 부르디외: 혼돈을 일으키는 과학』(솔, 1994), 174~175쪽.
37 Pierre Bourdieu, 「The Aristocracy of Culture」, 『Media, Culture and Society』, 2(1980), p. 253; 피에르 부르디외, 최종철 옮김, 『구별짓기: 문화와 취향의 사회학 상(上)』(새물결, 1995), 104쪽.
38 폴 맥도널드, 「제4장 스타연구」, 조안 홀로우즈·마크 얀코비치 엮음, 『왜 대중영화인가』(한울, 1995/1999), 146~147쪽.
39 최성욱, 「앤디 워홀 '코카콜라 병' 390억에 판매」, 『뉴시스』, 2010년 11월 10일.
40 존 A. 워커, 정진국 옮김, 『대중매체시대의 예술』(열화당, 1983/1987), 23~30쪽.
41 카터 래트클리프, 신지영 옮김, 『앤디 워홀: 팝아트의 슈퍼스타』(눈빛, 1983/1995), 43쪽.
42 존 A. 워커, 정진국 옮김, 『대중매체시대의 예술』(열화당, 1983/1987), 31~39쪽.
43 존 A. 워커, 정진국 옮김, 『대중매체시대의 예술』(열화당, 1983/1987), 47쪽.
44 존 A. 워커, 정진국 옮김, 『대중매체시대의 예술』(열화당, 1983/1987), 39쪽.
45 존 A. 워커, 정진국 옮김, 『대중매체시대의 예술』(열화당, 1983/1987), 40~42쪽.
46 존 A. 워커, 정진국 옮김, 『대중매체시대의 예술』(열화당, 1983/1987), 46쪽.
47 존 A. 워커, 정진국 옮김, 『대중매체시대의 예술』(열화당, 1983/1987), 45쪽.
48 배수경, 「'팝아트 거장' 앤디 워홀 작품 2만여 점 풀린다: 크리스티, 11월 12일 1차 경매」, 『이투데이』, 2012년 9월 7일.
49 토머스 데이븐포트·존 벡, 김병조·권기환·이동현 옮김, 『관심의 경제학: 정보비만과 관심결핍의 시대를 사는 새로운 관점』(21세기북스, 2006), 111~112쪽; 김상현, 『인터넷의 거품을 걷어라: 인터넷, 사이버 세상에서 살아남기』(미래M&B, 2000), 73~74쪽.

2장 스타 시스템의 승자독식주의

1 Robert C. Allen and Douglas Gomery, 『Film History: Theory and Practice』(New York: Alfred A. Knopf, 1985), p. 173.
2 Leonard Quart·Albert Auster, 『American Film and Society since 1945』(London: Macmillan, 1984), p. 3; Arthur Schlesinger, Jr., 「When the Movies Really Counted」, 『Show』, 3(April 1963), p. 77.
3 L. 쟈네티, 김진해 옮김, 『영화의 이해: 이론과 실제』(현암사, 1990), 233쪽.
4 L. 쟈네티, 김진해 옮김, 『영화의 이해: 이론과 실제』(현암사, 1990), 230~231쪽.
5 김혜리, 「2500만 달러의 스타들」, 『씨네21』, 2002년 4월 16일, 24면.
6 어수웅, 「할리우드 투자자들, 스타 직접 잡는다: 제작사가 아닌 톰 크루즈·윌 스미스에 투자」, 『조선일보』, 2007년 6월 22일.

7 이와 관련, 케빈 필립스는 "영화 제작자들은 영화를 호주나 캐나다와 같이 임금이 낮고 노조가 존재하지 않는 지역에서 제작하겠다고 위협했으며 노조가 이러한 위협에 양보를 되풀이하면서 '하위' 노동자들의 임금과 노동 조건은 계속 악화되어왔다"고 말한다. 케빈 필립스, 오삼교·정하용 옮김, 『부와 민주주의: 미국의 금권정치와 거대 부호들의 정치사』(중심, 2002/2004), 435쪽.

8 김종원·정중헌, 『우리 영화 100년』(현암사, 2001), 305쪽; 백은하, 「〈검사와 여선생〉에서 〈내 마음의 풍금〉까지, 배우 박광진의 단역인생 50년-내일은 내일의 해가 뜨겠지」, 『씨네21』, 2001년 3월 20일, 46면.

9 신성일, 『청춘은 맨발이다: 신성일 Life Story』(문학세계사, 2011), 360쪽.

10 김영진, 「스타만 배불리는 한국영화」, 『세계일보』, 2005년 6월 7일.

11 이승재, 「충무로 대전(大戰)」, 『동아일보』, 2005년 6월 25일, A19면.

12 에드가 모랭, 이상률 옮김, 『스타』(문예출판사, 1992), 119쪽.

13 에드가 모랭, 이상률 옮김, 『스타』(문예출판사, 1992), 98쪽.

14 에드가 모랭, 이상률 옮김, 『스타』(문예출판사, 1992), 6쪽.

15 Parker Tyler, 『Magic and Myth of the Movies』(New York: Henry Holt, 1947), p. xi; Michael T. Isenberg, 「Toward an Historical Methodology for Film Scholarship」, 『Rocky Mountain Social Science Journal』, 12:1(January 1975), p. 51: L. 쟈네티, 김진해 옮김, 『영화의 이해: 이론과 실제』(현암사, 1990), 233쪽; 에드가 모랭, 이상률 옮김, 『스타』(문예출판사, 1992), 133쪽.

16 Stuart Ewen, 『All Consuming Images: The Politics of Style in Contemporary Culture』, 2nd ed.(New York: Basic Books, 1999), pp. 92~94.

17 이 개념은 원래 도널드 호튼(Donald Horton)과 R. 리처드 월(R. Richard Wohl)이 1956년 『정신의학(Psychiatry)』지에 발표한 논문에서 처음 사용했다. Cooper Lawrence, 『The Cult of Celebrity: What Our Fascination with the Stars Reveals About Us』(Guilford, Conn.: skirt!, 2009), p. 22.

18 이철호, 「'오빠따라 나도…' 셋 자살」, 『중앙일보』, 1998년 5월 9일, 27면.

19 이동연, 「아이돌 팝이란 무엇인가: 징후적 독해」, 이동연 엮음, 『아이돌: H.O.T.에서 소녀시대까지, 아이돌 문화보고서』(이매진, 2011), 18~19쪽.

20 김진경, 「'빠순이 문화' 재조명 '응답하라1997' 통해 살펴본 '신구' 팬덤용어」, 『티브이데일리』, 2012년 9월 18일.

21 음성원, 「기부하고 버스광고까지 … 스타 기 살리는 열혈 팬클럽들」, 『한겨레』, 2013년 1월 15일.

22 황수현, 「"우리 오빠 잘 부탁 드려요" 상상초월한 선물 조공 문화, 아이돌 시대의 종말 예고하나」, 『주간한국』, 2010년 7월 28일.

23 정재민, 「청소년 팬덤현상에 대한 근거이론적 접근」(한국청소년연구 21호, 2010년 8월), 108쪽.

24 이승아, 「JYJ 공화국: 선택을 강요받은 자들의 선택할 권리」, 이동연 엮음, 『아이돌: H.O.T.에서 소녀시대까지, 아이돌 문화보고서』(이매진, 2011), 284~286쪽; 김성민, 『연예 TALK』 "나도 기자라니까" 가짜 명함·출입증 들이미는 사생팬들」, 『조선일보』, 2012년 3월 27일.

25 정지섭, 「"일부 사생팬들 숙소 들어와 키스 시도 … 택시 타고 쫓아오다 일부러 접촉사고도"」, 『조선일보』, 2012년 3월 10일.

26 전원, 「최강창민 "사생팬 관심과 유명인 치레 불행 … 정신과 상담받았다"」, 『뉴스엔』, 2013년 2월 6일.

27 김효은·조혜경, 「월 100만 원 쓰는 女사생팬 "알바·노숙 심지어…"」, 『중앙일보』, 2013년 3월 15일.

28 일레인 볼드윈 외, 조애리 외 옮김, 『문화코드, 어떻게 읽을 것인가?: 문화연구의 이론과 실제』(한울아카데미, 2004/2008), 275~276쪽.

29 양성희, 「높아진 스타파워 쩔쩔매는 제작사」, 『문화일보』, 2005년 6월 8일.

30 강우석, 「'돈의 논리'에 휘둘리는 영화계」, 『조선일보』, 2005년 6월 9일.

31 최보은, 「"연예인 누가 누구랑 잤냐" 지질한 질문은 이제 그만!: 연예인 매니저 박성혜 씨」, 『한겨레』, 책·지성 섹션, 2005년 6월 24일, 8~9면.

32 권석, 『아이디어는 엉덩이에서 나온다: 잘 마른 멸치 권석 PD의 방송일기 세상 읽기』(새녘, 2012), 285쪽.

33 어수웅, 「"강우석 감독은 사과하라": 최민식·송강호 반박회견」, 『조선일보』, 2005년 6월 30일, A2면.

34 김영진, 「돈 논리에 멍드는 영화계」, 『조선일보』, 2005년 7월 1일, A35면.

35 김민경, 「"한국 영화, 너 잘하고 있니"」, 『주간동아』, 2005년 7월 19일, 100~102면.

36 박정호, 「"연예기획사와 공동 제작 거부": 영화제작가협회」, 『중앙일보』, 2005년 6월 28일, 23면.

37 유재혁, 「이병헌·김윤석·송강호 … 최소 6억+흥행 보너스」, 『한국경제』, 2012년 9월 24일.

38 송호진, 「영화 스태프 66퍼센트가 연소득 1천만 원 안 돼」, 『한겨레』, 2013년 1월 18일.

39 양성희, 「높아진 스타파워 쩔쩔매는 제작사」, 『문화일보』, 2005년 6월 8일.

40 양성희, 「한류열풍에 소외된 한국팬」, 『문화일보』, 2005년 9월 6일, 22면.

41 이양수, 「한류 맥 짚어보기」, 『중앙일보』, 2005년 10월 28일, 35면.

42 백성호, 「드라마 PD "좋은 시절 다 갔네"」, 『중앙일보』, 2005년 2월 5일, 24면.

43 권석, 『아이디어는 엉덩이에서 나온다: 잘 마른 멸치 권석 PD의 방송일기 세상 읽기』(새녘, 2012), 207, 257~259쪽.

44 장은교, 「이병훈 PD의 쓴소리 "스타 몸값, 한류 거스른다"」, 『경향신문』, 2007년 2월 15일.

45 김고은, 「"출연료 상승, 드라마 질 저하·방송사 적자 불러": 'TV 드라마 위기와 출연료 정상화' 세미나에서 주장」, 『PD저널』, 2008년 12월 3일.

46 고규대, 「[출연료 1억 원 시대] ①남자 1억 여자 5천만, '억' 소리 난다」, 『이데일리』, 2012년 10월 11일.
47 남지은, 「인기작가 비싼 몸값 '문제는 외주제작 시스템'」, 『한겨레』, 2010년 4월 26일.
48 민병선 외, 「드라마 '해품달' – '뿌리깊은나무' 쓴 A급 작가들, 회당 얼마나 받을까」, 『동아일보』, 2012년 3월 14일.
49 남지은, 「인기작가 비싼 몸값 '문제는 외주제작 시스템'」, 『한겨레』, 2010년 4월 26일.
50 음성원, 「스타 쫓는 드라마 외주 '깊어진 그늘'」, 『한겨레』, 2012년 12월 26일.
51 김난도 외, 「Tell Me, Celeb: 스타에게 길을 묻다」, 『트렌드 코리아 2011』(미래의창, 2010), 311~326쪽.
52 조중현·이서정·이나리, 「왜 한국은 셀카 공화국이 되었나: 세계 각국의 셀카 문화」, 강준만 외, 『우리가 몰랐던 세계 문화』(인물과사상사, 2013), 184~197쪽.
53 박정현, 「"셀카 화면발 최고" 옵티머스G 놀라운 스펙」, 『조선일보』, 2013년 2월 18일.
54 나오미 클라인, 정현경·김효명 옮김, 『NO LOGO: 브랜드 파워의 진실』(중앙M&B, 2000/2002); 더그 헨우드, 이강국 옮김, 『신경제 이후』(필맥, 2004), 35쪽.
55 『TV 저널』, 1993년 10월 8일, 83면.
56 정철운, 「가십 쫓는 '하이에나' 수백 명 … 기자만의 잘못인가」, 『미디어오늘』, 2012년 11월 28일.
57 오광수, 「한국에도 파파라치 시대 열리나」, 『스포츠경향』, 2012년 2월 8일.
58 정철운, 「잇따른 연예특종, 탐사보도인가 파파라치인가」, 『미디어오늘』, 2013년 1월 5일.
59 리처드 니스벳, 최인철 옮김, 『생각의 지도』(김영사, 2004), 29쪽.

3장 텔레비전의 문법

1 양성희, 「[취재일기] 시청률 낮은 프로그램은 기민하게 폐지하는 게 능수인가?」, 『중앙일보』, 2012년 12월 10일.
2 임혜영, 「피 튀기는 시청률 전쟁, 시청률이 뭐기에…」, 『리뷰스타』, 2012년 6월 21일.
3 「새로운 문화권력 'MSK'」, 『뉴스플러스』, 1998년 10월 22일.
4 김영욱, 「한 자릿수 시청률」, 『주간조선』, 제2241호(2013년 1월 21일).
5 데이비드 크로토·윌리엄 호인스, 전석호 옮김, 『미디어 소사이어티: 산업·이미지·수용자』(사계절, 2000/2001), 237쪽.
6 Michael Parenti, 『Make-Believe Media: The Politics of Entertainment』(New York: St. Martin's Press, 1992), p. 202.
7 권석, 『아이디어는 엉덩이에서 나온다: 잘 마른 멸치 권석 PD의 방송일기 세상 읽기』(새녘, 2012), 337쪽.
8 발터 벤야민, 반성완 옮김, 『발터 벤야민의 문예이론』(민음사, 1992), 227쪽.
9 John Hartley, 「Invisible Fictions: Television Audiences, Paedocracy, Pleasure」,

Gary Burns · Robert J. Thompson, eds., 『Television Studies: Textual Analysis』 (New York: Praeger, 1989), pp. 223~243.
10 김경용, 『미디어 신화: 대중문화와 허위의식』(경문사, 1993), 129, 164쪽.
11 James, L. Baughman, 『Television's Guardians : The FCC and the Politics of Progranning 1958~1967』(Knoxville : Univ. of Tennessee Press, 1985), p. 23.
12 권석, 『아이디어는 엉덩이에서 나온다: 잘 마른 멸치 권석 PD의 방송일기 세상 읽기』(새녘, 2012), 193~194쪽.
13 김영명, 『일본의 빈곤』(미래사, 1994), 33쪽.
14 알렉스 커, 이나경 옮김, 『치명적인 일본』(홍익출판사, 2002), 352~253쪽.
15 이안 브루마, 정용환 옮김, 『아우슈비츠와 히로시마: 독일인과 일본인의 전쟁 기억』(한겨레신문사, 2002), 321쪽.
16 김도연, 『너무 유치하고 너무 재미있는 일본 TV 벗기기』(산성미디어, 1998), 13~14쪽.
17 주철환, 『30초 안에 터지지 않으면 채널은 돌아간다』(자작나무, 1994).
18 헨리 젠킨스, 김정희원 · 김동신 옮김, 『컨버전스 컬처』(비즈앤비즈, 2006/2008), 107~108쪽.
19 폴 비릴리오, 이재원 옮김, 『속도와 정치: 공간의 정치학에서 시간의 정치학으로』(그린비, 1977/2004), 앞 표지, 131쪽.
20 홍은주, 『e-비즈, 생존의 법칙』(삼성경제연구소, 2001), 363~364쪽.
21 「Channel surfing」, 『Wikipedia』.
22 제임스 글릭, 석기용 옮김, 『빨리빨리!: 초스피드 시대의 패러독스』(이글리오, 1999/2000), 188~189쪽.
23 KBS, 『해외방송정보』, 1993년 5월 15일, 80면.
24 토드 기틀린, 남재일 옮김, 『무한 미디어: 미디어 독재와 일상의 종말』(Human & Books, 2006), 110~111쪽.
25 박재명 · 신진우, 「〔다시 공존을 향해/5부〕〈3〉충동을 넘어 이성적 공존으로」, 『동아일보』, 2011년 4월 11일.
26 토드 기틀린, 남재일 옮김, 『무한 미디어: 미디어 독재와 일상의 종말』(Human & Books, 2006), 132쪽.
27 홍찬식, 「세상 뒤집어지는 재미 끝내줘…」, 『동아일보』, 2008년 7월 2일.
28 권기헌, 『정보사회의 논리: 지식정보사회와 국가경영논리』(나남, 2000), 119~120쪽; 「쿼터리즘(quarterism)」, 『네이버 지식백과』.
29 박해현, 「〔만물상〕'독신 사회'」, 『조선일보』, 2013년 3월 1일.
30 변희원, 「본 영화 또 보는 '나홀로' 중년 관객 … 흥행의 숨은 힘」, 『조선일보』, 2013년 2월 20일.
31 유성애, 「〔체험기〕혼자 노래 부르고, 혼자 먹고 … 하루 동안 즐긴 1인 마케팅 현장: 연차 내고 찾아오는 노래방, 이런 곳이구나」, 『오마이뉴스』, 2013년 2월 10일.

32 정혁준, 「〔맞수 기업 열전〕화장하는 GS, 요리하는 CJ」, 『한겨레 21』, 제737호(2008년 11월 28일).
33 정효진, 「홈쇼핑 '토크쇼' 상큼한 등장」, 『동아일보』, 2008년 9월 1일.
34 통계청의 소매 통계에 따르면, 2012년 총 소매액은 309조 1,000억 원이었는데, 이 가운데 대형 마트가 37조 5,000억 원, 백화점이 28조 5,000억 원, 사이버 쇼핑이 17조 3,000억 원, 편의점이 10조 2,000억 원을 차지했다. 윤광원, 「지난해 소매 300조 … 성장률은 8년 來 최저: 대형 마트 '최악' … 편의점은 10조 돌파, 홀로 성장세」, 『아시아투데이』, 2013년 2월 6일.
35 최밍키, 「특채 논란까지 … '쇼호스트'가 뭐길래」, 『EBN』, 2010년 12월 7일.
36 이학선, 「〔알면 재미있는 홈쇼핑 이야기〕④왕영은·빅마마의 공통점」, 『이데일리』, 2012년 3월 12일.
37 이기호, 「〔길 위의 이야기〕홈쇼핑」, 『한국일보』, 2008년 1월 31일.
38 허윤, 「〔세태기획〕기러기 아빠 홈쇼핑 중독 많다」, 『국민일보』, 2004년 5월 16일.
39 한현정, 「조형기 "홈쇼핑 중독됐었다" 기러기 아빠의 비애담」, 『뉴스엔』, 2011년 2월 1일.
40 「남자가 혼자 살 때, 김광규 "홈쇼핑은 혼자 사는 내게 손 내밀어 준 친구"」, 『중부일보』, 2013년 2월 11일.
41 정혁준, 「〔맞수 기업 열전〕화장하는 GS, 요리하는 CJ」, 『한겨레 21』, 제737호(2008년 11월 28일).
42 윌슨 브라이언 키, 허갑중 옮김, 『현대사회와 잠재의식의 광고학』(나남, 1976/1992), 65쪽.
43 강명석, 「9시 뉴스 앞의 '비극적 코미디': MBC 일일드라마 '왕꽃 선녀님'」, 『한국일보』, 2004년 8월 31일, A25면; 이지영, 「현실 반영인가, 편견 조장인가」, 『중앙일보』, 2004년 8월 30일, 21면.
44 임종수, 「한국 드라마의 봉건성, 혈통주의 문제에 대해」, 『PD 연합회보』, 2004년 10월 13일.
45 손병호, 「방송 작가들에 '저출산 SOS': 정부 "결혼·육아 미화 부탁해요"」, 『국민일보』, 2005년 3월 24일, 1면.
46 KBS, 『해외방송정보』, 1989년 9월 13일.

4장 텔레비전 드라마와 예능

1 한국방송공사, 『한국방송사』(한국방송공사, 1977), 823~825쪽.
2 한국방송공사, 『한국방송사』(한국방송공사, 1977), 582쪽; 정순일, 『한국방송의 어제와 오늘: 체험적 방송 현대사』(나남, 1991), 196~197쪽.
3 정순일, 『한국방송의 어제와 오늘: 체험적 방송 현대사』(나남, 1991), 196~197쪽.
4 최창봉·강현두, 『우리 방송 100년』(현암사, 2001), 222쪽.
5 조항제, 「1970년대 한국 텔레비전의 구조적 성격에 관한 연구: 국가정책과 텔레비전 자본 간의 관계를 중심으로」, 서울대학교 대학원 신문학과 박사 학위 논문, 1994년 2월, 183쪽.

6 신윤동욱, 「시사년센스: 시청률도 '뽐빠이' 하자」, 『한겨레 21』, 2005년 12월 13일, 10면.
7 「'대박 드라마' 성공 공식 있다」, 『조선일보』, 2006년 1월 21일, A4면.
8 「'과연 드라마공화국' … 드라마 편성 하루 13시간」, 『연합뉴스』, 2009년 1월 21일.
9 홍성일, 「드라마 비평에 쏠린 PD저널」, 『PD저널』, 2007년 10월 22일.
10 김환표, 『드라마, 한국을 말하다』(인물과사상사, 2012), 407, 410쪽.
11 김진경, 『삼십년에 삼백년을 산 사람은 어떻게 자기 자신일 수 있을까』(당대, 1996), 82~83쪽; 정영태, 「개발연대 지식인의 역할과 반성」, 장회익·임현진 외, 『한국의 지성 100년』(민음사, 2001), 175~176쪽에서 재인용.
12 홍석경, 「텔레비전 장치와 재연의 재현 양식」, 황인성 편저, 『텔레비전 문화연구』(한나래, 1999), 201쪽.
13 고성호, 「사람 잡은 '리얼리티 쇼'」, 『한국일보』, 2005년 5월 25일, 15면.
14 스티븐 존슨, 윤명지·김영삼 옮김, 『바보상자의 역습』(비즈앤비즈, 2006), 98쪽.
15 신중돈·이현상, 「미 폭스TV 부도덕 상술 도마에 올라」, 『중앙일보』, 2000년 2월 23일, 9면.
16 변창섭, 「미국 안방 강타한 '너 죽고 나 살기': CBS 프로그램 〈서바이버〉 올 여름 최고 시청률 기록」, 『시사저널』, 2000년 9월 14일, 80~81쪽.
17 이지은, 「"어, 내 이야기 내 마음과 똑같아": 케이블TV 리얼 프로그램 인기 상한가 … 타인 훔쳐보기 통해 숨겨진 욕망 대리만족」, 『주간동아』, 2005년 12월 27일, 45면.
18 양성희, 「리얼리티 쇼」, 『중앙일보』, 2006년 11월 25일, 35면.
19 손병우, 「의미와 형식으로부터의 떠남, 리얼리티 연예오락」, 『연세대학원신문』, 제164호(2008년 10월), 8면.
20 권석, 『아이디어는 엉덩이에서 나온다: 잘 마른 멸치 권석 PD의 방송일기 세상 읽기』(새녘, 2012), 170쪽.
21 김헌식, 『의외의 선택, 뜻밖의 심리학』(위즈덤하우스, 2010), 33쪽.
22 김난도 외, 『트렌드코리아 2013』(미래의창, 2012), 58~60쪽.
23 박권일, 「끔찍하다, 그 솔직함」, 『시사IN』, 제45호(2008년 7월 26일), 89면.
24 김은영, 『예능은 힘이 세다: 예능이 대중문화를 지배할 수밖에 없는 25가지 이유』(에쎄, 2011), 6쪽.
25 윤영배, 「코미디와 개그가 왜 예능인가?」, 『동아일보』, 2011년 8월 4일.
26 윤영배, 「코미디와 개그가 왜 예능인가?」, 『동아일보』, 2011년 8월 4일.
27 채지은, 「김영희 PD "입사 때부터 예능이 방송 석권할 거라 확신"」, 『한국일보』, 2011년 9월 1일.
28 김은영, 『예능은 힘이 세다: 예능이 대중문화를 지배할 수밖에 없는 25가지 이유』(에쎄, 2011), 8~9쪽.
29 김고은, 「오락프로그램 DY가 장악: 스타권력화 브레이크가 없다(상)」, 『PD저널』, 2007년 2월 7일, 3면.
30 시부야 쇼조, 김경인 옮김, 『야심만만 심리학』(리더북스, 2004), 189쪽.

31 김은영, 『예능은 힘이 세다: 예능이 대중문화를 지배할 수밖에 없는 25가지 이유』(에쎄, 2011), 98~99쪽.
32 손남원, 「입만 열면 논란인 스타들, 누구 잘못일까」, 『OSEN』, 2013년 2월 10일.
33 손남원, 「입만 열면 논란인 스타들, 누구 잘못일까」, 『OSEN』, 2013년 2월 10일.
34 민동기, 「2013 예능 3가지 트렌드, '인문·다큐·따뜻함'」, 『미디어오늘』, 2013년 1월 31일.
35 김희경, 「TV 오락프로 자막 "공해 수준"」, 『한국일보』, 2006년 10월 19일.
36 「(사설) TV 오락프로의 '자막공해' 개선책 없나」, 『경향신문』, 2006년 10월 20일.
37 장은교, 「북 치고 장구 치는 '자막'」, 『경향신문』, 2007년 3월 14일, 23면.
38 이상준, 「(자막은 못 말려! TV 자막의 세계) 1초마다 불쑥~ 생각할 틈이 없네」, 『한국일보』, 2011년 4월 26일.
39 김은영, 『예능은 힘이 세다: 예능이 대중문화를 지배할 수밖에 없는 25가지 이유』(에쎄, 2011), 143~144쪽.
40 김영찬, 「청각 공해 낳는 '수다 TV'」, 『한국일보』, 2006년 10월 17일.

5장 디지털 시대의 고독과 생존

1 김홍근, 『참선일기: 잠든 나를 깨우는 100일간의 마음 공부』(교양인, 2005), 219~220쪽.
2 정성욱, 「개인의 품에 안긴 미디어, 그 미래가 짐작되는가?」, 『LG Ad』, 2005년 5·6월, 4~5쪽.
3 천지우, 「"걸으면서 영화 보자"」, 『국민일보』, 2005년 5월 4일, 12면.
4 「냄새 맡고, 촉감까지 … '공감각 TV' 개발 추진: 일, 2020년 실용화 목표」, 『중앙일보』, 2005년 8월 17일, 11면.
5 김상훈, 「구글이 만든 신세계: 美 샌프란시스코 '구글 신기술 발표회'를 가다」, 『동아일보』, 2012년 6월 29일.
6 Susan Gregory Thomas, 『Buy, Buy Baby: How Consumer Culture Manipulates Parents and Harms Young Minds』(New York: Mariner Books, 2007/2009), p. 224.
7 김난도 외, 『트렌드코리아 2013』(미래의창, 2012), 340~341쪽.
8 원용진, 『새로 쓴 대중문화의 패러다임』(한나래, 2010), 7쪽.
9 공병호, 『공병호의 모바일혁명』(21세기북스, 2010), 124쪽.
10 고재열, 「소셜미디어, 주류언론에게 위기이자 기회」, 『PD 저널』, 2010년 10월 27일.
11 송용창 외, 「(100℃ 인터뷰) 사회적 발언 앞장서는 소설가 공지영」, 『한국일보』, 2011년 12월 29일.
12 「Twitter」, 『Wikipedia』.
13 김상만, 「(기획-언론트렌드 바꾸는 소셜 미디어) 해외 언론 적극 활용, 새 취재 방식 속속 등장 … 한국은?」, 『미디어오늘』, 2010년 1월 21일; 김기태, 「(문화비평) 스마트폰이 주는 교훈」, 『교수신문』, 2010년 7월 12일; 이인숙, 「너도 나도 트위터, 지방선거 새바람 불까」,

『경향신문』, 2010년 2월 16일.
14 이지선·김지수, 『디지털 네이티브 스토리』(리더스하우스, 2011), 75쪽.
15 카르스텐 괴릭, 박여명 옮김, 『SNS 쇼크: 구글과 페이스북, 그들은 어떻게 세상을 통제하는가?』(시그마북스, 2011/2012), 97쪽; 이지선·김지수, 『디지털 네이티브 스토리』(리더스하우스, 2011), 72쪽.
16 조엘 컴·켄 버지, 신기라 옮김, 『트위터: 140자로 소통하는 신인터넷 혁명』(예문, 2009), 144쪽.
17 이지선·김지수, 『디지털 네이티브 스토리』(리더스하우스, 2011), 72~73쪽.
18 이택광, 「1장 트위터라는 히스테리 기계」, 이택광 외, 『트위터, 그 140자 평등주의』(자음과모음, 2012), 21~22쪽.
19 박경철, 『시골의사 박경철의 자기혁명』(리더스북, 2011), 338~339쪽.
20 「Zuckerberg, Mark」, 『Current Biography Yearbook 2008』, pp. 623~624.
21 Pramod K. Nayar, 『An Introduction to New Media and Cybercultures』(Chichester, UK: Wiley-Blackwell, 2010), pp. 62~63.
22 셰리 터클, 이은주 옮김, 『외로워지는 사람들: 테크놀로지가 인간관계를 조정한다』(청림출판, 2010/2012), 117쪽.
23 양윤직, 『TGIF 스토리』(커뮤니케이션북스, 2011), 3쪽.
24 이준구, 『페이스북 이펙트: 세계를 하나로 연결하는 힘』(아라크네, 2010), 28~29쪽.
25 데이비드 커크패트릭, 임정민·임정진 옮김, 『페이스북 이펙트』(에이콘, 2010), 296쪽.
26 배영, 「SNS의 사회적 의미」, 조화순 엮음, 『소셜네트워크와 정치변동』(한울아카데미, 2012), 105~106쪽.
27 허재경은 지인들과 실시간 메신저 형태로 대화를 나누는 카카오톡은 기록을 남기면서 교류하는 페이스북이나 트위터와 다소 형태는 다르지만, 궁극적인 목표가 '인맥 쌓기'란 점에서 최종 목적지가 같다고 말한다. 허재경, 「카카오톡 1000만 돌파 '이젠 세계로' 1년 만에 대기록 "페이스북·트위터와 맞짱"」, 『한국일보』, 2011년 4월 12일.
28 황지혜, 「(SNS세상은 지금) SNG 열풍 … 친구들 여기 다 모이네」, 『매일경제』, 2012년 9월 29일; 「2012년 게임의 대세는 애니팡·캔디팡, 2013년의 대세는?」, 『머니투데이』, 2013년 2월 19일.
29 장종회·황지혜, 「캔디팡 1주일새 600만 건 다운 … 애니팡 위협」, 『매일경제』, 2012년 10월 3일; 「2012년 게임의 대세는 애니팡·캔디팡, 2013년의 대세는?」, 『머니투데이』, 2013년 2월 19일.
30 허준, 「던전앤파이터 가입자 4억 명 돌파 '대기록': 전 세계 가장 많은 가입자 확보한 온라인게임 등극」, 『아이뉴스24』, 2013년 2월 11일.
31 남혁우, 「"게임은 이미 문화다. 건강하게 키우자": 공개 토론회 '게임 매니아 다 모여라' 개최」, 『디스이즈게임』, 2012년 3월 13일.
32 전동희, 「"게임 자체를 얘기하면 사치인가요?": '게임이…' 출간 박상우 연세대 교수」, 『스

포츠조선』, 2005년 3월 22일, 18면.
33 장정훈, 「영화 인기 앞지를 겜세상 곧 온다: '온라인 게인 최강국' 주역 송재경」, 『중앙일보』, 2005년 10월 12일, E1면.
34 박상우, 『게임, 세계를 혁명하는 힘』(씨엔씨미디어, 2000), 139~144쪽.
35 김진욱, 「한민족 '게임의 피'가 흐른다?」, 『스포츠서울』, 2005년 8월 1일, 13면.
36 이재명·임우선, 「어린이 게임 중독 … 머릿속 "뱅뱅" 수업은 "뒷전"」, 『동아일보』, 2007년 12월 8일.
37 백승재, 「게임업계 '온라인 혁명' 쉬운 게임이 대세될 것」, 『조선일보』, 2008년 5월 9일.
38 김리선, 「"한국인 애니팡에 빠져 하트 구걸": WSJ "직장·학교 갈등 빚어"」, 『노컷뉴스』, 2012년 10월 10일.
39 김일, 「카트라이더와 승부근성」, 『중앙일보』, 2005년 6월 21일, 31면.
40 이덕규, 「애니팡 열풍의 젖줄은 '한국 입시전쟁'」, 『한겨레』, 2012년 9월 18일.
41 맹기돈, 「게임과 PC방」, 강지웅 외, 『게임과 문화연구』(커뮤니케이션북스, 2008), 101~120쪽; 김현수 외, 「손님은 줄고 목돈 들 곳은 많고 … PC방 "한계상황" 아우성」, 『한국일보』, 2013년 1월 25일.
42 조흥윤, 『한국문화론』(동문선, 2001), 91~94쪽.
43 이동연, 『게임의 문화코드』(이매진, 2010), 59~66쪽.
44 곽아람, 「당신의 유년은 어느 만화에 있습니까」, 『조선일보』, 2013년 2월 23일.
45 김유나, 「"밥벌이 하겠냐" 핀잔 듣던 만화가 이젠 귀하신 몸 … 웹툰 인기몰이로 상한가」, 『국민일보』, 2013년 1월 31일.
46 고경석, 「보물창고 웹툰! … 대중문화 젖줄로」, 『한국일보』, 2013년 1월 30일.
47 박천호, 「만화 새 문학형태로 뿌리 내린다」, 『한국일보』, 1993년 11월 2일, 21면.
48 정준영, 「시대와 꿈꾸기」, 『사상문예운동』, 1991년 가을, 174~176면.
49 쿠사카 기민토·이시카와 요시미, 「대담/일본만화가 세계를 바꾼다: 일본인은 만화라는 표현방식이 가장 어울리는 기질을 가졌다」, 『emerge 새천년』, 2001년 1월, 239쪽.

6장 영화와 동영상 문화

1 데니얼 버스타인·데이비드 클라인, 김광전 옮김, 『정보고속도로의 꿈과 악몽』(한국경제신문사, 1995/1996), 302쪽.
2 피터 바트, 김경식 옮김, 『할리우드의 영화전략』(을유문화사, 1999/2001), 17쪽.
3 피터 바트, 김경식 옮김, 『할리우드의 영화전략』(을유문화사, 1999/2001), 19쪽.
4 김참·전준범, 「너도나도 1000만 관객, 대기업 잔치에 서글픈 저예산영화」, 『조선일보』, 2012년 12월 9일.
5 정혜전, 「미(美) CEO 500명의 평균연봉 대통령 30배·근로자 475배」, 『조선일보』, 2006년 1월 24일, B3면.

6 박순찬, 「"한 시간에 5000만 원 벌었다는 그 사내는…"」, 『조선일보』, 2012년 7월 17일.
7 로버트 프랭크, 권성희 옮김, 『리치스탄: 새로운 백만장자의 탄생과 붐의 비밀』(더난출판, 2007/2008), p. 335.
8 빈곤층은 연간 소득이 최저생계비 이하인 가구를 말하는데, 2010년 기준 최저생계비는 세금을 내기 전 소득이 4인 가구 2만 2,314달러(2,558만 원), 1인 가구 1만 1,139달러(1,277만 원)다. 박승희, 「미국인 6명 중 1명은 빈곤층: 지난해 인구의 15.7퍼센트로 늘어 … 46년 만에 최고」, 『중앙일보』, 2012년 7월 24일.
9 신광영, 『한국의 계급과 불평등』(을유문화사, 2004), 175쪽.
10 정혜전, 「미(美) CEO 500명의 평균연봉 대통령 30배·근로자 475배」, 『조선일보』, 2006년 1월 24일, B3면.
11 김승범, 「라이벌 투자·배급사, 영화보다 더 영화 같은 '흥행 순위 싸움'」, 『조선일보』, 2006년 8월 9일, B1면.
12 박상우, 「대박은 어디로 가는가」, 『경향신문』, 2006년 8월 10일, 22면.
13 장은교, 「1천만의 신드롬 괴물」, 『경향신문』, 2006년 8월 10일, K1면.
14 안정효, 「큰 숫자에 열광하는 군중심리」, 『경향신문』, 2006년 8월 10일, K11면.
15 노재현, 「시네마 천국 vs 스크린 지옥」, 『중앙일보』, 2006년 8월 18일, 30면.
16 양성희·주정완, 「괴물 스크린 독과점?: "상영관 제한" "시장에 맡겨야" 팽팽한 논란」, 『중앙일보』, 2006년 9월 1일, 21면.
17 배병우, 「1230만 명 관객 최다 '괴물'」, 『국민일보』, 2006년 9월 4일, 9면.
18 관객 1,000만을 넘어선 외국 영화는 단 하나로 할리우드 영화 〈아바타〉다. 2009년 12월 17일에 개봉한 〈아바타〉는 총 관객 1330만 2,637명으로 한국 영화를 포함한 모든 영화 중 관객 동원 수 1위를 기록하고 있다.
19 이후남, 「1000만 영화가 자꾸 나오면」, 『중앙일보』, 2013년 2월 21일.
20 강명구 외, 「좌담 인터넷 공간의 참여와 토론」, 『신문과 방송』, 제452호(2008년 8월), 23쪽.
21 강준만, 「7장 소용돌이: 쏠림의 축복과 저주」, 『한국인 코드: 한국인, 그들은 누구인가?』(인물과사상사, 2006), 153~171쪽.
22 조셉 칠더즈·게리 헨치 엮음, 황종연 옮김, 『현대문학·문화비평 용어사전』(문학동네, 1999), 81~82쪽.
23 Herbert J. Gans, 『Popular Culture & High Culture: An Analysis and Evaluation of Taste』, 2nd ed.(New York, Basic Books, 1999), pp. 75~76, 103.
24 허문영, 「씨네인터뷰: "할리우드의 세계지배욕, 나치즘식 발상"」, 『씨네 21』, 1999년 6월 29일, 41면.
25 벤야민 바르코프·슈테판 차이데니츠, 『유시민과 함께 읽는 유럽문화이야기 I: 영국·프랑스·독일편』(푸른나무, 1993/1998), 44~45쪽.
26 『조선일보』, 1993년 10월 4일.
27 프랭크 사넬로, 정회성 옮김, 『스티븐 스필버그』(한민사, 1997), 204쪽.

28 다카야마 스스무, 곽해선 옮김, 『할리우드 거대미디어의 세계전략』(중심, 2000/2001), 117~118쪽; 송금한, 「극장 데이트의 꽃 팝콘, 다 비우면 풋사랑처럼 허무하여라」, 『동아일보』, 2012년 10월 30일.
29 이경기, 「(삐따기 영화보기) 팝콘에는 극장 측 음모가 담겨 있다?」, 『주간한국』, 2012년 7월 16일. 공정거래위원회는 2008년 극장 내 외부 음식 반입을 허용하도록 주요 복합상영관에 시정조치를 내린 바 있지만, 외부 음식물 반입 허용을 영화관 측에서 적극적으로 홍보하지 않아 이 사실을 아는 이들은 많지 않다. 그러나 2013년 4월 CU(구 훼미리마트)가 영화관에 가면서 편의점에서 팝콘을 사서 가는 고객들이 증가하고 있다고 보고 자체 브랜드(PB) 상품인 '고소한치즈맛팝콘'을 출시한 것으로 보아 앞으로 달라질 가능성이 높다.
30 주창윤, 「텔레비전, 작가, 작가주의」, 『프로그램/텍스트』, 제4호(2001년), 9~28쪽; 김옥영, 「한국의 방송현실에서 작가주의란 가능한가?」, 『프로그램/텍스트』, 제4호(2001년), 29~48쪽; 양승혜, 「장인정신으로 독자적 세계 구축: 전문영역에서 일가 이룬 작가주의 PD들」, 『신문과 방송』, 제408호(2004년 12월), 89~97쪽.
31 김주환, 「텔레비전의 작가주의: 'TV 문학관'의 장기오를 중심으로」, 『프로그램/텍스트』, 제4호(2001년), 49~70쪽.
32 유병률, 「유튜브 '2조 대박男' 지금 허름한 사무실서…: (유병률의 체인지더월드) 유튜브 창업자 스티브 첸 단독인터뷰 (상)」, 『머니투데이』, 2012년 6월 28일.
33 스티브 첸·장리밍, 한민영 옮김, 『유튜브 이야기』(올림, 2011/2012), 139~141쪽.
34 간다 도시아키, 서금석 옮김, 『유튜브 혁명, UCC의 미래』(위즈나인, 2007), 187쪽.
35 스티브 첸·장리밍, 한민영 옮김, 『유튜브 이야기』(올림, 2011/2012), 250~251쪽.
36 김강석, 『미디어 대충돌: 한국 미디어의 권력이동』(노마드북스, 2007), 210쪽.
37 유재혁, 「유럽 달군 K팝 … 글로벌·유튜브·맞춤 전략으로 '대박'」, 『한국경제』, 2011년 6월 13일.
38 이선희, 「무료 서비스 유튜브, 싸이에겐 황금알 낳는 거위?: 클릭 한번에 1원 … 전 세계로 퍼지니 '수십억'!」, 『매일경제』, 2012년 9월 29일.
39 함창대, 「통합적 비디오마케팅: Search + Social = YouTube」, 『HS Ad』, 2012년 9~10월, 54~56쪽.
40 강병준, 「(미래를 만드는 사람들) 강학주 이투커뮤니케이션즈 대표」, 『전자신문』, 2012년 9월 28일.
41 장상진, 「유튜브에 재미 들린 북한, 오바마도 불태워」, 『조선일보』, 2013년 2월 21일.

7장 대중문화의 세계화
1 『최신경영학대사전』(보문각, 1978), 260쪽.
2 노순동, 「할리우드를 어찌하랴」, 『시사저널』, 1999년 5월 27일, 109면.
3 강한섭, 「문화에 경쟁력은 해당 없다」, 『Emerge 새천년』, 2000년 12월, 43~46쪽.

4 Osmo A. Wiio, 「Open and Closed Mass Media Systems and Problems of International Communication Policy」, 『Studies of Broadcasting』, 1977, p. 69; Donald P. Kommers and Gilburt D. Loescher, eds., 『Human Rights and American Foreign Policy』(Notre Dame, Indiana: University of Notre Dame Press, 1979), pp. 316~319.

5 이흥환, 「미국 전쟁영화의 내막: 펜타곤과 할리우드의 유착을 아십니까」, 『신동아』, 1999년 11월, 545~546쪽.

6 김세원, "'미 세계적 베스트셀러 할리우드 영화 덕분'", 『동아일보』, 1999년 4월 16일, A17면.

7 이혜운, 「미(美) 카네기연(研) "영어가 미국의 몰락 막을 것"」, 『조선일보』, 2009년 6월 11일.

8 William Leach, 『Land of Desire: Merchants, Power and the Rise of a New American Culture』(New York: Vintage Books, 1993), pp. 4~5.

9 니알 퍼거슨, 김일영·강규형 옮김, 『콜로서스: 아메리카 제국 흥망사』(21세기북스, 2004/2010), 11쪽.

10 원용진, 「광고 속 '젊은 리얼리즘'」, 『광고심의』, 2006년 1월, 76쪽.

11 앨리사 퀴트, 유병규·박태일 옮김, 『나이키는 왜 짝퉁을 낳았을까』(한국경제신문, 2003/2004), 14쪽.

12 박진희 외, 「[문화권력이 움직인다] 대중문화 분야별 소비층 분석 … '접속' 보던 여고생, 직장인 된 지금 '문화는 일상'」, 『이투데이』, 2013년 2월 1일.

13 양성희, 「40~50 세대를 잡아라 요즘 극장가 흥행 조건」, 『중앙일보』, 2013년 1월 18일.

14 박진희 외, 「[문화권력이 움직인다] 대중문화 분야별 소비층 분석 … '접속' 보던 여고생, 직장인 된 지금 '문화는 일상'」, 『이투데이』, 2013년 2월 1일.

15 Juliet B. Schor, 『Born to Buy』(New York: Scribner, 2004), pp. 19~25.

16 마이클 힐트·제러미 립슐츠, 홍명신 옮김, 『늙어가는 미국: 미디어, 노인, 베이비붐』(커뮤니케이션북스, 2005/2008), 105쪽.

17 김은영, 『예능은 힘이 세다: 예능이 대중문화를 지배할 수밖에 없는 25가지 이유』(에쎄, 2011), 25~26쪽.

18 김나라, 「아이돌에 열광하는 삼촌들」, 『조선일보』, 2009년 12월 16일.

19 김수아, 「걸그룹 전성시대에 당신이 상상하는 것들: 걸그룹의 성적 이미지 전략과 포섭된 남성 팬덤」, 이동연 엮음, 『아이돌: H.O.T.에서 소녀시대까지, 아이돌 문화보고서』(이매진, 2011), 218~237; 김성윤, 「'삼촌팬'의 탄생: 30대 남성 팬덤의 불/가능성에 관하여」, 이동연 엮음, 『아이돌: H.O.T.에서 소녀시대까지, 아이돌 문화보고서』(이매진, 2011), 238~269쪽.

20 김성윤, 「저 진짜 '빠순이' 아니거든요」, 『한겨레21』, 2010년 5월 28일(제812호).

21 이태무·박철현, "'내 꿈이 춤춘다' 걸그룹에 빠진 3040 삼촌부대, 경제력 등 앞세워 팬클럽 활동", 『한국일보』, 2009년 12월 1일.

22 김용희, 『기호는 힘이 세다: 기형도에서 왕가위까지』(청동거울, 1999), 98쪽.

23 장 보드리야르, 이상률 옮김, 『소비의 사회: 그 신화와 구조』(문예출판사, 1970/1991), 155쪽.
24 아브라함 몰르 엄광현 옮김, 『키치란 무엇인가?』(시각과언어, 1995), 9, 115쪽.
25 아브라함 몰르, 엄광현 옮김, 『키치란 무엇인가?』(시각과언어, 1995), 65쪽.
26 아브라함 몰르, 엄광현 옮김, 『키치란 무엇인가?』(시각과언어, 1995), 66쪽.
27 아브라함 몰르, 엄광현 옮김, 『키치란 무엇인가?』(시각과언어, 1995), 172~173쪽.
28 오창섭, 『디자인과 키치: 수용의 관점에서 디자인 보기』(토마토, 1997), 121쪽.
29 움베르토 에코, 조형준 옮김, 『스누피에게도 철학은 있다: 움베르토 에코의 대중문화 연구 1』(새물결, 1994).
30 이동연, 「키치」, 김성곤 외, 『21세기 문화 키워드 100』(한국출판마케팅연구소, 2003), 365~368쪽.
31 오창섭, 『디자인과 키치: 수용의 관점에서 디자인 보기』(토마토, 1997), 136쪽.
32 아브라함 몰르, 엄광현 옮김, 『키치란 무엇인가?』(시각과언어, 1995), 11쪽.
33 오창섭, 『디자인과 키치: 수용의 관점에서 디자인 보기』(토마토, 1997), 165~166쪽.
34 특별취재팀, 「문화적 상상력이 밥이다」, 『중앙일보』, 2013년 1월 2일.
35 손승혜, 「학술논문의 메타분석을 통해 본 한류 10년: 연구 경향과 그 정책적 함의에 대한 탐색적 연구」, 『언론과 사회』, 제17권4호(2009년 겨울), 122~153쪽.
36 백원담, 「한류의 방향타를 잡아라」, 『한겨레21』, 2004년 9월 23일, 58~59면.
37 백원담, 『동아시아의 문화선택 한류』(펜타그램, 2005), 332~333쪽.
38 김지하, 「한류!」, 『조선일보』, 2004년 12월 16일.
39 김지하·송종호, 「동아시아 생명·평화의 길 "붉은 악마"에게 달렸다: 한국예술종합학교 김지하 석좌교수」, 『(고대) 대학원신문』, 2005년 4월 5일, 1면.
40 이어령, 「인터뷰/문화석학 이어령의 한류 읽기: '개짱이'의 힘! 블루오션 한류 계속된다」, 『월간중앙』, 2006년 1월, 248~251쪽.
41 유상철 외, 『한류의 비밀』(생각의나무, 2005), 70쪽.
42 차길진, 「일본의 한류 열풍과 원인」, 『스포츠조선』, 2004년 7월 27일, 24면.
43 정해승, 『엔터테인먼트 경제학』(휴먼비즈니스, 2006), 89~90쪽.
44 정희진, 『페미니즘의 도전』(교양인, 2005), 23~24쪽.
45 류웅재, 「한류에 대한 오해」, 『경향신문』, 2007년 7월 6일; 류웅재, 「한국 문화연구의 정치경제학적 패러다임에 대한 모색: 한류의 혼종성 논의를 중심으로」, 『언론과 사회』, 제16권4호(2008년 겨울), 2~27쪽.
46 권석, 『아이디어는 엉덩이에서 나온다: 잘 마른 멸치 권석 PD의 방송일기 세상 읽기』(새녘, 2012), 211~212쪽.
47 신현준, 「K-pop의 문화정치(학): 월경(越境)하는 대중음악에 관한 하나의 사례연구」, 『언론과 사회』, 제13권3호(2005년 여름), 7~36쪽.
48 김현미, 「욕망의 동시성」, 『한겨레 21』, 제382호(2001년 10월 30일).
49 경향신문 특별취재팀, 『우리도 몰랐던 한국의 힘』(한스미디어, 2006), 17~20쪽.

50 「'배 아픈 건 못 참는' 도전적 평등주의」, 『경향신문』, 2005년 3월 14일.
51 이문행, 「한국 드라마의 국가 경쟁력에 대한 제작환경적 요인 분석: 다이아몬드 이론에 연계하여 살펴본 지상파 방송사의 수직통합 사례를 중심으로」, 『언론과학연구』, 제6권 2호(2006년 6월), 189~220쪽.
52 매일경제 한류본색 프로젝트팀, 『한류본색: 아시아를 넘어 세계로, 문화강국 코리아 프로젝트』(매일경제신문사, 2012), 93~95쪽.
53 신윤동욱, 「단기적 낙관, 장기적 비관: 전문가들이 보는 한류의 지속 가능성 … 문화적 다양성을 키울수록 미래는 밝다」, 『한겨레21』, 2004년 10월 21일, 70면.
54 한승동, 「김상배 교수 '한류' 희망적 진단: "한류는 동아시아 공유 사이버 문화/미국 문화의 대항담론 될 수 있다"」, 『한겨레』, 2007년 8월 17일.
55 안윤태·공희준, 『이수만 평전』(정보와사람, 2012), 787~791쪽; 매일경제 한류본색 프로젝트팀, 『한류본색: 아시아를 넘어 세계로, 문화강국 코리아 프로젝트』(매일경제신문사, 2012), 60~62쪽.
56 매일경제 한류본색 프로젝트팀, 『한류본색: 아시아를 넘어 세계로, 문화강국 코리아 프로젝트』(매일경제신문사, 2012), 242쪽.
57 황장석, 「'한류' … 한국문화 키워드 찬사와 비판 사이」, 『동아일보』, 2009년 1월 30일.
58 강준만, 『세계문화전쟁: 팍스 아메리카나와 글로벌 미디어』(인물과사상사, 2010).

8장 대중가요의 문법

1 김종화, 「"온라인 음악시장 어디로 가나"」, 『미디어오늘』, 2005년 1월 5일, 6면.
2 문향란, 「'공짜 음악파일' 블로그 올리면 불법」, 『한국일보』, 2005년 1월 15일, 6면.
3 이승형, 「가수들 이익단체 국내 최초 결성」, 『문화일보』, 2005년 6월 13일, 2면.
4 김남중, 「"인터넷·MP3 … 음원 이용 느는데 정작 가수는 정당한 대가 못 받아"」, 『국민일보』, 2005년 6월 14일, 21면.
5 임진모, 「"내 노래는 성장의 그늘에 짓눌린 이들에게 카타르시스를 선물했다": 32년간 트로트의 현장을 지킨 '애모'의 가수 김수희」, 『월간조선』, 2005년 10월, 396~409쪽.
6 이로사, 「음원 유통업계 '배불러~' 가수·제작자 '왜 불러~'」, 『경향신문』, 2008년 1월 22일.
7 김은영, 『예능은 힘이 세다: 예능이 대중문화를 지배할 수밖에 없는 25가지 이유』(에쎄, 2011), 24~25쪽.
8 정지섭, 「합치고 나누고 … 아이돌, 생존의 바다에 뛰어들다」, 『조선일보』, 2013년 2월 7일.
9 송화선, 「한 곡 팔려도 수입 2원 미만 … "나는 '배고픈' 가수다": '나는 가수다' 통해 본 디지털 음원 수익 분배 실태」, 『신동아』, 제622호(2011년 7월), 406~413쪽.
10 서정민, 「욕먹어도 … 음원 덤핑 정액제 폐지!」, 『한겨레』, 2012년 4월 4일.
11 서정민, 「욕먹어도 … 음원 덤핑 정액제 폐지!」, 『한겨레』, 2012년 4월 4일.

12 서정민, 「"음원값 후려치기 못 참겠다" … 음악인들, 사상 첫 집단행동」, 『한겨레』, 2012년 7월 11일.
13 박현민, 「(결정적한방) K-POP 가수들, 해외로 등 떠밀리는 이유 '결국 돈 때문?'」, 『enews24』, 2012년 10월 24일.
14 김작가, 「"뮤지션 구박하는데 음악이 먹히겠나 대중이 달라져야 아티스트 시대 온다": 『인터뷰①』 8년 만에 재즈 앨범으로 돌아온 신해철을 만나다」, 『오마이뉴스』, 2007년 2월 20일.
15 Todd Gitlin, 『Inside Prime Time』(New York: Pantheon Books, 1983), p. 335.
16 「McGrath, Judy」, 『Current Biography』, 66:2(February 2005), p. 39.
17 이동연, 「펑크의 죽음과 MTV의 탄생」, 정희준·서현석 외, 『미국 신보수주의와 대중문화 읽기: 람보에서 마이클 조던까지』(책세상, 2007), 156쪽.
18 서동진, 『록 젊음의 반란』(세길, 1993), 248쪽.
19 마크 턴게이트, 강형심 옮김, 『세계를 지배하는 미디어 브랜드』(프리윌, 2007), 96쪽.
20 김선걸·이승훈·강계만, 「두 번의 궤도 이탈 끝에 쓴 K-POP 신화: 이수만 SM엔터테인먼트 회장」, 『위대한 결단의 순간: 인생의 갈림길에서 후회 없이 도약하라』(와이즈베리, 2012), 145~146쪽; 허엽, 「(쇼비즈 누가 움직이나) SM 이수만 대주주 "中시장 공략에 총력"」, 『동아일보』, 2001년 8월 21일.
21 안윤태·공희준, 『이수만 평전』(정보와사람, 2012), 137쪽.
22 배국남, 「(진화하는 연예기획사) 인기는 돈이요, 스타는 힘이다 … 스타 영입 '몸집 불리기' 경쟁」, 『이투데이』, 2012년 11월 23일.
23 이성원, 「(경제프리즘) 이수만·양현석 2000억대 주식부자로」, 『서울신문』, 2012년 8월 28일.
24 권석, 『아이디어는 엉덩이에서 나온다: 잘 마른 멸치 권석 PD의 방송일기 세상 읽기』(새녘, 2012), 110~112쪽; 김학선, 『K·POP 세계를 흘리다』(을유문화사, 2012), 33~38쪽.
25 이정혁·백지은, 「(WHY?) 'K팝스타' 양현석-박진영-보아 갈등, 왜? 태생부터 다른 SM-JYP-YG」, 『스포츠조선』, 2011년 12월 20일.
26 강수진, 「프랑스 '르 몽드' '르 피가로', 한류 집중 소개!」, 『경향신문』, 2012년 6월 10일.
27 강수진, 「아이돌에게 '오늘'이 있기까지 … '스파르타식 훈련' 어느 정도」, 『경향신문』, 2011년 2월 23일.
28 이은정, 「'아이돌 금지령' … 사생활 관리냐 인권침해냐」, 『연합뉴스』, 2013년 1월 22일.
29 이동연, 「아이돌 팝이란 무엇인가: 징후적 독해」, 이동연 엮음, 『아이돌: H.O.T.에서 소녀시대까지, 아이돌 문화보고서』(이매진, 2011), 34~35쪽; 권경우, 「환상 속에 아이돌이 있다: 신자유주의와 아이돌의 성공 이데올로기」, 이동연 엮음, 『아이돌: H.O.T.에서 소녀시대까지, 아이돌 문화보고서』(이매진, 2011), 303쪽.
30 강수진, 「아이돌에게 '오늘'이 있기까지 … '스파르타식 훈련' 어느 정도」, 『경향신문』, 2011년 2월 23일.
31 김광해, 「일제 강점기의 대중가요에 대한 계량언어학적 연구: 유성기 음반 채록본을 중심

으로」, 『한국어 의미학』 제3호(1998), 197~215쪽.
32 최상진·조윤동·박정열, 「대중가요 가사분석을 통한 한국인의 정서 탐색: 해방 이후부터 1996년까지의 가요를 대상으로」, 『한국심리학회지』, 20:1(2001), 41~66쪽.
33 이지연·신수진, 「한국 대중가요에 나타난 낭만적 사랑」, 『한국가족관계학회지』, 제9권 1호(2004), 25~55쪽.
34 권석, 『아이디어는 엉덩이에서 나온다: 잘 마른 멸치 권석 PD의 방송일기 세상 읽기』(새녘, 2012), 271~272쪽.
35 김난도 외, 『트렌드 코리아 2011』(미래의창, 2010), 120쪽.
36 김작가, 「[심층취재] 인디 뮤지션의 세계」, 『신동아』, 2011년 4월호.
37 한봄시내, 「'인디'가 뭐냐고 묻는 당신에게…」, 『연세대학원신문』, 2004년 9월 10일, 5면.
38 성기완, 「인디문화를 다시 생각해본다」, 『연세대학원신문』, 2004년 9월 10일, 5면.
39 이안 핼퍼린·맥스 윌레스, 이수영 옮김, 『커트 코베인: 지워지지 않는 너바나의 전설』(미다스북스, 2002), 74쪽.
40 김작가, 「[심층취재] 인디 뮤지션의 세계」, 『신동아』, 2011년 4월호.
41 이영표, 「인디가 살아야 음반시장 '파이' 커진다: 산업으로 본 인디음악 10년」, 『서울신문』, 2005년 8월 9일, 11면.
42 김작가, 「[심층취재] 인디 뮤지션의 세계」, 『신동아』, 2011년 4월호.
43 서정민, 「예술인들 '누가 누가 더 당했나'」, 『한겨레』, 2012년 10월 24일.
44 강헌, 「음악평론가 강헌의 대중음악 산책 〈55〉 지금 다시 문제는 인디(indie)다: 클럽은 클럽이며 인디는 인디다」, 『국제신문』, 2012년 5월 2일.
45 이현미, 「국내 인디 음악의 역사」, 『세계일보』, 2012년 9월 27일.
46 이해리, 「한국영화 100,000,000명 시대, 그러나…」, 『스포츠동아』, 2012년 11월 21일.
47 김미리, 「정재은 감독 "독립영화, 배급지원이 더 시급해"」, 『마이데일리』, 2012년 12월 27일.
48 채희상, 「독립영화 네트워크 활성화를 위한 소고」, 서강대 언론문화연구소, 『언론문화연구』, 제19집(2012), 139~141쪽.
49 배한철 외, 「"멀티플렉스 1개관이라도 독립영화 꾸준히 상영을": 잘나가는 영화 2편이 스크린 74퍼센트 독과점」, 『매일경제』, 2013년 2월 6일.

9장 엔터테인먼트의 힘

1 문강형준, 『혁명은 TV에 나오지 않는다: '무한도전'에서 '나꼼수'까지, 한국 대중문화의 안과 밖』(이매진, 2012), 34쪽.
2 최윤식·정우석, 『10년 전쟁: 누가 비즈니스 패권을 차지할 것인가』(알키, 2011), 168~169쪽.
3 페이스 팝콘·리스 마리골드, 조은정·김영신 옮김, 『클릭! 미래 속으로』(21세기북스, 1999), 109쪽.
4 한스 피터 마르틴·하랄드 슈만, 『세계화의 덫: 민주주의와 삶의 질에 대한 공격』(영림카디

널, 1997), 27쪽; 요아나 브라이덴바흐 · 이나 추크리글, 인성기 옮김, 『춤추는 문화: 세계화 시대의 문화적 다원화』(영림카디널, 1998/2003), 13쪽.
5 제러미 리프킨, 이희재 옮김, 『소유의 종말』(민음사, 2001), 237쪽.
6 다카야마 스스무, 곽해선 옮김, 『할리우드 거대미디어의 세계전략』(중심, 2001), 36~37쪽.
7 조동성 · 김보영, 『21세기 뉴 르네상스 시대의 디자인 혁명』(한스미디어, 2006), 160~161쪽; 다카야마 스스무, 곽해선 옮김, 『할리우드 거대미디어의 세계전략』(중심, 2001), 37쪽.
8 P. 윌리엄 베인 외, 「통신, 컴퓨팅과 오락산업의 수렴」, 스테펀 P. 브래들리 · 리처드 L. 놀란 공편, 『네트워크 시대의 생존전략』(미디어퓨전, 1998), 43~76; 마이클 울프, 이기문 옮김, 『오락의 경제: 상품을 팔 것이 아니라 엔터테인먼트를 팔아라』(리치북스, 1999), 224~225쪽.
9 설원태, 「"그들은 타고난 디지털 사용자들": 해외 젊은이들의 미디어 이용」, 『신문과 방송』, 제451호(2008년 7월), 40쪽.
10 다비트 보스하르트, 박종대 옮김, 『소비의 미래: 21세기 시장 트렌드』(생각의나무, 2001), 202쪽.
11 강준만, 『한국인을 위한 교양사전』(인물과사상사, 2004), 137쪽.
12 해미쉬 프링글 · 마조리 톰슨, 김민주 · 송희령 옮김, 『공익마케팅: 영혼이 있는 브랜드 만들기』(미래의창, 2003), 75~76쪽.
13 홍규덕, 「[미국을 다시본다] (6)소프트 파워 전략」, 『한국일보』, 2002년 4월 23일, 9면.
14 즈비뉴 브레진스키, 김명섭 옮김, 『거대한 체스판: 21세기 미국의 세계전략과 유라시아』(삼인, 2000).
15 헨리 지루, 성기완 옮김, 『디즈니 순수함과 거짓말』(아침이슬, 2001), 37쪽.
16 나오미 클라인, 정현경 · 김효명 옮김, 『NO LOGO: 브랜드 파워의 진실』(중앙M&B, 2000/2002), 153쪽.
17 Lane Crothers, 『Globalization & American Popular Culture』, 2nd ed.(New York: Rowman & Littlefield, 2010), p. 5.
18 특별취재팀, 「[비틀거리는 동구] 3. 문화정체성 상실」, 『중앙일보』, 1999년 10월 4일, 10면.
19 특별취재팀, 「[비틀거리는 동구] 3. 문화정체성 상실」, 『중앙일보』, 1999년 10월 4일, 10면.
20 김민아, 「세계를 울린 '황제' 부활 … 식지 않는 마이클 잭슨 추모열기」, 『경향신문』, 2009년 7월 4일; 임진모, 「마이클 잭슨의 '문 워크' 따라해보지 않은 청춘 있을까」, 『중앙일보』, 2009년 6월 27일; 최승현, 「마이클 잭슨 1958~2009: 팝으로… 스캔들로… 세계 대중문화 들썩인 '아이콘'」, 『조선일보』, 2009년 6월 27일.
21 제러미 리프킨, 이희재 옮김, 『소유의 종말』(민음사, 2001), 207쪽.
22 수전 손택 · 유경선 역, 『사진이야기』(해뜸, 1986/1992); 롤랑 바르트 · 수전 손택, 송숙자 옮김, 『사진론』(현대미학사, 1994); 수전 손택, 김안례 옮김, 『플라톤의 동굴에서」, 『시각과 언어 1: 산업사회와 미술』(열화당, 1982, 1991), 193~229쪽.
23 박성민 · 강양구, 『정치의 몰락: 보수 시대의 종언과 새로운 권력의 탄생』(민음사, 2012),

42쪽.
24 이승훈, 「"이번 대선에서 '김두관 현상' 생길 것": (2012 전략가의 선택 ①) 김두관과 한 배 탄 민병두 민주당 의원」, 『오마이뉴스』, 2012년 6월 15일.
25 이승훈·남소연, 「"저녁이 있는 삶을 원하나요? 그럼 이 사람…": (2012 전략가의 선택 ②) 두 번째 '손학규 대통령' 만들기 나선 조직실 의원」, 『오마이뉴스』, 2012년 6월 21일.
26 이승훈·남소연, 「"노무현보다 더 스토리 많은 사람이 문재인": (전략가의 선택 ③) 문재인의 비서실장 윤후덕 의원」, 『오마이뉴스』, 2012년 7월 1일.
27 Richard J. Harris, 이창근·김광수 역, 『매스미디어 심리학』(나남, 1991), 53~54쪽.
28 최혜실, 「'이야기'는 왜 '이야기하기'가 되었나?」, 『LG Ad』, 2007년 3·4월, 8~10쪽; 한윤정, 「최혜실교수 연구서 잇단 발간… '디지털 시대의 스토리텔링'」, 『경향신문』, 2007년 8월 20일.
29 구둘래, 「내게 디테일하게 얘기를 해봐」, 『한겨레21』, 제722호(2008년 8월 4일).
30 정임수, 「화·통 마케팅… 기업들 '스토리텔링' 바람」, 『동아일보』, 2008년 5월 24일.
31 한윤정, 「최혜실교수 연구서 잇단 발간 … '디지털 시대의 스토리텔링'」, 『경향신문』, 2007년 8월 20일; 알 리스·로라 리스, 『마케팅 반란』(청림출판, 2003), 160쪽.
32 박정현, 「'스토리 문화'를 창조하는 5가지 전략」, 『LG Ad』, 2007년 3·4월, 11~15쪽.
33 김청연, 「스토리텔링 수학 시대? 지레 겁먹지 마요」, 『한겨레』, 2013년 2월 5일.
34 장 보드리야르, 이상률 옮김, 『소비의 사회: 그 신화와 구조』(문예출판사, 1991); 이진경, 「1강 근대 이후의 근대, 혹은 포스트모던 어드벤처」, 이진경 편저, 『문화정치학의 영토들: 현대문화론 강의』(그린비, 2007), 15~56쪽.
35 제레미 리프킨, 이희재 옮김, 『소유의 종말』(민음사, 2001); 빌 브라이슨, 권상미 옮김, 『빌 브라이슨 발칙한 미국 횡단기: 세계에서 가장 황당한 미국 소도시 여행기』(21세기북스, 2009); Russell Jacoby, 『The Last Intellectuals: American Culture in the Age of Academe』(New York: Basic Books, 1987), pp. 45~47; 앨런 브링클리, 황혜성 외 공역, 『미국인의 역사(전 3권)』(비봉출판사, 1998).
36 장 보드리야르, 이상률 옮김, 『소비의 사회: 그 신화와 구조』(문예출판사, 1991), 91쪽.
37 더글라스 러쉬코프, 홍욱희 옮김, 『당신의 지갑이 텅 빈 데는 이유가 있다: 디지털 시대에도 예외가 아닌 대기업의 교묘한 마케팅 전략』(중앙M&B, 2000), 128~129쪽에서 재인용.
38 더글라스 러쉬코프, 홍욱희 옮김, 『당신의 지갑이 텅 빈 데는 이유가 있다: 디지털 시대에도 예외가 아닌 대기업의 교묘한 마케팅 전략』(중앙M&B, 2000), 144~145쪽; 제임스 B. 트위첼, 최기철 옮김, 『럭셔리 신드롬: 사치의 대중화, 소비의 마지막 선택』(미래의창, 2003), 351쪽.
39 더글라스 러쉬코프, 홍욱희 옮김, 『당신의 지갑이 텅 빈 데는 이유가 있다: 디지털 시대에도 예외가 아닌 대기업의 교묘한 마케팅 전략』(중앙M&B, 2000), 146~155쪽.
40 더글라스 러쉬코프, 홍욱희 옮김, 『당신의 지갑이 텅 빈 데는 이유가 있다: 디지털 시대에도 예외가 아닌 대기업의 교묘한 마케팅 전략』(중앙M&B, 2000), 133쪽; 제임스 B. 트위

첼, 최기철 옮김, 『럭셔리 신드롬: 사치의 대중화, 소비의 마지막 선택』(미래의창, 2003), 191쪽.
41 다비트 보스하르트, 박종대 옮김, 『소비의 미래: 21세기 시장 트렌드』(생각의나무, 2001), 405쪽.
42 Paco Underhill, 『Call of the Mall』(New York: Simon & Schuster, 2004), pp. 85~89; 제러미 리프킨, 이희재 옮김, 『소유의 종말』(민음사, 2001), 228쪽; 마이클 J. 실버스타인 · 닐 피스크, 보스턴컨설팅그룹 옮김, 『트레이딩 업: 소비의 새물결』(세종서적, 2005), 62~63쪽; 존 피스크, 박만준 옮김, 『대중문화의 이해』(경문사, 1989/2002), 55쪽.
43 오윤희, 「몰링하러 몰린다」, 『조선일보』, 2012년 11월 15일.

10장 미디어 테크놀로지의 문법

1 이강수, 『한국대중문화론』(법문사, 1987), 179쪽.
2 데이비드 크로토 · 윌리엄 호인스, 전석호 옮김, 『미디어 소사이어티: 산업 · 이미지 · 수용자』(사계절, 2000/2001), 330쪽.
3 홍성태, 『사이버사회의 문화와 정치』(문화과학사, 2000), 112쪽.
4 Marjorie Ferguson, 「Marshall McLuhan Revisited:1960s Zeitgeist Victim or Pioneer Postmodernist?」, 『Media,Culture and Society』, 13(1991), p. 76.
5 John M. Culkin, 「A Schoolman's Guide to Marshall McLuhan」, 『Saturday Review』, March 18, 1967, p. 51.
6 James W. Carey, 「Harold Adams Innis and Marshall McLuhan」, Raymond Rosenthal, ed.,『McLuhan: Pro & Con』(New York: Funk & Wagnalls, 1968), p. 302.
7 Daniel J. Czitrom, 『Media and the American Mind: From Morse to McLuhan』(Chapel Hill: University of North Carolina Press, 1982), p. 177.
8 Samuel L. Becker, 「Presidential Power: The Influence of Broadcasting」, 『Quarterly Journal of Speech』, 47(February 1961), pp. 10~18; Peter E. Kane, 「Evaluating the "Great Debates"」, 『Western Speech』, 30(Spring 1966), pp. 89~96; Joe McGinniss, 『The Selling of the President 1968』(New York: Pocket Books, 1969).
9 케네스 데이비스, 이순호 옮김, 『미국에 대해 알아야 할 모든 것, 미국사』(책과함께, 2003/2004), 490~491쪽.
10 Richard Kostelanetz, 「Marshall McLuhan: High Priest of the Electronic Village」, Thomas H. Ohlgren and Lynn M. Berk, eds., 『The New Languages: A Rhetorical Approach to the Mass Media and Popular Culture』(Englewood Cliffs, N. J.: Prentice-Hall, 1977), pp. 16~17.
11 Richard Kostelanetz, 「Marshall McLuhan: High Priest of the Electronic Village」,

Thomas H. Ohlgren and Lynn M. Berk, eds., 『The New Languages: A Rhetorical Approach to the Mass Media and Popular Culture』(Englewood Cliffs, N. J.: Prentice-Hall, 1977), p. 21.

12 마셜 매클루언, 박정규 옮김, 『미디어의 이해: 인간의 확장』(커뮤니케이션북스, 1964/1997), 455쪽.
13 마셜 매클루언 · 쿠엔틴 피오르, 김진홍 옮김, 『미디어는 맛사지다』(열화당, 1988), 125쪽.
14 마셜 매클루언, 박정규 옮김, 『미디어의 이해: 인간의 확장』(커뮤니케이션북스, 1964/1997), 54쪽.
15 마셜 매클루언, 박정규 옮김, 『미디어의 이해: 인간의 확장』(커뮤니케이션북스, 1964/1997), 468쪽.
16 Marshall McLuhan, 『Understanding Media: The Extensions of Man』(New York: McGraw-Hill, 1964/1965), pp. 330~331.
17 안해익, 「'비빔밥 정신'」, 『CHEIL COMMUNICATIONS』, 2007년 11월, 67쪽.
18 김희평, 「비빔밥 이벤트」, 『문화일보』, 2006년 10월 13일, 30면.
19 최재천, 「'비빔밥 정신'이 21세기 이끈다」, 『조선일보』, 2006년 11월 23일, A34면.
20 김택환, 『웹2.0시대의 미디어경영학』(중앙북스, 2008), 38~39, 183~188쪽.
21 이동연, 『게임의 문화코드』(이매진, 2010), 46쪽.
22 이은주, 「당신이 문화를 만드는 시대가 왔다」, 『중앙일보』, 2008년 3월 29일.
23 헨리 젠킨스, 김정희원 · 김동신 옮김, 『컨버전스 컬처』(비즈앤비즈, 2006/2008), 33~34쪽.
24 헨리 젠킨스, 김정희원 · 김동신 옮김, 『컨버전스 컬처』(비즈앤비즈, 2006/2008), 35~36쪽.
25 헨리 젠킨스, 김정희원 · 김동신 옮김, 『컨버전스 컬처』(비즈앤비즈, 2006/2008), 159쪽.
26 강명석 · 양홍주, 「애플의 마법에 'I'들 팍 꽂혔다: 아이팟! 작지만 큰 문화혁명」, 『한국일보』, 2008년 9월 9일.
27 조형래, 「"부가가치 높은 게임 산업을 전략 수출품으로 육성해야": 한국게임산업협회장 권준모 인터뷰」, 『조선일보』, 2008년 9월 19일.
28 데이비드 메히건, 「멀티미디어 동물」, 이구형 옮김, 『네그로폰테이다』(커뮤니케이션북스, 1997), 60쪽.
29 존 네이스비트, 정성호 옮김, 『글로벌 패러독스』(세계일보, 1994), 145~146쪽.
30 존 네이스비트, 손병두 감역/안진환 옮김, 『하이테크 하이터치』(한국경제신문, 2000), 9~10쪽.
31 존 네이스비트, 손병두 감역/안진환 옮김, 『하이테크 하이터치』(한국경제신문, 2000), 32~33쪽.
32 Michael Parenti, 『Land of Idols: Political Mythology in America』(New York: St. Martin's Press, 1994), p. 17.
33 존 네이스비트, 손병두 감역/안진환 옮김, 『하이테크 하이터치』(한국경제신문, 2000), 75쪽.
34 존 드 그라프 · 데이비드 왠 · 토마스 네일러, 박웅희 옮김, 『어플루엔자: 풍요의 시대, 소

비중독 바이러스』(한숲, 2002), 28~29쪽.
35 김난도 외, 『트렌드코리아 2013』(미래의창, 2012), 94~100쪽.
36 문강형준, 「감각의 제국」, 『한겨레』, 2012년 2월 25일.
37 이어령, 『디지로그: 한국인이 이끄는 첨단정보사회, 그 미래를 읽는 키워드』(생각의나무, 2006), 119, 151, 158쪽.

11장 대중문화로서의 광고

1 존 A. 워커, 정진국 옮김, 『대중매체시대의 예술』(열화당, 1983/1987), 39쪽.
2 조 킨첼로, 성기완 옮김, 『맥도날드와 문화권력: 버거의 상징』(아침이슬, 2004), 77~78쪽.
3 에번 I. 슈워츠, 고주미·강병태 옮김, 『웹경제학: 인터넷시장을 지배하는 9가지 법칙』(세종서적, 1997/1999), 203~204쪽.
4 장 보드리야르, 이상률 옮김, 『소비의 사회:그 신화와 구조』(문예출판사, 1991), 229쪽.
5 김남중, 「상품이 아니라 희망을 광고」, 『중앙일보』, 1998년 2월 18일, 26면.
6 유윤정, 「한화생명 광고모델 김태희 몸값 '김연아 뺨치네'」, 『조선일보』, 2012년 12월 21일.
7 안샛별, 「CF 수입 1위 김연아 등극 … 상반기에만 100억 원 추정」, 『뉴스웨이』, 2012년 7월 4일.
8 어네스트 반 덴 하그, 「대중문화에 대한 희망과 절망」, 강현두 엮음, 『대중문화론』(나남, 1989), 83쪽.
9 김상훈, 「통합마케팅 커뮤니케이션 전략(IMC)에서 더욱 중요한 PPL」, 『MBC ADCOM』, 2005년 7·8월, 45쪽.
10 장미경, 「미(美) TV 광고 '울상' : 인터넷 뜨고 젊은 시청자 떠나고…」, 『동아일보』, 2005년 6월 16일, A2면; 김재영, 「미-유럽도 TV간접광고 몸살」, 『동아일보』, 2005년 10월 5일, A21면.
11 김동준, 「미국·일본 간접광고 허용 … 영국 금지: 각국의 간접광고 규제 동향」, 『PD저널』, 2006년 12월 6일, 3면.
12 「"막아도 막아도 바이러스처럼 번져": 미국·유럽 방송 간접광고 파문 확산」, 『중앙일보』, 2005년 10월 8일, 27면; 로버트 매리치, 김상훈·안성아 옮김, 『영화마케팅 바이블』(북코리아, 2005/2009), 134쪽.
13 김상훈, 「통합마케팅 커뮤니케이션 전략(IMC)에서 더욱 중요한 PPL」, 『MBC ADCOM』, 2005년 7·8월, 45쪽; 나카무라 히로시, 「마케팅을 변화시킨 디지털 환경」, 『CHEIL COMMUNICATIONS』, 2005년 12월, 31~32쪽; 김충현, 「진화하는 PPL, 어디까지 갈 것인가?」, 『DAEHONG COMMUNICATIONS』, 2007년 11·12월, 50~53쪽.
14 조영신, 「PPL(Product Placement)에 대한 소고」, 『방송동향과 분석』, 통권 240호(2006년 9월 30일), 63쪽.
15 박지희, 「뉴스 프로 중간에 맥도날드 컵 '불쑥'」, 『경향신문』, 2008년 7월 24일.

16 로버트 맥체스니, 오창호·최현철 옮김, 『미디어정책 개혁론』(나남, 2004/2009), 250쪽.
17 로버트 맥체스니, 오창호·최현철 옮김, 『미디어정책 개혁론』(나남, 2004/2009), 253쪽.
18 로버트 맥체스니, 오창호·최현철 옮김, 『미디어정책 개혁론』(나남, 2004/2009), 241, 282~283쪽; 나오미 클라인, 정현경·김효명 옮김, 『NO LOGO: 브랜드 파워의 진실』(중앙M&B, 2000/2002), 32쪽.
19 정은경, 「요즘 TV는 SHOW '천지'」, 『미디어오늘』, 2007년 4월 25일, 13면.
20 최광호, 「'간접광고' 약인가 독인가?」, 『KBS 뉴스』, 2012년 9월 22일.
21 조재희, 「다운받아 드라마 보는 시대, 간접광고 중요성 커져」, 『조선일보』, 2013년 2월 25일.
22 최광호, 「'간접광고' 약인가 독인가?」, 『KBS 뉴스』, 2012년 9월 22일.
23 권순택, 「방통심의위 "'차칸'·'강마루', 협찬사 간접광고 해당"」, 『미디어스』, 2012년 10월 11일.
24 김환표, 『드라마, 한국을 말하다』(인물과사상사, 2012), 414쪽.
25 이현미, 「개콘, 코미디 첫 간접광고 독될까 약될까」, 『세계일보』, 2012년 11월 7일.
26 김세옥, 「MBC '위대한 탄생'·KBS '개그콘서트' 간접광고 최다」, 『PD 저널』, 2012년 10월 15일.
27 성석제, 「비주얼 폭력, 간판의 숲」, 『중앙일보』, 2005년 7월 2일, 30면.
28 조한필, 「간판 막 나가네!: 오르가즘 쎄일·꼴통·똥값…」, 『매일경제』, 2005년 7월 2일, A26면.
29 조현용, 『우리말 깨달음 사전』(하늘연못, 2005), 137~138쪽.
30 윌리엄 번스타인, 김현구 옮김, 『부의 탄생』(시아출판사, 2004/2005), 462~464쪽.

12장 소비문화와 대중문화의 결합

1 김진경, 『미래로부터의 반란: 김진경 교육에세이』(푸른숲, 2005), 12~14, 43쪽.
2 Susan Linn, 『Consuming Kids: The Hostile Takeover of Childhood』(New York: The New Press, 2004), pp. 186~187; 수전 린, 김승욱 옮김, 『TV 광고 아이들』(들녘, 2006), 266~268쪽.
3 James B. Twitchell, 『Shopping for God: How Christianity Went From In Your Heart to In Your Face』(New York: Simon & Schuster, 2007), pp. 77~78.
4 로버트 라이시, 오성호 옮김, 『부유한 노예』(김영사, 2000/2001), 274쪽.
5 윤경희, 「관계의 차별화로 승부하라: 할리데이비슨」, 『MBC ADCOM』, 2005년 5·6월, 46~49쪽; 김민경, 「두 바퀴로 즐기는 '낭만과 스릴'」, 『주간동아』, 2005년 9월 6일, 38면.
6 James B. Twitchell, 『Branded Nation: The Marketing of Megachurch, College Inc., and Museumworld』(New York: Simon & Schuster, 2004), p. 21.
7 Benjamin R. Barber, 『Consumed: How Markets Corrupt Children, Infantilize Adults, And Swallow Citizens Whole』(New York: W. W. Norton & Co., 2007), pp.

197~198.

8 나오미 클라인, 정현경·김효명 옮김, 『NO LOGO: 브랜드 파워의 진실』(중앙M&B, 2000/2002), 41쪽; 강준만, 『한국인을 위한 교양사전』(인물과사상사, 2004), 601~602쪽.
9 「Klein, Naomi」, 『Current Biography』, 64:8(August 2003), p. 60.
10 월리 올린스, 박미영 옮김, 『브랜드: 세상을 파고든 유혹의 기술』(세미콜론, 2003/2006), 11, 211, 236쪽.
11 「Klein, Naomi」, 『Current Biography』, 64:8(August 2003), p. 63.
12 리처드 코니프, 이상근 옮김, 『부자』(까치, 2003), 218쪽.
13 제임스 B. 트위첼, 최기철 옮김, 『럭셔리 신드롬: 사치의 대중화, 소비의 마지막 선택』(미래의창, 2003), 67쪽.
14 김광현, 『기호인가 기만인가: 한국 대중문화의 가면』(열린책들, 2000), 217쪽.
15 존 리겟, 이영식 옮김, 『얼굴 문화, 그 예술적 위장』(보고싶은책, 1997), 97쪽.
16 낸시 에트코프, 이기문 옮김, 『미(美): 가장 예쁜 유전자만 살아남는다』(살림, 2000), 260쪽.
17 제임스 B. 트위첼, 최기철 옮김, 『럭셔리 신드롬: 사치의 대중화, 소비의 마지막 선택』(미래의창, 2003), 15~16쪽.
18 제임스 B. 트위첼, 최기철 옮김, 『럭셔리 신드롬: 사치의 대중화, 소비의 마지막 선택』(미래의창, 2003), 158~159쪽.
19 조풍연, 「'노노스' 제품 잘 팔린다」, 『세계일보』, 2005년 2월 19일, A18면.
20 이지은, 「'마이카'는 BMW 재테크는 해외펀드, 여행은 몰다이브로: '귀족마케팅' 전문가들이 들려주는 '강남 부자' 라이프스타일」, 『신동아』, 2004년 10월, 246~255쪽.
21 「신간소개: 부자들의 여행지 발간」, 『매일경제』, 2006년 8월 21일, B8면.
22 이철현, 「아무나 못 넘보는 '그들만의 천국'」, 『시사저널』, 2005년 4월 12일, 72~73면; 황성혜, 「요즘 뜨는 신명품족을 아십니까?」, 『주간조선』, 2005년 6월 20일, 64~67면.
23 김경두, 「세계에 소문난 '명품 봉' 한국」, 『서울신문』, 2004년 9월 21일, 18면.
24 성초롱, 「명품업체들 유독 한국서만 값 올리는 이유는」, 『파이낸셜뉴스』, 2013년 2월 2일.
25 배명복, 「[분수대] 가진 물건이 명품이면 사람도 명품인가」, 『중앙일보』, 2013년 1월 5일.
26 앨빈 토플러, 이상백 옮김, 「제20장 프로슈머의 출현」, 『제3의 충격파』(홍신문화사, 1981), 315~341쪽.
27 백욱인, 「프로슈머」, 김성곤 외, 『21세기 문화 키워드 100』(한국출판마케팅연구소, 2003), 391~393쪽.
28 강경흠, 「'프로슈머 마케팅을 아시나요'」, 『내일신문』, 2005년 10월 18일, 15면.
29 김태훈, 「디카로 찍은 내 얼굴이 소설 주인공: 디지털 문화혁명 … 인터넷 댓글시·팬픽」, 『조선일보』, 2006년 2월 6일, A21면; 강수진, 「동방신기 '팬픽 공모전' 연다, 팬문화 긍정 방향 유도…」, 『경향신문』, 2006년 2월 3일.
30 안수찬, 「진화하는 '집단 지성' 국가 권력에 '맞장'」, 『한겨레』, 2008년 6월 19일.
31 문권모, 「공짜경제가 몰려온다 … 시장이 흔들린다」, 『동아일보』, 2008년 9월 20일.

32 고찬유, 「소비자는 진화한다: 컨슈머→프로슈머→크리슈머」, 『한국일보』, 2007년 6월 22일.
33 정한국, 「남과 똑같은 건 못 참아! 큐레이슈머(Curator+Consumer)를 만족시켜라」, 『조선일보』, 2012년 4월 23일.
34 홀름 프리베·사샤 로보, 두행숙 옮김, 『디지털 보헤미안: 창조의 시대를 여는 자』(크리에디트, 2007), 268~269쪽.
35 최항섭, 「인터넷 시대의 새로운 경제권력, 프로슈머」, 김상배 엮음, 『인터넷권력의 해부』(한울, 2008), 229~231쪽.
36 김덕한, 「'시''분' 전성시대」, 『조선일보』, 2012년 6월 16일.
37 임철순, 「참 이상한 접객어」, 『자유칼럼그룹』, 2011년 10월 14일.
38 「〔사설〕"주문하신 커피 나오셨습니다"」, 『중앙일보』, 2012년 3월 15일.
39 안토니오 네그리·마이클 하트, 윤수종 옮김, 『제국』(이학사, 2001), 385쪽.
40 박홍주, 「감정노동, 여성의 눈으로 다시 보기」, 『월간 인물과 사상』, 2006년 11월, 85쪽.
41 강내희, 「백화점과 노동의 연예화」, 『공간, 육체, 권력』(문화과학사, 1995), 141~157쪽.
42 Alan Bryman, 『The Disneyization of Society』(Los Angeles, CA: Sage, 2004), pp. 122~123.
43 앨리 러셀 혹실드, 이가람 옮김, 『감정노동』(이매진, 2003/2009), 252쪽.
44 장은교, 「〔비정규직 800만 시대〕 취업여성 65퍼센트가 비정규직 … '女風'의 허상」, 『경향신문』, 2008년 8월 8일.
45 최선경, 「'감정노동' 짐, 어떻게 벗나」, 『여성신문』, 2004년 10월 2일, B1면.
46 조계완, 「감정을 착취하는 공장」, 『한겨레21』, 제705호(2008년 4월 10일).

13장 대중문화로서의 저널리즘과 여론
1 이정우, 「참을 수 없는 사유의 가벼움」, 『미래의 얼굴』, 1997년 12월/1998년 1월, 102쪽.
2 R. Laurence Moore, 「Moral Sensationalism and Voracious Readers」, 『Selling God: American Religion in the Marketplace of Culture』(New York: Oxford University Press, 1994), pp. 12~39.
3 Nigel Rees, 『Cassell's Dictionary of Word and Phrase Origins』(London: Cassell, 2002), pp. 241~242; Max Cryer, 『Common Phrases』(New York: Skyhorse, 2010), p. 263.
4 미첼 스티븐스, 이광재·이인희 옮김, 『뉴스의 역사』(황금가지,1999), 191쪽.
5 이지선, 「'충격'과 '경악'은 이제 그만」, 『기자협회보』, 2013년 2월 6일.
6 정철운, 「뉴스 소비는 손안의 스마트폰이 '대세'」, 『미디어오늘』, 2013년 1월 9일.
7 이지선, 「'충격'과 '경악'은 이제 그만」, 『기자협회보』, 2013년 2월 6일.
8 Warren K. Agee, Philip H. Ault, Edwin Emery, 『Perspectives on Mass Communications』(New York: Harper & Row, 1982), pp. 35~36.

9 Pierre Bourdieu, 「Public Opinion Does Not Exist」, Armand Mattelart and Seth Siegelaub, eds., 『Communication and Class Struggle. Vol.1 Capitalism, Imperialism』(New York: International General, 1979), pp. 124~126.
10 빈센트 모스코, 김지운 옮김, 『커뮤니케이션 정치경제학』(나남, 1998), 379쪽.
11 정철운, 「"질문 순서만 바꿔도 여론조사 지지율 전혀 '딴판'"」, 『미디어오늘』, 2012년 8월 21일.
12 홍영림, 「여론조사기관들 "한나라 경선조사? 아이고, 안 할래요"」, 『조선일보』, 2007년 8월 8일.
13 기획취재팀, 「여론조사 공화국/민심측정 넘어 '심판관' 노릇」, 『한국일보』, 2007년 2월 27일, 1면.
14 이동훈, 「여론조사 후보선출, 한국만의 '유행가'」, 『한국일보』, 2007년 8월 6일.
15 주용중, 「여론조사로 후보 뽑기의 우스꽝스러움」, 『조선일보』, 2007년 8월 9일.
16 이유식, 「지평선/고객의 바람기」, 『한국일보』, 2007년 5월 4일, A26면.
17 재닛 로우, 배현 옮김, 『구글 파워: 전 세계 선망과 두려움의 기업』(애플트리태일즈, 2009/2010), 14쪽.
18 2007년 5월부터는 핫트렌즈(Hot Trends)라는 용어로 대체돼 월별, 연도별 리스트가 만들어진다. 구글은 초청받는 사람만 입장 가능한 구글 자이트가이스트 컨퍼런스를 세계 곳곳에서 정기적으로 개최하여 여론 지도자들에게 당대의 정신을 숙고하고 논의할 기회를 제공한다. 재닛 로우, 배현 옮김, 『구글 파워: 전 세계 선망과 두려움의 기업』(애플트리태일즈, 2009/2010), 93~96쪽.
19 전병국, 「추천사/검색혁명의 서막을 올린 구글에서 배워야 한다」, 존 바텔, 이진원·신윤조 옮김, 『검색으로 세상을 바꾼 구글 스토리』(랜덤하우스중앙, 2005), 9쪽.
20 김희경·김윤종, 「'창조적 지식인' 검색 현대생활 혁명하다」, 『동아일보』, 2006년 12월 16일.
21 이나리, 「볼 만한 공연 뭐 있지? 말만 해도 검색 쫙~ : 구글 10돌 … 인터넷 검색엔진이 바꿀 10년 뒤 세상은」, 『중앙일보』, 2008년 10월 30일.
22 김남중, 「공짜표 배포·사재기는 마케팅의 일부': 'Top 10' 순위표 왜 문제인가」, 『국민일보』, 2006년 1월 31일, 3면; 김윤종, 「광(狂)클: 못 믿을 포털 인기 검색어 여론조작 '장난'에 속았네」, 『동아일보』, 2007년 1월 31일, A13면.
23 백재현, 「〔넷카페〕'인기 검색어'가 여론?」, 『중앙일보』, 2008년 2월 15일.
24 양성희, 「인기 검색어」, 『중앙일보』, 2006년 9월 23일, 35면.
25 존 바텔, 이진원·신윤조 옮김, 『검색으로 세상을 바꾼 구글 스토리』(랜덤하우스중앙, 2005), 301~305쪽.
26 토머스 L. 프리드먼, 김상철·이윤섭 옮김, 『세계는 평평하다』(창해, 2005), 209쪽.
27 김재영, 「손 묶인 '악플 폐인' "세상 살맛이 안나…": 사이트 이용제한-고발당한 20대 투신」, 『동아일보』, 2005년 10월 29일, 10면.

28 황상민, 「"나만이 공정해" 환상서 출발: 댓글 달기의 심리학」, 『여성신문』, 2005년 7월 29일, B2면.
29 황상민, 『사이버공간에 또 다른 내가 있다: 인터넷세계의 인간심리와 행동』(김영사, 2000), 146~147쪽.
30 황상민, 『사이버공간에 또 다른 내가 있다: 인터넷세계의 인간심리와 행동』(김영사, 2000), 149쪽.
31 이정봉, 「미네르바 소동으로 본 한국 사회 〈하〉 대책은 없나: '인터넷 논객'에 뺨 맞은 제도권 … 국민 눈높이 맞춘 소통 절실」, 『중앙일보』, 2009년 1월 12일.
32 케빈 켈리, 「익명성은 통제되어야 한다」, 존 브록만 엮음, 『위험한 생각들: 당대 최고의 석학 110명에게 물었다』(갤리온, 2007), 198~199쪽.
33 이용수, 「"인터넷 익명성, 비겁한 자들에게 큰 도움": NYT 기자 비판」, 『조선일보』, 2008년 8월 29일.
34 댄 길모어, 김승진 옮김, 『우리가 미디어다』(이후, 2008), 323쪽.

용어 사전

1 박창욱, 「지난해 광고산업 12조 돌파 … 18퍼센트 성장」, 『머니투데이』, 2012년 12월 17일; 조민서, 「광고산업 규모 12조 원대 돌파 … 대세는 '뉴미디어'」, 『아시아경제』, 2012년 12월 17일.
2 최민우, 「토월극장 → CJ토월극장 … 두 글자 덧붙이는 데 150억 원」, 『중앙일보』, 2013년 1월 30일.
3 윌 듀란트, 이철민 옮김, 『철학 이야기』(청년사, 1987), 156쪽.
4 Daniel J. Boorstin, 『The Image: A Guide to Pseudo-Events in America』(New York: Atheneum, 1964), p. 74.
5 조셉 칠더즈·게리 헨치 엮음, 황종연 옮김, 『현대문학·문화비평 용어사전』(문학동네, 1995/1999), 361쪽.
6 한국문학평론가협회 엮음, 『문학비평용어사전』(국학자료원, 2006); 「리얼리즘」, 『네이버 지식백과』에서 재인용.
7 「메세나, 홍보 역할 톡톡」, 『중앙일보』, 2004년 11월 23일, C5면; 한배선, 「박성용 금호명예회장 타계로 본 메세나 운동」, 『매일경제』, 2005년 5월 25일, A34면; 이언주, 「'협의회'에서 '협회'로 변경한 한국메세나협회」, 『머니투데이』, 2013년 2월 21일.
8 존 톰린슨, 강대인 옮김, 『문화제국주의』(나남, 1991/1994), 50~66쪽.
9 Emile G. McAnany·Kenton T. Wilkinson, 「문화제국주의의 어제와 오늘」, 황상재 엮음, 『정보사회와 국제커뮤니케이션』(나남, 1998), 301쪽.
10 스가야 아키코, 안해룡·안미라 옮김, 『미디어 리터러시: 미국, 영국, 캐나다의 새로운 미디어 교육 현장 보고』(커뮤니케이션북스, 2001), 26쪽.

11 이지헌, 「청소년 미디어중독 상담·예방교육 민간자격증 개설」, 『연합뉴스』, 2013년 1월 26일.
12 현대원, 「뉴미디어의 능동적 주체 청소년」, 『제민일보』, 2012년 11월 20일.
13 「베타서비스」, 『위키백과』.
14 Margery S. Berube et al., 『Word Histories and Mysteries: From Aardvark to Zombie』(New York: Houghton Mifflin, 2006), p. 34; 앨런 브링클리, 황혜성 외 공역, 『미국인의 역사 2』(비봉출판사, 1998), 173~175쪽; 빌 브라이슨, 정경옥 옮김, 『빌 브라이슨 발칙한 영어산책: 엉뚱하고 발랄한 미국의 거의 모든 역사』(살림, 2009), 223쪽.
15 Orin Hargraves, ed., 『New Words』(New York: Oxford University Press, 2004), p.36.
16 제러미 리프킨, 이희재 옮김, 『소유의 종말』(민음사, 2001), 207쪽.
17 사사키 도시나오, 한석주 옮김, 『전자책의 충격』(커뮤니케이션북스, 2010), 18~19쪽.
18 정철운, 「뉴스 소비는 손안의 스마트폰이 '대세'」, 『미디어오늘』, 2013년 1월 9일; 한국언론진흥재단, 『2012 언론 수용자 의식조사』(한국언론진흥재단, 2012년 12월), 25, 120쪽.
19 제임스 B. 트위첼, 최기철 옮김, 『럭셔리 신드롬: 사치의 대중화, 소비의 마지막 선택』(미래의창, 2002/2003), 130~131쪽.
20 태혜숙, 『한국의 탈식민 페미니즘과 지식생산』(문화과학사, 2004), 271~272쪽.
21 태혜숙, 『한국의 탈식민 페미니즘과 지식생산』(문화과학사, 2004), 272~273쪽.
22 Daniel J. Boorstin, 『The Image: A Guide to Pseudo-Events in America』(New York: Atheneum, 1964), p. 197; 「이미지」, 『동아세계대백과사전』.
23 남진우, 「이마골로기 시대」, 『내외경제신문』, 1994년 1월 27일, 21면.
24 이중식, 「현대 정보화사회에서의 인터페이스의 의미」, 『연세대학원신문』, 2005년 9월 5일, 10면.
25 박찬수, 「'도움말' 필요 없는 인간중심 컴퓨터가 필요해」, 『한겨레』, 2006년 8월 18일, 책·지성 섹션 12면.
26 김지운·정회경 엮음, 『미디어 경제학: 이론과 실제』(커뮤니케이션북스, 2005), 32~33쪽; 하재봉, 「퓨전문화의 전성시대」, 『세계일보』, 2006년 8월 11일, 22면.
27 김우룡 엮음, 『커뮤니케이션 기본이론』(나남, 1992), 82쪽.
28 새뮤얼 아녹 스텀프·제임스 피저, 이광래 옮김, 『소크라테스에서 포스트모더니즘까지』(열린책들, 2004), 167쪽.
29 David O. Sears·Jonathan L. Freedman·Letitia Anne Peplau, 홍대식 역, 『사회심리학』 개정판(박영사, 1986), 339쪽.
30 Werner J. Severin·James W. Tankard, Jr., 『Communication Theories: Origins·Methods·Uses』(New York: Hastings House, 1979), pp. 5~6.
31 심상민, 『미디어는 콘텐츠다: 미디어 & 콘텐츠 비즈니스 전략』(김영사, 2002), 19쪽.
32 박동숙·전경란, 『디지털/미디어/문화』(한나래, 2005), 186쪽.

33 박상수, 「중앙일보를 읽고: '콘텐츠'는 '콘텐트'가 올바른 표현」, 『중앙일보』, 2005년 10월 5일, 33면.
34 나성엽, 「유통 네트워크 '전성시대': '콘텐츠가 왕' 이젠 옛말」, 『동아일보』, 2005년 9월 2일, B3면.
35 허문명 외, 「"나 돌아갈래" … 키덜트 문화, 순수미술 영화 개그까지 점령」, 『동아일보』, 2005년 9월 10일, 21면.
36 김문겸, 「키덜트·사주카페·로또」, 박재환 외, 『현대 한국사회의 일상문화코드』(한울아카데미, 2004), 235~254쪽.
37 박영아, 「엄마, 나 '어덜키드' 됐거든!」, 『동아일보』, 2005년 10월 17일, A25면.
38 Editors of the American Heritage Dictionaries, 『More Word Histories and Mysteries: From Aardvark to Zombie』(New York: Houghton Mifflin, 2006), p. 233; 브렌덴 브루스, 김정탁 옮김, 『이미지 파워』(커뮤니케이션북스, 1992/1998), 25쪽.
39 「태블릿 PC」, 『위키백과』; 「Phablet」, 『Wikipedia』.
40 정미경, 「'테크노컬처' 시대 열린다」, 『동아일보』, 2006년 1월 6일; 박순찬, 「기술과 예술(Tech+Art)의 결합 … 진화하는 데카르트 마케팅」, 『조선일보』, 2012년 4월 30일.
41 Editors of the American Heritage Dictionaries, 『More Word Histories and Mysteries: From Aardvark to Zombie』(New York: Houghton Mifflin, 2006), pp. 169~170; William Morris & Mary Morris, 『Morris Dictionary of Word and Phrase Origins』, 2nd ed.(New York: Harper & Row, 1971), pp. 441~442.
42 Douglas B. Smith, 『Ever Wonder Why?』(New York: Fawcett Gold Medal, 1991), p. 83; Robert Hendrickson, 『QPB Encyclopedia of Word and Phrase Origins』(New York: Facts On File, 1997), p. 244.
43 William Morris·Mary Morris, 『Morris Dictionary of Word and Phrase Origins』, 2nd ed.(New York: Harper & Row, 1971), p. 214.
44 김우택, 「라틴아메리카의 경제적 포퓰리즘: 정치경제학적 접근」, 철학연구회 엮음, 『디지털 시대의 민주주의와 포퓰리즘』(철학과현실사, 2004), 174쪽.
45 안윤모, 「민중주의」, 김영한 엮음, 『서양의 지적운동 II』(지식산업사, 1998), 249~250쪽.
46 김문겸, 「키덜트·사주카페·로또」, 박재환 외, 『현대 한국사회의 일상문화코드』(한울아카데미, 2004), 235~254쪽.
47 J. 하위징아, 김윤수 옮김, 『호모 루덴스: 놀이와 문화에 관한 한 연구』(까치, 1938/1981), 7쪽.
48 로제 카이와, 이상률 옮김, 『놀이와 인간』(문예출판사, 1958/1994), 314~315쪽.